中国民营企业发展案例汇编

全国工商联研究室
中国民生银行研究院　编写

中国金融出版社

责任编辑：张黎黎

责任校对：孙　蕊

责任印制：程　颖

图书在版编目（CIP）数据

中国民营企业发展案例汇编／全国工商联研究室，中国民生银行研究院编写.—北京：中国金融出版社，2019.4

ISBN 978 - 7 - 5220 - 0001 - 5

Ⅰ.①中…　Ⅱ.①全…②中…　Ⅲ.①民营企业—企业发展—案例—汇编—中国　Ⅳ.①F279.245

中国版本图书馆 CIP 数据核字（2019）第 035126 号

中国民营企业发展案例汇编

Zhongguo Minying Qiye Fazhan Anli Huibian

出版

发行　**中国金融出版社**

社址　北京市丰台区益泽路 2 号

市场开发部　（010）63266347，63805472，63439533（传真）

网上书店　http：//www.chinafph.com

　　　　　　（010）63286832，63365686（传真）

读者服务部　（010）66070833，62568380

邮编　100071

经销　新华书店

印刷　北京市松源印刷有限公司

尺寸　185 毫米×260 毫米

印张　24.75

字数　500 千

版次　2019 年 4 月第 1 版

印次　2019 年 4 月第 1 次印刷

定价　198.00 元

ISBN 978 - 7 - 5220 - 0001 - 5

如出现印装错误本社负责调换　联系电话（010）63263947

本书编写组名单

主　　　编：黄　荣　中华全国工商业联合会专职副主席
　　　　　　郑万春　中国民生银行党委书记、行长

执 行 主 编：林泽炎　中华全国工商业联合会研究室主任
　　　　　　黄剑辉　中国民生银行研究院院长

执行副主编：应习文　中国民生银行研究院区域经济研究中心副主任

编写组成员：李岩玉　中国民生银行研究院院长助理
　　　　　　徐继峰　中国民生银行研究院民企发展研究中心主任
　　　　　　　　　　助理
　　　　　　冯立果　中国民生银行研究院民企发展研究中心
　　　　　　郭晓蓓　中国民生银行研究院产业发展研究中心

序 一

2018年是中国改革开放40周年。回首1978年，党的十一届三中全会胜利召开，拉开了改革开放的序幕，个体工商户、私营企业等民营经济市场主体开始走上历史舞台。40年来，在党的方针政策指引下，中国民营经济从无到有、从小到大、从弱到强，蓬勃发展，已成为稳定经济的重要基础，国家税收的重要来源，技术创新的重要主体，金融发展的重要依托，经济持续健康发展的重要力量。1989年，我国有民营企业9.06万家，个体工商户182.78万户；到2018年6月末，民营企业已超过3000万家，加上个体工商户总数已超过1亿户，民营经济市场主体占比已超过95%。当前，民营经济对国家的税收贡献超过50%，国内生产总值、固定资产投资以及对外非金融类直接投资占比均超过60%，技术创新和新产品占比超过70%，城镇就业占比超过80%，对新增就业贡献率超过90%。改革开放40年的历史也是一部波澜壮阔的中国民营经济发展史。

我国民营经济取得的辉煌成就，得益于中国共产党的坚强领导。40年来，中国共产党鼓励、支持和引导民营经济发展的大政方针是明确的、一贯的，而且是不断深化的。党的十二大提出，要鼓励劳动者个体经济在国家规定的范围内和工商行政管理下适当发展，作为公有制经济的必要的、有益的补充。党的十三大强调，私营经济是公有制经济必要和有益的补充。党的十四大提出，以公有制包括全民所有制和集体所有制经济为主体，个体经济、私营经济、外资经济为补充，多种经济成分长期共同发展。党的十五大把"公有制为主体、多种所有制经济共同发展"确立为我国社会主义初级阶段的一项基本经济制度，明确提出"非公有制经济是我国社会主义市场经济的重要组成部分"。党的十六大提出，"毫不动摇地巩固和发展公有制经济""毫不动摇地鼓励、支持和引导非公有制经济发展"。党的十七大提出，"坚持平等保护物权，形成各种所有制经济平等竞争、相互促进新格局"和"推进公平准入，改善融资条件，破除体制障碍，促进个体、私营经济和中小企业发展"。党的十八大进一步提出，"毫不动摇鼓励、支持、引导非公有制经济发展，保证各种所有制经济依法平等使用生产要素、公平参与市场竞争、同等受到法律保护。"党的十九大首次将"民营企业"和"构建亲清新型政商关系"等写入大会报告中，强调"支持民营企业发展，激发各类市场主体活力"。

我国民营经济取得的辉煌成就，得益于40年来改革开放为民营企业发展营造了良好的政策环境、法治环境、市场环境和社会环境。20世纪80年代初，《国务院关于城镇非农业个体经济若干政策性规定》和《中共中央、国务院关于发展城乡零售商业、服务业的指示》出台。1985年4月，改革开放后中国第一个私营企业执照以国务院特批形式颁发给大连市摄影个体户姜维与港商合办的大连光彩实业有限公司。1987年和1988年，《城乡个体工商户管理暂行条例》和《私营企业暂行条例》相继实施，个体私营经济进入快速发展时期。1993年至1999年，《公司法》《合伙企业法》《个人独资企业法》先后颁布。21世纪以来，《中小企业促进法》《物权法》等陆续施行，"非公经济36条"和"民间投资36条"先后出台，为民营企业健康发展保驾护航，民营经济发展环境不断完善。

党的十八大以来，民营经济迎来了新的历史机遇，进入了新的发展阶段。随着全面深化改革不断推进，党和国家出台了一系列扩大民营企业市场准入、公平市场竞争、优化发展环境的改革举措。2016年和2017年，中共中央、国务院先后颁发《中共中央、国务院关于完善产权保护制度依法保护产权的意见》和《中共中央、国务院关于营造企业家健康成长环境弘扬优秀企业家精神更好发挥企业家作用的意见》，具有重要的历史意义，极大地激励和鼓舞了广大民营企业家创业创新的积极性。富有中国特色的鼓励、支持、引导民营经济发展的政策体系已经形成。

我国民营经济取得的辉煌成就，得益于民营企业自身的顽强拼搏和积极进取。40 年来，广大民营企业以敏锐的市场洞察力、灵活高效的体制机制、市场化的激励机制、敢为人先的创新精神，牢牢把握市场经济浪潮中的发展机遇，与时代共奋进，实现了跨越式发展。据调查，中国民营企业 500 强中超过 96% 的企业已建立了现代企业制度，规范的公司治理结构为企业健康发展提供了坚实保障。40 年来，伴随着民营企业的蓬勃发展，涌现出一大批优秀的民营企业家。他们善于学习，敢闯敢试，勇于创新，敏锐捕捉市场机遇，是创新发展的先锋队；他们紧紧抓住历史机遇，积极参与国家战略，是经济发展的生力军；他们义利兼顾、以义为先，关爱员工、扶贫济困，积极履行社会责任，是奉献社会的践行者。今天，更加可喜的是，一批视野开阔、奋发有为的"80 后""90 后"新锐创业创新者走上经济舞台，抓住互联网、大数据、物联网、云计算、智能化、虚拟现实等新一轮科技革命的历史机遇，加快进入新兴经济领域，有的正在引领新兴产业发展。他们继承和发扬了老一代企业家的创新精神、拼搏精神、冒险精神、担当精神和奉献精神，担负起民营企业代际传承与转型升级的重任，必将成为未来中国经济发展的重要力量。

党的十九大确立了习近平新时代中国特色社会主义思想，开启了全面建设社会主义现代化国家的新征程。中国特色社会主义进入新时代，我国社会主要矛盾已经转化为人民日益增长的美好生活需要和不平衡不充分的发展之间的矛盾，我国经济已由高速增长阶段转向高质量发展阶段。新时代孕育着新一轮发展红利，民营经济发展仍处在大有可为的重要战略机遇期，广大民营企业和民营企业家施展才华的空间更加广阔、机遇更加充分、前景更加美好。

好风凭借力，扬帆正当时。希望广大民营企业家牢固树立新发展理念，按照建设现代化经济体系的要求，积极推进供给侧结构性改革，不断提升发展质量和效益，更好地满足人民日益增长的美好生活需要；积极投身防范化解重大风险、精准脱贫、污染防治三大攻坚战，深度参与"一带一路"建设、区域协调发展战略、乡村振兴战略、军民融合发展战略等重大战略，实现新作为、新提升、新发展。希望广大民营企业家按照习近平总书记的要求，积极弘扬优秀企业家精神，自觉做爱国敬业、守法经营、创业创新、回报社会的表率和践行亲清新型政商关系的典范。我们相信，广大民营企业一定能担当起建设新时代中国特色社会主义的历史重任，在全面建设社会主义现代化国家新征程中谱写新篇章！为实现中华民族伟大复兴的"中国梦"作出新贡献！

全国政协副主席

中华全国工商业联合会主席

2019 年 3 月

序　二

　　1978 年，在经历了近 30 年艰苦曲折的社会主义建设探索期后，中国经济走到了十字路口。是继续走封闭的计划经济之路，还是走打开国门的市场经济之路，这一重大历史课题摆在中国人民面前。幸运的是，智慧的中国领导人选择了改革开放，开启了中国 40 年的辉煌发展期，在世界经济发展史上开创了一个奇迹。回首 40 年的发展道路，中国仿佛一夜之间就发展成为世界第二大经济体，我个人是伴随着改革开放成长起来的，我常常思索，到底是什么铸就了中国 40 年的辉煌？我认为是改革开放释放了民间的活力，是改革开放激发了民间的创业热情，这种活力和热情让数以万计的人们可以通过自己的聪明才智、勤劳双手创造幸福生活，让数以万计的人们看到了美好希望，于是在国家政策的鼓励、支持之下，大量以私营企业、个体工商户为代表的民营企业如雨后春笋般迸发出来！可以说，中国民营企业的发芽、成长和壮大是改革开放的巨大溢出效应，是改革开放之初难以预见到的成果，中国改革开放造就了民营企业，民营企业的发展成就了中国经济发展奇迹。可以说，中国改革开放史也是一部民营企业发展史。

　　回顾过去，中国民营企业历经了 40 年曲折发展道路。1978 年，民营企业在经济困境中诞生，在探索中前行，经过 10 年备受争议的发展，1988 年的宪法修正案才从法律上确认了私有经济的合法性，民营企业得以突破性发展。党的十四大确立社会主义市场经济道路，党的十五大确立了以公有制为主体、多种所有制经济共同发展的基本经济制度，民营企业的地位得以确立，开始在市场浪潮中快速成长，并在国有企业改制中发展壮大。在经历了这 10 年的黄金发展期后，时针指向了 21 世纪，中国加入世贸组织。党的十六大首次提出"毫不动摇地鼓励、支持和引导非公有制经济发展"，并充分肯定了民营企业家对社会主义实业的贡献。在融入全球化进程中，国家支持民营企业的政策大幅度放宽，民营企业开始在全球化中拼搏，在国际舞台上大显身手，积极融入全球产业链，参与国际竞争，综合实力在竞争中大大增强。党的十八届三中全会吹响全方位改革的号角，民营企业发展所需要的外部营商环境受到高度重视，进一步增强了民营企业的发展信心，民营企业积极适应经济新常态，并主动转型升级，向产业链高端迈进，涅槃重生又逢一春。

笑看今朝，中国民营企业风雨兼程 40 年成就辉煌。中国民营企业已成为国民经济的重要支柱，其对中国 GDP 贡献率高达 60% 以上，提供了 80% 的城镇就业岗位，吸纳了 70% 以上的农村转移劳动力，创造了 90% 的新增就业，贡献了超过 50% 的税收，民间固定资产投资已占全社会固定资产投资完成额的 60% 以上，成为中国经济稳定增长的压舱石，也是判断中国经济冷暖的重要风向标之一。民营企业在国内外的竞争力不断增强，竞争地位快速提高，世界 500 强中上榜的中国企业中有 20% 是民营企业，中国企业 500 强中有 45.2% 是民营企业，中国民营企业 500 强的入围门槛连年提高。一大批民营企业家在市场浪潮中崛起，并挑起民族发展的重任，正在全球投资并购舞台上定义中国企业的实力。

同根同源，同呼吸共命运。中国民生银行是众多民营企业中的一分子，也是改革开放政策的受益者。伴随着市场经济的快速发展和民营企业融资难问题的凸显，1996 年，中国首家以非公有制企业为主发起设立的全国性股份制商业银行——中国民生银行在北京人民大会堂宣告成立。中国民生银行创立之初就以服务民营企业为宗旨，始终以民营企业的金融需求为服务出发点。20 多年来，中国民生银行发挥中国金融业改革试验田的作用，不忘初心，牢记"为民而生，与民共生"的使命，秉持"与民营企业共同成长"的发展理念，民营企业的客户数和对公资产占比始终在 50% 以上，有力地支持了民营企业快速发展，缓解了民营企业融资难、融资贵问题。经过 20 多年的发展，2017 年中国民生银行在世界 500 强中排名第 251 位，在全球 1000 家银行中排名第 29 位，已成为一家大型商业银行。2015 年，新一届董事会面对内外部挑战，率先同业启动了"凤凰计划"，提出用三年时间打造一个新版民生银行。中国民生银行明确提出要聚焦民营企业战略，坚持这一战略不动摇，成为具有鲜明特色的标杆银行，确立了"民营企业的银行，科技金融的银行，综合服务的银行"三大发展战略。紧紧围绕国家战略，大力发展小微金融、普惠金融，以实际行动支持民营企业发展，为民营企业提供高效率、高质量的服务，提供有温度、有感情的服务，用心提供专业化、定制化、有深度的服务，与民营企业共同成长。

大浪淘沙沉者为金，风卷残云胜者为王。综观 40 年来中国民营企业成长史，在经历了 20 世纪 80 年代初"创业潮"、90 年代初"下海潮"、21 世纪初"互联网潮"以及党的十八大后出现的"双创"等四次创业高潮后，民营企业从改革开放初期的 10 万户左右发展到私营企业近 2700 万户、个体工商户 6579.4 万户，数量庞大，已成为市场主体的主力军。但据有关研究，中国民营企业的寿命较短，大概为 3 年。北京中关村"电子一条街"5000 家民营企业，生存时间超过 5 年的只有 430 家，其余 91.4% 的企业已不复存在，生存期超过 8 年的企业仅占 3% 左右。而欧美国家的民营企业平均生命周期为 12.5 年，其中有不少跨国企业已有超过百年的成长史。尽管大量中国民营企业从诞生到倒闭仅有几年的时间，但是经过市场的洗礼，大浪淘沙留下了许多有生命力的民营企业。它们披荆斩棘，遇水搭桥，逢山开路，其中有不少经历过 20 世纪 80 年代后期和 90 年代初期的通货膨胀，90 年代后期的亚洲金融危机，21 世纪初的全球金融危机，以及面对"三期叠加"的困难和经历供给侧结构性改革为主线的转型升级过程，它们在无数次挑战中积累了经营管理、转型升级、国际市场开拓等大量经验，并得以生存、发展、壮大。在回顾、总结 40 年改革开放为中国经济带来的增长奇迹和发展经验时，作为中国金融业的改革试验田和民营银行的一面旗帜，中国民生银行有责任、有义务为促进民营企业发展壮大贡献力量，在为民营企业提供融资业务的同时，做好融智业务。因此，中国民生银行组织研究力量，联合全国工商联，专门开展了

《中国民营企业发展案例汇编》工作，认真梳理、总结改革开放 40 年来民营企业取得的发展经验，为仍处于艰难探索中的大量中小民营企业提供些许参考，希望能成为它们前行之路上的一盏灯。若果真如此，将是一件对民营企业发展有意义的好事，相信若干年后，再回过头来看，这本书也将值得回味。

展望未来，中国民营企业进入高质量发展新时代。党的十九大报告指出，中国特色社会主义进入新时代。报告提出了一系列新的重大理论，对非公有制经济作出了新的重大论述，重申"必须坚持和完善我国社会主义基本经济制度和分配制度，毫不动摇巩固和发展公有制经济，毫不动摇鼓励、支持、引导非公有制经济发展"，首次在党的报告中提出"支持民营企业发展，激发各类市场主体活力"，并在市场准入制度、产权制度、商事制度等方面作出了一系列重大部署，充分表明了党对待非公有制经济的态度不变，为民营经济持续健康发展指明了方向，坚定了民营企业的发展信心，标志着中国民营经济进入新的历史阶段，制约民营企业发展的体制机制障碍、市场准入门槛、现实存在的"玻璃门""弹簧门""旋转门"等将被一一破除，民营企业的活力、创造力将得到充分释放。中国民生银行将牢记"为民而生，与民共生"的历史使命，聚焦服务实体经济，聚焦民营企业战略，助力民营企业发展成为中国 500 强、世界 500 强，共谋新发展，同创新辉煌！

中国民生银行董事长

2019 年 3 月

编者序

改革开放 40 年来，我国民营企业从无到有，从小到大，从弱到强，从国内到国际，实现了快速发展，经济实力大大提升，竞争地位不断提高，在国民经济中的作用显著增强，已经发展成为社会经济发展的重要支撑力量。民营企业创造的产值在我国 GDP 中的占比超过 60%，民营企业税收占比 70%，民营企业提供了 80% 以上的城镇就业岗位，90% 的新增就业岗位来自民营企业。我国 A 股上市民营企业数量占比已接近 60%，创业板 90% 是民营企业，中小板近 80% 是民营企业。

党的十八届三中全会作出了全面改革开放的决定，民营企业发展进入快车道。党的十八大以来，党中央、国务院在创新创业、简政放权、商事制度改革、混合所有制改革、产权保护、企业家精神、民间投资、税费改革等方面推出一系列措施，鼓励民营企业发展，民间投资热情和创业热情大量释放，民营企业数量急剧增加，每天新登记的企业超过 1.5 万家。民营企业的竞争能力也不断提高，世界 500 强中我国民营企业的数量不断增加。党的十九大报告指出，"全面实施市场准入负面清单制度，清理废除妨碍统一市场和公平竞争的各种规定和做法，支持民营企业发展，激发各类市场主体活力"，民营企业将迎来新的历史机遇！

在 40 年的发展历程中，涌现出大量优秀民营企业，它们乘风破浪，与时俱进，积极参与国家经济建设，为我国非公有制经济发展和社会主义市场经济建设作出了重要贡献。为梳理总结民营企业在 40 年发展过程中积累的丰富经营管理经验和成功做法，2017 年下半年，全国工商联研究室与中国民生银行研究院联合，在全国各省、自治区、直辖市征集了优秀民营企业发展案例，经过筛选、梳理、改写等，形成了本书。

　　《中国民营企业发展案例汇编》按照征集的案例内容，将案例部分分为"企业综合发展篇""企业转型升级篇""企业管理创新篇""企业并购篇""企业国际化篇"五个部分，共收录60家民营企业，在各篇中，企业排名不分先后。

　　在《中国民营企业发展案例汇编》的编写过程中，全国工商联主席高云龙、中国民生银行董事长洪崎、中国民生银行党委书记、行长郑万春给予了大力支持和悉心指导，在此谨向他们表示最诚挚的感谢！此外，来自全国各地的优秀民营企业为本书提供了大量基础素材，在此谨表谢忱！

　　希望本书对读者有所收获，受时间和编写人员能力所限，本书尚有诸多不尽如人意之处，热忱盼望社会各界和读者批评指正。

编写组
2019 年 3 月

Contents

目　录

开篇　改革开放 40 年来中国民营企业发展历程回顾与展望

企业综合发展篇

企业转型升级篇

企业管理创新篇

企业并购篇

企业国际化篇

开 篇

改革开放40年来中国民营企业发展历程回顾与展望

经济困境中诞生　改革开放中壮大
高质量发展中变强

1978 年，党的十一届三中全会胜利召开，改革开放政策如春风般吹过中华大地的每一个角落，全国上下只争朝夕，奋力进取的热情和干劲儿瞬间爆发，濒临崩溃的经济焕发出勃勃生机。在此背景下，民营企业顺势而生。改革开放 40 年来，从被打击、默许、承认到被鼓励，民营企业经历了从无到有，从小到大，从弱到强，从国内到全球的成长过程，在国民经济中的地位日益增强。党的十九大报告指出，中国特色社会主义进入了新时代，并重申"两个毫不动摇"，为民营经济持续健康发展指明了方向，标志着中国民营经济进入新的历史阶段。站在新的历史起点上，民营企业应强练内功，补短板，致力于成为"百年老店"，主动融入国家发展战略，抢抓发展机遇，政府部门应进一步改善制度供给并优化营商环境，降低民营企业生产经营成本，金融部门需加快探索破解融资难、融资贵的解决方案。

一、回顾过去：中国民营企业 40 年曲折发展道路

（一）在经济困境中诞生，在探索中前行（1978—1991 年）

新中国成立后，在较短的时间内消灭了私有制，建立了公有制经济，中国经济经过三十年艰苦的社会主义探索，走到了濒临崩溃的边缘。一方面是国有经济覆盖着人民生活的方方面面，另一方面又是物资极其短缺，经济缺乏活力，社会环境沉闷，亟须寻找一个突破口。以个体工商户、私营企业为代表的民营企业就在这样的时代背景下走上了历史舞台。

1. 民营企业应运而生：党的十一届三中全会开启中国民营经济时代

（1）经济社会面临的现实困境，为民营企业破壳而出提供了条件。1958—1978 年，由于各种原因，中国经济长期处于停滞和徘徊状态，国家经济和人民生活没有得到太大发展和提高。20 世纪 70 年代末，在城市地区，全国有 1000 多万名知青陆续返城，加之每年几百万毕业生也不能充分就业，由于政府机关、国有企事业单位岗位有限，就业安置成为首要的社会问题。为解决城镇就业压力，国家允许一部分有正式城镇户口的闲散劳动力从事修理、服务等手工业个体劳动。在农村地区，安

徽小岗村开始探索以"包产到户"形式解决粮食产量进而解决吃饭问题。这正为中国民营企业的萌发提供了机会。

（2）改革开放的大幕拉开，为民营企业生根发芽提供了土壤。1978年，党的十一届三中全会胜利召开，拉开了中国改革开放的序幕。确定了私营经济的合法地位，开启了中国民营经济发展时代。民营企业开始在国有经济的缝隙中寻找机会。在城市地区，1979年2月，中共中央、国务院批转了第一个关于发展个体经济的报告，各地可根据市场需要，在取得有关业务主管部门同意后，批准一些有正式户口的闲散劳动力从事修理、服务和手工业者个体劳动，城市地区的个体工商户应运而生。而在农村地区，1978年后，家庭联产承包责任制在全国迅速推广，大大激发了农民的生产积极性，农业产量大幅提升，农民收入和储蓄开始增加。农村富余劳动力从农业中分离出来，开始从事个体生产和经营，主要是农副产品加工和城镇小手工业，管理比较粗放，以家庭小作坊生产为主，农村地区的私营经济开始以个体户的形式出现，并催生了大量乡镇企业的崛起。1980年前后，第一批个体工商户合法获得营业执照，今天我们熟知的很多民营企业家就是从那时脱颖而出的。

2. 民营企业规模解锁：打破雇工数量限制，推动民营企业历史性发展

（1）受制于理论认识上的不足，民营企业雇工规模难以突破。起初，民营企业的雇工人数一直是个颇具争议的问题。中国在当时，"雇工是否超过七个人"成为判断一个企业是否具有剥削性质的重要标准，因此在民营企业（个体工商户）兴起之时，大多数个体工商户规模较小，相对分散，雇工人数一般在7人以下。20世纪80年代后，随着个体经济的发展，超过7个雇工的个体工商大户即私营企业也日渐增多，部分国营企业中的"能人"开始通过承包国营企业积累资产，逐渐发展成为私营企业。

（2）受益于政策扶持，民营企业规模束缚逐步被解除。1982年，党的十二大提出"坚持国营经济的主导地位和发展多种经济形式"。同年，我国进行了改革开放后第一次宪法修订，修订后的《宪法》第十一条明确提出，"在法律规定范围内的城乡劳动者个体经济，是社会主义公有制经济的补充。国家保护个体经济的合法的权利和利益。国家通过行政管理，指导、帮助和监督个体经济。"民营企业开始从地下转向地上，且数量快速增加。

1983年1月2日，《中共中央关于印发〈当前农村经济政策的若干问题〉的通知》中指出："农村个体工商户和种养业的能手，请帮手、带徒弟，可参照《国务院关于城镇非农业个体经济若干政策性规定》执行。"1983年1月12日，邓小平在谈话中说："有个别雇工超过了国务院的规定，这冲击不了社会主义。只要方向正确，头脑清醒，这个问题容易解决，十年、八年以后解决也来得及，没什么危险。"[1]

---

① 邓小平文选（第三卷）[M]. 北京：人民出版社，1993.

"三不原则"和邓小平的讲话为民营企业，即当时的私营企业发展留下了更多生机，从而推动了民营企业的历史性发展。

1984 年 1 月 1 日，中共中央发布《关于 1984 年农村工作的通知》，该文件指出，对当前雇请工人超过规定人数的企业，可以不按资本主义的雇工经营看待。这实质是对雇工经营的肯定，同时是为私营企业扩大规模创造了政策环境。但对于雇工数量的争论并未就此销声匿迹，直到 1987 年 "中央五号文件" 发布，解除了对雇工数量的限制，这一争论才得以停止。该文件将 1983 年提出的对待私营企业的 "三不原则" 调整为 "十六字方针"，即 "允许存在，加强管理，兴利抑弊，逐步引导"，并明确指出："在社会主义初级阶段，在商品经济的发展中，在一个较长时期内，个体经济和少量私人企业的存在是不可避免的。"1987 年，党的十三大提出要在公有制为主体的前提下继续发展多种所有制经济，强调私营经济是公有制经济必要的和有益的补充。1988 年 4 月，第七届全国人大第一次会议通过宪法修正案，《宪法》第十一条增加规定："国家允许私营经济在法律规定的范围内存在和发展。私营经济是社会主义公有制经济的补充。国家保护私营经济的合法的权利和利益，对私营经济实行引导、监督和管理"。这从法律上确立了民营企业的地位。1988 年 6 月，国务院颁布了《私营企业暂行条例》，对私营企业的性质做了规定："私营企业是指企业资产属于私人所有、雇工八人以上的营利性的经济组织。"

但在接下来的 1989—1991 年中，个体工商户、私营企业等民营企业发展增长较为缓慢。有数据显示，1989 年国内共有 90581 户私营企业登记注册，164 万从业人员，户均 18 人；1991 年底，私营企业为 10.8 万户，184 万从业人员，户均为 17 人。

（二）在市场浪潮中成长，在改制中壮大（1992—2001 年）

实践证明，民营企业的发展不仅没有破坏社会主义市场秩序，而且在弥补国有企业不足、丰富市场产品、提高市场活力等方面发挥了重要作用。党的十四大确立了社会主义市场经济道路，党的十五大将以公有制为主体，多种所有制经济成分共同发展作为一项基本经济制度确立下来，民营企业的地位得以确立，以惊人的速度快速发展。1992—2001 年是民营企业发展的 "黄金十年"。

1. 市场经济制度确立，"下海潮" 促民营企业蓬勃发展

（1）邓小平南方谈话后，民营企业发展进入新的阶段。1992 年，邓小平视察南方时针对全国大量出现的个体工商户、私营企业等民营企业姓 "资" 姓 "社" 问题，明确提出三个 "有利于" 标准，即是否有利于发展社会主义的生产力，是否有利于增强社会主义国家的综合国力，是否有利于提高人民的生活水平，确立了我国市场经济的目标模式，给私营企业主和个体户吃了一颗定心丸，推动民营企业进入新的发展阶段。

（2）市场经济制度确立，民营企业的作用获官方肯定。1992年，党的十四大召开，确立了走社会主义市场经济道路，确定了"以公有制包括全民所有制和集体所有制经济为主体，个体经济、私营经济、外资经济为补充，多种经济成分长期共同发展"的方针。1997年党的十五大第一次明确提出将"以公有制为主体、多种所有制经济共同发展"作为社会主义初级阶段的一项基本经济制度，并提出非公有制经济是我国社会主义市场经济的重要组成部分，对满足人们多样化的需要，增加就业，促进国民经济的发展有重要作用。民营企业的作用再次得到国家的肯定，民营企业发展的政治环境变得更加宽松，政策环境、舆论环境等也开始更加积极有作为，个体工商户、私营企业抓住了发展契机，异军突起，快速发展。

（3）全国创业激情高涨，"下海潮"促民营企业蓬勃发展。在改革开放和市场经济的大浪潮下，全国上下创业激情高涨，迅速掀起一股"下海潮"，大量机关干部（公务员）、科研人员、国有企业员工、"海归"等纷纷下海辞职创办企业，形成我国改革开放后的新一轮创业潮。人力资源社会保障部曾做过统计，1992年辞职下海者超过12万人，投身商海（停薪留职、兼职）的人超过1000万人。许多体制内的人下海创业，许多大学生也把创业作为自己毕业后的梦想。创业成为20世纪90年代的鲜明烙印，由此也大大推动了民营企业的蓬勃发展。许多民营企业大佬就诞生于这个阶段，并成为今天引领行业发展、名扬全球的大型民营企业集团，为中国经济发展作出了重要贡献，也为民营经济发展创新提供了现实素材。

2. 国企改革拉开帷幕，助力民营企业迅速发展壮大

（1）国企大面积亏损，"抓大放小"为民营企业提供了历史机遇。20世纪90年代中后期，中国已摆脱短缺经济，由于市场经济建设热情高涨和现代企业经营自主权扩大，全国掀起了投资扩产高潮，导致出现严重的产能过剩，国有企业出现大面积亏损，适逢1997年亚洲金融危机的冲击，国有企业形势困难。1997年，党的十五大对国有经济提出，"要着眼于搞好整个国有经济，抓好大的，放活小的""从战略上调整国有经济布局"。1998年，中央政府明确提出了"从战略上调整国有经济布局和改组国有企业""有进有退""抓大放小"等政策措施。国有企业从一般竞争性领域退出并集中在能源、电信、铁路等垄断行业。在接下来的三年中，大量国有企业改制，产权开始流转，国有企业中的管理者、技术骨干力量开始接手企业运营，私营企业迎来历史性发展大机遇。1999年3月，第九届全国人大第二次会议通过宪法修正案，修订后的《宪法》第六条提出，国家在社会主义初级阶段，坚持公有制为主体、多种所有制经济共同发展的基本经济制度，坚持按劳分配为主体、多种分配方式并存的分配制度。第十一条修改为："在法律规定范围内的个体经济、私营经济等非公有制经济，是社会主义市场经济的重要组成部分。""国家保护个体经济、私营经济的合法的权利和利益。国家对个体经济、私营经济实行引导、监督和管理。"

（2）国企数量减少，民营企业在各行各业中崭露头角。据统计，1998—2000年，国有企业数量减少，分流职工高达 3000 多万人，催生了大量民营企业。房地产、钢铁、水泥、化工、装饰材料等行业中出现了众多民营企业的身影。据 2002 年《中国私营企业调查报告》显示，有 25.7% 的被调查私营企业是由国有企业和集体企业"改制"而来；"改制"前是国有企业的占 25.3%，是乡镇集体企业的占74.7%；有 60.6% 的企业主是原来企业的负责人。1991—2001 年，私营企业由 10.8万户增至 202.85 万户，年均增长 19.205 万户，年均增速 34.08%。同期，注册资金大幅增长，其总额由 123.17 万元增至 18212 万元，户均资本金由 11.4 万元增至89.78 万元，分别增长 147.86 倍和 7.88 倍，年均增速分别为 64.81% 和 22.93%。[①]私营企业的税收年均增长 80.33%，成为各种经济成分中最具活力、发展最快的部分。

此阶段民营企业开始从轻工业向重工业进军，主要特征是追求规模效应，大中型民营企业出现，企业集团开始形成，企业的质量意识、品牌意识逐步增强。

3. 互联网经济悄来袭，一批重量级民营企业显身影

20 世纪 90 年代中后期，发端于美国的互联网开始在中国广泛应用。1994—2000年中国掀起第一次互联网创业发展大潮，互联网经济快速走进经济社会的方方面面，并成为创业的热门领域，雅虎、网易、搜狐、新浪、百度、阿里巴巴等一批民营企业诞生，2000 年 4 月 13 日，新浪网宣布首次公开发行股票，第一只来自中国的网络股登陆美国纳斯达克。经过近 20 年的发展，这些公司成长为引领中国甚至全球互联网经济发展的龙头，孕育了一批以阿里巴巴为代表的世界级独角兽民营企业，越来越多的人投入到互联网的创业中，互联网经济的飞速发展为中国经济弯道超车奠定了基础。

（三）在全球化中拼搏，在竞争中强壮（2002—2012 年）

2002 年，党的十六大充分肯定了民营企业家对社会主义事业的贡献，认为个体户、私营企业主等社会阶层，都是中国特色社会主义事业的建设者。适逢中国加入世贸组织的历史机遇，中国融入全球化的进程加快，国家支持民营企业发展的政策大幅度放宽，民营企业进行对外投资、贸易的不平等待遇逐步取消，民营企业开始在国际舞台上大显身手，积极融入全球产业链，参与国际竞争，综合实力在竞争中大大增强。

1. 政策环境大幅度宽松，民营企业实现大发展

（1）"毫不动摇"首次现身党报告，民营企业地位再次变牢固。2001 年 11 月 10日，世贸组织（WTO）第四届部长级会议审议通过了中国加入世界贸易组织的申请，

---

① 单爱玲. 浅析政府对策视角中的民营企业发展问题 [J]. 内蒙古科技与经济，2017（1）.

中国从 2001 年 12 月 11 日起正式成为世贸组织成员。2002 年党的十六大首次提出毫不动摇地鼓励、支持和引导非公有制经济发展，进一步巩固了民营企业的地位，民营企业家党代表首次亮相党的十六大，民营企业家的政治地位获得社会各界认可。2003 年党的十六届三中全会审议通过了《中共中央关于完善社会主义市场经济体制若干问题的决定》。2004 年，全国人大通过宪法修正案，《宪法》第十一条第二款修改为："国家保护个体经济、私营经济等非公有制经济的合法的权利和利益。国家鼓励、支持和引导非公有制经济的发展，并对非公有制经济依法实行监督和管理。"2007 年 3 月，全国人大通过了《物权法》，提出平等保护国家、集体和私人的物权，让民营企业发展成果有了法律保障。

（2）新旧"36 条"相继出台促发展，民营企业发展环境大幅宽松。2005 年和 2010 年，国务院相继发布《国务院关于鼓励支持和引导个体私营等非公有制经济发展的若干意见》（简称"非公经济 36 条"或"旧 36 条"）和《国务院关于鼓励和引导民间投资健康发展的若干意见》（简称"民间投资 36 条"或"新 36 条"），阻碍民营企业发展的法律法规和政策得到清理和修订，市场准入条件放宽，基础设施等 18 个行业向民营企业开放，公平竞争、平等进入的市场环境得到较大改善，民营企业投融资、税收、土地使用等政策陆续提出。2004 年、2006 年和 2009 年分别成立中小企业板、新三板和创业板，民营企业融资渠道进一步拓宽。

这一系列重大政策和事件推动了民营企业大发展，并促使中国成为"世界工厂"。2002—2012 年，私营企业数量继续快速增长，由 263.83 万户增至 1085.72 万户，年均增长 82.19 万户。注册资本金总额由 2.48 万亿元增至 31.1 万亿元，户均资本金由 94 万元增至 286.45 万元，分别增长 12.54 倍和 3.05 倍，年均增速分别为 28.77% 和 11.79%。与上个十年相比，民营企业增速明显放缓。

2. 积极融入全球化进程，民营企业竞争力大增

加入世贸组织使得中国更加快速地融入全球化进程，为中国民营企业参与全球化进程、参与国际竞争，在国际竞争中发展壮大提供了机会。2002 年党的十六大以后，中国企业"走出去"的进程加快，与此同时，民营企业经济实力大大增强，大型民营企业、企业集团数量大幅增加，在境内外上市的数量增多，并且开始注重利用国际国内"两个市场、两种资源"，从国内向国际发展，国际化程度大大提高，"走出去"投资、并购的行为日益增多。以 2010 年数据为例，《2011 中国对外贸易 500 强企业研究报告》的统计数据显示，2001 年，500 家进出口额最大的企业当中，民营企业只有 5 家，到 2010 年就增加到了 44 家。贸易额方面，2010 年进出口企业 500 强中民营企业的进出口总额为 560.57 亿美元，占 500 强进出口总额的 4.93%，比 2001 年增加 4.07 个百分点。全国工商联数据显示，2010 年，民营企业 500 强中累计共有 137 家企业开展了海外投资，投资企业和项目 592 个，海外投资额达 61.77 亿美元，比 2009 年增长 174%，2010 年民营企业 500 强兼并收购海外企业的事件明

显增多。系列数据充分说明中国民营企业不仅在规模上不断增大，且在竞争力上也不断增强。

3. 遭全球金融危机冲击，民营企业艰难寻突围

2008 年全球金融危机的影响还未完全消退，由于国家 4 万亿元资金的强力投入，使中国经济与世界经济下行的现象产生背离，呈现出"风景这边独好"的局面，但 4 万亿元资金大部分流向了国有企业，民营企业难以分得一杯羹。由于外部出口需求锐减，国内需求萎靡，人民币快速升值，受到金融危机冲击的民营企业，特别是外向型民营企业经营举步维艰，广东、浙江等省份大量靠外贸加工产品的劳动密集型民营企业大量倒闭，民营企业家跑路事件频繁发生。根据国家发展改革委公布的信息，仅 2008 年上半年，中国就有 6.7 万家中小企业倒闭，其中多数为劳动密集型出口加工企业。在各种质疑声中，民营企业开始谋求转型升级，通过增加研发投入，增强自主创新能力，从劳动密集型企业向技术密集型企业转变，提高市场竞争力。

（四）在新常态中谋变，在涅槃中重生（2013—2017 年）

自 2012 年开始，在后金融危机时代，适逢中国经济进入新常态，GDP 增速开始回落，告别过去 30 多年均速 10% 的高速增长，开始转为中高速增长，中国经济增长从要素驱动、投资驱动转向创新驱动。在此背景下，党的十八大提出"毫不动摇鼓励、支持、引导非公有制经济发展"，民营企业在国民经济中的地位更加巩固，增强了发展信心。民营企业在经济新常态背景下积极谋变，进一步深入转型升级，向产业链高端迈进。

1. 党的政策再放"定心丸"，民营企业发展信心大大增强

如果说 1978 年党的十一届三中全会为民营企业生存打开了一小扇窗，那么党的十八大则为民营企业发展敞开了一大扇门。如果说 1992 年党的十四大确立走社会主义市场经济道路为民营企业吃了一颗"定心丸"，那么党的十八届三中全会全面深化改革的决定又为民营企业吃了一颗"定心丸"，消除了民营企业发展的后顾之忧。2012 年党的十八大提出"毫不动摇鼓励、支持、引导非公有制经济发展"。2013 年党的十八届三中全会审议通过的《中共中央关于全面深化改革若干重大问题的决定》指出，公有制为主体、多种所有制经济共同发展的基本经济制度是中国特色社会主义制度的重要支柱，也是社会主义市场经济体制的根基。公有制经济和非公有制经济都是社会主义市场经济的重要组成部分，都是我国经济社会发展的重要基础。首次史无前例地用"重要支柱""根基""重要基础"等词汇强调非公有制经济的作用。党的十八届三中全会还特别强调"公有制经济财产权不可侵犯，非公有制经济财产权同样不可侵犯"，并进一步指出"保证各种所有制经济依法平等使用生产要素，公开公平公正参与市场竞争、同等受到法律保护"。民营企业在国民经济中

的地位更加巩固，民营企业及民营企业家的私有财产更有保障，大大增强了发展信心。

2. 全方位改革号角吹响，民营企业发展环境不断改善

党的十八届三中全会拉开了全面深化改革的序幕，中国进入以经济体制改革为重点的全方位改革时代，民营企业发展的外部环境史无前例地受到国家重视，中央及地方政府在财税、投融资体制、市场准入、信贷政策、支持中小企业及小微企业、产权保护等多方面出台政策，优化、改善营商环境，鼓励民营企业发展。

2014年国务院提出"大众创业、万众创新"，推出"简政放权""放管服"等行政审批制度改革；"证照分离""三证合一①""五证合一②"等商事制度改革；2015年以来国务院、中央深改组先后8次召开会议，讨论优化营商环境问题；2016年3月，习近平总书记提出要构建新型政商关系，即亲清政商关系；2016年7月，发布《中共中央、国务院关于深化投融资体制改革的意见》，12月，在2013年和2014年连续两年修订《政府核准的投资项目目录》的基础上，国务院发布《政府核准的投资项目目录（2016年本）》，放宽民营企业相关领域准入；放开民营资本进入金融领域的限制，先后审批成立17家民营银行，着力解决民营企业融资难融资贵问题；各地成立政策性担保公司，为民营企业提供担保，中央及地方政府层面，设立专项基金支持民营企业发展；全面推行"营改增"，降低企业税费，提高小微企业应纳所得税额；实行统一的市场准入制度，消除隐性壁垒，打破"玻璃门""弹簧门""旋转门"，制定市场准入负面清单；推进混合所有制改革，鼓励民营企业参股国有企业；2017年9月1日，修订通过《中小企业促进法》，进一步明确了对中小企业在财税、融资、权益保护等方面的法律规定。

在上述政策的鼓励下，民营企业的投资领域进一步放宽，享受的优惠政策逐渐增多，平等待遇逐步落实，在"创业创新"、行政审批改革、商事制度改革等举措直接刺激下，民间投资热情和创业热情大量释放，民营企业数量急剧增加，极大地丰富了市场主体的多元性。

3. 供给侧结构性改革中谋升级，民营企业涅槃后重生

（1）民营企业生存压力不断加大，转型升级迫在眉睫。中国民营企业大多集中在传统产业，处于产业链的中低端，受到2008年国际金融危机和国内经济下行压力影响，民营企业特别是中小民营企业普遍面临劳动力成本上升、原材料价格上涨、融资成本上升、盈利水平下降等问题，生存与发展的压力不断加大。2010年至2016年民营企业盈利能力持续下降，销售净利率、资产净利率、净资产收益率等均连续

---

① "三证合一"指工商营业执照、组织机构代码证和税务登记证合为一证。
② "五证合一"指工商营业执照、组织机构代码证、税务登记证、社会保险登记证和统计登记证合为一证。

下滑。数据显示，2012 年民营企业 500 强的净利润增长率仅为 − 3.39%。转型升级已成为民营企业生存发展的必由之路。2012 年，面对国内外严峻复杂的经济形势，2015 年中央经济工作会议提出今后一段时间要以供给侧结构性改革为主线，民营企业通过加强技术创新、管理创新、产品创新、商业模式创新、品牌建设等提高全要素生产率，加快了转型升级步伐，呈现出从产业链中低端向高端迈进，从传统产业向新兴产业调整的趋势。

（2）民营企业大量进入新兴产业，多元布局步伐加快。2012—2017 年，节能环保产业、新材料和新能源产业、新一代信息技术产业、高端装备制造业、生物产业、新能源汽车产业成为民营企业投资的重点领域，民营企业进入数量大幅增长。民营企业加大了在现代物流、金融服务、电子商务等新兴生产性服务业方面的布局，如京东集团在第三方物流配送、金融服务等方面持续发力，腾讯、阿里巴巴在第三方支付占据市场主导地位并向金融其他产业进军，小米公司、京东集团、新希望集团等联合成立新网银行。2015 年以来，民营企业进入银行业的步伐加快，两年来，共有 17 家民营银行开业运营。全国工商联调查数据显示，2016 年有 46.8% 的民营企业 500 强主动转型升级化解过剩产能，有 71.8% 的民营企业 500 强的库存规模保持合理水平，有 66.2% 的民营企业 500 强主动采取措施降低企业杠杆率或使杠杆率保持合理水平。金融租赁、新能源、通信设备制造等新兴经济领域的民营企业市场竞争力不断增强，已经成为最有活力的经济类型。

（3）民营企业创新能力渐提升，涅槃后重获新生。通过转型升级，民营企业自主创新意识大大增强，自主创新能力逐渐提高，民营企业正在新一轮转型升级中涅槃重生。以民营企业 500 强为例，2013—2016 年，民营企业研发投入力度持续加强，研发人员占比超过 3% 的企业数量由 267 家上升至 313 家，占民营企业 500 强的比例由 53.4% 上升至 62.6%，每年平均增长 4 个百分点左右；研发强度超过 1% 的企业占比在 35% 左右；关键技术来源于自主开发与研究的民营企业占比由 2013 年的 76.20% 提升至 2016 年的 78.80%；2016 年国内专利申请数量较 2013 年增长 55.65%，国际专利申请数量较 2013 年增长 80.56%。2016 年 3.4 万户年纳税 1000 万元以上的重点税源制造业企业中的民营制造企业研发费用占制造业研发费用总额的比重达 43.5%，同比提高 5.8 个百分点，为民营制造业持续快速发展提供了强劲动力。在欧盟委员会发布的"2016 全球企业研发投入排行榜"中，华为公司超过苹果公司，以 83.58 亿欧元的研发费用高居第八位，中国的百度、联想、腾讯和美的等企业都榜上有名。

表1　　　　2013—2016 年中国民营企业 500 强研发人员占比及研发强度　　　单位：家

占比结构	研发人员占比				研发强度占比			
	2013 年企业数	2014 年企业数	2015 年企业数	2016 年企业数	2013 年企业数	2014 年企业数	2015 年企业数	2016 年企业数
≥10%	144	142	163	177	5	3	2	4
[3%，10%)	123	125	136	136	52	59	61	70
[1%，3%)	55	46	61	67	109	103	115	96
(1%，0]	20	21	50	24	206	215	221	224
合计	342	334	410	404	372	380	399	394

数据来源：《中国民营企业 500 强调研分析报告》（2016 年、2017 年），中国民生银行研究院。

二、笑看今朝：中国民营企业风雨兼程 40 年成就辉煌

改革开放 40 年来，中国民营企业经历了从无到有、从小到大、从弱到强、从国内到全球的成长过程。40 年来，中国涌现了一批实力雄厚、竞争力强的民营企业，培育了一批具有企业家精神的民营企业家。民营企业在吸纳就业、创造税收、对外投资贸易、促进经济发展等方面发挥了重要作用。中国民营企业已成为市场经济中最富活力、最具潜力、最有创造力的市场主体，是中国经济发展的重要支柱和根基。

（一）民营企业已成为中国市场主体生力军，经济实力大幅增强

1. 四次创业潮催生大量民营企业

改革开放 40 年来，中国经历了四次创业潮，即 20 世纪 80 年代中期改革开放创业潮、20 世纪 90 年代初期下海创业潮、21 世纪初期互联网创业潮、2014 年以来创新创业潮，每次创业潮均催生了大量民营企业。民营企业从改革开放初期的 10 万户左右发展到私营企业 2607.29 万户（截至 2017 年 9 月末），个体工商户 6579.4 万户（截至 2017 年末），民营企业数量已占市场主体数量的 95%，占企业数量的 89.7%（截至 2017 年 9 月末）。

特别是党的十八大以来，民营企业发展迅速，2014 年中国开启商事制度改革，在国内全面推行注册资本登记制度改革，企业登记门槛大幅降低，企业注册便利化程度大幅提高。2015 年在创新体制机制、优化财税政策、产权制度等领域出台了多项政策措施，民营企业得到快速发展。据国家工商总局统计，2014 年全国平均每天新登记企业 1.06 万户，2015 年全国平均每天新登记企业 1.20 万户，2016 年全国平均每天新登记企业 1.51 万户，2017 年这一数据达到 1.66 万户，民营企业数量每年以 20% 以上的增速增长，在新登记的企业中，96% 以上属于民营企业。据统计，我国 A 股上市民营企业数量占比已接近 60%，创业板 90% 是民营企业，中小板 80% 是

民营企业。

（万家）

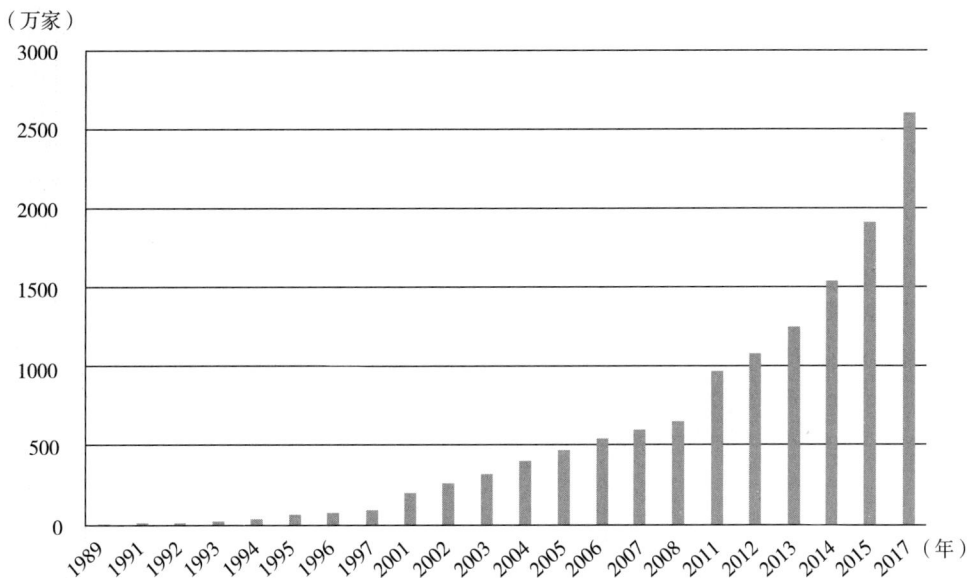

注：2017 年为 1～9 月。

数据来源：Wind，国家工商总局，相关年份经济年鉴，中国民生银行研究院。

图1　民营企业注册数量

（%）

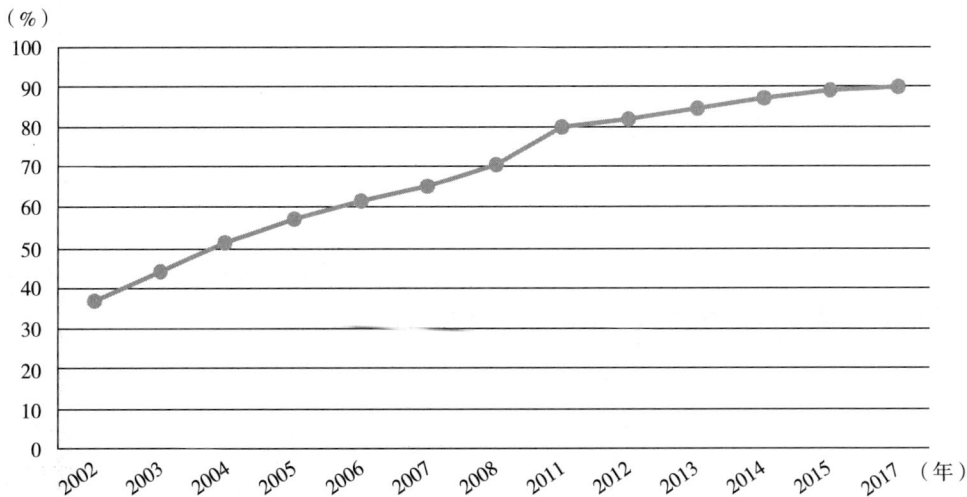

注：2017 年为 1～9 月。

数据来源：Wind，国家工商总局，中国民生银行研究院。

图2　国内民营企业占内资企业数量比例

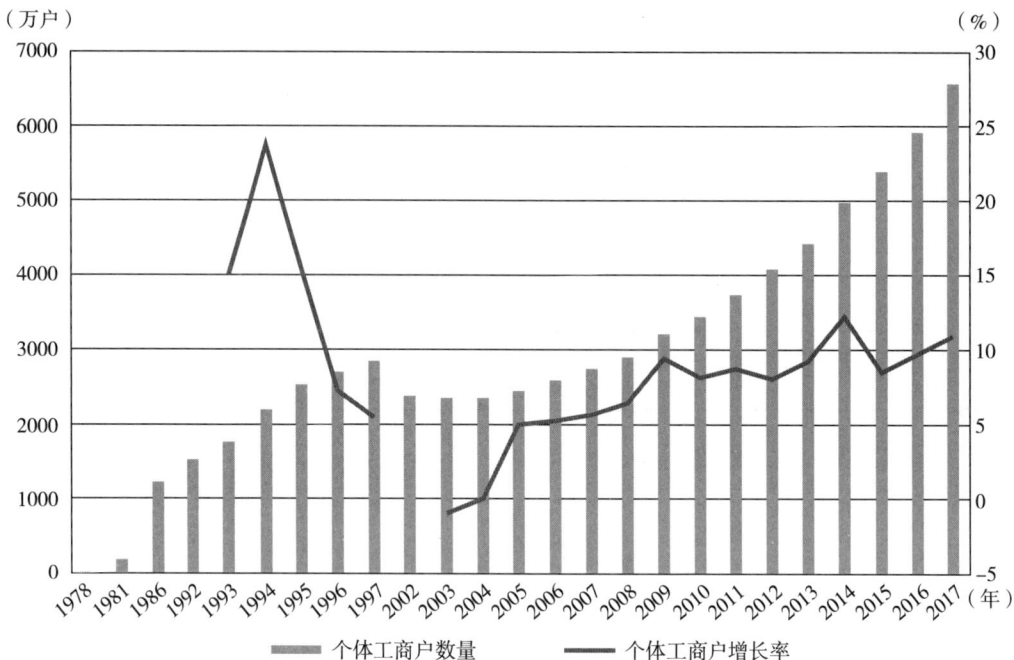

数据来源：Wind，国家工商总局，中国民生银行研究院。

图3　国内个体工商户数量和增长率

2. 民营企业注册资本大幅度提高

民营企业注册资金（资本）从 2002 年的 2.48 万亿元增长至 2015 年的 90.55 万亿元，增长了 36.51 倍。2012 年后，民营企业注册资金增长率快速升高，特别是 2014 年，在"大众创业、万众创新"及商事制度改革的刺激下，民营企业的注册资金增长率高达 50.62%。户均注册资金从 2002 年的 94.00 万元增长至 2015 年的 474.52 万元，增长了 4 倍左右，且始终保持上升态势。个体企业资金总额从 0.38 万亿元增长至 2015 年的 3.7 万亿元，增长了 9.73 倍，户均资金额由 2002 年的 1.60 万元增长至 2015 年的 6.84 万元，增长了 4.23 倍。

（万亿元）　　　　　　　　　　　　　　　　　　　　　　　　　　　　（%）

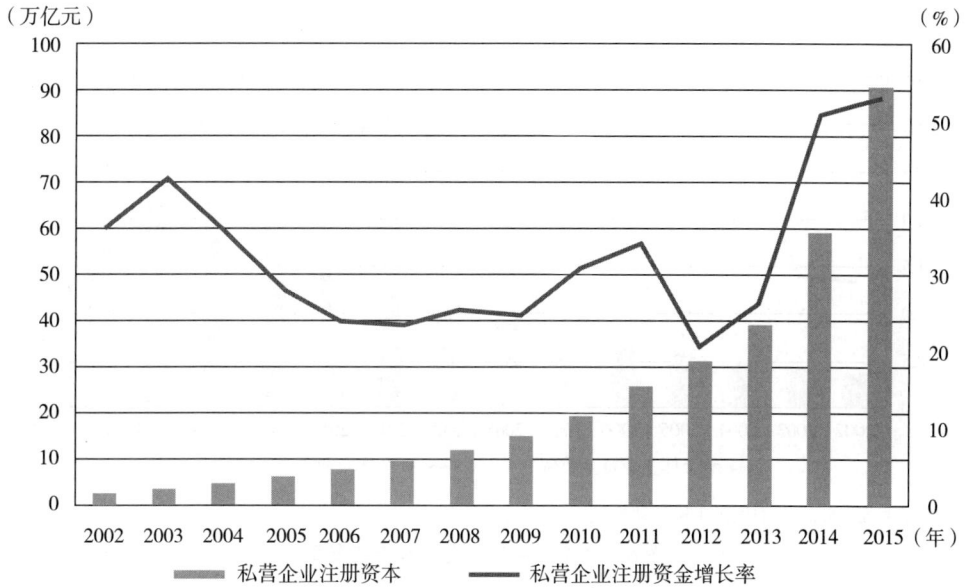

数据来源：Wind，中国民生银行研究院。

图 4　私营企业注册资本和增长率

（万元）

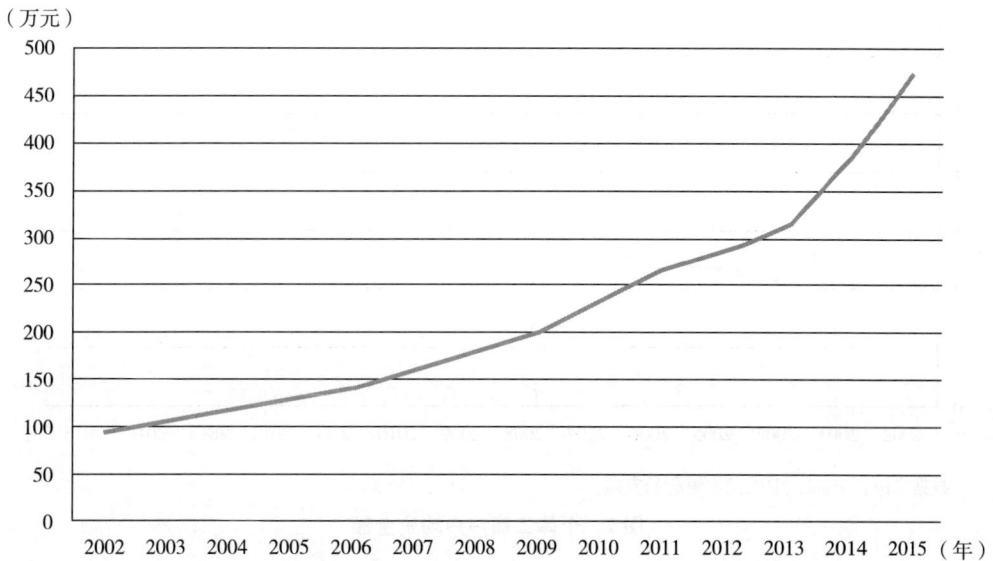

数据来源：Wind，中国民生银行研究院。

图 5　私营企业户均注册资本额

（万亿元）　　　　　　　　　　　　　　　　　　　　　　　（%）

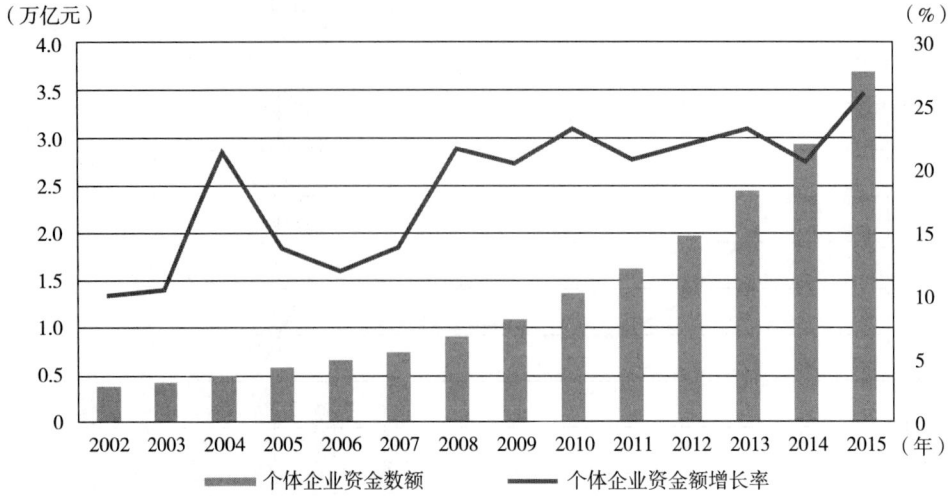

数据来源：Wind，中国民生银行研究院。

图6　个体工商户资金额和年增长率

（万元）

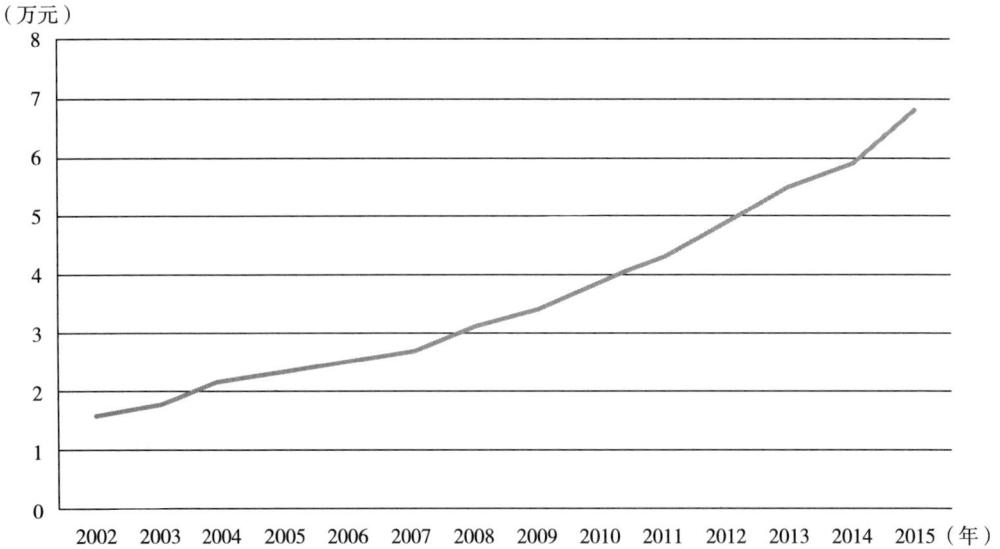

数据来源：Wind，中国民生银行研究院。

图7　个体工商户户均资金额

表2　　　　　　　　　中国民营企业注册资本（资金）情况

年份	私营企业				个体企业			
	户数（万户）	注册资金（万亿元）	户均注册资金（万元）	注册资金增长率（%）	户数（万户）	资金数额（万亿元）	户均资金（万元）	资金额增长率（%）
2002	263.83	2.48	94.00	35.9	2377.5	0.38	1.60	10.10
2003	328.72	3.53	107.39	42.34	2353.2	0.42	1.78	10.53

续表

年份	私营企业				个体企业			
	户数（万户）	注册资金（万亿元）	户均注册资金（万元）	注册资金增长率（%）	户数（万户）	资金数额（万亿元）	户均资金（万元）	资金额增长率（%）
2004	402.41	4.79	119.03	35.69	2350.5	0.51	2.17	21.43
2005	471.95	6.13	129.89	27.97	2463.9	0.58	2.35	13.73
2006	544.14	7.60	139.67	23.98	2595.6	0.65	2.50	12.07
2007	603.05	9.39	155.71	23.55	2741.5	0.74	2.70	13.85
2008	657.42	11.74	178.58	25.03	2917.3	0.90	3.09	21.62
2009	740.15	14.65	197.93	24.79	3197.4	1.09	3.40	21.11
2010	845.52	19.21	227.20	31.13	3452.9	1.34	3.88	22.94
2011	967.68	25.79	266.51	34.25	3756.5	1.62	4.31	20.90
2012	1085.72	31.10	286.45	20.59	4059.3	1.98	4.87	22.22
2013	1253.86	39.31	313.51	26.40	4436.3	2.44	5.49	23.23
2014	1546.37	59.21	382.90	50.62	4984.1	2.94	5.89	20.49
2015	1908.23	90.55	474.52	52.93	5407.9	3.70	6.84	25.85

数据来源：Wind，中国民生银行研究院。

（二）民营企业已成为国民经济的重要支柱，支撑作用日益牢固

数据显示，我国民营企业对 GDP 贡献率高达 60% 以上，提供了 80% 的城镇就业岗位，吸纳了 70% 以上的农村转移劳动力，新增就业 90% 在民营企业，来自民营企业的税收占比超过 50%。

1. 民营企业在经济增长中已占半壁江山

改革开放 40 年来，中国对民营企业的支持力度不断加大，党的十四大以来，包括民营企业在内的非公有制经济的发展步入快车道，民营企业创造的社会财富迅速增加，民营经济创造的 GDP 占比已从改革开放初期的 1% 迅速增加到 60%，河南、浙江、辽宁、河北、福建、湖南等省份的民营经济产值超过 60%，民营企业对 GDP 增长的贡献率在 60% 以上。

表3　部分省（区、市）民营经济占全省 GDP 比重及对全省 GDP 贡献率　单位：亿元,%

省（区、市）	民营经济 GDP	占 GDP 比重	对 GDP 贡献率	备注
江苏	41999.58	55.2	57.2	2016 年
广东	42578.76	53.6	55.5	2016 年
贵州	7176.64	53.0	70.0	2017 年
浙江	30215.25	65	—	2016 年
辽宁	20033.00	68	—	2015 年

省（区、市）	民营经济 GDP	占 GDP 比重	对 GDP 贡献率	备注
黑龙江	7564.70	53.1	66.0	2016 年[a]
吉林	7651.52	51.4	—	2016 年
山东	34258.60	51.1	45.9	2016 年
天津	8579.87	48.0	58.9	2016 年
河北	21583.10	67.8	71.5	2016 年
河南	26300.00	64.9	66.4	2016 年
福建	19192.65	67.3	73.2	2016 年
湖北	17680.00	54.7	55.34	2016 年
安徽	13907.50	57.7	61.8	2016 年
上海	7314.65	25.9	20.19	2016 年
重庆	8760.50	49.9	59.2	2016 年
湖南	18739.9	60.0	65.6	2016 年[b]
四川	18252.38	55.9	58.2	2016 年
江西	5305.75	59.2	—	2017 年[c]
陕西	10310.09	53.85	56.7	2016 年[d]
山西	6231.10	48.2	93.2	2016 年
云南	6967.80	46.9	52.9	2016 年
甘肃	3372.46	47.6	71.3	2016 年
宁夏	1392.58	47.8	68	2015 年
新疆	3020.00	31.4	55.3	2016 年

注：a 非公有制经济数据；b 非公有制经济数据；c 2017 年上半年非公有制经济数据；d 非公有制经济数据。

数据来源：各地方统计局等政府部门网站，中国民生银行研究院。

2. 民营企业已经成为中国税收主要来源

从税收角度来看，来自民营企业的税收占全国税收的 50% 以上（保守估计，有研究者认为在 60% 以上），超过来自国有企业的税收，成为中国主要的税收主体来源。部分民营经济发达的省（区、市）这一比重更高，接近 70%。如 2016 年天津市民营企业国税税收收入 721.8 亿元，增长 44.3%，超出整体税收增长 33 个百分点，大幅领先涉外、国有经济收入增长，成为增长最快的经济类型。天津民营经济 2016 年税收规模占全市税收收入的 40.1%，拉动全市税收增长 13.7 个百分点。山东省 2016 年以来自民营企业的税收比重持续攀升，占全省税收的 68.3%。河北省民营企业税收占比 60.96%；2016 年，江西省民营企业数量占国税管辖企业的 93%，民营经济税收占国税收入总额超六成，民营经济已经成为该省国税收入最重要的支柱；2016 年，湖南省非公有制经济实缴税金占全省实缴税金的 53.6%；2015 年江苏省民营企业税收占全省税收比重接近 60%；2015 年安徽省民营企业税收占全省税收比重为 68.2%；2015 年广东省民营企业税收占全省税收的 47.3%。

国家税务总局数据显示，2016 年中国民营经济税收增长 5.5%，增速快于全国税收增长 0.7 个百分点。全国纳税 500 强企业中，民营企业税收增长幅度远超其他所有制类型企业，说明民营企业正在成为经济转型发展的重要引擎。

表4　　　　　　　　　　不同计算口径民营企业税收占比　　　　　　单位:%

计算口径	民营企业税收占比	备注
广义民营企业	68.3	除国有及国有控股企业之外的企业
内资民营企业	50.1	除国有企业及国有控股企业、外资企业（含港澳台资企业）外的企业
狭义民营企业	51	私营企业、私营控股企业、个体工商户

数据来源：国家税务总局，中国民生银行研究院。

表5　　　　　　　　　　部分省（市）民营企业税收占比　　　　　　单位:%

省（市）	民营企业税收占比	备注
山东	68.3	2016 年
安徽	68.2	2015 年
河北	60.96	2016 年
江苏	60.0	2015 年
浙江	60.0	2015 年
广东	47.3	2015 年
天津	40.1	2016 年
河南	60.0	2016 年
江西	60.0	2016 年
湖南	53.6	2016 年

数据来源：相关省（市）统计数据，中国民生银行研究院。

3. 民营企业成为吸纳就业的重要"蓄水池"

民营企业从业人员大幅增长，成为就业的主要承载主体。党的十八大以来，随着党中央、国务院鼓励非公有制经济、民营经济发展的一系列政策措施出台，到民营企业就业的人员连年增加，为社会稳定作出了突出贡献。

Wind 数据显示，截至 2016 年末，全国民营企业从业人员有 3.0759 亿人，是 1978 年的 2050 倍，是 1990 年的 13.5 倍，比 2010 年增加近 1.5 亿人，接近翻番。第三产业民营企业从业人员最多，达 2.3 亿人，占比 74.2%，其次为第二产业。2014 年随着深入推进工商企业登记注册等商事制度改革，截至 2016 年末，个体工商户从业人员由 1978 年的 15 万人增长到 12862 万人，增长 857.47 倍；私营企业从业人员由 1990 年的 170 万人增长到 17897 万人，增长 105.28 倍。50% 以上的大学毕业生进入民营企业工作。

据国家工商总局的调查，2014 年商事制度改革后一年新设企业带动增加 1890.70 万个就业岗位。改革前一年新设企业带动增加 1699.76 万个就业岗位，改革后一年比改革前一年多提供 190.94 万个，增长 11.23%。小微企业成为带动就业的主力军。调查结果表明，改革一年来在新登记企业中，从业人员在 20 人以下的企业数量占比达到88.26%，其中 10 人以下的企业占比高达 69.64%，改革后对从业人员较少、规模较小的小微企业有较大的促进作用。

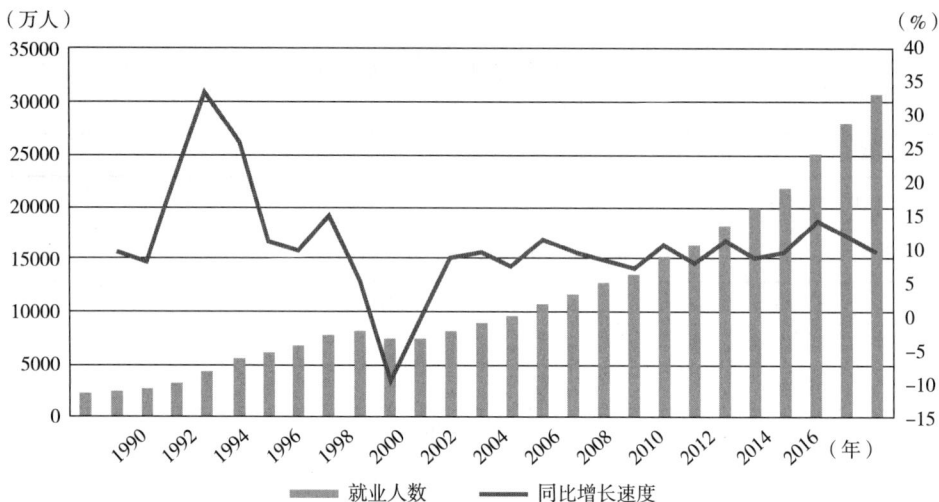

数据来源：Wind，国家工商总局，中国民生银行研究院。

图8　民营企业就业情况

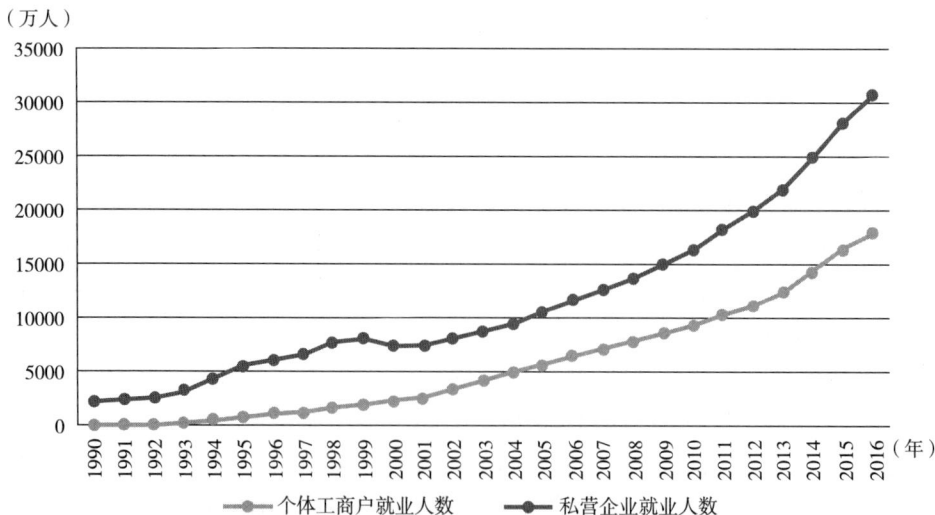

数据来源：Wind，中国民生银行研究院。

图9　私营企业、个体工商户就业情况

4. 民间投资成为中国经济增长的"压舱石"

改革开放 40 年来，民间投资不断发展壮大，对全社会投资增长的贡献逐步提高。从增速来看，2014 年以前，全国固定资产投资完成额同比增速在 20% 以上，均值在 25% 以上，个别年份达 30% 以上，国有及国有控股企业固定资产投资绝大部分年份保持在 20% 以下，围绕 15% 上下波动。而民间固定资产投资完成额增速、民营企业固定资产投资完成额增速分别为 25% ~ 90% 和 28% ~ 60%，2006—2013 年，两者增速是国有及国有控股企业固定资产投资增速的 1.5 ~ 3 倍，2005 年则高达 7 倍和 6 倍以上，且在 2006 年下半年之后，民营企业固定资产投资增速远高于民间固定资产投资增速。随着中国经济进入新常态，2014 年下半年以来，在国家供给侧结构性改革及经济下行背景下，在经营风险加大、投资回报率下降、行业准入限制严格、融资渠道不畅、国际形势复杂等多重因素影响下，民间投资、民营企业投资增速从 25% 以上的高位迅速下滑，特别是 2016 年下滑至个位数，但民营企业投资较民间投资增速高约 6 个百分点。与此同时，国有及国有控股企业投资增速从 10% 以上快速攀升至 20% 以上的增速。不过，2016 年和 2017 年在连续两年中央政府鼓励政策支持下，民间投资及民营企业投资增速逐月回升企稳至 6% 和 10% 以上。

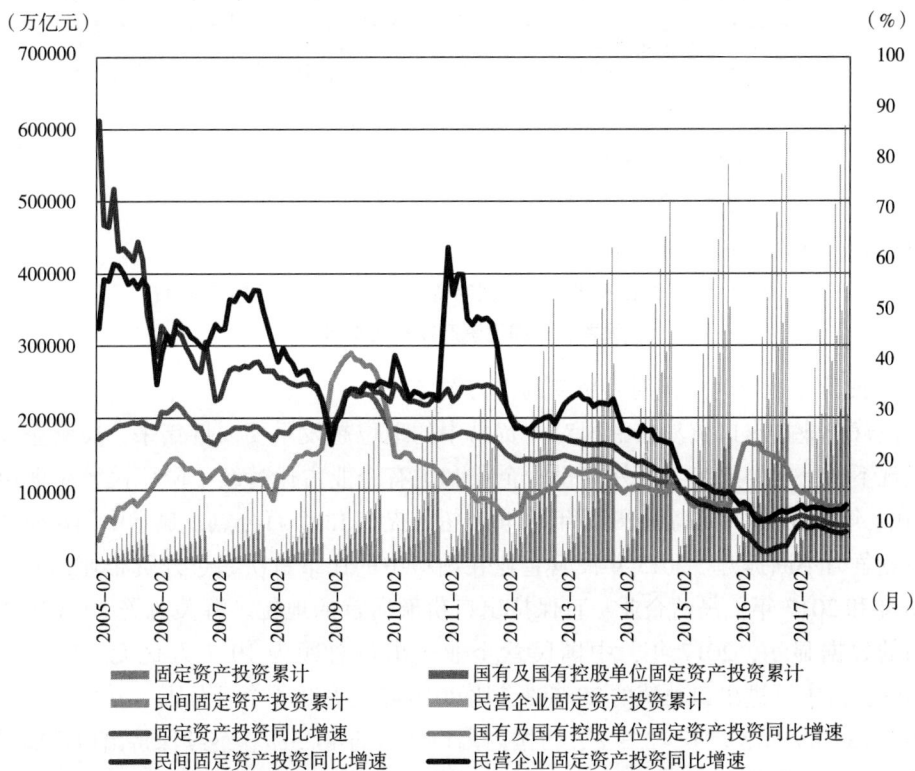

数据来源：Wind，中国民生银行研究院。

图 10　全国固定资产投资、国有及国有控股单位固定资产投资、民间固定资产投资、民营企业固定资产投资增速对比

从占比来看，在全社会固定资产投资完成额中，民间固定资产投资完成额累计比重由 2004 年的 20% 快速增长至 60% 以上，并在 2012 年后稳定在该水平上，其中 2015 年比重达 65%。民营企业投资占比则从 13% 攀升至 30% 以上，国有及国有控股企业投资比重从 50% 持续下降至 30% 左右；城镇固定资产投资完成额中民间投资占比由 2004 年的 30% 左右上升至目前的 60% 以上。上述数据表明，民间投资已成为中国投资的主导力量，成为中国经济稳定增长的"压舱石"，民间投资、民营企业投资增速的快慢已成为判断经济冷暖的重要风向标之一。

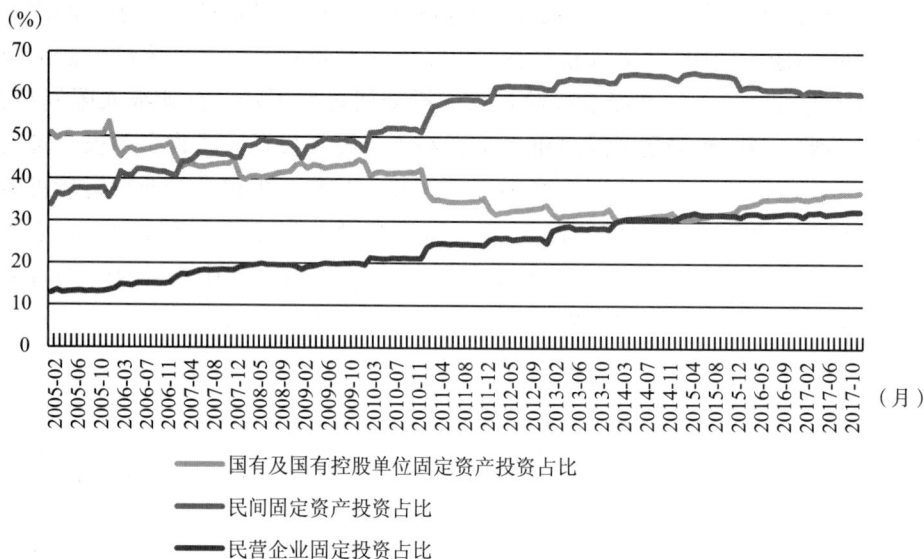

数据来源：Wind，国家统计局，中国民生银行研究院。

图 11 国有及国有控股单位固定资产投资、民间固定资产投资、民营企业固定资产投资比重对比

5. 民营企业成为中国对外贸易的主力军

民营企业进出口贸易在中国对外贸易中的地位越发重要。近年来，民营企业出口呈现不断上升的趋势，而外商投资企业和国有企业占比持续下降。民营企业出口由 2011 年的 33.5% 提高到 2017 年的 46.5%，提高 13 个百分点，显示中国民营企业出口竞争力不断提升。2015 年民营企业在出口中的比重首次超过外资企业，此后在 2016 年和 2017 年，民营企业一直保持出口份额居首的地位。海关总署 2018 年 2 月发布的数据显示，2017 年，中国民营企业进出口总额为 10.7 万亿元，同比增长 15.3%，占中国进出口总值的 38.5%，比 2016 年提升 0.4 个百分点。其中，出口总额为 7.13 万亿元，增长 12.3%，占国内出口总值的 46.5%，继续保持出口份额居首的地位，占比提升 0.6 个百分点；进口总额为 3.57 万亿元，增长 22%。而在 2016 年，国有企业出口占比已下降至 10% 左右，进口占比仅为 20% 左右，远远落后于民营企业。

面对国外激烈的市场竞争环境，民营企业进出口主动转型调整，在技术研发、品牌建设、质量管理等方面加大投入。从出口来看，出口商品的技术含量和附加值进一步提升，机电产品和高新技术产品已成为民营企业出口的主要产品类型，占比达 57% 以上，占全国同类商品出口的比重在 50% 以上，与此同时，传统劳动密集型产品出口增幅开始下降。从进口来看，民营企业进口增速远高于出口，机电产品和高新技术产品进口占绝对比重。

表6　　　　　2011—2017 年国内各类企业对外贸易比较　　　单位：亿美元,%

年份	企业类型	出口			进口		
		金额	同比	占比	金额	同比	占比
2011	国有企业	2672.9	14.1	14.1	4936.7	27.2	29.1
	外资企业	9954.7	15.5	52.4	8648.9	17.1	51.1
	民营企业	6352.9	32.1	33.5	3345.9	34.0	19.8
2012	国有企业	2562.8	-4.1	12.5	4954.3	0.3	27.3
	外资企业	10227.5	2.8	49.9	8712.5	0.8	47.9
	民营企业	7699.1	21.1	37.6	4511.5	17.2	24.8
2013	国有企业	2489.9	-2.8	11.3	4989.9	0.6	25.6
	外资企业	10442.6	2.1	47.3	8748.2	0.4	44.9
	民营企业	9167.7	19.1	41.4	5764.8	27.8	29.5
2014	国有企业	2564.9	3.1	10.9	4910.5	-1.9	25.0
	外资企业	10747.3	3.0	45.9	9093.1	3.9	46.5
	民营企业	10115.2	10.4	43.2	5599.3	-2.9	28.5
2015	国有企业	2423.9	-5.5	10.7	4078.4	-16.9	24.2
	外资企业	10047.3	-6.5	44.2	8298.9	-8.7	49.3
	民营企业	10278.3	1.6	45.1	4442.2	-20.5	26.5
2016	民营企业	—	2.2	45.9	—	8.1	27.9
2017	民营企业	—	12.3	46.5	—	22	28.7

注：表中同比和占比数据是由原始数据计算得出。

数据来源：商务部，海关总署，中国民生银行研究院。

（三）民营企业在国内外的竞争力不断增强，竞争地位快速提高

1. 大型民营企业数量越来越多，竞争力在不断增强

经过 40 年的快速发展，特别是进入新世纪以来，出现大量大型民营企业，在国内外的竞争力不断增强，营业收入达到千亿元的民营企业不断出现。2010 年，国内民营企业 500 强中仅有 3 家营业收入超过千亿元，而在 2017 年全国工商联发布的榜单中，有 6 家民营企业 2016 年营业收入突破 3000 亿元大关，即华为投资控股有限公司、苏宁控股集团、山东魏桥创业集团有限公司、海航集团有限公司、正威国际集

团有限公司、联想控股股份有限公司,其中华为投资控股有限公司营业收入突破
5000 亿元。《财富》发布的世界 500 强数据显示,2014 年中国首家民营企业登上世
界 500 强榜单,2017 年中国入围的民营企业数量增至 24 家,占中国上榜企业数量达
20%。中国企业联合会发布的中国企业 500 强中,民营企业的数量在 2010—2017 年不
断增加,从 172 家增加至 226 家,占比由 34.4% 提高至 45.2%。全国工商联每年发布
的中国民营企业 500 强榜单入围门槛不断提高,2015 年民营企业 500 强入围门槛为营
业收入 101.75 亿元,首次跨过百亿元大关,2017 年这一门槛则上升到 120.52 亿元。

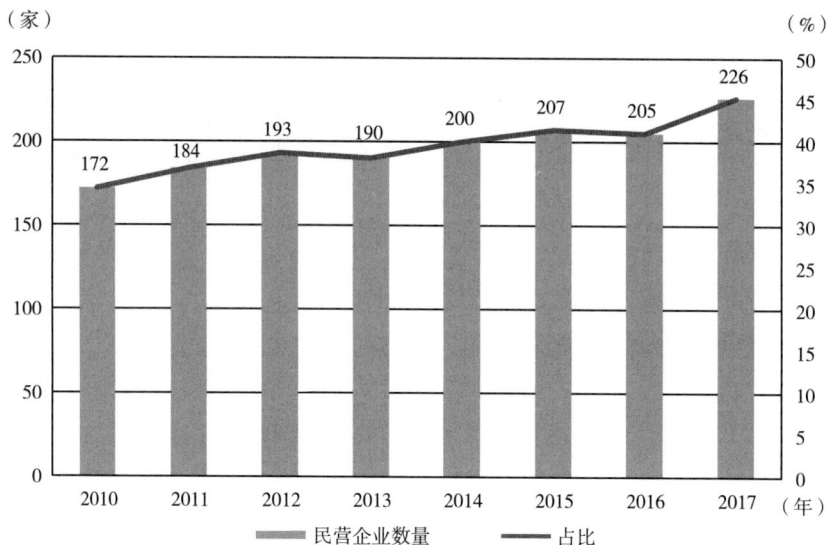

数据来源:中国企业 500 强相关报告,中国民生银行研究院。

图 12 中国企业 500 强中民营企业数量及占比

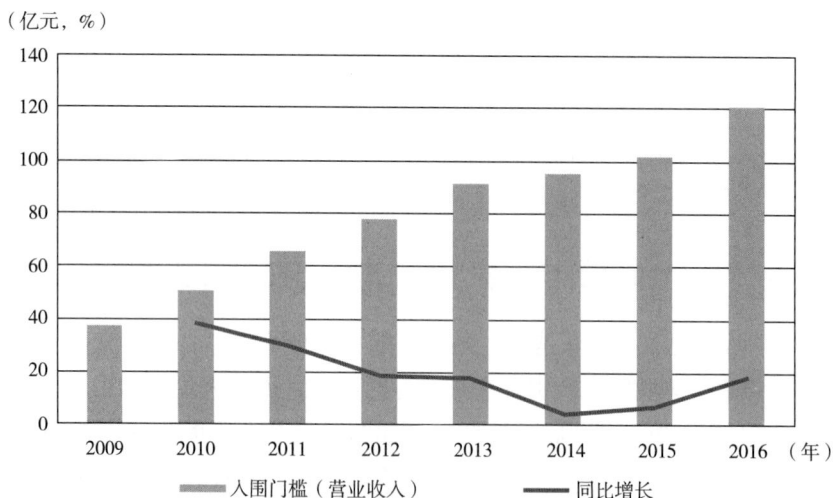

数据来源:中国民营企业 500 强报告,中国民生银行研究院。

图 13 中国民营企业 500 强入围门槛

2. 民营企业对外投资保持强劲，竞争地位不断提高

2001 年实施"走出去"战略被写入《国民经济和社会发展第十个五年计划纲要》，"走出去"战略正式启动，党的十六大把实施"走出去"战略上升为国家战略。中国对外开放从注重"引进来"发展为"引进来"与"走出去"并重。随着中国企业赴海外投资的步伐加快，中国民营企业也加入了对外投资的行列，特别是随着"一带一路"倡议的深入推进，国际产能合作逐渐深入，"走出去"政策体系不断完善，民营企业对外投资屡创新高，已超过国有企业，主动融入经济全球化的进程加快，成为对外投资的主力军。

商务部数据显示，自 2015 年起，中国对外直接投资额超过同期实际利用外资额，成为资本净输出国。2017 年 9 月，商务部发布的《2016 年度中国对外直接投资统计公报》数据显示，自 2002 年起，中国对外直接投资连续 14 年保持快速增长，占全球流量由 0.5% 提升至 13.5%，2016 年流量是 2002 年的 72.6 倍，年均增长速度高达 35.8%。

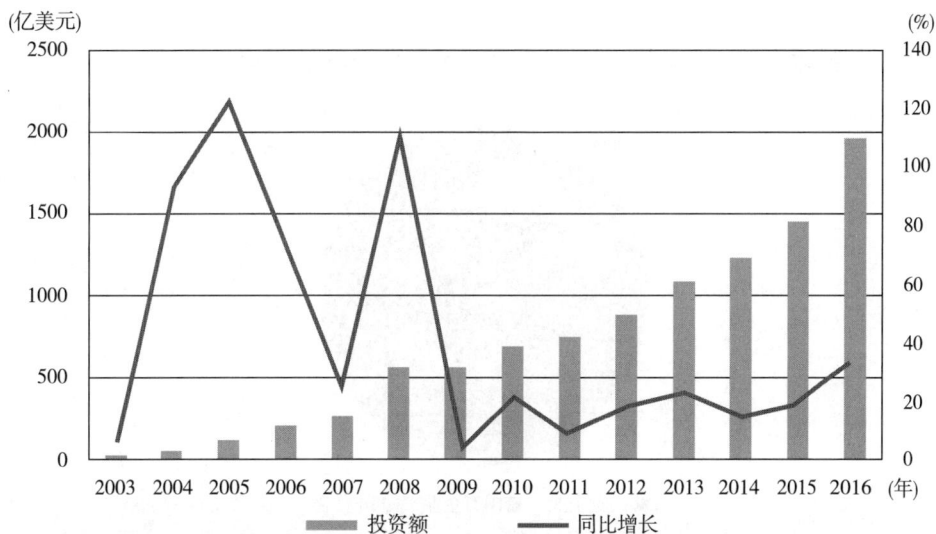

数据来源：中国对外直接投资统计公报，中国民生银行研究院。

图 14　2003—2016 年中国对外直接投资流量情况

中国对外直接投资由国有企业为主转变为民营企业为主。2016 年中国对外非金融类投资流量中，非公有经济控股的境内投资者对外投资占比达到 68%。截至 2016 年，民营企业对外直接投资存量占中国对外直接投资存量的 38.7%。2016 年末，中国对外直接投资者已达 2.44 万家，国有企业数量已从 2007 年的 19.7% 下降至 5.2%，民营企业数量占比从 74% 上升至 86.8%。

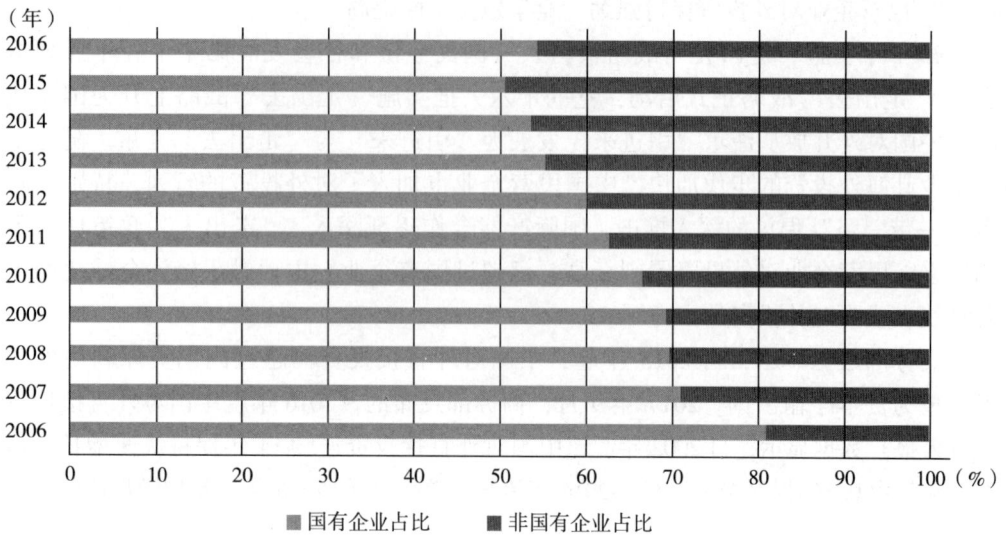

注：非国有企业包括民营企业、外资企业。

数据来源：中国对外直接投资统计公报，中国民生银行研究院。

图15　2006—2016年国有企业和非国有企业对外直接投资存量占比

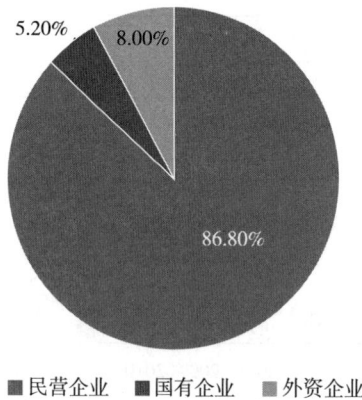

注：此处民营企业为广义概念，指除国有企业、外资（含港澳台）企业之外的企业。

数据来源：中国对外直接投资统计公报，中国民生银行研究院。

图16　截至2016年末中国对外直接投资者构成

表7　　　　　　　　　　中国八家"走出去"典型民营企业

序号	企业名称	"走出去"业绩
1	联想集团	2004年联想集团以12.5亿美元的价格购入IBM的PC业务，全球PC市场排名第九位的联想集团一跃升至第三位，位于戴尔公司和惠普公司之后；2008年7月，美国《财富》杂志评出2008年度世界500强企业，联想集团成为进入世界500强的首家来自充分竞争领域的中国民营企业

序号	企业名称	"走出去"业绩
2	海尔集团	海尔集团在全球建立了 29 个制造基地、8 个综合研发中心、19 个海外贸易公司，员工总数超过 6 万人，海尔集团"走出去"的成功，同其长期把开发国际市场作为市场营销的战略组成部分，跟踪国际技术和产品信息变化，坚持高质量，以创造世界名牌为导向，根据各国用户的不同需求不断开发新技术、新产品，进行技术创新、产品创新，致力于推行本土化战略等密不可分
3	万达集团	2015 年 8 月，万达集团以 6.5 亿美元的价格并购美国世界铁人公司 100% 的股权，这是万达集团收购瑞士盈方、马德里竞技之后在体育产业的又一重大投资，此项并购使中国首次拥有了一项国际顶级赛事产权，这是中国体育产业发展的标志性事件，并购后万达体育也成为全球规模最大的体育经营公司；自 2012 年万达集团并购美国最大院线 AMC 以来，数次收购海外地标建筑，积极布局海外文化产业链，这些海外投资活动不仅加速了万达集团从中国企业向跨国企业迈进的步伐，而且大大推动了万达品牌的国际影响力
4	阿里巴巴	自 2010 年以来阿里巴巴深入推进海外并购，先后投资叫车应用 Lyft、移动引用搜索引擎 Quixey、重度移动游戏厂商 Kabam 等初创公司及高端奢侈品网站 1stDibs、体育用品网站 Fanatics 等物流和在线网站，而 2014 年 9 月阿里巴巴在纽交所募集高达 250.2 亿美元，超越 VISA 成为美国市场上有史以来规模最大的 IPO 交易，将为新一轮的海外投资提供有力的资金支持
5	华为公司	华为公司的业务遍布全球，其海外投资扩展的速度较快，2015 年 2 月，华为公司投资近 2.29 亿元人民币用于建设匈牙利宽带网络，此前华为公司先后投资英国科技公司和法国芯片研发中心，使其在欧洲的研发机构总数增加至 17 个，分别分布于德国、比利时、法国、芬兰、意大利、爱尔兰、瑞典和英国 8 个国家，华为公司作为中国信息技术领军企业之一，积极布局海外技术研发和建设，逐渐占据全球产业价值链的高端，成为民营企业海外投资的领航者
6	万兴科技	万兴科技在加拿大、日本、中国香港设立品牌及区域市场分公司，用户遍布全球多个国家和地区
7	复星集团	复星集团"以中国动力嫁接全球资源"为投资模式积极推进跨国投资和并购，通过聚焦海外保险业提供综合金融能力，如 2014 年复星集团收购葡萄牙 3 家国有保险公司 80% 的股权，之后收购东京天王洲花旗银行中心及美国 Meadowbrook 保险集团，尤其在 2015 年，以 4.64 亿美元战略投资特殊商业财产和意外伤害险服务商 Iron shore 20% 的股份及并购以色列凤凰保险公司
8	吉利汽车集团	吉利汽车集团在海外建有近 200 个销售服务网点，吉利汽车集团在成功实施以自主创新为主的名牌战略之后，开始以海外收购为主的品牌战略；2009 年 4 月，吉利汽车集团收购了全球第二大自动变速器制造企业澳大利亚 DSI 公司，使其核心竞争力大大增强；2010 年 3 月 28 日，吉利汽车集团与美国福特汽车公司在瑞典哥德堡正式签署收购沃尔沃汽车公司的协议

资料来源：中国网，中国民生银行研究院。

3. 民营企业境外并购案例增多，跨境并购中唱主角

Wind 统计数据显示，2010 年以来，中国企业出境并购高达 1800 笔，总金额超过 4.6 万亿元人民币。2016 年是中国企业境外投资并购交易跨越式增长的一年。普华永道统计的数据显示，2016 年中国企业境外并购交易金额达到 2210 亿美元，超过前四年中企境外并购交易金额总和。2012—2016 年 5 年中，中国企业境外并购数量年均增幅达 33%，而 2015 年民营企业境外并购金额占当年境外并购金额的 75.6%，在数量和金额上均首次超过了国有企业，成为境外并购的主角。2016 年，民营企业境外并购交易数达到了 2015 年的 3 倍，交易额超过 2015 年数据的 2 倍，交易金额（1079 亿美元）与交易数量（612 笔）都超过国有企业，处于领先地位，有 51 笔交易超过 10 亿美元。数据显示，2017 年前三季度的境外并购交易中由民营企业参与发起的并购数量达到 359 笔，在总共 572 笔交易中占 63%。民营企业已成为中国企业境外并购市场的主导力量。

（四）一大批民营企业家在市场浪潮中崛起，挑起民族脊梁重任

在经济学中，技术、劳动力、资本和企业家被认为是四大稀缺性资源。企业家精神就是敢于创业、创新、冒险、担当和奉献的精神。改革开放 40 年来，中国在非公有制经济理论上的不断突破创新，培养造就了一大批吃苦耐劳、不畏艰难、敢于拼搏、坚韧不拔的企业家，也因此催生了中国的新阶层，即民营企业家群体。20 世纪 80 年代，鲁冠球、柳传志、张瑞敏、刘永好、吴仁宝、宗庆后、任正非、年广久等第一代民营企业家脱颖而出；20 世纪 90 年代初的"下海潮"培育了陈东升、毛振华、冯仑、潘石屹、王石、俞敏洪、李宁、史玉柱等第二代民营企业家，有人将他们称为"92 派企业家"；2000 年前后，随着互联网兴起，一批拥有高学历、高技术、年轻化的具有国际视野和创新精神的第三代民营企业家诞生，如马化腾、李彦宏、张朝阳、马云、周鸿祎、刘强东、丁磊等互联网企业"大咖"；2014 年后国家大力推进"大众创业，万众创新"，新生代民营企业家走上历史舞台，如滴滴创始人程维、摩拜单车创始人胡玮炜、ofo 创始人戴威等。

三、静思不足：中国民营企业前行之路仍需多方清障

（一）民营企业自身短板仍然突出

1. 公司治理结构不健全

科学规范的公司治理结构和管理制度是企业可持续发展的保障，经过 30 多年的发展，随着民营企业的发展壮大，部分民营企业按照《公司法》的要求，建立起了相应的公司治理结构。据统计，大型民营企业中 96% 以上的企业建立了现代企业制度，但中小民营企业仍未建立现代企业制度，公司治理结构不健全。突出表现在如

下：一是家族式治理模式较多。民营企业的典型组织架构是以企业创始人为集权核心治理结构，家族成员在企业中担任主要管理者角色。企业的所有权、经营权、决策权、执行权、监督权均由家族内部成员控制，缺乏来自内外有效的监控、反馈和制约，导致民营企业战略决策的正确性和准确性大打折扣，甚至造成重大失误或企业破产倒闭。家族式治理模式使得企业存在短期投机行为，有独裁和集权化倾向。二是企业运行大多靠亲情维系。许多民营企业内部职能的运作很大程度上依靠家族成员之间形成的一系列非正式制度、行为，"人治"色彩浓厚，以人情代替制度，缺乏科学有效的治理机制，易造成经济损失，甚至因家族成员间分配不公而使企业运行低效，内部交易成本上升。

2. 整体创新能力待提升

经过 40 年的发展，中国已形成一批国内甚至世界知名民营企业，如华为、美的、吉利等，但从整体上看，90% 以上的民营企业是中小企业甚至微型企业，大多数从事传统制造业、服务业等一般竞争性行业，且处于产业链低端，特别是中小民营企业长期依靠低成本、低层次模仿、低层次加工在市场上竞争，产品技术含量低，创新较少，缺乏核心竞争力，缺乏关键核心技术和自主品牌，产品附加值低、能耗高、投入产出低、竞争力弱，制造业总体上还处于"微笑曲线"底端。而研发投入不足、创新能力有限是导致市场竞争力不强的主要原因之一。

国际企业界的实践经验表明：研发强度在 5% 以上时，企业的竞争力可以充分发挥；强度为 2% 时，仅能够基本维持；强度低于 1%，企业则难以生存。整体而言，中国民营企业本身实力有限，不具备自主创新所需要的资金、人才、技术、设备等物质基础，同时受传统观念和经营环境的影响，大多数民营企业对自主创新的重要性和必要性认识不足，自主创新意识较为缺乏。调查显示，中国民营企业目前的研发费用占销售额的比重平均为 0.4%。民营企业 500 强中研发强度小于 1% 的企业占比高达 65%，中小民营企业研发强度则更低，甚至没有研发投入。研发投入不足，严重阻碍了企业进行技术改进和创新，削弱了企业的核心竞争力，制约了民营企业可持续发展。

3. 诚信精神有待再提高

随着经济实力的提高，民营企业在促进经济增长、解决就业等方面的贡献有目共睹，得到了全社会的认可，同时民营企业持续在品牌建设、文化宣传和社会责任等方面加强投入，民营企业在社会上的整体形象逐步提升，但由于部分民营企业趋利性强、责任意识淡薄，污染环境、不遵守《劳动法》、劳动强度大、拖欠工资、跑路、生产山寨产品、进行虚假宣传、出现医疗事故、诚信度低等负面形象一度使民营企业的公众形象受损。

近年来，由于整体经济下行，企业经营困难，民营企业信用违约、跑路现象频发。2011—2014 年，中小民营企业老板跑路案件时常见诸媒体报道，互联网金融领域、产能过剩领域以及美容卡、健身卡、教育卡等预付卡产业领域成为重灾区，浙江、广东等民营经济发达的地区，民营企业老板跑路现象更为严重。

2014—2017 年，在首次违约的债券发行人主体中，民营企业占比高达 70% 以上，不论公募债行政违约主体还是发生兑付风险的信用事件，均昭示着民营企业成为债券市场的风险高发主体。据不完全统计，2016 年，仅温州、杭州两地因失信而上"黑名单"的企业数量暴增至 40 多万家，郑州暴增至 26 万多家，比此前十多年失信企业的累计数量高出数倍。就全国范围来讲，从 2015 年到 2016 年新增的失信"黑名单"企业已逾 3000 万家之多，由此卷入企业主、股东及连带责任人录入失信"黑名单"或超过 1 亿人以上。

4. 寿命短难以发展壮大

公司治理结构不健全、研发投入不足、创新能力差、人才流动大、经营管理理念落后、运作方式不规范等使民营企业可持续发展能力受到严重挑战，造成企业寿命较短，难以发展壮大，难逃"富不过三代"的魔咒，第一代创始人退出、身故后，企业常常陷入股权重新分配、争夺继承权、管理权等混战之中，致使企业分裂甚至破产倒闭。

据统计，中国民营企业的平均寿命只有 3 年左右。北京中关村"电子一条街"5000 家民营企业生存期超过 5 年的只有 430 家，其余 91.4% 的企业已不复存在，生存期超过 8 年的企业仅占 3% 左右。对浙江 1988 年注册的 1035 家企业生存期的调查结果显示，浙江民营企业的平均寿命为 3.44 年。生存期短于 5 年的企业比例超过 77.7%，其中生存期在 1 年以下的占比为 15.28%，生存期为 1~3 年的企业占比最大，为 32.7%；生存期为 3~5 年的企业占比 29.72%，生存期在 5 年以上的企业数量较少，占 22.3%。而国外民营企业平均生存期为 12.5 年，其中有不少跨国企业已有超过百年的历史。

（二）外部营商环境仍需大力优化

1. 平等待遇仍停留在文件层面

2005 年、2010 年国务院两次出台文件（即"旧 36 条""新 36 条"）在制度、政策等源头上消除了所有制歧视。党的十八大以来，党中央、国务院高度重视营商环境问题，在简政放权、商事制度改革、行政审批改革、鼓励民间投资等方面出台多项举措，但在实际操作过程中，政策仍有待落实，民营企业仍然受到不平等待遇，存在隐性壁垒，仍面临"玻璃门""弹簧门"和"旋转门"问题。在获取资源方面，民营企业难以获得与国有企业一视同仁的待遇。例如，2017 年国家发展改革委、全国工商联在联合开展东北 13 个民营经济发展改革示范城市营商环境评估过程中发现，33.1% 的被调查企业认为当地民营企业与国有企业存在不平等现象，认为民营企业进入某一领域仍有隐性限制。

2. 市场准入门槛仍存隐性障碍

尽管近年来已持续不断降低民间投资准入门槛，但在诸多领域，民间投资仍存在市场准入的隐性障碍，相关配套措施不完善，政策落实不到位，导致民营企业难以公平参与竞争。比如在招标方面，虽然表面上向民营企业开放，但在资质条件、相关业绩、专业要求等方面要求过高，大量民营企业被排除在外；在企业评级方面，在同等条件下，民营企业评级要比国有企业低。

3. 新型政商关系尚未完全建立

党的十八大以来，全面从严治党取得明显成效，促进了政商关系向健康、积极、和谐方面发展。2016 年，习近平总书记提出要构建亲清新型政商关系，但在实践过程中，民营企业仍然在政府部门"遇冷"，政商关系"清而不亲"、舍"亲"保"清"的情况较为普遍，通过"红顶中介"变相准入、变相收费、明放暗不放等问题仍然存在。工作人员不接近民营企业，对民营企业"敬而远之"，对民营企业的发展需求不了解。政府部门不作为、乱作为、慢作为、懒政怠政等现象仍然存在，民营企业发展面临的软环境亟须进一步加大力度改善。

（三）运营成本居高不下负担较重

有关调查数据显示，在各种成本中，人力成本、税费负担、融资成本三项是影响民营企业发展的最主要成本因素。尽管近年来减税降费政策陆续出台，但不少民营企业对税费减负感受不强，仍反映负担较重，不合理收费现象时有发生，制约了民营企业投资积极性。

1. 民营企业税负感强烈

李炜光于 2016 年的调研显示，87% 的企业家认为税收负担很重或较重，认为可以接受的仅占 8%，认为很轻或较轻的仅占 1%，其中民营企业痛感更强。从宏观税负水平来讲，按照国际货币基金组织统计口径和经合组织统计口径测算的中国宏观税负水平均低于大多数国家，并不算高，但广大企业的税费痛感强烈。在 2012 年，民营企业 500 强出现了净利润低于总税负的情况。

（1）宏观税负增长速度较快。回顾改革开放 40 年，1978—1996 年，中国小、中、大三种口径宏观税负均呈现下降趋势。1996 年是中国宏观税负的分水岭，1996—2012 年，三种口径宏观税负均呈现上升趋势，分别由 9.62%、10.31% 和 10.31% 上升至 18.62%、21.70% 和 34.46%，增幅分别为 93.56%、110.48%、234.24%。2012 年以来，一系列减税降负措施的陆续出台，"营改增"全面推开，企业税负有所减轻，小口径宏观税负一直稳中有降，中口径宏观税负自 2016 年开始下降（由于非税收入自 2016 年开始下降所致），但大口径宏观税负一直处于上升趋势，2017 年达到 36.32%。

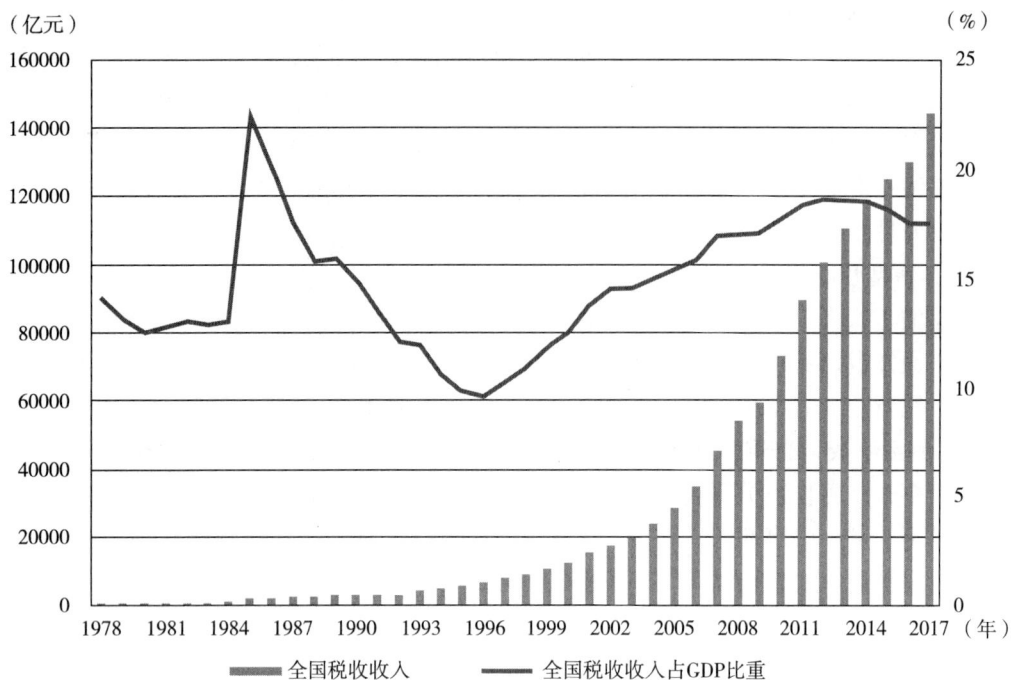

数据来源：Wind，财政部，中国民生银行研究院。

图 17　1978—2017 年中国小口径宏观税负

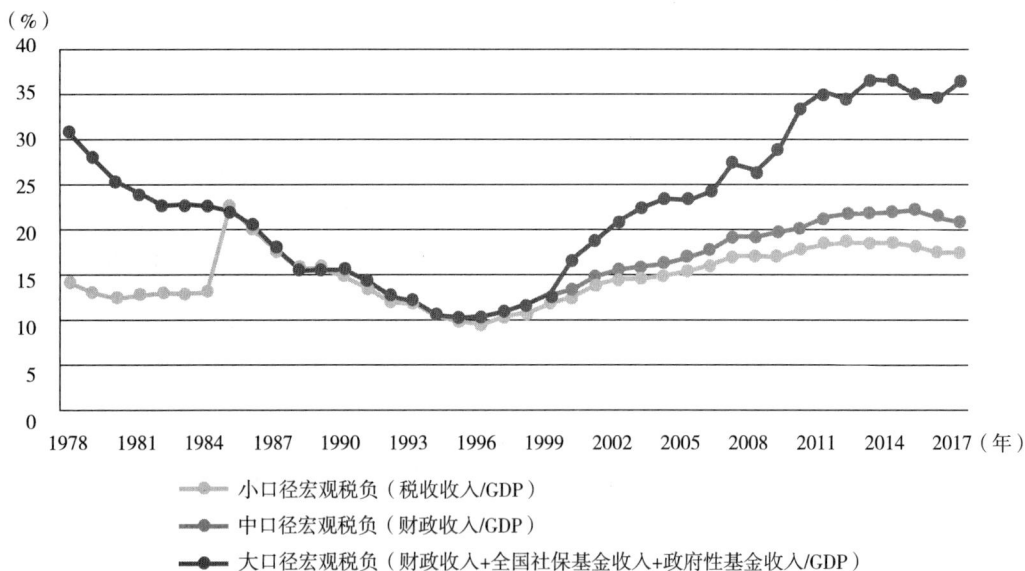

注：全国社保基金收入数据为 2003—2017 年，1978—2002 年数据缺失，默认为 0。政府性基金收入数据为 2010—2017 年，2000—2009 年数据以土地出让金代替，1978—1999 年数据缺失，默认为 0。

数据来源：Wind，财政部，国家统计局，全国社保基金理事会，中国民生银行研究院。

图 18　1978—2017 年中国三种口径宏观税负比较

（2）非税收入负担越来越重。目前中国民营企业的非税负担过重，各种名目的收费繁多，制度性交易成本较高。近两年来，国家出台了一系列减费措施，民营企业非税负担有所减轻，但对一些中小民营企业来说，因其规模小、承受力弱，对非税负担敏感性强，因此感觉难以承受。据统计，自 1990 年起，非税收入占 GDP 比重总体处于上升通道，由 0.61% 增至 2015 年的 3.97%。2016 年，随着政府减费政策推出，该比重减至 2017 年的 3.41%，较 2015 年减少了 0.56 个百分点。

（3）社保缴费占利润比重高。中国社保缴费几乎全部由企业承担，该部分费用占商业利润的比重高达 48% 以上，这是导致中国总税率过高的主要原因之一。而一些高福利的发达国家，如美国，只有一半的社保缴费由企业承担，此项费用占商业利润的比重仅为 10% 左右。

（4）税费负担结构失衡。首先，企业间税负差距较大，其中，小企业税负较大企业更重，民营企业较国有企业更重。虽然小企业和大中企业在增值税方面比例大致相当，但在所得税方面，小企业的税收负担是大中型企业的 1 倍左右，而民营企业的税收负担率则普遍高于普通国有企业 1 个百分点以上。其次，行业之间税负不均。总体来看，传统行业特别是工业企业税负重，金融、零售、批发等行业税负水平超出第三产业平均水平。最后，中国长期存在地区间税负结构失衡问题，按税负水平从高到低排名依次为京津沪地区、东部地区（除京津沪）、西部地区和中部地区，中部和西部甚至出现了税负增长超出经济增长的现象。

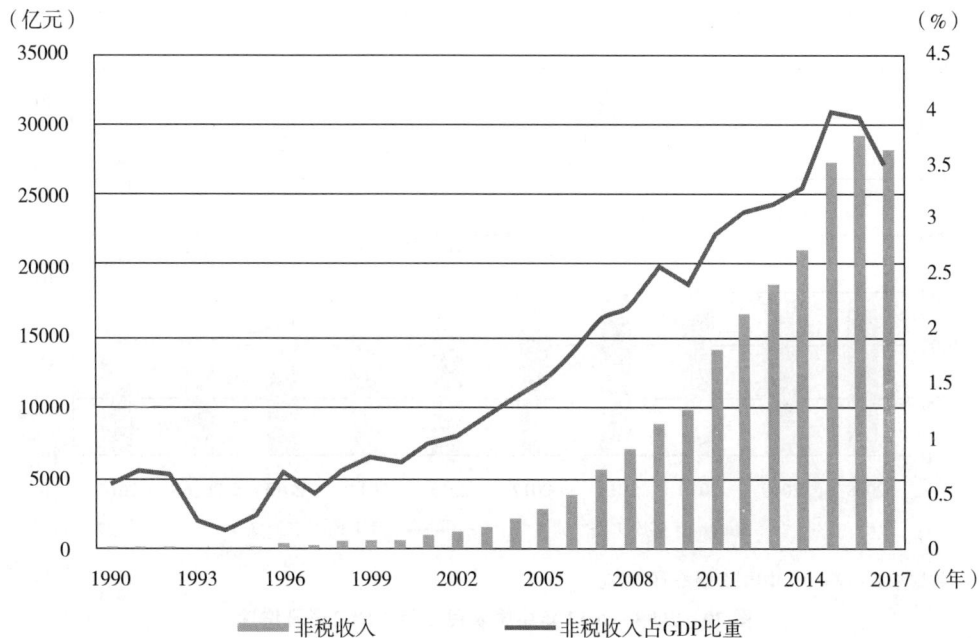

数据来源：Wind，财政部，国家统计局，中国民生银行研究院。

图 19　1990—2017 年非税收入占 GDP 比重

（5）民营企业税负难以转嫁。中国主要征收间接税，且宏观税负中大多数税负是由企业承担，在不考虑税负转嫁的情况下，企业纳税额占税收收入的 90% 以上。国有企业大多集中在产业链的上游，其产品价格是行政垄断定价，从而可以把税负顺利转嫁给中下游的企业和消费者。同国有企业相比，民营企业的税负则难以转嫁，这主要是因为民营企业多处于竞争性行业，且正在发展时期，其产品竞争激烈、需求弹性大，为取得竞争优势，不得不压低价格，再加上生产要素成本的持续上涨，获利空间越来越小。

2. 人力成本在节节攀升

有关数据显示，人力成本是制约民营企业发展的最大成本负担。受中国进入老龄化社会、最低工资标准逐年提高等因素影响，中国适龄劳动力出现不足，工资水平不断上升，企业的用工成本连年上涨。Wind 数据显示，2008 年中国外出农民工人均月收入 1340 元，2017 年已增至每月 3485 元。民营企业就业人员年平均工资从 2008 年的 17071 元上涨至 2016 年的 42833 元，涨幅为 150.91%。从 2005—2017 年中国内地各省（区、市）发布的最低工资标准来看，劳动力工资呈上升态势。其中 13 年间，涨幅在 150%~200% 的有 4 个，涨幅在 200%~250% 的有 14 个，涨幅在 250%~300% 的有 5 个，涨幅在 300%~350% 的有 6 个，涨幅在 350%~400% 的有 2 个。

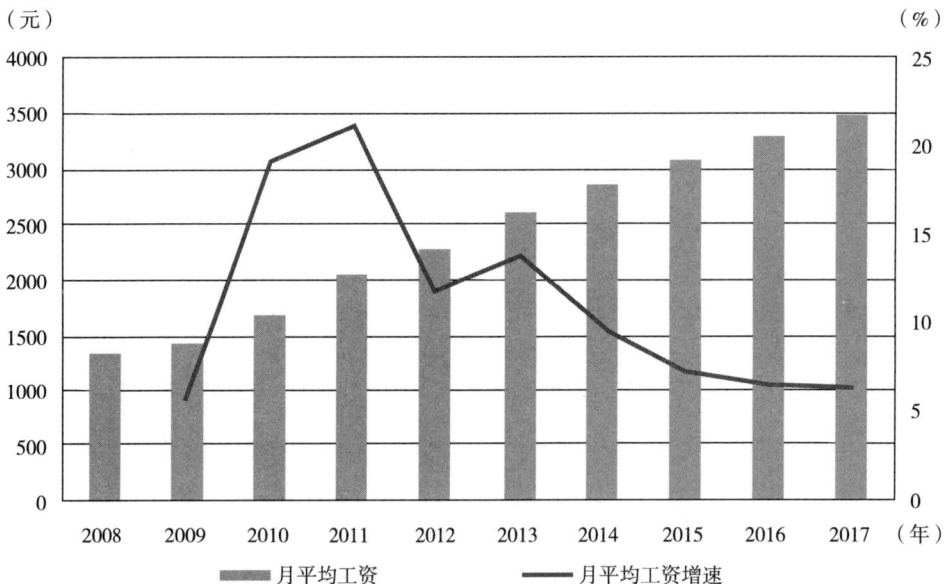

数据来源：Wind，中国民生银行研究院。

图 20　2008—2017 年中国农民工月平均工资及增速

表8　　2005—2017 年各省（区、市）最低工资标准增长幅度分布区间

增长幅度区间	省（区、市）及增长幅度
150%~200%	江苏省 173.12%、广东省 177.05%、西藏自治区 181.69%、海南省 186.00%
200%~250%	浙江省 200.00%、广西壮族自治区 204.35%、河北省 217.31%、北京市 244.83%、天津市 247.46%、山西省 223.81%、云南省 231.92%、山东省 241.51%、辽宁省 240.00%、新疆维吾尔自治区 245.76%、陕西省 242.86%、湖南省 228.48%、上海市 233.33%、四川省 233.33%
250%~300%	河南省 258.33%、福建省 257.89%、湖北省 280.43%、安徽省 270.73%、重庆市 273.13%
300%~350%	青海省 305.51%、黑龙江省 330.77%、内蒙古自治区 315.09%、贵州省 320.00%、宁夏回族自治区 336.84%、江西省 325.00%
350%~400%	甘肃省 373.68%、吉林省 390.36%

数据来源：Wind，中国民生银行研究院。

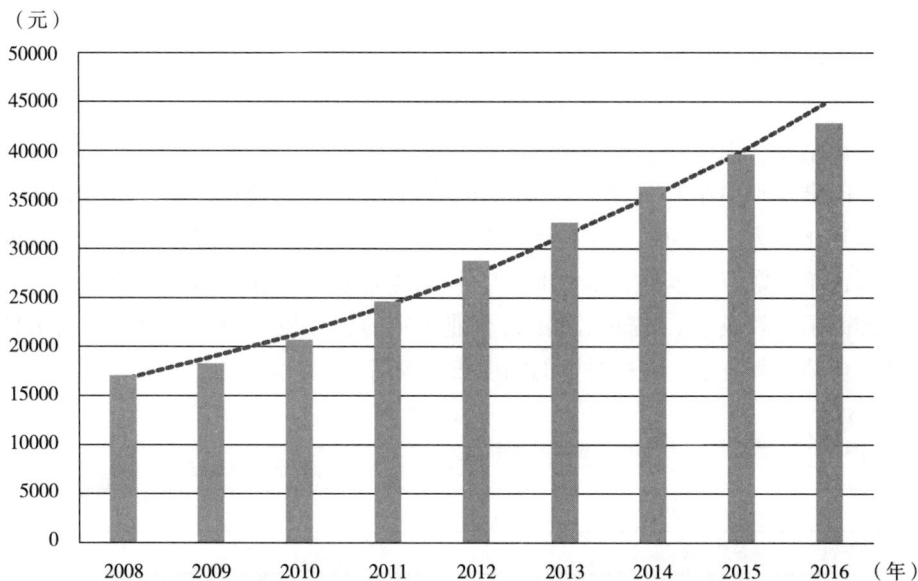

数据来源：Wind，中国民生银行研究院。

图21　2008—2016 年中国民营企业就业人员年平均工资

3. 融资问题仍有待破解

多年来，融资难、融资贵仍是民营企业反映较为普遍的问题，特别是中小民营企业融资问题更为突出。

（1）融资获得程度不高。中国民营企业资金来源依然主要依靠内源融资，以自有资金为主，通过银行贷款、债券以及股票等资本市场融资的占比较低。在外源融资中，由于资本市场不发达，民营企业以间接融资为主，直接融资占比较小。85%以上的大中型民营企业（民营企业 500 强）依靠自有资金投资；在外源融资中，

70%的民营企业以银行信贷方式解决资金需求,30%的民营企业通过资本市场融资。80%以上的小微企业依靠自有资金,且自有资金占比超过80%,超过一半的小微企业自有资金占比在85%以上,25%左右的小微企业自有资金占比在90%以上。银行贷款、民间借贷、小贷公司是小微企业最主要的外源融资渠道。在中国7300多万家小微企业中,需要银行贷款的比例达到25.8%,在有银行信贷需求的小微企业中,能获得贷款的比例仅为46.2%,即实际获得贷款的小微企业,占总数的10%左右。2014年以来,由于总体经济下行,许多民营企业遭遇银行抽贷、限贷、压贷等情况,面临资金链断裂的风险,民营企业融资难的问题更加突出。据人民银行统计,银行贷款中有相当大一部分贷给了生产效率相对不高的国有企业,而大量运营高效、更具创新能力和创新动力的民营企业反而无法获得足够贷款,不少民营企业缺少流动资金和技改资金,有时通过高利率的民间借贷来维持正常运营。

(2)融资成本居高不下。尽管近年来政府一直在采取措施降低民营企业融资成本,但对民营企业抽样调查显示,民营企业融资成本居高不下,贷款利率偏高,商业银行拥有定价权,一般会在基准贷款利率基础上上浮,而商业银行对国有企业的贷款则会在基准贷款利率基础上下浮。从调研材料来看,民营企业贷款利率达13%左右,甚至更高。除贷款利息外,融资成本还包括政府行政部门、中介机构收取的审计费、评估费、担保费、登记费、公证费等各种费用,实际融资成本高达17%~20%。民间借贷利率在16%以上。2013年,经辽宁银监局测算,民营小微企业银行融资成本年化率为12.75%,其中利息成本占单位融资成本的63%,第三方收取的各项费用占单位融资成本的37%。同时,民营企业从银行获得贷款的流程复杂、周期长,推高了贷款成本。此外,以民营企业为主的创业板、中小企业板申请条件相对较高,申请流程复杂,直接融资的制度成本较高。

（个基点）

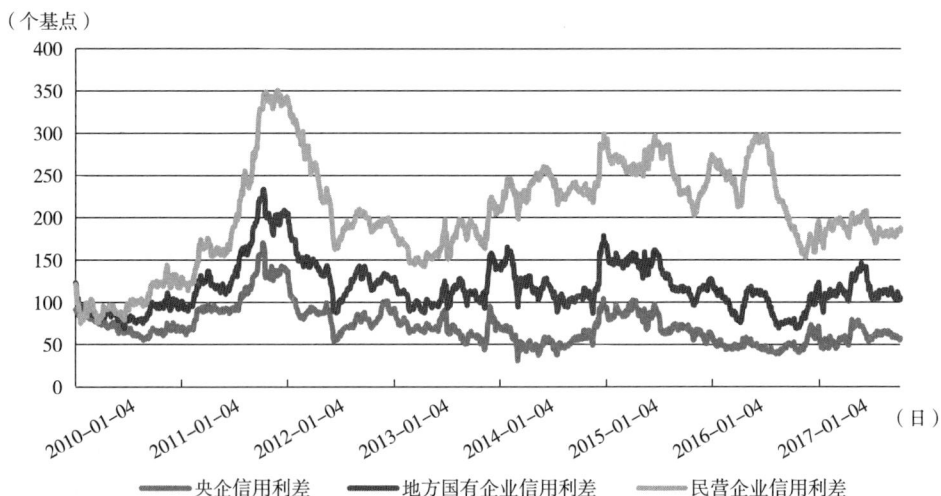

—— 央企信用利差　　—— 地方国有企业信用利差　　—— 民营企业信用利差

数据来源:Wind,中国民生银行研究院。

图22　2010—2018年不同性质企业产业债信用利差

　　2010 年 2 月至 2018 年 1 月，民营企业发行的信用债利差一直明显高于央企、地方国企发行的信用债利差。2013—2016 年民营企业信用债利差与央企、地方国企信用利差的差值分别由 100 个基点和 50 个基点左右拉升至 250 个基点和 180 个基点左右，目前下降至 150 个基点和 100 个基点左右，一定程度上表明民营企业在资本市场的融资成本高于国有企业。

（个基点）

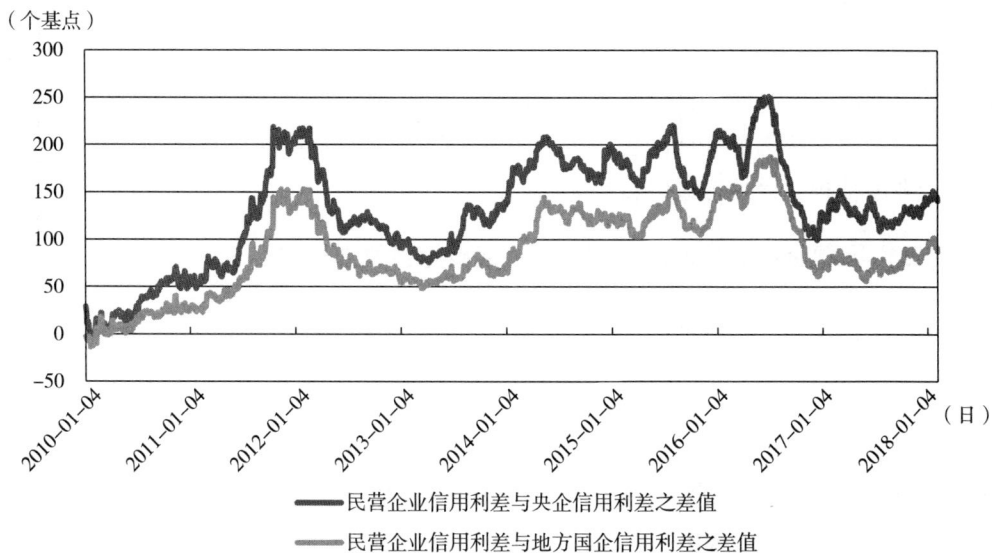

数据来源：Wind，中国民生银行研究院。

图 23　2010—2018 年民营企业与央企、地方国企产业债信用利差之差值

四、放眼未来：中国民营企业进入高质量发展新时代

（一）党的十九大为民营企业健康持续发展指明了方向

　　党的十九大报告指出，中国特色社会主义进入新时代。报告提出了一系列新的重大理论，对非公有制经济作出新的重大论述，重申"必须坚持和完善我国社会主义基本经济制度和分配制度，毫不动摇巩固和发展公有制经济，毫不动摇鼓励、支持、引导非公有制经济发展"，首次在党的报告中提出"支持民营企业发展，激发各类市场主体活力"，并在市场准入制度、产权制度、商事制度等方面作出了一系列重大部署，充分表明了党对待非公有制经济的态度不变，为民营经济持续健康发展指明了方向，坚定了民营企业的发展信心，标志着中国民营经济进入新的历史阶段，制约民营企业发展的体制机制障碍、市场准入门槛、现实存在的"玻璃门""弹簧门""旋转门"等将被一一破除，民营企业的活力、创造力将得到充分释放。

（二）民营企业应苦练内功补短板致力于成为"百年老店"

一是建立完善、科学、合理的现代企业制度。完善公司治理结构，使公司治理规范化、制度化，建立有效的公司内部制约机制，提高决策的科学性。二是增强创新能力。加大研发投入，摆脱长期依靠低成本、低层次模仿、低层次加工的局面，从产业链低端向中高端迈进。三是提高经营管理水平。特别是中小民营企业应积极抓住信息化、"互联网＋"的发展机遇，引入先进管理手段，探索创新商业模式，适应时代发展的需要。四是自觉培育企业诚信经营意识。树立契约意识，自觉诚信守法、以信立业，依法依规开展生产经营。五是培育企业家精神。发扬敢于冒险、创新的企业家精神，树立打造"百年老店"的信心和决心。

（三）民营企业应主动融入国家发展战略抢抓发展机遇

党的十八大以来，党中央围绕"两个一百年"奋斗目标提出了一系列国家发展战略，民营企业应积极主动融入国家发展战略和主流经济，在"一带一路"倡议、京津冀协同发展、长江经济带发展、雄安新区建设、乡村振兴战略等区域协调发展中寻找发展机遇，在战略性新兴产业、现代服务业、军民融合产业等产业发展战略中找准自身定位，在供给侧结构性改革中提升供给质量，积极把握先进制造业、新兴产业、"中国制造2025"、互联网、大数据、人工智能与实体经济深度融合，以及中高端消费、创新引领、绿色低碳、共享经济、现代供应链建设等领域的投资机会。

（四）改善制度供给并优化营商环境支持民营企业发展

一是发挥市场的决定性作用。进一步清晰政府和市场的角色定位，按照"更少干预、更多支持"的原则，维护民营企业合法权益，营造鼓励民营企业生存发展的良好环境，促进民营企业可持续发展。

二是坚持服务型政府理念。政府应进一步强化主动服务理念，完善制度供给，从政策支持转向制度保障；在健全市场体系、创造平等政策环境和完善制度服务体系等方面，为民营企业发展创造良好条件和制度环境。

三是大力优化营商环境。进一步深化行政审批制度、商事制度改革，继续推进政府的"放、管、服"改革，降低制度性交易成本。着力构建、营造"亲""清"新型政商关系，创新政企互动机制，完善民营企业家正向激励机制，进一步完善、落实民营企业产权保护制度，依法切实保护民营企业及民营企业家的财产权，增强民营企业家创新活力、创业动力。政策制定要精准，政策要落地，坚定民营企业家信心，稳定民营企业家预期，营造法治、透明、公平的营商环境。

四是放宽市场准入门槛。全面实施市场准入负面清单制度，除特殊领域外，全面放开投资领域，鼓励民间投资进入，保障民营企业依法平等进入负面清单以外的行业、领域和业务，清理废除妨碍统一市场公平竞争的各种规定和做法。

五是加快推进混合所有制改革。在新一轮国企改革中，鼓励民营企业通过出资入股、收购股权、认购可转债、股权置换等多种方式，参与国有企业混合所有制改革，提高民营企业在相关行业的话语权和参与度。

（五）加快税费制度改革降低民营企业的生产经营成本

一是减税、减费。通过财政手段降低税率，可适当降低我国企业增值税、所得税率的名义税率，全面实现税收法定，正税清费，渐进式推进行政零收费，减轻中小民营企业的税负水平，增加民营企业的获利空间。合并或撤销重复征收的税费，全面落实"营改增"。完善涉企收费、监督检查等清单制度，清理涉企收费，最大限度地减轻企业负担。完善研究开发和设计支出的所得税加计扣除政策；减少政府定价的涉企经营性收费，建立有效的涉企收费维权机制。降低"五险一金"缴费比例。监督各项减税降费政策的实施效果，确保政策落到实处。

二是在中短期实行减税、降费的同时，加快中长期税费制度改革，以解决税负在不同企业、不同行业和不同地区间的结构性失衡问题，实现税收的横向与纵向公平。

三是切实落实国家各项面向中小企业的税收优惠政策。通过有明确导向的财税政策，鼓励民营企业更加积极地开展研发创新和技术升级，支持民营企业积极参与国家科技计划、重大科技项目。

（六）金融部门加快探索破解融资难、融资贵问题的解决方案

打破金融供给抑制，优化金融供给结构，以多元化金融供给匹配金融需求。

一是提高直接融资比例，加快推进多层次资本市场建设。大力发展中小板、创业板、新三板，适当降低准入门槛；鼓励区域性股权交易中心建设；丰富债券市场品种和层次，降低企业（特别是中小企业）发行债券的门槛；探索发展并购投资基金，鼓励私募股权投资基金、风险投资基金产品创新，引导社会资金更多关注高新技术产业和现代服务领域的中小民营企业。

二是改善面向民营企业的间接融资服务。推动各银行业金融机构信贷资金向中小微企业倾斜，完善中小企业授信制度，推广股权质押融资、保单质押融资、供应链金融、投贷联动等融资方式，逐步扩大中小微企业贷款规模。建立中小微企业贷款风险补偿资金，鼓励设立小额贷款公司和村镇银行，鼓励保险机构开展中小微企业贷款保证保险等业务，鼓励融资租赁、典当等融资方式在中小微企业融资中发挥积极作用。

三是深化金融体制改革，放宽民营资本准入，积极推进金融机构股权多元化。当前，我国国有银行占比较高，民营银行占比低，银行偏好服务国有企业，民营企

业获得金融支持较困难。应加快民营银行设立步伐，推动国有大型商业银行的混合所有制改革，积极推进金融机构股权多元化，鼓励混合所有制改革和员工持股，构建多层次、多元化的银行体系，匹配多层次的实体经济融资需求。

四是完善民营中小企业融资担保体系。以多种方式组建中小企业融资担保基金和担保机构。鼓励中小企业自愿建立互保联保机制，规范商业性融资担保机构，扩大融资担保业务的受益面；为中小企业和担保机构开展抵押物和出质的登记、确权、转让等提供优质服务；加快中小企业信用服务平台试点，不断完善中小企业信用信息数据库建设。

企业综合发展篇

"从商品到货币，是一次惊险的跳跃。如果掉下去，那么摔碎的不仅是商品，而是商品的所有者。"这是马克思的经典名言。事实也是如此。一个企业要想成功，不仅要耗费巨大成本（包括相当一部分的沉没成本）生产出产品或服务，还要历经通过销售回笼资金的过程，这要求企业在许多方面都要做到精益求精，任何环节都不能有明显的短板，要有综合全面发展的能力，否则就可能功亏一篑，完不成"惊险的跳跃"。

本篇编入了18家民营企业的综合发展案例，它们分属不同行业领域，但都在企业转型、产品升级、技术创新、管理创新、企业并购、国际化等多个方面有不俗的成就。汉威科技集团股份有限公司通过内生发育+外延并购，构建了以传感器为核心的物联网生态圈，形成六大产业板块；内蒙古蒙草生态环境（集团）股份有限公司将生态环境治理和牧民利益、公司发展有机结合起来，形成了独具特色的生态企业管理模式；重庆小康控股有限公司通过不断转型升级，参与国有企业混合所有制改革，实现了在汽车产业的高速发展。这些企业发展案例有较强的启示作用。

狗不理集团股份有限公司

——创新驱动让百年老店与时俱进发展

一、企业基本情况

狗不理集团股份有限公司（以下简称"狗不理集团"）是一家有着 160 年历史的中华老字号企业，2005 年由国有企业改制为股份制企业，目前已经发展成为拥有30 多家直营餐厅、1 个大型食品工厂、控股 3 家境外餐饮和保健品企业的知名企业集团。这些年来，狗不理集团始终秉承诚信为本、品质经营的发展理念，坚持餐饮、食品一体化多业态的发展战略和主营业务与股权投资双向布局的发展模式，凝聚综合竞争优势；始终坚持创新是引领企业发展的第一动力，注重打造员工队伍新面貌，提升核心产品品质，丰富品牌经营新内涵，探索转型升级新模式，壮大食品工业新动能，培育国际市场新引擎，焕发创新驱动活力。狗不理集团先后获得亚洲品牌 500 强企业、中国十大餐饮品牌企业、全国模范劳动关系和谐企业、全国五一劳动奖状、全国就业与社会保障先进企业、全国最具社会责任感企业、全国民营企业文化建设先进单位，以及中组部授予的全国先进基层党组织等荣誉。

二、探索转型升级新模式，增强发展支撑

狗不理集团认为，经营策略从来不是一成不变的，紧紧围着市场转才能立于不败之地。党的十八大以来，面对经济与餐饮消费新常态，狗不理集团及时调整策略，主动转型升级，让企业发展与需求同步，始终保持发展活力。

（一）主动转型升级，拥抱大众消费

自 2013 年以来，高端餐饮消费市场急剧下滑，以高端消费为代表的一批国内新兴知名企业纷纷关店、转型，大多没能逃脱转型失败、破产倒闭的命运。狗不理集团在不等、不靠、不理怨、做老品牌、不做老企业的思想引领下，针对旅游群体，融入更多地域文化和地域历史名菜，挖掘、包装人文故事，在突出时代记忆与传统

老味的同时，提升消费体验与附加值，使得旅游消费人群每年保持5%以上增长；针对本地大众消费人群，推出人均六七十元的家庭品质套餐，让大众消费者进得来、吃得好、能常来，提高消费性价比与满意度，使得本地大众消费人群每年保持10%以上增长；针对本地人群吃早点难、旅游人群不知去哪里品尝天津特色早点这一市场需求，新增早点业态，并凭借高品质、多样化、高性价比的特色早点经营，有效加强了周边家庭客群和外地游客对品牌的美誉度与消费黏度，早点营业收入占主营业务的5%以上，稳居天津早点营业收入与口碑第一的位置；针对互联网外卖市场需求，在陆续开通外卖窗口的基础上，延伸经营空间，与各大知名外卖网站平台合作，重点满足白领群体消费，有保障、品质优、价实惠，形成口碑与业绩双赢局面，外卖收入稳步增长。通过扩大顾客群体，扩充经营内容，扩展经营空间，不断弥补高端消费减少、单值下降带来的损失。

（二）调整经营结构，深耕主题宴会

面对高端消费下滑冲击，狗不理集团主动向主题宴会转型，通过打造洋楼婚宴、生日宴、品质家宴、会议宴会等刚需主题宴会市场，逐步打开了经营新局面。随着宴会形式增加、消费人群扩大，更多消费者有机会体验到洋楼餐厅的魅力，快速带动了中端商务宴请和品质家宴需求，形成了"以宴养宴"的良性互动格局，业绩增长迅速，不仅超过转型前最高历史营业纪录，还带动企业婚宴整体营业收入每年增长15%以上。经过三年时间的主动转型，狗不理集团最终止住下滑。2016年，全年接待服务顾客超过280万人次，2017年全年接待服务顾客突破300万人次，营业收入实现两位数增长。

三、壮大食品工业新动能，推动发展协同

狗不理集团在实践中认识到，餐饮与食品工业如同企业的两条腿，彼此协同、彼此支撑才能让企业走得稳、走得快。这些年来，狗不理集团始终将食品工业化作为企业重要发展方向，牢牢把好食品安全关，不断提升科技含量，以市场为导向扩大品类，调整优化销售渠道。

（一）用食品安全作保障，向科技转化要效益

2005年末，主要用于速冻包子、水饺、面食生产的狗不理食品工厂一期项目建成投产，作为起步尝试，4000平方米厂房仅检测室和科研实验室就占去了十分之一。狗不理集团用实际行动表明狗不理集团拥有带头落实食品安全主体责任的担当，也教育员工牢记食品质量安全是企业发展的生命线，这条线必须抓在自己手里。在2012年工厂二期建设中，狗不理集团又投资2000万元新建了1500平方米的企业质

量技术控制中心，完全按照国家 CNSA 认可实验室标准要求进行设计和仪器设备配置，拥有国际先进的检验检测设备 60 余台（套）。在产品质量安全控制方面，购置气相、液相、气质等一系列检验检测设备，对面粉、猪肉等工厂、餐厅使用的原辅物料实施进厂检验，对农残、药残、重金属等 50 多项指标进行远高于国家标准的检测，达不到标准的原料坚决不允许进入车间、厨房使用，从源头上把好原料安全关；在产品品质保证方面，购置流变发酵仪、蛋白吹泡仪、质构仪、凯氏定氮仪、黏度仪、破损淀粉仪等仪器设备，对产品使用的原辅料的品质特性、发酵特性、发酵程度、馅心结构等方面进行严格检测控制，确保为消费者提供更优质的产品；对产品成品每一批次进行检验检测，只有各项指标全部合格才能上市销售。

鉴于市场上无法找到能够满足狗不理包子特殊工艺标准的自动化生产设备，狗不理集团技术研发部门与以日本雷恩为代表的多个工程师团队先后耗时近一年的时间，历经千余次探讨、试验、调试，最终研发成功狗不理包子专用自动化生产设备，其中自动投料系统和电脑程式控制拌馅系统有效解决了和面、制馅工序，全自动成型系统完美实现了狗不理包子半发面及十八个褶自动成型，螺旋一体化自动线设备和自动包装设备解决了速冻、包装一体化，在大幅提高生产效率的同时，减少生产过程的人员接触，避免了食品污染。通过这一技术创新，企业在不增加员工的基础上，实现产能翻番。对食品质量安全和科研的重视、实践，使企业先后取得国家专利 15 项，承担国家级重点科研项目 2 项，并获得天津市高新技术企业称号。

（二）丰富大众消费品类，做强新零售渠道

一方面，狗不理集团在不断丰富大众消费定位的速冻食品品类的同时，还陆续增加了大众节日与日常消费的月饼、粽子、酱制品等新品类大品种，天津民俗小吃等新品类特色品种，以及狗不理直营餐厅所需包子半成品馅料配送品种，品类结构更丰富合理，生产成本更低，价格更亲民，销售收入也以每年 20% 的速度快速增长。另一方面，狗不理集团以往的销售渠道主要集中在全国的大型商超系统。狗不理集团在 2016 年组建自营电商团队，与京东、天猫等主流电商平台展开战略合作。截至目前，已有超过 120 万人次，年龄层集中在 24～35 岁的用户通过线上渠道购买狗不理集团的产品，2016 年线上累计实现销售收入 400 万元，2017 年线上销售收入超过1200 万元。除了电商平台，狗不理集团开始聚焦新零售，快速进入便利店市场，2017 年狗不理集团与 7－11、罗森、便利蜂、全时、唐久等多家连锁品牌便利店合作，铺货数量超过 3000 家。目前，狗不理集团还与阿里巴巴旗下的"盒马鲜生"展开合作，进入北京和深圳的"盒马鲜生"线下门店销售。另外，狗不理集团已与京东旗下便利店运营公司签署战略协议，按照京东的 1 万家便利店发展战略，将产品遍布全国各地。由于产品特色、品质逐步赢得国际市场青睐，2017 年有 4 个货柜的狗不理速冻食品出口美国、加拿大，为狗不理集团的食品工业打开新的国际销售

渠道。

四、培育国际市场新引擎，拓展发展空间

狗不理集团认为，在做好国内餐饮、食品市场的前提下，以恰当方式走向海外，开辟市场新蓝海是大势所趋。近年来，狗不理集团不断尝试单店加盟、平台合作、渠道嫁接、技术转化、股权投资等模式，在不断扩张传统业务的同时，尝试向新业务领域布局。

（一）用传统业务探路，提高品牌认知度

近年来，狗不理集团一方面采用单店加盟合作的方式，先后尝试在韩国、日本、新加坡、加拿大、澳大利亚开设狗不理餐厅，积累境外拓展业务经验；另一方面有意识地谋求与大平台、成熟网络进行战略合作，与拥有世界500多家机场餐饮经营管理权的英国SSP公司，在中国香港签订了战略合作协议，通过SSP平台和网络，目前狗不理杭州萧山国际机场店、北京国际机场2号和3号航站楼店经营业绩良好，中国香港、英国、法国等国际机场店随时等待现有铺位合同到期品牌调整招标。与英国SSP公司的合作模式，让狗不理餐厅快速走进世界各国机场经营成为现实，老字号民族品牌在国际高端商旅客群中的影响力将越来越大。

（二）用投资并购布局，扩大品牌影响力

借助"一带一路"倡议东风，狗不理集团在2014年末与高乐雅的母公司Retail Food Group达成合资协议，持有合资公司80%的股权，高乐雅（中国）商业管理公司正式成为狗不理集团的家族一员。截至2017年10月，高乐雅已经在天津、上海、北京、成都、武汉、太原、杭州开设了38家门店，预计5年内在中国的连锁店数量将突破200家。高乐雅遍布全球的门店网络让更多喜爱喝咖啡的年轻消费者有机会认识和了解狗不理这一中华老字号的特点、文化。

2017年3月，狗不理集团又收购了澳大利亚宝康士（Blooms）78%的股权。一方面，借助其符合标准的制造工厂车间、出口标准、销售网络，实现狗不理包子生产本土化、销售国际化，并顺势将天津同仁堂与宏仁堂的中药产品快速推向国际市场。另一方面，将其对红薯、蓝莓、绿菜花、姜黄等蔬果拥有的独创超级食品配方和产业化技术，转移嫁接到狗不理包子生产制作中，开发出具有明确保健作用的超级包子；将其活性全植物液体胶囊独家技术具有的食量小、营养全、易吸收的特点应用到狗不理集团新的代餐食品项目中，开辟国内新兴市场的蓝海。

2017年10月，狗不理集团收购了澳大利亚BJP公司80%的股权。对BJP公司的收购，有利于同宝康士的技术、资源共享，实现产品和渠道整合，迅速扩大本土及

世界各地益生菌产品的市场占有率；同样有利于狗不理超级包子和营养代餐食品科技化、产业化和国际化；消化与吸收更佳的第三代益生菌技术，将有助于狗不理包子半发面发酵更充分，营养吸收更快，而具有革命性的益生菌新技术将有效替代国内饲料中抗生素、添加剂的使用，让肉类食材更加安全可靠。

内蒙古蒙草生态环境（集团）股份有限公司

一、企业基本情况

内蒙古蒙草生态环境（集团）股份有限公司（以下简称"蒙草生态"），是聚焦"草生态、土生态"的科技型生态企业。20余年以"小草扎根"的力量，立足"草、草原、草科技"构建产业生态圈，主营业务有种业科技、生态修复等。

蒙草生态坚持"先科研、后修复"的理念，在不同地区先后设立13个专项研究院，涵盖抗旱植物、耐寒植物、草原生态、盐碱地改良、矿山修复、土壤修复、荒漠生态、藏域生态、京津冀乡土植物、中东沙漠生态等，已经掌握了野生植物驯化育种技术、节水园林绿化技术、生态修复集成技术，总结形成"退化草原修复""北方草原区露天煤矿排土场植被恢复""荒废土地恢复草原植被""绿地节水"和"草原生态牧场建设"五大技术的行业或国家标准。

围绕科研体系和业务扩充，蒙草生态建成草原乡土植物种质资源库，收集草原种质资源1800余种、2400余份，植物标本1600余种、10000余份，土壤样本10万余份，累计驯化乡土植物160余种，已筛选出80余种抗逆植物。拥有种苗研究、繁育及生产的全产业链，可提供不同区域生态修复用种、乡土植物种苗、牧草草种及技术服务输出。

蒙草生态构建智慧型生态修复体系，用大数据指导精准生态修复，可实现定位一个地理位置或任何一种植物，即能检索提供相应的生态数据和适宜生长的地方。

依托植物科研体系、种质资源储备、种业生产体系、大数据平台和生态修复标准，蒙草生态的生态修复实现科学化细分，包含草原生态修复、荒漠边缘生态治理、矿山修复、盐碱地改良、湿地生态治理、荒山及道路边坡生态治理、城市生态修复及生态修补七大类型，已在全国10多个省开展业务。

同时以内蒙古为样板，将"生态理念＋技术智慧＋资源储备＋管理标准＋生态产品"的生态修复模式复制到疆草、藏草、滇草和秦草等事业群，在新加坡、蒙古国、俄罗斯、加拿大和阿联酋等国家和地区建立起生态修复科研及草种业合作关系，积极推进生态修复业务，以驯化乡土植物修复生态的理念和智慧，服务于"一带一路"沿线国家和地区。近年来，蒙草生态在"草（种业科技）、草原（生态修复）、草科技（草业、生态牧场及生态空间运营）"三个生态主业上持续扎根做实。

二、围绕生态产业的主要经验做法

（一）研究驯化并推广符合国情地情的本土植物

"用乡土植物修复当地生态环境"，围绕这一理念，蒙草生态打造国内领先的草原生态修复研究实力及数据支撑，设立抗旱植物研究院、草原生态系统研究院等13个生态环境研究机构并建立相应的种质资源数据库。掌握了野生植物驯化育种技术、节水抗旱园林绿化技术、生态修复集成技术，形成五大技术标准，成为行业、地方乃至国家的典范。目前蒙草生态已收集草原种质资源1800多种、土壤113000多份，建立国内最完备的草原乡土植物种质资源库，有160余种植物取得生态原产地保护，正大量运用到各类生态环境修复当中，并取得良好的效果和市场反馈。

（二）建立草原生态产业大数据平台，用数据力量实现精准生态修复

科研和实践的累积让蒙草生态成为率先构建草原生态产业大数据平台的企业，借助数据力量实现精准生态修复。该系统将实现蒙草生态"生态理念＋技术智慧＋资源储备＋管理标准＋生态产品"的成熟生态修复模式走向市场。数据平台集成了某一地区近几十年来的"水土气、人草畜、微生物"等生态关键因素指标数据，运用科学的数据储备和分析集成，最终可以实现锁定任何一经纬度或某一种植物，就能查询地区的生态环境变化等科研数据及科学合理的生态修复治理方案。未来可为每一个盟市、旗县甚至乡村搭建专属的大数据库，做到生态数据的"大导航"和"大利用"，真正做到让数据多跑步，用数据力量实现精准生态治理，让科技成果惠及每一方生态、每一户牧民。

（三）以种业发展为基，打造蒙草生态"好种源"

中国有60亿亩草原，既有待修复的大面积国土，也适逢国家"粮改饲"的大好时机，"草种"和"粮种"理应得到同样重视。目前我国的草种超过七成完全依赖进口，国产草种不论是质量还是产量，都有很大的提升空间，很难满足目前的市场需求。

蒙草生态提出"育繁推一体化"的民族草种业发展思路及战略，依据"植物科研＋技术输出＋种业基地＋草种生产加工＋草种销售"为一体的产业链模式，顺势推出适合不同区域、不同环境的标准式和灵活式种业生态包、植生毯等产品，不断引领带动民族草种产业的发展，立志打造中国草种业的第一品牌。

（四）科研成果保障生态修复项目的多样化

结合自建的生态产业大数据平台和多项核心集成技术，在草原、矿山、盐碱地、垃圾场、工业废弃地、戈壁、荒漠等不同类型的生态系统修复及节水园林、生态景观建设、城市景观建设及运营中，蒙草生态的"生态土办法"及多项企业标准正逐步成为国家、地区、行业标准。近年来，蒙草生态也形成了上百项企业标准，包含退化草原修复、草原生态牧场、露天煤矿修复等，其中《绿地节水技术规范》已经于2017年4月在北京实施。

蒙草生态的生态修复技术正围绕草原向沙地、矿山、盐碱地、城市生态等多种环境治理修复延展，工程业务也走出内蒙古，走向新疆、甘肃、西藏、云南、北京等地。蒙草生态将乡土植物种到了城市，推广到了中东，也正与蒙古国和俄罗斯开展合作，真正让蒙草生态的生态智慧惠及更多、更广的范围。

三、与农牧民建立利益联结机制

蒙草生态专注的业务有生态修复、种业科技两个方向，重点研究草生态及应用，是内蒙古自治区级林业、农牧业产业化双龙头企业。蒙草生态的草业科技既是高科技型的，也是劳动密集型的，蒙草生态与农牧民有密切合作，并与其构建起"风险共担、利益均沾"的利益共同体。

据统计，蒙草生态年租赁及自有土地近19万亩，涉及农牧民近2800户、7800余人。目前蒙草生态在10个省（区、市）建立草业、种业、苗木、青储等繁育基地。2015年总劳务支出为1.99亿元，2016年总劳务支出为3.24亿元，按照人均300元/次/天的用工标准计算，2015年蒙草生态的社会用工为666233人次，2016年的社会用工为1080347人次，为农牧民增收致富贡献了力量。

蒙草生态与农牧民建立的利益联结模式主要有股份合作型、订单合同型、流转聘用型等类型。

2013年蒙草生态联合28家企业、6家金融机构、8家高等院校科研单位、2家牧民经营合作社，成立了草原生态修复产业技术创新战略联盟，现联盟队伍已经壮大到70多家。2017年3月，蒙草生态又成为国家草产业科技创新联盟秘书处。

该联盟整合草原生态产业科技资源，探索产、学、研合作的新机制、新模式，将发展新兴产业与壮大内蒙古优势特色产业相结合，努力打造集草原生态修复、草原种质资源库建设、中蒙药用植物和优质牧草规模化种植、绿色养殖、绿色农畜产品加工、新能源技术应用为一体的草原生态产业链，进而提升内蒙古草原生态产业的核心竞争力，努力把联盟打造成中国草原生态修复的权威专家、高端合作平台和生态产业的最佳运营联合体。

通过该联盟，蒙草生态把修复的草原建成了"草牧业平台示范区"，同时采取"草原修复＋区域特色＋草牧产品＋牧民合作社＋金融服务＋平台运营"的县域经济集群模式，在通辽、呼伦贝尔很有成效。

联盟首个项目落地在内蒙古通辽市扎鲁特旗道老杜苏木胡鲁斯台嘎查的科尔沁沙地，总面积达 1 万余亩，命名为"扎鲁特旗生态牧场"，通过对科尔沁沙地进行土地修复，采取草业、养殖、光伏能源立体化运营，实现沙地变绿、牧民变富、企业变强。目前已投资完成人工种草 5000 亩、生态补播 4000 亩，建设年存栏 2000 头育肥牛的基础母牛繁育基地，建设 10 兆瓦光伏发电厂。农牧民通过企业和银行支持进行生态修复、草产品和畜产品生产加工，生态修复和养殖是为自己做事，多劳多得。同时农牧民还可自愿以土地经营权入股平台项目，参与分红，获得产业经营收入的同时增加资产性收入。根据龙头企业需要，牧民自然组合成专业合作社，如种草合作社、养羊合作社、奶牛合作社、打草合作社、机械合作社等。土地除居住外，房屋还可作为太阳能发电的支架，棚圈除做太阳能发电的支架外，还能养殖。草原除了能打草放牧，还能养蚯蚓和蜜蜂、旅游观光。多家企业共同开发利用同一块土地／草原，各得其所，降低了成本，也大大提高了土地综合利用率。

种业科技是蒙草生态产业链上至关重要的一环，蒙草生态建立起标准化的种质资源库、种子生态包、植生毯等生产线，通过标准化的生产、种植、收储，实现订单生产。目前蒙草生态在河北、黑龙江、宁夏、甘肃、青海等 10 个省（区）委托生产总面积达 28000 余亩，采用"公司＋农户"或"公司＋合作社"的形式，涉及农户 530 余户、1100 余人，预估带动人均年收入 6 万余元。

公司最早的研发生产基地在和林格尔经济开发区白彦兔村。现已建成两个苗木研究生产中心和占地 3003 亩的抗旱植物种植研发基地，为村民提供就业岗位 300个，务工农民年增收 3 万多元。为当地革命老区村民修建水井，有效解决了饮水困难问题。目前公司已在宁夏吴忠、阿拉善、五原、武川县、北京等多个地方建成了类似的育繁推发展模式。

蒙草生态每年会依据实际情况，与普通农牧民开展合作，在种质资源、土壤及水文采集等方面开展订单式合作。

四、"一带一路"布局及发展经验

2012 年起，蒙草生态就在"一带一路"沿线国家及地区开展科研实验、研究合作，如新加坡、阿拉伯联合酋长国、蒙古国等。探索更多"土办法"，依靠自主科研，利用好可实现的途径、平台和手段，走出符合国情、地情的生态修复之路。

（一）建立中蒙俄草业、种业科技经济合作机制

1. 草原口岸园区建设

由蒙草生态牵头，联合政府及金融机构，采用国际标准建立起两个对蒙牧草加工园区口岸，分别是呼伦贝尔市新巴尔虎左旗额布都格口岸和锡林郭勒盟东乌珠穆沁旗珠恩嘎达布其口岸，目前均已投产并达到进口量最高配额。2016年末，蒙草生态再次推动二连浩特口岸、阿尔山口岸草牧业园区建设。

蒙草生态的口岸建设推动跨境草牧业合作，实现了草牧业贸易中基础设施的互联互通，同时为"政府＋企业＋金融"的国际合作提供范本，也更大地发挥了口岸在中俄蒙经济走廊和"向北开放"中的基础与国际平台作用。

2. 生态修复及草种产业合作

蒙草生态通过大数据平台已将生态修复技术、生态修复智慧标准化、数据化、可复制化，正实现向蒙古国、俄罗斯等输出，尤其是草原沙化退化修复和节水园林建造技术。目前正在与俄罗斯伊尔库茨克农业大学、新西伯利亚农业大学等数十家科研机构及公司在生态制种和修复工程上积极合作交流。蒙草生态即将推进产业化的合作项目，如牧草生产、草业种植、草原生态工程、种子驯化及应用、文化旅游等。

3. 向西亚、东南亚布局

2016年已经开始运营"疆草（新疆及中亚地区）、藏草（西藏及南亚地区）、滇草（云南及东南亚地区）、青草（青海地区）、秦草"等事业群，输出草种业和生态修复技术等蒙草生态管理智慧和模式。这些地区的成功本地化运营也为蒙草生态把业务向其周边扩展积累了经验、奠定了基础。

（二）依托香港、新加坡及迪拜等枢纽打通国际市场

2015年以来，蒙草生态重点关注国际金融资源开发和植物种植研究及繁育实验等方面，先后与新加坡星展银行、美国花旗银行、马来西亚联昌银行、马来西亚银行、瑞士银行、瑞士信贷银行、荷兰银行、海湾第一银行等15家金融机构沟通，开展贸易金融和PPP项目融资。蒙草生态与新加坡南洋环境与水源研究院、新加坡南洋理工大学、NEWRI公司等展开合作，就土壤修复与微生物应用技术、植物种质资源研究等合作。整合生态领域的国际人才与技术，在国内外联合成立"微生物研究中心"，配合国内已经组建的9个专业类生态科研机构，共同对蒙草生态大数据平台的"水、土、气、微生物"等系统研究进行统筹及补充，服务于蒙草生态的种质资源研究中心和收集存储库。

2015年，蒙草生态的植物研发人员及生态修复工程进驻迪拜，联合国内外的相关部门举行了"'一带一路'生态建设构想——景观植物在中东地区的应用与驯化"等主题传播。此外，蒙草生态以技术入股，为当地城市绿化、景观建设、生态修复

方面提供先进的综合解决方案，提供节水抗旱植物研发、繁育、推广技术等。

2016 年，蒙草生态又陆续开展水污染治理、蒙草生态包、国际牧草贸易等相关业务。这意味着蒙草生态式的科研体系正从中国的干旱、半干旱地区扩展至全球，迪拜的绿色发展探索与成功也成为蒙草生态向世界展示的窗口。

2017 年初，蒙草生态组建国际金融中心，通过着眼全球市场，寻求与新兴产业及金融机构的结合，增强蒙草生态的国际资本运用和管理能力，推进其在全球生态行业的竞争力和差异化的形成，也为全球生态的管理贡献蒙草生态的一份智慧。

上海微创医疗器械（集团）有限公司

一、企业基本情况

（一）企业简介

上海微创医疗器械（集团）有限公司（以下简称"微创医疗"）成立于1998年，迄今已走过了20年的创新发展之路。微创医疗一直致力于通过持续创新向市场提供能够挽救并重塑患者生命或改善其生活质量的高性价比医疗方案，并逐步推进全球化、集团化的发展道路。目前，微创医疗已成为一家拥有数十家实体子公司的跨国医疗器械集团，总部位于上海张江科学城，在上海、江苏、浙江、北京、深圳和美国的孟菲斯、波士顿等地均建有生产研发基地，并同时在美国、英国、德国、法国、意大利、荷兰、加拿大、日本、印度等国家设立了分/子公司与办事机构。微创医疗现为中国香港上市公司。

微创医疗已上市产品达200余个，业务覆盖骨科植入与修复、心血管介入、电生理医疗、大动脉及外周血管介入、神经介入、心律管理、糖尿病及内分泌管理、外科手术等十大领域。微创医疗的产品已进入全球逾5000家医院，涵盖亚太、欧洲和美洲等80余个国家和地区的主要市场。在世界范围内，平均每15秒，就有一个微创医疗的产品用于救治患者生命或改善其生活品质或用于帮助其催生新的生命。其中，冠脉药物支架产品为第一个国产药物支架系统。在大动脉及外周血管介入、神经介入等领域，微创医疗也拥有十余个"国内第一"或"全球唯一"的创新性产品，多个领域的国内市场占有率均保持行业领先水平。在骨科关节领域，微创医疗的市场占有率目前位居世界第五。

微创医疗专注于自主创新，已拥有专利（申请）总数1800余项，平均每2名员工就拥有1项专利。多项产品和企业创新模式获得国家科学技术进步二等奖等国家和省部级荣誉。通过海外并购和合资等方式，微创医疗正逐步推进全球化的产业布局。现有员工3000余名，其中约1/3为海外员工。员工中硕士研究生及以上学历人员占比超过20%，其中硕士研究生人数近400人，并拥有多名国家及省市级人才荣誉称号获得者，包括中央千人计划1人、国家万人计划1人，以及上海市千人计划、上海市领军人才、浦江百名人才计划、张江人才等十数人。

秉承"尽精微、致广大"的管理理念，微创医疗在强调以人为本的同时，将对细节的追求和创新的坚持深深融入企业基因之中。微创医疗希望通过不懈努力，在以微创伤为代表的高科技医学领域建设一个属于患者的全球化领先医疗集团。

（二）股权结构

以公司管理层和国内企业绝对控股，并由多家国际产业投资主体作为重要股东，同时以集团管理层作为集团实际控制人，主要股东通过股东大会和董事会参与企业经营并为企业提供重要帮助。

（三）发展历程

1998年，常兆华博士放弃了在美国的工作和生活机会，回到上海张江创建了微创医疗。从最初的一张办公桌开始，以冠脉支架起家，至今微创医疗已发展成为一家拥有十几家实体子公司的跨国医疗器械集团，业务范围几乎覆盖所有慢性病治疗领域。坚持自主创新战略和企业多元化经营、坚持全球化品牌战略和国际化经营贯穿于微创医疗发展历程的整条脉络。

1998年，微创医疗成立之初，用球囊导管扩张冠脉狭窄病变是当时主流医疗技术。公司实施前瞻性产品开发战略，利用有限资源自主研发冠脉药物支架，攻克各种难关，成功并及时开发出中国第一个药物支架系统Firebird。

第一代药物支架上市后，微创医疗着手实施产品多元化发展战略，并于2012年正式着手实施"微创联合舰队"集团化运营模式。2014年，微创医疗推出了全球首个药物靶向洗脱支架系统Firehawk（火鹰），使微创医疗在冠脉支架领域完成了从追随者到引领者的跨越。同年，公司先后实施了收购美国Wright关节重建业务、收购强生旗下Cordis公司的药物支架相关资产、与意大利索林集团签署合资协议在华共建心律管理业务平台三项规模较大的国际化举措，实现了与国际高端医疗器械产业的融合，并成长为一家初具国际影响力的国际化企业。

（四）业务经营

微创医疗一直专注于相关介入技术及产品的研发生产，致力于在以微创伤为代表的高科技医学领域建设一个属于患者的全球化领先医疗集团。微创医疗采用"10＋5"联合舰队的集团化运营模式，旗下包括心血管业务、颅内神经业务、大血管业务、电生理业务、骨科业务、糖尿病及内分泌业务、心脏起搏器业务、心脏瓣膜业务八大板块，各子业务均取得了一定成绩。例如，微创医疗作为中国冠脉介入手术的开创者，从1998年成立以来先后研发出了中国第一个球囊扩张导管、第一个冠脉裸支架、第一个药物洗脱支架，成功打破了国外企业对心脏介入器械的垄断。现在，微创医疗在国内冠脉支架领域拥有超过30%的市场份额，微创医疗的药物支架已连续 11 年保持国内市场占有率第一，累计近 300 万套支架救治了约 200 万名患者。

二、管理创新的做法与经验

创新是医疗企业永恒的生命线，更是重要的保持基业常青的发展战略。微创医疗专注于自主创新，每年研发投入占当年营业收入的比重高达 15% 左右，远高于同行业 4% 的水平。微创医疗采用"10 + 5"联合舰队的运营模式，打造"1 + 12 + 1"创新平台、搭建"一点、二道、三划"人才体系，以"合纵连横"的管理模式为抓手，已形成"应用一代、研发一代、储备一代"的持续创新规划，先后打造出数十个国际先进、国内领先的介入医疗器械产品。

(一)"10 + 5"联合舰队的运营模式

微创医疗从 2008 年开始将多元化战略付诸实践，分步践行全资子公司相对独立运行、相互支撑、共享资源的现代化经营理念，实行自我复制经营模式。2012 年微创医疗员工大会上，董事长兼首席执行官常兆华博士首次正式提出微创联合舰队的理念，着手实施集团化运营模式，呈现"10 + 5"的分布特征，包括微创冠脉、微创骨科、微创心脉、微创神通、微创电生理、微创生命科技、微创外科医疗、创领医疗、微创心通医疗、微创优通十艘不同吨位的"航空母舰"及为这十艘"航空母舰"提供动力和后勤保障的"补给舰"，包括微创工程研究院、微创智慧医疗（机器人 + 远程医疗）、微创学院（知行学院 + 创新学院）、微创国际和微创脉通（手术配件）。

(二)"创新反应炉"带动行业发展

历经多年探寻摸索，微创医疗斥巨资打造了"创新反应炉"，"专利与诀窍"好比配方与工艺，"现金与资本"好比燃料，"1 + 12 + 1"平台好比助燃剂，"企业文化"好比氧气，"人才战略"是对工匠的爱护和重视。将创新过程全部"内生化"和"模块化"，利用最少的资源、以最快的速度、在最短的时间内研发更多产品并有效地实施产业化和商业化，在"创新反应炉"的作用下，公司自主研发项目成功率超过 99%。

微创医疗积极参与行业标准制定，引领和规范了国内医疗器械产业的发展，带动介入治疗方法在国内的推广普及和相关交叉学科发展；"微创系"产业在国内蓬勃发展，国内类似企业已达百余家。公司研发领域涉及可降解支架生物材料、3D 打印技术及手术机器人智能制造等，这些都是当今国际最前沿技术，对国家健康产业发展意义重大。

（三）"1+12+1"创新支撑平台

微创医疗采用集团化的运营模式，旗下的各子公司正在着手或已经完成独立运营，在实行二级管理独立运营的同时，公司将公共资源部分在集团层面进行了整合，搭建了"1+12+1"的通用平台，包括一个信息接收"前台"、一个学术支撑"后台"、12个高度细分与专业化的平台，汇聚集团合力攻克技术难题，优化资源，提高效益。公司对产品研发可以实现过程监管和宏观把控。

（四）"一点、二道、三划"人才体系

微创医疗孵化高端产品，孵化高科技公司，更孵化高、精、尖人才。公司依靠"才—财"汇聚推动战略目标实现，秉持"质量、诚信、责任、效率、创新、争先、敬业、协作"的八大价值观，倡导"容错""试错"的创新理念，通过实施"一点、二道、三划"使微创医疗人才资源得到持续的增长，为"想干事、会干事、能干事"的各个层级、各个岗位的微创人创造必要的物理条件，切实做到让"想干事的人有机会，能干事的人有舞台，干成事的人有地位"，多视角发现、挖掘、培养和保留人才。

"一点"就是一年一度由微创医疗"人力资本与薪资评审委员会"组织的"人才盘点"，对公司所有经理级以上人员以及其他特定的核心人员进行领导力、创新能力、潜力以及岗位胜任能力的盘点。

"二道"就是微创医疗独特的"管理人才"和"技术人才"双通道。企业建立和打通员工的职业生涯发展通道，即除管理职位通道之外，还为非管理人员或各专业人员建立专门的专业发展通道，管理通道和技术通道采用平级平等待遇的原则，充分体现了职业通道的公正性。

"三划"就是2013年度开始实施的"双十海归领军人才计划""双十新生代领头雁计划"和"百位雏鹰培育计划"。结合参考国家和地方的人才计划，每年由公司技术创新委员会进行遴选，公司将从荣誉、培训、福利等各方面给予更多关注和支持。

"三划"人才的奖励针对的人员数量毕竟有限，如何调动集团所有员工在日常工作中的积极性是微创医疗思考的另一个问题，而答案就是"即时奖励制度"，这一制度将奖励的发放权放在了集团的中层管理者身上，面向低层员工发放，是针对员工在各自业务作出杰出贡献的及时性的奖励。无须报高层批准，奖励即批即发，让员工在日常工作中充满干劲。

（五）"16×18""合纵连横"的管理模式

"合纵连横"的管理模式由董事长兼首席执行官常兆华博士在2008年微创医疗

党总支成立大会上首次提出，这是微创医疗在经营实践中提炼出来的一种"以人为本"的独特管理模式，即在侧重培养各纵向职能部门团队建设的同时，也特别强调不同部门之间的横向融合和交相维系。

微创医疗目前有十六个横向组织，在党委领导下开展日常工作，公司每年会给予活动经费的支持。与纵向组织对其成员的约束性聘用和任命制度不同，员工可以自愿加入或退出任何一个横向组织。在管理机制方面，每个横向组织都有自己的民选管理委员会，且规定公司高管只能以普通会员身份参加横向组织，让横向组织真正实现民主化管理和去行政化运行。

"合纵连横"这种既集中又民主的管理，是对"纵向"组织形态特有的刚性（成员之间的"五指"正式关系，即指示、指令、指挥、指导、指正）和"横向"组织形态特有的柔性（成员之间的"五协"非正式关系，即协商、协调、协助、协作、协同）这种刚柔并济的企业文化和组织管理的探索与实践。微创医疗在不断强化各纵向部门"五指"管理能力并以此作为企业运营主要形式以提升"企业智商"的同时，也持续培育各种跨部门横向组织的"五协"活力并以此作为企业运营的辅助形式，以增强"企业情商"。

"五指""五协"使微创医疗在"组织智商"和"组织情商"的持续提升过程中安然度过"从小到大""从单一到多元化"的发展过程中难以绕开的"成长之痛"和"大公司病"两个坎。业务单元离散化和组织结构层级化是企业规模扩大及专业分工高度细分后必然出现的一种组织形态，而非正式横向组织的运行使得这种看似庞大和复杂的组织形态依然保持了一体化和扁平化组织形态所特有的效率。横向组织运行得越好，纵向组织越能在保持综合效能不明显衰减的前提下设置形态更离散和层级更多的"功能团"，从而满足企业"内涵"的多维度生长需求。

实践证明，"合纵连横"在提升群体和个体"情绪智力"的同时，也化解了部门之间和员工之间的压力和冲突，使公司的执行力得以大幅提升，也极大地丰富了员工业余生活，大大增强了企业的向心力、凝聚力和执行力。

自从实施上述各项创新工程以来，独特的机制使公司持续创新尤其是颠覆创新的能力大幅提升，先后打造出数十个国际先进、国内领先的医械产品，公司运营指标大幅提升：年申请专利数量成倍增长，产品研发周期大大缩短，成果转化速度大大提高，产品上市速度由每年几个提升到如今每年数十个；每年为国家节约医保资源逾20亿元人民币，以冠脉支架为例，进口支架曾以每根3万元垄断中国市场，公司药物支架上市价格仅为1万元，较进口支架降低2/3；循证医学证明公司产品与进口同类产品效果相当，部分指标领先于国际一流产品，临床研究成果在国内外期刊大量发表。

三、"走出去"的做法与经验

"走出去"也已经成为中国企业实现创新能力和综合实力提升的一条必由之路。自 2012 年开始着手实施"10＋5"联合舰队的集团化运营模式起，微创医疗就开始加速向多元化、集团化、全球化的方向发展。回顾过去的几年，微创医疗在全球化的进程上可以说是走出了一条适合自己的独特发展道路。

（一）并购与合作："走出去"将技术"引进来"

在面临竞争同质化、国内市场日趋饱和的挑战下，海外并购也已成为中国企业寻求在短期内突破资源能力瓶颈、迅速实现目标的主流方式。微创医疗近几年也完成了多起海外并购与合作项目，极大地拓展了公司的业务领域。通过将研发、生产、经营等多个环节分门别类地安排在最有利的地区，开展统一协调和部署，微创医疗进一步实现了资源的优化配置，节约成本，提高效率，从而打造统一的公司品牌形象，最大限度地发挥公司的核心竞争力。"走出去"也让微创医疗开拓了国外的广阔市场，获得了多个领域的先进技术。

1. 收购美国 Wright 公司关节重建业务

2014 年 1 月 10 日，微创医疗宣布，已正式完成对美国 Wright 公司关节重建业务的收购，总交易金额为 2.9 亿美元（约合 18 亿元人民币）。这是当时中国医疗行业史上最大的海外并购案。自此，微创骨科公司成为全球第五大髋关节和膝关节重建业务的国际化骨科公司，微创医疗的国际业务与国内业务的百分比达到 60% 和 40%。这次收购为微创医疗带来了具有丰富实战经验的精英团队、全面的大关节类产品组合以及遍布全球的销售网络。

收购前的 Wright 公司规模大于微创医疗。本次收购，微创医疗借助上海自贸试验区的优质平台，充分利用自贸区"金改"政策，搭建了境内外双向人民币资金池，灵活运用资金池功能，盘活境内外资金，不但节约了 3 个月的时间成本，也直接降低了 20% 左右的融资成本。目前微创医疗在中国的骨科业务已与 Wright 公司的业务全面融合，微创医疗骨科业务总部已移至阿灵顿市，并设立"洲际执行委员会"。微创骨科公司也由此成为微创医疗最大的子公司。

Wright 公司被收购的事业部员工约为 700 人，使得收购后的微创医疗海外员工比例上升为 1/3，这也是企业国际化的象征之一。收购完成后，微创医疗具备了整合海外资源的能力，能够利用海外资源，深耕中国市场，且具有全球化销售网络的渠道优势，同时具有产品创新优势，加速了企业创新。微创医疗将在髋关节与膝关节植入产品 60 年丰富生产经营的基础上，通过研发和生产更适合亚洲人体型的产品，打破国外企业垄断，令更多中国患者受益。此次收购也令海外骨科业务焕发了新的生命力。在经过了两年的梳理与整合之后，海外骨科业务从收购之初"收入双位数递减"的状况，逐渐步入正轨，于2016年实现了过去7年以来的首次营业收入正增长，2018年实现全面盈利。

2. 收购强生旗下 Cordis 的药物洗脱支架有关的资产和被撤资实体及知识产权许可

2014年，微创医疗还收购了强生旗下 Cordis 的药物洗脱支架有关的若干资产、被撤资实体及若干知识产权许可。所收购资产包括与药物洗脱支架制造有关的设备和机器以及若干药物洗脱支架相关专利及其他知识产权，并就 Cordis 的若干药物洗脱支架专利及相关知识产权的全球性授权达成非专用许可。通过资产收购，微创医疗进一步确立了在冠脉靶向洗脱支架技术上的全球领先地位，而该项技术也是公司第三代药物洗脱支架产品的关键性技术，为随后推出的全球首个药物靶向洗脱支架系统 Firehawk（火鹰）铺平了道路，从而使微创医疗在冠脉支架领域完成了从追随者到引领者的跨越。

(二) 建立合资公司，从"中国制造"到"中国创造"

2014年，微创医疗以51%的股权控股，与意大利索林集团（Sorin Group，现已与 Cyberonics 合并，改称 LivaNova Group）合资成立了创领心律医疗，致力于研究、生产和营销与心脏节律疾病管理相关的医疗器械（包括起搏器、ICD 及 CRT 等），这是微创医疗国际化发展战略的又一重要里程碑。2015年6月，国内首条具备国际先进水准的国产起搏（起搏器和电极）生产线在创领心律医疗揭幕启用，使我国具备了生产国际一流心脏起搏器的能力。从2014年成立至今的短短几年里，创领心律医疗秉持"创新起搏、领梦中国"的理念，探索和推进"中国制造""中国创造"之路。2017年9月，创领心律医疗生产的 Rega 心系列植入式心脏起搏器正式获得国家食品药品监督管理总局的批准，成为国内第一个具有国际先进品质的国产心脏起搏器，将惠及更多中国患者。

(三) 战略性投资，发挥协同效应，渐进性探索合作模式

2016年，微创医疗还与美股上市医疗器械公司 Lombard Medical 达成战略合作，并宣布向 Lombard Medical 注资。凭借微创医疗和 Lombard Medical 在主动脉血管腔内治疗上的丰富产品线，此次合作将打造出中国市场最全面的腔内治疗腹主动脉瘤的产品线，进一步巩固微创医疗在快速发展的中国主动脉血管腔内介入市场中的领先地位，并帮助微创医疗在市场潜力巨大的国际主动脉血管腔内介入市场中大展宏图。

(四) 积极参与"一带一路"建设

作为国产医疗器械行业的领头企业，微创医疗发扬"尽精微、致广大"的创新

创业精神，积极响应国家各项发展战略要求，为推动中国医疗器械行业可持续创新发展贡献力量。

近年来，在"一带一路"倡议的指引下，微创医疗的国际业务也在不断向沿线国家和地区拓展。目前，微创医疗多款产品都已获得了欧盟 CE 认证，进入欧盟市场。明星产品 Firehawk（火鹰）也已在亚洲、欧洲、南美洲等海外市场的诸多国家获证并上市销售，大动脉及外周血管介入产品和电生理产品也陆续进入欧洲、拉丁美洲等市场，以及印度、巴基斯坦、印度尼西亚、菲律宾、泰国、哈萨克斯坦、马来西亚、波兰、罗马尼亚等"一带一路"沿线国家，取得了良好的市场反馈。

2016 年 8 月，微创医疗在印度正式成立子公司。作为冠脉手术量全球第三的国家，近年印度的医疗市场规模增长迅速。2017 年 2 月，印度孟买 H. J. Doshi Ghatkopar Hindu Sabha 医院顺利完成了一例 Firehawk（火鹰）的手术植入，这是 Firehawk（火鹰）首次在印度临床中使用，并获得了医生的高度认可。在未来，印度子公司将会把微创医疗包括冠脉支架、骨科产品等在内的全线产品带入印度市场，为印度患者提供能够挽救并重塑其生命或改善其生活质量的高性价比医疗方案。

2017 年 8 月，Firehawk（火鹰）和 FOXTROT PRO 球囊扩张导管获得马来西亚主管当局 MDA（Medical Device Authority）的注册批准，这是微创医疗的产品在马来西亚正式实施法规监管后获得的首次官方注册的上市批准。2017 年 9 月，Firehawk（火鹰）在哈萨克斯坦国家医学研究中心顺利完成一例手术植入，这是 Firehawk（火鹰）首次在哈萨克斯坦临床中使用，对于微创医疗产品未来在哈萨克斯坦乃至中亚地区的进一步推广具有里程碑式意义。

亨通集团股份有限公司

——创新驱动促转型，面向全球谋发展

一、企业基本情况

亨通集团股份有限公司（以下简称"亨通集团"）创建于 1991 年，是服务于光纤光网、电力电网、金融和大数据互联网、文旅地产等领域的国家创新型企业，拥有全资及控股公司 70 家（其中上市公司 3 家），在全国 10 个省（市）和海外 6 个国家或地区设立研发产业基地，是中国光纤光网、电力电网领域大型系统集成商与网络服务商，跻身中国企业 500 强、中国民企 100 强、全球光纤通信前三强。

多年来，亨通集团始终坚守制造业，坚持创新驱动促转型，面向全球谋发展，在实现自身行业地位和经济实力稳步提升的同时，为中国高端制造打造了一张亮丽的"世界名片"。

二、管理创新的做法与经验

创新是企业的生命，企业唯有不断变革创新，才能让自己立于不败之地。如果不识变、不应变、不求变，就可能陷入被动，错失发展机遇。今天不创新，明天就会落后，后天就会被淘汰。

亨通集团围绕通信、电力产业生态链，以构建和提高核心能力为中心，持续推进系统创新、自主创新和集成创新，实现了全要素创新、全员创新、全时空创新和所有创新之间的协同，构建了全方位创新生态体系，形成了企业转型升级生生不息的动力源泉。

（一）坚持系统创新，打造驱动发展新引擎

企业是创新的主体，持续创新靠的是创新生态系统。亨通集团以战略、人才、技术、机制、资本"五位一体"的创新体系为载体，依托国家级企业技术中心、院士工作站、博士后工作站等创新平台，先后承担了 260 多项国家及省部级高新技术

项目。2016 年，亨通集团与国内 30 多家大学科研院所开展 45 项产学研合作项目；与 IBM 合作，推动 IPD 产品集成研发平台体系建设，新产品开发突破 200 项，新产品销售在总营业收入中的比例突破 50%，创新为亨通集团转型升级提供了持续动能。

亨通集团顺应全球智能化科技革命和新一代信息技术与制造业融合趋势，结合"中国制造 2025"及"互联网＋"，确立了"'三化'促'一化'，'一化'带'三化'"的智能工厂创建思路（"一化"即国际化，"三化"即工厂智能化、管理信息化、制造精益化）。2013 年，亨通集团"三化"智能工厂建设正式启动实施。在工厂智能化方面，亨通集团提出"能用机器人的就不用工人，能用机器手的就不用人手"，推进智能生产集约互联、人机互动、智能集成操控等系统建设。在管理信息化方面，系统推进五大信息系统建设（SAP、CRM、SRM、MES、OA），实现企业内部与客户端信息系统间的互联互通，实现精准生产和定制化交付的制造服务能力。在制造精益化方面，亨通集团正加快实现柔性化生产、定制化制造，达到成本、质量、服务的最优化，提供全产业链的解决方案和终端运营维护服务。

目前，亨通集团已建成 6 个省级智能制造示范车间，先进制造标准体系正在被复制，产品质量与智能制造高度融合，先后荣获国家"两化"深度融合示范企业。

（二）坚持自主创新，抢占产业发展制高点

亨通集团围绕科技创新的"4－3"战略要求（即超前 3 年进行技术储备，每年将营业收入的 4% 以上投入科技研发，每年高科技含量产品销售占比达到 30% 以上），瞄准产业尖端前沿，推进向高端产业、高端技术、高端产品延伸发展。

亨通集团瞄准世界通信发展前沿，围绕关键核心技术和高端领域，形成了一大批有自主知识产权的创新成果，攻克光纤通信产业最核心的光纤预制棒技术，打破国外技术垄断。成功开发新一代绿色光棒，成为全球第二个、中国唯一拥有此项核心技术的企业。参与国家及行业标准制定 320 多项，拥有国家授权专利近 3000 项，标准制定和专利数均位居国内同行前列。

近年来，亨通集团自主创新水平不断提高，一批批科技创新成果相继涌现，创造出一个个具有国际领先水平的高科技产品：自主研发超大尺寸光棒，拉丝长度全球第一；全球首推"全波段超低损耗、超长距离、超大容量"光纤通信系统；全国首推 400G 大容量超低损耗光纤，并中标国家"工业强基工程"项目；全国首创 UUA 超低损耗、超大有效面积单模光纤；完成全球首个电信级"大有效面积光纤"陆地光缆工程应用；巴西亚马逊 OPGW 工程创"大截面、大跨度"两个全球第一；参与特高压直流输电线路工程（国家电网昌吉—古泉特高压直流工程）建设，输电电压最高，输送容量最大，送电距离最长；大长度、大截面、高电压等级海底电缆生产技术突破了世界海底电缆最高电压等级、最大长度、最大截面技术壁垒；成功完成国内首个 5000 米水深海底光缆测试，一举打破国外垄断，成为国际上少数掌握

这一技术的公司之一；国内第一家交付单个国际海底光纤通信工程突破 1100 公里、单根段长 312 公里的企业，创造了国际最长海底光缆纪录……亨通集团的产品和解决方案已全面服务于智慧城市及社区、特高压及智能电网、新能源与海洋工程、大数据、物联网、移动互联网、高铁和地铁、航空航天、国防军工等市场领域。

（三）坚持集成创新，打造产业生态新优势

二十多年来，亨通集团围绕通信、电力产业生态链，不断延伸拓展，持续推进系统集成创新，已打造形成全球领先的通信、电力全产业链。亨通集团制定了"四大转型"战略目标（从生产研发型企业向创新创造型企业转型，从产品供应商向全价值链集成服务商转型，从制造型企业向平台服务型企业转型，从本土型企业向国际化企业转型）。2016 年，亨通集团通过并购整合、产学研合作，为企业可持续发展，构建发展新优势，打造发展新动能。

超前布局量子通信领域。当今，新一代通信技术异军突起，代表未来方向的量子通信也将走向现实、走向大规模应用，这是迄今为止实现信息安全保密最可靠的技术。为支持国家网络安全建设，亨通集团超前布局量子通信，先后与中科大合作成立"量子信息研究院"，与北京邮电大学合作建立"量子光电子实验室"。确立了量子政务、量子金融及量子电力三个业务拓展方向，并已与多家金融机构及政府单位展开相关项目合作对接。2017 年 8 月，由亨通集团问天量子承建的江苏首条量子金融专线——中国人民银行苏州市中心支行量子金融专线正式开通，对量子通信技术在金融证券领域的全面推广、建设具有重大示范意义。2017 年，亨通集团问天量子正式承建江苏首条量子干线——宁苏量子干线及其延长线沪通量子干线，合称宁沪量子干线，建成后，从南京到上海沿线的政府、银行、企业等对数据保密传输需求较高的主体能获取安全性强、保密度高的专线数据服务。此外，与量子通信产业链配套的量子通信产业园也在规划启动中，致力于为量子通信大规模应用提供整体系统解决方案，力争打造亨通集团量子互联网产业的又一张名片。

进军大数据网络安全领域。当今，人类已经步入了大数据时代。谁掌握了大数据，谁就拥有未来。亨通集团借助占全国光纤网络四分之一的网络资源优势，通过投资并购，开发大数据应用与网络安全系统，打造"云管端"大数据服务新业态，为中国电信、中国联通、中国移动搭建起安全态势感知平台，并提供大数据分析处理。亨通集团也为上海迪士尼开业等活动提供大数据分析和人流安全监控服务。与此同时，亨通集团还成立了光载无限公司，依托在移动大数据智慧云服务、量子通信信息和网络安全云、光电产业互联网云、智慧社区互联网云、智慧充电网络云等领域的优势技术，致力于打造未来信息基础设施，建设超级智能社会。同时，亨通集团还积极参加苏州大数据中心的建设，在苏州湾打造大数据智慧产业基地。按规划，亨通集团将建设移动大数据智慧云服务平台，整合移动通信、智能电网、互联

网金融、智慧社区等产业的上下游大数据资源，为客户提供精准营销解决方案、智能决策咨询解决方案，为每类产业各环节提供移动营销大数据综合服务。

拓展新能源汽车领域。亨通集团通过与清华汽车研究院合作，并购专业从事新能源汽车用锂离子动力电池、储能用锂离子电池及锂离子电池关键材料研发和产业化生产的高新技术企业天津盟固利公司，以及从事新能源汽车充电桩研发、生产的国充充电公司，形成了从新能源汽车线、线束、连接器、动力和储能电池、电机和电控系统，到充电桩、智能充电站的完整的新能源汽车电气控制系统，全面进军新能源汽车产业，致力于成为新能源汽车智能控制连接系统、充电设施建设与充电运营系统以及新能源汽车能源系统的解决方案提供商，力争"十三五"末成为行业领军企业。

助力海洋强国和智慧海洋建设。2017年6月，被列入国家"十三五"重大科技基础设施建设项目的中国国家海底科学观测网正式获批复建立，将在东海和南海分别建立海底观测系统，从而实现东海和南海从海底向海面的全天候、实时和高分辨率的多界面立体综合观测，服务于科学前沿研究、海洋环境监测、灾害预警、国防安全与国家权益等方面需求，对我国加快建设"海洋强国"、进军"智慧海洋"具有重要意义。

亨通集团先后与同济大学、解放军工程大学、北京邮电大学等共同建立研究机构，开展海底观测物联网海底主基站、海工器件和观测系统集成等领域的研究、设计、开发。2017年，亨通集团与同济大学合作设立亨通海洋装备有限公司，从海底光缆研发、生产、销售向上游拓展海洋装备研发和生产、工程设计、系统集成，向下游发展海洋工程总包服务、海洋数据采集及大数据服务，积极参与国家智慧海洋工程建设，推动公司可持续发展。与江苏华西集团有限公司携手，设立江苏亨通海洋工程有限公司，在海洋新能源领域以及军民融合产业强强联合，打造总部经济和研发中心。

构筑互联网智慧生态圈。亨通集团在2015年取得工业和信息化部颁发的宽带接入运营牌照及驻地网运营试点的基础上，整合成立智慧社区事业部，并通过并购合作，完成对西安景兆科技的并购。公司以通信技术、AI技术及物联网技术为依托，内容涉及社区服务、智能家居、路网监控、数字生活及周边商家等诸多领域。旗下产品"社区人"打通服务社区"最后一公里"，以"社区人"APP为线上服务端，致力于为社区居民提供居家便利，解决社区发展中的问题。

目前，亨通集团已成为国内宽带驻地网运营业务的龙头企业，所运营的城域网、驻地网覆盖500多个社区、30多万户家庭，进一步加快了宽带接入驻地网（智慧社区）建设运营的布局与发展。

三、面向全球谋发展

当前，中国正从制造大国向制造强国转变，从制造向创造转变。制造业要做强做大，必须实现产业国际化；企业要做强，必须面向国际国内的两大资源、两大资本、两大市场开放融合，定位全球发展，参与全球竞争。

围绕"一带一路"倡议，亨通集团提出"看着世界地图做企业、沿着'一带一路'走出去"，按照"市场国际化—产业国际化—品牌国际化"三步走的国际化实施策略，有序、稳健地迈出国际化的铿锵步伐。

（一）放眼全球，坚定不移"走出去"

亨通集团的国际化起步于 2000 年，迄今已走过将近二十年历程，已探索出了一条市场国际化、产业国际化、品牌国际化的"三步走"发展道路。亨通集团先后在巴西、印度等地创办研发生产基地，带动产业"走出去"。与此同时，亨通集团还通过对南非、葡萄牙、西班牙、印度尼西亚等国家老牌线缆企业的并购，实现了从国际化经营向全球化经营的切换，加快了产业国际化进程，提高了亨通集团产业生态链竞争力。

亨通集团的国际化获得了全球业界的广泛认可。全球权威分析机构 CRU 发布报告称，亨通集团已成为全球第二大光纤通信供应商，跻身全球第一阵营。亨通集团国际化也为"中国创造"赢得了广泛声誉：在马来西亚，亨通集团成功交付海洋通信工程超长海光缆系统，代表了中国在该领域的最高制造水平；在泰国，亨通集团与本地运营商合作在泰国国内实施光纤到户（FTTH）工程，使亨通宽带接入系统在泰国全境得到全面推广；在埃及，亨通集团是重要的通信供应商，并携手埃及电力控股公司、埃及电力传输公司、埃及重要的电力 EPC 大型项目开发商高层及专家顾问召开战略合作研讨会，共同擘画了埃及智慧能源互联网络建设的宏伟蓝图；在土耳其，亨通集团是国内首家以光纤光缆产品入围的供应商，亨通海缆产品成功交付里海项目；在哈萨克斯坦，亨通集团成功通过该国质量体系认证，是中国电力电缆行业率先通过认证的企业之一；在巴基斯坦，亨通集团积极参与了中巴经济走廊建设；在俄罗斯，亨通集团荣膺"俄罗斯能源工程突出贡献奖"，俄罗斯能源部部长诺瓦克亲自向亨通集团董事局主席崔根良颁发了证书。

（二）亨通集团"走出去"的实践思考

1. 企业"走出去"要以技术和质量为根本打造核心竞争力

首先，中国企业"走出去"跟国际巨头同台比武，必须要有击败对手的"杀手锏"，关键是要靠技术创新，企业才能成为全球竞争中的"实力派"。亨通集团成功

"走出去"的关键在于始终通过创新，掌握了一项项核心技术，拥有了一项项中国乃至世界"第一"和"唯一"，才有了"走出去"参与全球竞争的底气和信心。

其次，对于"走出去"的中国企业，质量不仅事关企业存亡，更影响到"中国制造"的国际声誉。一个企业首先要把质量做好，在擅长的领域精耕细作，做专、做精、做优、做到极致。目前，亨通集团所属企业已通过质量管理体系认证、环境管理体系认证、测量管理体系认证、中国强制性产品认证（CCC）、电能（北京）产品认证中心认证（PCCC）、CE 认证、国家军标质量管理体系认证等数十项权威认证。连续获得"苏州市市长质量奖""江苏省省长质量奖""江苏省质量管理优秀奖""全国企业管理创新奖""全球卓越绩效奖"等众多殊荣，两次入围中国质量领域最高荣誉"中国质量奖"提名。

凭借在核心技术和产品质量方面的核心竞争力，亨通集团已在 34 个国家设立营销技术服务公司，光纤网络、电力产品及工程服务已覆盖到全球 130 多个国家和地区，在全球 119 个国家和地区注册国际商标，全球市场占有率达到 15%。累计获得 27 个国家和地区及组织的各项产品认证 65 项。2016 年，被 30 多个国家和地区的 50 多家客户评为"优秀供应商"。

2. 企业"走出去"必须注重知识产权布局

目前国内企业知识产权保护意识还比较薄弱，维权意识不强，经验不足，在产品走出国门、海外建厂、海外收购时，很可能遭遇专利"雷区"，引发跨国知识产权纠纷，陷入被动局面。为此，近年来亨通集团积极进行海外知识产权布局，为集团国际化战略保驾护航。为有效预防"专利陷阱"，亨通集团通过开展专利导航，利用其专利预警机制，争取做到未雨绸缪、有备无患。

此外，企业"走出去"必须认真研究、尊重当地法律和习俗。只有规范好，才能走向世界，与世界上其他企业竞争。在产业国际化过程中，亨通集团严格遵守目标国家的知识产权法律制度和执法程序，避免造成纠纷和损失，从而为专注于海外研发、生产和市场开拓，营造良好的氛围。

3. 企业"走出去"发展必须坚持品牌全球化

亨通集团通过海外并购，成功实现了品牌扩容。截至目前，亨通集团已形成"亨通光电""南非阿伯代尔""西班牙萨拉戈萨""葡萄牙阿尔卡布拉""印度尼西亚福士"五大全球品牌。根据世界品牌实验室中国 500 最具价值品牌数据，亨通集团的品牌价值已经从 2004 年的 27.33 亿元跃升至 2017 年的 242.5 亿元。

在全球品牌战略方面，亨通集团奉行多元、包容的理念，实行五大品牌协同配合、全球联动。一方面，充分利用海外并购企业在研发、质量、品牌等方面积累的优势，通过其在所在国家和地区拥有的稳定市场占有率和客户影响力，延续品牌知名度；另一方面，海外并购企业的生产体系和工艺大多是英联邦和欧盟标准，亨通集团以此作为进入英联邦、欧盟、非洲及中南美洲等海外市场的重要工具，大大节省了亨通集团品牌打入当地市场的时间成本，使公司有了更多的时间和精力进行产品的创新与研发。

4. 企业"走出去"发展必须坚持人才国际化

美国硅谷之所以成为今天的世界创新中心，就在于汇聚全球的一流人才。企业要成为国际化的公司，首先人才必须国际化。亨通集团整合国内外产业的人才资源，并吸引全球顶级人才团队，助推亨通集团产业国际化的全球运营和核心竞争力的打造。经过不懈努力，亨通集团外籍员工已经达到5000多人，囊括了美国、欧洲等国家和地区的国际专家、研发人员、工程师等高技能人才，打造了一支不同国籍、不同肤色、不同语言、不同文化的国际化队伍和全球领军的专家团队。

展望未来，亨通集团将继续紧跟国家"一带一路"倡议，持续推进"四大转型"，大力实施"四大融合"（产业经营与资本经营融合、制造服务与互联网融合、国内资源与国际资源融合、本土文化与外域文化的融合），坚持创新驱动，推进全球发展，力争到"十三五"末把亨通集团打造成为超千亿元级的高科技国际化公司。

华泰集团有限公司

一、企业基本情况

华泰集团有限公司（以下简称"华泰集团"）总部位于山东省广饶县，1976 年建厂，开始是一个仅有 56 万元资产、35 名员工、年生产能力不足千吨的小造纸厂。经过逾 40 年的自力更生、艰苦创业，目前华泰集团已经发展成为以造纸、化工为主导产业，集印刷、热电、物流、林业、商贸服务、信息科技等九大门类于一体的中国 500 强企业，是全球最大的新闻纸生产基地和全国最大的盐化工基地。华泰集团下辖山东华泰纸业股份有限公司、华泰化工集团、华泰新华印刷、华泰热力、华泰大厦、华泰林业、大众华泰印务、华泰国际物流等十多个子公司，拥有国家认定的企业技术中心和国家级实验室，在全国同行业中第一家挂牌成立博士后科研工作站。华泰集团是山东省同行业第一家 A 股上市公司，先后获得"国家重点高新技术企业""全国重合同守信用企业""全国质量管理先进企业""全国就业先进企业""全国工人先锋号""全国创先争优基层党组织"等荣誉称号。

"十一五"期间，华泰集团按照林浆纸一体化的发展模式，分别在山东东营、安徽安庆、广东新会建设了浆纸生产基地，形成了黄河、长江、珠江三角洲"三点一线"的全国战略布局。同时，华泰集团积极与世界 500 强公司和知名企业如德国福伊特、芬兰斯道拉恩索、比利时苏威、美国杜邦等合资合作。

二、转型升级的做法与经验

"十三五"以来，华泰集团面对严峻的市场形势，紧跟供给侧结构性改革步伐，牢牢把握"去产能"主题任务，围绕创新发展主题，通过创新模式、创新手段、创新思路、创新理念，科学规划，精心布局，化解产能过剩危机，推动设备技术、产业模式、产品结构、技术水平等转型升级，使企业继续保持稳定、健康、持续的发展势头。

在互联网和电子传媒对传统纸媒严重冲击，新闻纸市场日趋萎缩的行业大环境下，华泰集团始终把造纸作为发展根基，坚持"增量崛起"与"存量变革"并重，先后淘汰了价值 20 多亿元的 3 条草浆生产线和 8 条落后纸机生产线，创新发展了"新闻纸＋"生产模式，运用新技术对产品进行结构调整和改造升级，丰富产品种类，拉长产业链条，有效应对市场变化，巩固了在造纸行业的优势地位。

（一）"新闻纸＋文化纸"生产模式

华泰集团总部生产基地保留一条 45 万吨新闻纸生产线，保障省级以上党报发行需求，其他三条新闻纸生产线成功调整为高档文化纸、高档包装纸。2016 年，投资 2 亿元改造的 20 万吨高档文化纸项目顺利投产，产品独家中标中央宣传部组织编写的《习近平总书记系列重要讲话读本》的印刷专用纸，进一步提升了华泰集团的知名度。

（二）"新闻纸＋包装纸"生产模式

华泰集团积极落实省政府号召，把总部 40 万吨新闻纸改造成瓦楞芯纸、建筑模板纸。针对珠三角地区电子产品制造、快递物流等产业发展快、总量大的实际需求，对广东地区的华泰产品进行全面升级，投资近 3 亿元将新闻纸生产线升级改造成包装纸生产线，产品一经投放市场，迅速获得用户青睐，顺丰快递封、小米手机包装盒等都使用华泰集团的包装纸。2016 年第四季度以来，包装纸市场需求火爆，为公司业绩提升综合贡献 5 个百分点以上。

（三）"新闻纸＋特种纸"生产模式

先后将总部两条文化纸生产线调整为纱管纸、本色牛皮纸、字典纸等品种，年增效益 2000 多万元；同时，开展私人定制特种纸业务，为客户量身定做无碳原纸、数码转移印花纸、双胶复合纸等高附加值产品。

（四）"新闻纸＋铜版纸"生产模式

2011 年初，作为国家发展改革委审批的重点林纸一体化项目——年产 70 万吨高档铜版纸项目成功投产，产品自投放以来，华泰集团凭借过硬的质量、优质的服务不仅在国内市场广受好评，东南亚、南亚等海外订单也纷至沓来。2016 年，芬兰斯道拉恩索公司将苏州紫兴工厂的"SPCO"铜版纸国际高端品牌转让给华泰集团，目前华泰集团生产的产品已完全达到国际标准，"SPCO"和"华泰"成为华泰集团的两块金字招牌。

三、强化创新驱动，提升核心竞争优势

面对经济发展新常态和传统产业产能过剩的挑战，华泰集团深入实施创新驱动战略，以科技创新为引领，加快推进转方式调结构，实施新旧动能转换，通过以

"四新"促"四化",坚持绿色、高效、多元,把创新作为企业发展的第一驱动力,加大科技投入,完善创新体系,靠创新始终走在行业发展前列。

(一) 提升装备水平

紧跟全球新一轮科技革命和产业变革,抢抓"中国制造2025"机遇,着力打造工业4.0工厂。2015年10月,华泰集团与德国福伊特公司签署战略合作协议,华泰集团投资8.4亿元,升级改造5条新闻纸生产线,双方共建具有国际领先水平的造纸研发中心。目前,总部20万吨新闻纸改产高档文化纸项目已于2016年顺利投产,计划在广东华泰新上30万吨高档包装纸生产线,与公司现有的七大科研平台相结合,充分发挥自主创新能力,全面实现造纸工业的智能制造。

(二) 强化技术研发

华泰集团建立了全国造纸行业首批博士后科研工作站、国家认定的企业技术中心、国家级实验室、泰山学者岗、废纸综合利用实验室和废弃物综合利用重点实验室六大科研平台,持续开展技术创新和产品研发,连续12年蝉联国家火炬计划重点高新技术企业,是国内造纸行业唯一一家荣获4项国家级科技进步奖的企业。先后与华南理工大学、南京林业大学、齐鲁工业大学、天津科技大学等高校建立了长期合作关系,先后承担省部级科技计划项目30余项,开发了低定量彩印新闻纸、彩色美术版纸、高光泽涂布白板纸等多种国家级新产品,"废纸制浆造纸关键技术的研究开发与生产应用"被列为国家级技术创新项目,最轻40克/平方米超低定量新闻纸生产技术填补了国内空白。

(三) 探索管理创新

华泰集团投资8000余万元,与用友软件合作实施了ERP项目,围绕"技术、产品、业务、产业"四个方面进行深度开发,实现了集团财务业务一体化、订单生产集成化、客商管理协同化、生产管理数字化和高层决策智能化,从根本上解决公司多产业、集团化、跨地域的管理需求,实现了内部资源的优化配置,物流、资金流、信息流集成率达到90%,产品实时库存准确率达到99.5%,库存资金占用率降低12%,资金和存货周转率提高10%以上。2014年,实施主辅业分离,将信息中心从集团进行业务剥离,成立了东营华泰信息科技有限公司,为广大企业提供"两化"融合服务。

四、调整产业结构,持续培育发展新优势

立足现有产业基础,主动参与市场竞争,积极培育对外开放新优势,拓展发展

空间。

（一）稳步发展制造业

在成功运作机械加工项目的基础上，计划依托县域经济轮胎产业化集群优势，通过招商引资，建设汽车电子工业园区项目，吸引市场需求高、竞争力强的电子和机电整合相关厂商入驻园区。

（二）大力发展现代物流业

充分利用兴广铁路、"两仓一站"的资源优势，在高标准建成黄岛临港国际物流园区、广饶国际贸易物流仓储园区两大项目的基础上，整合鲁北地区货运资源，同时计划将兴广铁路向北延伸至华泰电厂，沿途建设纸品、油料、液体化工等中转仓库，带动仓储发展，将物流运输、仓储贸易打造成华泰集团另一个效益增长极。

（三）着力发展"企业产业＋金融"

依托现有小额贷款公司，成立上海华泰金融贸易服务公司，目前正在注册成立财务公司。通过资本运作，在降低融资成本的同时，为广大中小企业提供更多、更好的服务。

五、"三个坚持"实现绿色发展

华泰集团始终把环境保护作为企业发展的生命工程，坚持"产量是钱，环保是命，不能要钱不要命"的企业经营理念，实现了可持续发展。

（一）坚持"去产能"和发展"新动能"并行，用高新技术改造传统产业，落实供给侧结构性改革要求

"十五"以来，华泰集团先后淘汰了价值20多亿元的高耗能、高污染落后产能，同时利用高新技术改造传统产业，投资近300亿元从国外引进国际一流的高档新闻纸、铜版纸生产线及其配套环保治理设施，吨纸耗水仅为8立方米，达到国际先进水平。

（二）坚持"企业发展、环保先行"，投巨资增上环境保护项目，实现工业"三废"的达标排放

在工业"三废"的处理上，华泰集团先后投资30多亿元，引进瑞典、韩国先进技术，增上了四期世界先进的污水处理系统，外排水 COD 含量、色度等指标完全达到山东省环保标准要求。同时，在行业内最早建成废渣焚烧炉，增上了热电除尘、脱硫脱硝、超低排放等项目，达到了行业污染治理的最好水平，有力地保障了企业

健康运行。

（三）坚持"源头控制"和"末端治理"相结合，大力发展循环经济，实现资源的综合利用

华泰集团建设的废渣干化生产建材、烟气余热回收产汽发电、废水制沼气提纯天然气等项目，实现了资源的综合利用，每年节约 3.8 万吨标准煤，产生效益 6000 多万元。同时引水补源，先后投资 8000 多万元，建设了三座大型水库，企业生产用水全部使用地表水和经过处理后回收的废水。把周边几个村的 1 万多亩土地征收过来种植速生林和观赏林，每年补偿老百姓粮食款 3000 多万元，既改善了生态环境，又解决了农村的就业。

山东中海化工集团有限公司

一、企业基本情况

（一）企业简介

山东中海化工集团有限公司（以下简称"山东中海集团"）成立于2001年，总资产达70多亿元，拥有员工近3000人，现已发展成为集石油炼化、精细化工、房地产开发、成品油销售、热电联产、仓储与物流、港口经营和国际贸易于一体的综合性、现代化企业集团。山东中海集团下设中海石油东营石化有限公司、山东中海精细化工有限公司、中海利兴石化销售有限公司、山东中海利群置业有限公司、东营伟邦新能源有限公司、东营龙海港务有限公司、山东中海兴燃化工有限公司等10余家子公司。

山东中海集团先后获得"安全生产先进单位""质量管理先进企业""管理创新优秀企业""突出贡献企业"、省级"守合同重信用企业"等荣誉称号，连续六年入选"全国民营企业500强""全国民营企业制造业500强""山东民营企业100强"。

山东中海集团注册资金为1亿元，由5位自然人持股共计8717.34万元，职工持股会出资1282.66万元。

（二）发展历程

1989年11月，经山东省经贸委和济南军区批准投资建设军办化工企业——济南军区黄河三角洲生产基地化工厂。

1993年12月，总后勤部授予"中国人民解放军第九〇八七工厂"代号。

2000年顺利通过了国家清理整顿小组的验收，同年11月被国家经贸委、国家工商行政管理总局以国经贸石化〔2000〕1095号文件明文予以保留。

2001年1月，企业进行了股份制改造，成立济南军区生产基地石油化工有限责任公司。

2004年4月，为全面贯彻中央军委关于军队不经商的指示精神，济南军区生产基地完成出资转让，公司变更为山东中海石油化工有限公司。

2007年5月15日，经山东省工商局核准成立山东中海集团，子公司为山东中海精细化工有限公司、中海利兴石化销售有限公司、山东中海利群置业有限公司、东营中昊实业有限公司。

2008年9月22日，原山东中海集团股东注册成立山东中海石油化工有限公司，收购原山东中海集团四个子公司。

2009年2月4日，山东中海石油化工有限公司更名为山东中海集团。

（三）发展战略

2017年，山东中海集团以山东、滨州两个炼化企业为支撑，依托东营石化项目，努力实现石油炼化、精细化工、港口运营、仓储、物流、成品油销售终端、房地产开发聚力发展的大格局。

山东中海集团始终秉承以人为本的发展理念，以"弘扬中海文化，创建百年企业"为战略发展目标，坚持以诚信为本，积极融入"黄蓝战略"开发和环渤海湾发展中，多角度、全方位提升企业整体实力，追求人、企业、社会与自然的和谐进步，做员工自豪、股东满意、伙伴信任、社会欢迎的综合性、现代化集团公司。2017年，董事长刘士勤提出山东中海集团坚持集团化运作，以石油炼化为支柱产业，实施"布局大发展、整合大物流、创建大营销、打造大品牌"四大战略，致力于建设成为主业突出、核心竞争力明显、各业务板块齐头并进的大型现代化综合集团，努力实现跨越式发展。

二、企业发展的做法和经验

近年来，山东中海集团创新企业管理理念，完善企业管理体系，始终把项目建设作为企业发展的着重点，实现企业转型升级，开展企业并购，实现集团"走出去"战略。

（一）创新企业管理理念，完善企业管理体系

自成立以来，山东中海集团始终坚持集团化经营，实施规范化管理，打造一流企业品牌。加强与国际先进企业接轨，学习和融合先进管理经验，完善企业内部管理体系，建立健全"尚德、尽责、聚力、怀远"的企业核心价值观，提高战略执行力和市场驾驭能力，为打造百年企业奠定基础。狠抓生产经营管理，准确预测市场，把握时机，规避风险，确保利润最大化，提高企业盈利能力。

2017年，山东中海集团组织筹建了ERP企业管理系统，优化企业管理模式，强化管理规范与制度建设，实现对经营过程的及时监控。

（二）以项目建设作为创新发展的重要抓手，实现企业转型升级

2008年9月，山东中海集团与中海油公司签署战略合作协议，成立中海石油东

营石化有限公司。中海石油东营石化有限公司总投资 35 亿元的升级改造项目是山东中海集团与中海油公司战略合作的重要内容和基础，项目被列为"2013—2017 年全国成品油质量升级重点项目"。项目建成投产后，可实现年主营业务收入 170 亿元、利税 45 亿元，带动就业人数 1000 余人，将对地方经济发展和石化产业转型升级起到积极推动作用。

一是突出培大育强，坚持以投资拉动转型发展不动摇。东营石化升级改造项目立足高端化、尖端化，主要建设 350 万吨/年原料精制、200 万吨/年催化裂化、35 万吨/年气体分馏、6 万吨/年 MTBE、180 万吨/年柴油加氢、90 万吨/年催化汽油加氢、18 万吨/年苯抽提、产品精制等 10 余套装置及配套工程，实现了从油头到油尾的全产业链条贯通。项目建成后，产品直接达到国 V 标准，并预留产品升级为国 VI 标准的改造空间，有力地推动了企业转型升级发展。

二是抓好技术创新，促进资源综合利用，实现企业可持续发展。东营石化升级改造项目委托中石化洛阳石化工程公司进行设计，全部采用先进、可靠、环境友好的工艺技术，各项技术经济指标领先，强化了新技术的应用，在国内成品油市场竞争中具有明显的优势。柴油加氢精制采用美国的雅宝催化剂工艺包，柴油加氢采用法国的阿克森斯工艺技术，均是国际先进技术。

（三）稳定油源，实现企业稳定发展

山东中海集团子公司分布在山东济南、东营、滨州等地，2008 年以来，集团先后合并成立中海石油东营石化有限公司、东营伟邦新能源有限公司、东营龙海港务有限公司，建立起集生产、销售、运输为一体的商业模式。2017 年，集团全资子公司山东中海精细化工有限公司取得 186 万吨进口原油使用配额，为山东中海集团开拓省内外市场以及开展海外贸易奠定坚实的基础。

三、企业转型升级的重点工作

为实现企业转型升级，山东中海集团将重点做好以下几个方面的工作：

一是正确分析形势，准确把握市场，全力保障企业平稳运行。集团将继续秉承"稳健经营，扎实发展"的原则，全面分析市场走向，确保企业经营平稳运行。

二是突出重大项目建设，努力增强企业发展后劲。重点推进东营石化升级改造及配套工程建设，力争尽快建成投产。加快推进东营港原油、成品油仓储项目和长输管线项目，实现资源共享、优势互补，打通东营石化原油上岸、成品油下海的通道，将中海石油东营石化有限公司打造成为石化产业"上下游一体化""油田—炼厂无缝衔接"的典范。

三是践行企业社会责任，创建环境友好型企业。坚持把节能环保、安全生产作

为企业社会责任的重要内容，以建设环境友好型企业为目标，认真贯彻省、市关于提高安全环保水平、促进石化产业转型升级的精神，加大安全、节能、环保投入，通过技术改造、增上设施，淘汰落后产能，实现节能减排、清洁生产和资源节约循环利用，为推动生态文明建设贡献自己的力量。特别是在东营石化升级改造项目上，节能环保、安全生产投资达到 4.18 亿元，占总投资的 7.3%，确保项目技术含量高、装备水平优、生态效益佳。

今后，山东中海集团将进一步解放思想，提振信心，积极创新企业管理理念，全力加快项目建设，抓好生产经营，努力推动企业实现跨越式发展，为地方经济社会发展作出应有的贡献。

山东宝龙达实业集团

一、企业基本情况

山东宝龙达实业集团（以下简称"宝龙达集团"）位于山东省临朐县，是一家集有机硅新材料生产，军事工业、民用工业、航空航天用耐辐照有机硅密封胶，极寒地区战略装备用有机硅密封胶，导电、导热有机硅材料制造，建筑类硅酮密封胶制造，单元式幕墙加工与工程，铝合金节能门窗加工及工程，重型、轻型钢结构加工及工程，建筑装饰装修工程，园林绿化、古建筑工程于一体的国家级高新技术涉军集团化企业。

宝龙达集团秉承实业报国的理念，以打造"中国硅酮胶第一实用品牌"为愿景，以引领中国有机硅产业走向世界为己任，坚持科技创新的发展思路，先后获得了国家建筑用硅酮结构胶生产认定企业、中国建筑装饰协会推荐产品，国家建筑密封胶八强企业、中国建筑胶十大首选品牌、全联科技装备业商会副会长单位、"十二五"中国石油和化工优秀民营企业、中国氟硅行业新锐企业、中国氟硅行业创新奖、中国建筑幕墙行业三十年优秀企业、国家绿色建筑节能推荐产品、省级守合同重信用企业、山东省行业五强企业、山东省建材行业百强品牌、山东省名牌企业、山东省著名商标、山东省幕墙附件胶类行业骨干企业、山东省建筑装饰行业优秀配属企业、山东省质量竞争力100强企业、山东省自主创新模范企业、山东省建设机械行业名牌、山东省自主创新模范企业、潍坊市"发展之星"企业、潍坊市创新型试点企业、潍坊市劳动保障诚信单位、潍坊市诚信民营企业等众多荣誉。

多年来，宝龙达集团积极主动适应新形势，把握新机遇，创新思维观念，优化资源配置，促进人才创新、科技创新，推进军民融合深度发展，提高企业装备制造水平和研发能力，加速了企业转型升级，使企业不断地壮大和快速发展。

二、企业发展的做法和经验

（一）依托军民融合，做实产学研对接

近几年来，宝龙达集团积极适应经济新常态，抓住军民融合发展的巨大机遇，

顺势而为，发挥创新优势，努力提升研发实力，开辟企业发展的新天地，为国防科技工业服务配套，先后与中科院化学所、山东大学、哈尔滨工业大学等科研院所开展产学研深度合作，技术研发能力得到显著提升。宝龙达集团拥有教育部特种功能聚集体材料重点实验室（山东大学）宝龙达研究所、山东省企业技术中心、山东省（省级）示范工程技术研究中心、山东省中小企业"一企一技术"研发中心、山东大学·宝龙达集团先进有机硅材料实验室、中科院·宝龙达集团先进氟硅涂层材料实验室、潍坊市高性能硅酮密封胶工程实验室、潍坊市功能有机硅密封胶工程技术研究中心、潍坊市中小企业"一企一技术"研发中心、潍坊市企业技术中心等技术研发平台。

宝龙达集团已取得国家三级保密资质、武器装备质量管理体系认证，航空航天用耐辐照、极寒地区装备用超耐低温（－125℃）有机硅密封胶、电力用防污闪涂料、高温阻燃陶瓷化硅橡胶等关键制备技术已实现产业化，并成功为某飞机研究所、航天某院、国家电网等单位配套，现正加速推进军工板块业务。

（二）多措并举留住、用好人才，激发创新活力

科技是第一生产力，人才是第一资源。强化人才是创新发展的根本，是推动企业转型升级、加速发展的第一要素和资源。企业创新发展离不了人才的引进和培养，人才是宝龙达集团最大的资本。

1. 依托产学研对接，实施人才战略

为积蓄人才力量，宝龙达集团自 2014 年开始就与中科院化学所、山东大学、哈尔滨工业大学等多所拥有有机硅高分子材料研究能力的科研院校建立长期战略合作，实施人才战略，设立"宝龙达千名有机硅科创人才奖励基金"，为有机硅行业的青年人才发放奖励基金，并成立"学友会"，建立起各个院校硕士、博士之间横向交流的平台，通过科研项目交流、技术合作、课题研讨公关、课题论证实现了信息互通、"借智发展"。截至 2016 年末，宝龙达集团连续三年为获得"宝龙达千名有机硅科创人才奖励基金"的博士、硕士共计 73 名提供了奖学金，有效解决了他们的研发经费和后顾之忧，增进了校企之间的沟通和人才交流，借助该项目宝龙达集团进一步增进了产学研对接，增强了人才储备和项目储备，为企业创新发展、转型升级打下坚实的根基。

宝龙达集团科技研发中心拥有博士、硕士研发人员 16 人，拥有国家级科技创新创业人才 1 人、潍坊市高层次创新人才 1 人。科研院所多名专家、教授担任公司的军工项目科研组科研带头人、研发工程师。2017 年宝龙达集团已申报山东省泰山产业领军人才和鸢都学者人才工程并承担多个国家级、省级科研项目。在由中国主办的第 18 届国际硅化学大会暨第 6 届亚洲硅化学大会上，宝龙达集团科技研发中心的多名博士、硕士作学术交流报告，为国家和企业争得了荣誉，受到了国内外学者的一致好评。

2. 积极营造"发现人才、培育人才、凝聚人才"的文化氛围

宝龙达集团坚持以人为本的思想，把尊重劳动、尊重知识、尊重人才、尊重创新作为企业发展的核心价值理念。不断健全用人机制，在技术人才培养上，发挥专家、教授等学术带头人的作用，对重点人才进行重点教学培养；采取到大专院校科研所进修、请专家学者来公司授课、重点人才聘用等多种人才培养机制，培养用好人才，突破人才瓶颈；在技术员工经济收入上，采取项目奖金加底薪制度，保障、激励员工的积极性和创造性。科技人才能否安心在公司工作，优良的工作环境很重要。近年来，宝龙达集团一直注重研发中心软件和硬件的建设，力争为科技人才建立最好的工作环境，营造最佳的科技创新氛围。按照国际标准建成实验室 1200 平方米，购进先进实验设备 78 台（套）。正在建设的科技研发中心总建筑面积达 3600 平方米，配备有研发办公室、学术交流会议室、学术报告厅、研发中心、检测中心和中试放大中心，2017 年末投入使用。公司在生活上主动关心人才，为员工提供良好的环境。通过配备职工和专家公寓、大型图书阅览室、体育活动室等，走访慰问职工家属，发放生日蛋糕、贺卡，以及提供上下班班车接送等多项关怀措施，切实保障员工生活，解除后顾之忧，增强员工主人翁精神，有效实施企业人才战略。

宝龙达集团不断鼓励争先创优，通过开展节日素质拓展、技能技术竞赛等形式多样的技术比武活动，有效激发了广大员工的比优创新激情。通过年终总结表彰先进集体、先进个人、技术革新标兵等措施，不断培养员工的团队意识，增强员工的发展潜力，激发员工的创造力。大力营造浓厚的"比、学、赶、帮、超"企业文化氛围，努力开创"人尽其才、才尽其用"的良好局面，形成企业全员上下聚精会神谋发展、齐心协力促发展、各板块齐头并进的发展态势。

宝龙达集团还专门设立了科技研发专项奖励基金，鼓励科技人才积极研发优秀科研成果，重点支持科技人才研发专利技术和专利产品，把高层次人才纳入企业科技研发计划重点扶持范畴，支持科技人才开展应用技术研究，为科技人才积极研发优秀科技成果提供强劲动力。

3. 成立商学院培育人才，搭建多元化人才培养体系

宝龙达集团成立宝龙达集团商学院、工程技术研究院，旨在针对管理团队、技术团队、营销团队及合作伙伴，提高有机硅知识技能和企业管理水平。商学院培训秉承严谨探讨、严肃治学的教学风格，邀请军方代表、产学研合作科研院所专家、教授，采用学术报告、课堂讲授、案例讨论、实践模拟、小组动手实验等多种培训形式，实行全方位、标准化教学，对不同的培训成员突出"实践性、实用性、针对性"的特点，在不同的培训时间段内，达到丰富知识结构、提升综合素质的目的。商学院让学员有选择地掌握有机硅理论、营销知识、企业管理经验、商务谈判礼仪、市场拓展等相关综合知识，以解决日常工作中存在的问题，利于员工的职业规划。

商学院的学习课程提升了员工的综合素质，有效解决了企业多元化人才的需求。

（三）全面贯彻"国军标"生产管理体系要求，使企业实现精细化管理

订单、生产周期、产品质量、客户投诉率等都时刻影响着企业的发展，向管理要成本、向技术要效益已成为企业良性发展的重中之重，从传统的粗放型管理逐渐转变为精细化管理也是企业的必然选择。宝龙达集团从建立伊始即贯彻"5S"企业管理，执行 ISO9001、ISO14001 管理服务体系要求，推行 TQM 全面质量管理和 TPM 全员生产维护管理，在此基础上，宝龙达集团以"国军标"生产管理体系认证为契机，全面贯彻执行了"国军标"生产管理体系要求，使企业内部管理、质量管理有了大幅度提升，合成车间创造了连续 12 个月无质量事故的最好成绩，双组分产品创造了连续 9 个月无质量投诉的骄人业绩。

"细节决定成败"。宝龙达集团严格执行"国军标"生产管理体系要求，对产品生产流程进行全程管控，严把质量关。充分做到原材料入厂必检，成品出仓必验。产品技术关键控制点严格执行操作规程，实施精细化管理，切实加强生产过程质量管控，按照岗位职责实施定责、定量、定时考核，将责任落实到个人，不断加强员工履职尽责的使命感和责任感，确保产品生产过程 100% 管控，产品出厂合格率达 100%。

宝龙达集团加大了产品售前、售中、售后的技术服务，确保为用户提供完备的产品系统解决方案，对重点用户实行定期回访，积极听取用户的合理化意见和建议，结合产品使用效果跟踪评估，形成产品技术资料进行分析，逐步改进产品性能，开发出多款个性化产品满足用户的特殊需求。

宝龙达集团坚持改变传统的人员管理方式、操作流程模式，全面优化、整合管理要素，完善创新管理机制。通过加强团队建设、制度建设、绩效体系建设，进一步激发了员工的创造性，通过内因外联解决技术难点，突破关键点技术瓶颈，探索构建出一体化、立体化的"国军标"生产管理体系。不断以完善企业管理中存在的薄弱环节为重点，以提升产品质量和客户服务满意度等为目标，通过全面开展一系列提升全员技术的技能竞赛、百日生产质量大比武等活动，加快推进企业管理方式转变，充分调动人的主观能动性、积极性、创造性，促进企业大幅提升综合绩效。

"国军标"在宝龙达集团的贯彻实施让企业在制度化、标准化、规范化建设上前进了一大步，在保证军品质量的前提下，有效提升了民用产品的质量，为企业的可持续发展提供了可靠的保障。

（四）整合资源，提高企业装备制造水平和研发能力，加速企业转型升级

为了顺应国家全面深化经济改革和中国有机硅产业的发展，宝龙达集团整合所有资源顺势而为，年产 5 万吨的有机硅新材料项目已在宝龙达产业园顺利投产，年

产 2 万吨的工业用硅烷材料项目正开工建设，完整产业链体系的形成使宝龙达集团成功进军有机硅新材料新高地。

1. 实施创新驱动战略，推进新旧动能转换

宝龙达集团积极践行"中国制造 2025"要求，坚持智能制造先行，加快新旧动能转换。不断引进国内外先进设备，使企业智能化水平位居国内同行业前列，2016 年率先引进了 122 级硅酮密封胶全自动智能生产线，该设备不仅劳动强度低，生产效率高，产品质量稳定可靠，无批次间的质量波动，而且全程电脑自动化计量给料，计量精确，多控制点检测中间样品，可以实时动态控制，制造过程中无中间品、无间歇化，物料及能源损耗少，实现从投料、制胶到分装的一体化全自动生产线生产，具有高效率、低损耗、全封闭、无污染的特点，具备了工业 4.0 的水准，单条线年产能达到 3.5 万吨，单组分结构胶、耐候胶、酸性玻璃胶全智能自动化生产线、中性透明胶全智能自动化生产线、双组分结构胶全智能自动化生产线，中空胶全智能自动化生产线现已正式投产运行。

经过不断努力，宝龙达集团已逐步淘汰了老旧设备，增加了自动化高科技设备，企业全面向智能制造进行了转型升级，实现了新旧动能良性转换。

2. 拉伸产业链，完善服务链，提升价值链，推动产业集群式发展

宝龙达集团凭借雄厚的有机硅科研技术优势，以开阔、前瞻的视角知行韬略，谋划长远，积极与山东大学合作，向硅酮密封胶上游原材料产业延伸，努力拉伸完备的有机硅产业链条。宝龙达集团通过有机硅新材料精馏提纯装置，将有机硅混合硅氧烷体材料成功分离成各个单体，经过合成转化为多种具有特殊功能的硅油和氟硅共聚胶体材料，可广泛应用于航空航天、高铁、船舶、石油钻井、高档轮胎脱模、手机外壳精密压铸等高端有机硅精细化工领域。

宝龙达集团充分整合优势资源，着力推进技术创新升级和科研成果集成创新。加快信息化与工业化深度融合，稳步推进有机硅原材料的生产与后期深加工项目的推进。根据市场的需求和发展战略布局，建成了集实验分析、化验检测、产品研发等于一体的省级示范工程技术研究中心、省企业技术中心、"一企一技术"研发中心等多功能技术研发平台，为企业产品的质量监测监控和完整的产品研发体系提供了强有力的技术支撑，为"产、学、研、用"成果转化提供了科技研发创新平台，为军民融合产业发展、稳步推进军工板块项目提供了先决条件。

同时，宝龙达集团坚持实施有机硅产品规模化扩张，自主研发新技术、新工艺、新材料、新产品，从传统的单一品牌产品制造转型进化到多品牌创造，从建筑用硅酮胶拓展到民事工业、国防军事工业用有机硅行业，致力于研发、生产出更多让社会放心、用户满意的高品质、高科技含量的产品，将产品做细、做深、做精，不断提高产品的附加值，推进产品升级，为企业的可持续发展提供了动力。

有机硅新材料的成功运作使宝龙达集团的硅酮胶主要原材料质量达到了国际水

平，产品质量可与国际代表性企业产品相媲美，在产品原材料上实现了优质的自给自足。宝龙达集团积极实施产业集群式战略发展，打造了有机硅产业的全新商业模式，努力建成较为完整的有机硅产业链条，是国内具有代表性的一家由单一产品向全产业链延伸的企业。

（五）推进品牌战略，提升品牌价值

当前市场竞争已日趋激烈，产品品牌的整体形象尤其在消费者的购买决策中起着至关重要的作用。宝龙达集团自建厂始参加了历届行业品牌大聚会——中国门窗幕墙展会，宝龙达集团每年都携带最新的产品成果在展会上发布，品牌知名度和美誉度得到广大客商的普遍认可。宝龙达集团不断突破厂商发展模式，已连续组织召开十届全国营销高峰论坛会议，通过将客户请进公司实地考察、走进生产一线亲身体验参观生产工艺流程等方法，不断加深了客户对企业的了解和认知，拓宽了供需之间的交流沟通渠道。通过有效的工业展览、工业参观，宝龙达集团扩大了知名度，产品得到客户的充分肯定。

进入"十三五"，宝龙达集团不断以更加开放、合作、包容的心态，接纳新的发展理念，为企业发展创新注入新活力。宝龙达集团依托互联网固有的通用性、交互性、开放性和共享性等属性，充分发挥其便捷、聚集等优势，将客户、供应商、服务商、员工集聚于企业全互联阵营中，推动实现从有界向无界、从制造向服务的转型。宝龙达集团由原先的被动式订单逐步向计划定向性转变，由封闭的生产单元向需求互联转变，改变了传统的供需方式。通过手机 BLD APP、二维码终端产品全过程实时监控等软件的开发应用，有效实现了销售全过程服务，提升了工作效率，降低了服务成本，提升了企业品牌美誉度。宝龙达集团应用阿里巴巴、世界工厂等网络数据平台，与全球的企业采购商、供应商实现了高效对接，助推了海外市场的开拓。宝龙达集团还采取公司网站集成式推广、微信公众平台、微博、百度推广等网络媒介应用，实现了广大潜在客户与企业之间的沟通，实现了信息分享、消费反馈，有效地宣传了企业。

宝龙达集团积极将互联网思维运用于企业运营，服务了客户，拓宽了产品营销渠道，提升了品牌知名度和美誉度，在改变产品结构、新产品开发、用户服务、产品应用信息收集、产品体验反馈上进行了有效探索。

宝龙达集团已有 260 多家客户分布于国内各省（区、市），有 60 多家客户遍布南亚、非洲、美洲、欧洲等广大地区。

宝龙达集团牢固树立品牌意识，加强品牌建设，自 2013 年起就与中国品牌管理研究中心携手合作，共同致力于品牌战略的商业模式创新，以及系统性的品牌定位、CI、VI 体系等方面的建设和升级，促进品牌形象提升。宝龙达集团注重产品本身的品牌传播力并利用产品包装为载体助力品牌传播，每年投入巨资对品牌形象进行优

化、调整、提升。通过互联网、专业报刊杂志、店铺广告、户外广告、产品联合推广、会议推广赞助等多种营销手段，宝龙达集团的品牌关注度不断提升，产品的最终体验也使品牌的美誉度得到巨大提升。宝龙达集团已从区域性企业成长为长江以北最大的硅酮胶生产企业，成为全国密封胶八强企业，荣获中国密封胶十大首选品牌，双组分产品更是稳居国内销量第一。

（六）积极履行社会责任，提升企业品牌形象

宝龙达集团深入贯彻党中央和省委、省政府的扶贫工作会议精神，深入推进精准扶贫工作，在不断做强做大的过程中，积极履行社会职责，树立良好的社会形象。宝龙达集团积极投身扶贫慈善公益事业，先后捐款捐物达 300 多万元，在扶贫济困、敬老爱幼、赈灾助学、修桥铺路以及新农村建设等方面更是怀着一颗真诚的赤子之心回报社会、感恩社会。汶川大地震发生后，宝龙达集团第一时间捐款捐物，同时，派出六人小分队赶赴灾区，参与援川救灾时间达 28 天；参与临朐县"金秋助学行"活动，捐助 20 名贫困学生，使其顺利迈入大学校园；向敬老院捐款 20 万元，出资帮助农村兴建文化大院，兴建石家河大桥，宝龙达集团与龙山产业园马家辛兴社区开展精准扶贫合作，使农民无须外出务工便可增加收入，助力新农村建设，相继实现并带动周边产业就业，促进了经济增长和社会和谐。

（七）民参军，军转民，军民融合共发展

长期以来，宝龙达集团依托军民融合，实施人才战略，做实了产学研对接，提高了企业装备制造水平和研发能力，促进了企业的产业转型升级和新旧动能转换，企业取得了良好的社会效益和经济效益。宝龙达集团依靠观念创新、科技创新和模式创新，在有机硅领域取得累累硕果。

宝龙达集团生产的军事、工业用硅酮胶密封产品先后为国防军工项目提供多种产品，并广泛应用于航空航天、兵器装备、核电等多个通用领域，宝龙达集团有机硅高性能新材料的生产、硅酮胶全自动智能生产线的投产运营，更全面提升了我国有机硅行业的技术水平和能力，满足了国防科技工业的创新发展需要，为高端、主流、核心装备事业提供了专业的系统解决方案。

在满足以国防需求为重点的条件下，宝龙达集团积极践行军品民用化的应用思维，先后开发出阻燃防火硅酮密封胶、高原地区用耐高日晒硅酮密封胶、超耐低温极寒地区用硅酮密封胶、机场跑道专用道路嵌缝胶等高端建筑、工业用胶产品，大力提升了民用产品的技术性能指标，为客户提供了高性价比的优质产品，也使企业取得了良好的经济效益。

2015 年，宝龙达集团成为全国工商联科技装备业商会副会长单位，董事长曾庆铭当选为副会长。2016 年，宝龙达集团成为山东省军民融合产业商会常务副会长单

位，董事长曾庆铭当选为常务副会长。2017年5月，宝龙达集团被全国工商联科技装备业商会授予"全联科技装备业商会最佳科技创新企业""全联科技装备业商会最佳诚信企业"。

党的十八大以来，宝龙达集团进一步优化军民融合发展模式，立足"行业引领、服务高端"的企业定位，充分发挥自身在创新资源、创新平台、创新人才等方面的优势，积极在行业内起到"带头雁"的引领作用，多次在各级工商联组织的指导下组织县域具有军工生产能力的企业进行座谈交流、介绍经验，为促进区域军民融合大发展作出了应有的贡献。截至2017年初，已有6家企业先后加入全国工商联科技装备业商会和山东工商联科技装备业商会，使企业个体优势变为产业优势、区域优势。2017年7月，临朐县被全国工商联科技装备业商会授予"军民融合产业先行示范区"。2017年4月，临朐县被中国氟硅有机材料工业协会授予"中国有机硅密封胶产业基地"。

临朐县政府以宝龙达集团作为龙头企业拟在龙山高新技术产业园建设临朐县军民融合科技创新创业园，园区将设立科技孵化中心、中试车间、项目加速区及规模量产区等功能区，储备工业用地达2000余亩。为支持该项目的落地，县政府配套制定了一系列优惠扶持政策，设立了规模为1亿元的人才产业发展基金，重点用于该产业园孵化器和标准厂房建设、参股扶持在孵或初创企业、高层次人才引进和产业培育。

宝龙达集团依托军民融合，坚持走科技创新、产学研合作发展的道路，加速了企业转型升级，取得了良好的经济效益和社会效益。今后，宝龙达集团将继续秉承"敦本务实、龙腾志达"的企业价值观，不断创新思维、技术、产品，致力于引领中国有机硅产业走向世界，助推有机硅行业的可持续健康发展，为国防科技工业提供高、精、尖的有机硅高分子材料和特殊功能聚集体胶黏密封材料，为军民融合和国防科技工业的发展贡献新的力量。

汉威科技集团股份有限公司

一、企业基本情况

（一）企业简介

汉威科技集团股份有限公司（以下简称"汉威集团"）位于郑州市国家高新技术产业开发区，原名河南汉威电子股份有限公司，是国内最大的气体传感器及仪表制造商、领先的物联网解决方案提供商。汉威集团也是创业板首批上市公司、福布斯最具潜力企业、国家火炬计划重点高新技术企业、河南省百家高成长民营企业、信息化示范企业，致力于为客户打造"安全、环保、健康、智慧"的工作和生活环境。

汉威集团成立于1998年，注册资本为29302万元，总资产为38亿元，现有员工近2000人，拥有全资、控股、参股子公司近40家。近年来，汉威集团以"成为领先的物联网解决方案提供商、服务商"为产业愿景，经过十几年的内生外延发展，以传感器为核心，构建了完整的物联网生态圈，全面开拓了安全生产、民生健康、智慧城市、环境保护等业务领域。此外，汉威集团还启动了物联网行业的专业孵化器建设，投资孵化了一批创新型企业，围绕传感器、物联网、云计算构建了完整的产业布局。2016年实现营业收入11.08亿元，同比增长48%，实现净利润1.53亿元，上缴税金1.43亿元。

（二）发展历程

汉威集团成立之初，便将发展方向聚焦在气体传感器领域，沿着产业链走上了一条完全依靠自主创新和研发生产的道路。截至2003年，汉威集团在气体传感器的研发和生产上长足发展，20余种气体探测仪等产品陆续通过CE认证，在国内气体传感器领域占据行业第一。此后，汉威集团开始将业务向传感器下游延伸，正式进军气体检测仪表行业，到2008年形成家庭商用、个人防护、工业在线监测、采矿安全和工程监控等多系列气体检测产品，在国内气体检测仪器仪表领域位列行业第一。随后汉威集团开始涉足基于气体检测管理的小型系统集成业务。

2009年，汉威集团在深圳证券交易所创业板正式挂牌上市，成为全国首批、河南省首家创业板上市公司。

截至 2011 年，汉威集团建立起以传感器为核心、以智能仪器仪表为支柱、以系统解决方案的物联网为导向的三大板块；2013—2015 年，汉威集团将产业发展和资本运作并举，通过内生发育和外延并购，以传感器为核心建立物联网生态圈，形成传感器、智慧安全、智慧城市、智慧公用、智慧环保、健康家居六大产业板块的战略布局。2016 年，汉威集团逐步由单体公司向大型集团过渡，2017 年 6 月，正式更名，进入大型企业化集团时代。

（三）业务经营

汉威集团是国内规模最大、产品门类最多、品种覆盖领域最广、产销规模最大的气体传感器专业制造商，面向全球提供气体、压力、流量、湿度、热释电、加速度、柔性、振动、电化学、光学传感器及 MEMS 芯片、应用方案等 200 多个品种的产品和服务，2016 年产销各类传感器 1500 万支，气体传感器的国内市场占有率约为 75%，居国内第一位。同时，作为国内领先、国际知名的气体探测产品专业制造商，汉威集团每年还向客户提供家用燃气报警器超过百万套，年出口仪器仪表 20 万套，气体检测仪表的国内市场占有率约为 15%，居国内第一位。此外，汉威集团还通过"传感器＋监测终端＋数据采集＋空间信息技术＋云应用"的完整物联网技术平台，将业务布局全面拓展到传感器、智慧城市、智慧环保、智慧安全和智能家居等新兴产业领域，为客户提供感知、数据采集、分析、处理的全产业链解决方案和智慧化、云端大数据服务。

（四）商业模式

经过多年的发展，汉威集团围绕传感器、物联网、云计算构建了完整的产业布局，初步建立了完整的物联网生态圈。传感器和仪器仪表已形成集研发、生产、销售、应用于一体的完整产业链条，成为公司的核心产品线，多年来保持了传感器细分市场的龙头地位。同时，汉威集团将传感器深入物联网下游应用领域，结合 GIS、BIM、SCADA 等技术形成完整技术架构，在智慧城市、智慧环保等领域进行智慧化升级与改造，迅速地改变着生态模式。

当前，汉威集团正在逐步推进由物联网系统解决方案提供商向行业云平台及数据服务提供商的转型。围绕开放、融合、跨终端、全过程、按需组合的"智慧基础平台 Mirs"生态链，积极探索物联网产业链上下游协作共赢的新型商业模式，在为客户提供一站式行业解决方案的同时，通过大数据分析手段帮助客户进行决策分析，提供数据服务。

二、转型升级的做法与经验

近年来，汉威集团坚持"内生增长＋外延扩张"的思路，通过加强研发创新、改革调整、精准孵化、投资并购等方式，构建了完整的物联网产业生态圈。成立至今，在业务、生产制造、组织架构、文化等方面都经历了转型升级。

（一）业务转型升级

近年来，随着互联网由消费端向产业端转移，互联网的风口也由"轻"慢慢转向"重"。因此，汉威集团业务布局围绕"重度垂直领域的互联网化"进行了三次转型升级：一是从传感器向下游仪器仪表应用进行延伸，从一个传感器零件供应商成长为一个"零件＋整机"的双料供应商；二是从仪器仪表向系统解决方案延伸，不仅能够提供零部件和整机产品，还能够提供解决方案，在内部形成了一个以传感器为核心的生态圈；三是从物联网解决方案到产业生态圈建设的不断完善，将内部生态圈外延，打造以传感器为核心的物联网生态系统。

经过多年的发展，汉威集团以传感器为核心，建立了完整的物联网生态圈，全面开拓了安全生产、民生健康、智慧城市、环境保护等业务领域。如今，汉威集团已经由最初的传感器零部件制造商逐渐发展成为软硬件、服务相结合的物联网综合服务商，成为在全国具有较大影响力的物联网企业，业务涵盖20余个行业领域，产品和解决方案已应用于全球数十个国家和地区。

（二）生产制造体系转型升级

随着由制造型企业成长为物联网企业，汉威集团的产品也由原来的以硬件为主转为软硬件、服务相结合，对生产制造体系提出了更高的要求。为此，汉威集团积极探索生产制造全过程、全产业链、产品全生命周期管理的新模式，用信息化手段对生产制造体系进行全方位改造：一是通过精益生产的理念进行流程改造，同时匹配 ERP、MES、SCADA 等系统，有效提升了组织资源和技术资源的高效配置，让生产环节更加透明，让物料使用更加高效，让信息传递更加精准；二是引入 CRM 系统和 OA 系统，启动了"汉威云"建设，进一步打通了用户端与生产端、研产供销各环节之间的壁垒，使客户信息高效地流动起来，实现产销联动，保证生产能柔性化匹配客户的个性化需求。

汉威集团已经由原来简单的人机加工、组装流水线生产，发展为形成从发掘客户订单到原材料采购、生产过程控制、验收交货、产品全生命周期管理等的一条龙管控体系，有效提升了生产运营效率。

（三）组织架构转型升级

在传统经济时代，企业发展的方向是"做大做强"。那么互联网时代，企业转型升级的方向在哪里？汉威集团的答案是做平台型企业。为适应发展的需要，汉威集团逐步对原来单体企业的管理模式进行改革，推行"集团管控＋事业部、分子公司"的管理体制。通过投资组合、产业组合和横向战略，全力打造平台型、生态型企业。

在新的管理模式下，集团化管控平台能够更好地发挥统筹作用，通过资源共享、战略协同，各单体公司间、研产供销各系统间迅速发生了化学反应，达到了集团效果。同时，集团平台又能够把各分、子公司间所有的单个业务和资源进行重新优化组合，快速形成完整的解决方案，一揽子解决客户所有的问题。此外，汉威集团还启动了物联网行业的专业孵化器建设，投资孵化了一大批创新型企业，围绕传感器、物联网、云计算构建了完整的产业布局。经过一系列的改革，大幅提高了企业运营效率。

（四）企业文化转型升级

近年来，汉威集团高度重视企业文化建设，不断为员工营造并优化奋发向上的学习环境、团结协作的人际环境和尽展才华的干事环境。截至2016年，连续9年蝉联"中原最佳雇主"企业称号，自下而上凝练形成了"尽责、创新、快乐"的核心文化，有效提升了员工的认同感、归属感和幸福感，强化了汉威集团的凝聚力、驱动力和影响力。

2015年以来，随着汉威集团化管控战略的全面铺开，公司在"尽责、创新、快乐"的核心文化土壤上，逐渐孕育形成了一系列子文化，进一步丰富了文化体系。例如以"开放、包容、共享、活力"为主要特色的分享文化、以"创新、合作、互补、共赢"为主要特色的协同文化、"以业绩论英雄，以结果为导向"的用人文化、以"鼓励创新、宽容失败"为内核的"双创"文化、以"同一个汉威，同一份事业"为内核的平台文化、以"安全为天"为内核的安全文化、以"质量就是生命线"为内核的质量文化、以"旗帜鲜明、风清气正"为内核的廉洁文化。正是有了文化"四大功能"的强力保障，汉威集团发展的脚步才会越来越快、越来越扎实。

三、投资并购的做法与经验

自2009年在创业板首批上市以来，汉威集团积极运用资本手段，围绕物联网及应用展开资本运作，获得了围绕战略、基于业务技术高度协同的并购整合经验，并构建了扩展性强的生态平台，为汉威集团物联网产业插上了飞翔的翅膀。

汉威集团以成为"领先的物联网解决方案提供商、服务商"为产业愿景，坚持以传感器为核心，通过投资、并购、自建团队等方式围绕物联网的技术架构进行全线布局，向物联网运营平台的方向不断晋级。自 2013 年至成稿时，围绕物联网产业链进行外延扩张，在传感器、智慧城市、安全生产、环境保护、民生健康等领域展开了大规模的投资、并购活动，如同根基深厚的参天大树一般开枝散叶、厚积薄发，最终成为一片生态林海。

在传感器领域：2013 年投资苏州能斯达电子科技有限公司，布局生物传感器；2015 年成立郑州易度传感技术有限公司，加大在压力传感器、加速度传感器层面的投入力度。

在智慧城市领域：先后收购了基于地理信息技术平台与数据库系统的综合运营商——沈阳金建数字城市软件有限公司和广东龙泉科技有限公司，以及数据采集与监控系统集成商——鞍山易兴自动化工程有限公司、基于 BIM 的可视化集成管理平台服务商——深圳市明咨物联科技有限公司等，打造"传感器＋监测终端＋空间信息技术＋云应用"的物联网整体解决方案。

在公用事业领域：2015 年初成立了郑州汉威公用事业科技有限公司，采用 PPP模式进入城市基础设施建设领域，陆续投资 5.7 亿元控股高新区自来水公司和热力公司，成为民营资本进入公用事业的典范。2017 年，全资收购河南省百隆建筑工程有限公司，延伸市政工程业务承接、设计与工程施工的产业生态链条。

在安全生产领域：2011 年在与上海中科高等研究院共同出资设立上海中威天安公共安全科技有限公司的基础上，收购了英森电气系统（上海）有限公司，并于2016 年更名成立河南汉威智慧安全科技有限公司。汉威集团为企业、政府安全生产管理部门提供安全管理监控一体化解决方案和安全生产监测产品与监控信息服务。2016 年，采用中外合资形式设立控股子公司——郑州吉地艾斯仪器有限公司，进一步增强有毒有害气体检测技术的市场竞争力。

在环境保护领域：2014 年以控股的方式收购国内领先的废气治理系统、废水污水处理系统整体解决方案提供商——嘉园环保有限公司，2015 年收购国内知名的环保信息化软件和数据采集服务商——河南雪城软件有限公司，2016 年初收购提供环境、食品、职业卫生评价、公共卫生评价等领域检测服务的第三方检测企业——郑州德析检测技术有限公司，不断完善在智慧环保业务领域的产业布局，形成了完整的环保监测、监控、治理产业生态链条。

在民生健康领域：先后投资智能家居开发平台——浙江风向标科技有限公司，以及健康管理工具平台——河南开云信息技术有限公司，同时还成立了北京威果智能科技有限公司，并推出了智能空气质量检测仪——AirRadio 空气电台以及以此为控制中心的空气治理智慧套装。通过物联网技术对家中的环境健康、人体健康、智能设备进行有机联通和管理，为人们提供专业可靠的"检测＋治理"闭环解决方案产品和服务，创造智能化、人性化、个性化及安全、环保、健康、智慧、便捷、舒适、高效的工作、生活环境。

在云平台建设方面：2016 年，成立了汉威祥云（上海）数据服务有限公司，加快了"汉威云"战略的落地。2016 年，投资河南中盾云安信息科技有限公司，借助其信息安全技术及全线的信息安全产品对物联网系统解决方案进行补充和完善，从而实现信息、数据、业务、平台的良性互动，引领公司由物联网系统解决方案提供商向数据服务提供商转型。

近年来，汉威集团通过投资并购实现合并财务报表范围的公司共计 17 家，控股、参股公司接近 40 家。短短几年时间，通过高频率的投资并购，形成了产融互动的良性循环，使公司在物联网产业链上做了关键性的卡位，完善了公司物联网产业生态布局，与行业竞争对手形成了鲜明的竞争优势，为公司储蓄了未来发展的强劲动力，也为公司锐变成为行业领军地位的物联网与数据服务提供商奠定了坚实基础。通过"内生增长 + 外延并购"，2016 年汉威集团实现营业收入 11.08 亿元，营业收入水平是上市前（2008 年）收入规模的 11 倍；公司总资产规模达到 37.65 亿元，是 2009 年公司上市时资产规模的近 24 倍。

四、管理创新的做法与经验

近年来，汉威集团推行"集团管控 + 事业部、分子公司"的管理体制。按照"统分结合、控放有度、权责清晰、规范科学、灵活高效、管理有序"的总思路和总目标，按计划、分步骤、多层次地统筹建立集团化母子管控体系，以战略、企业文化、预算、绩效、薪酬、人力资源、技术研发、财务、协同、监察与内审十大管控体系的构建、完善为切入点，初步形成了多维度、全方位的管控格局。这些改革和规范取得了明显的效果：以加强内部协同为切入点，不断提升集团平台价值，实现了集团内部在业务、管理、人才、资源、信息、技术、思想文化等方面的交互、融合，形成了协同发展的强大合力。同时，也更好地发挥了集团平台的"资源池"作用，有利于降低整体交易成本，发挥规模效应。

（一）组织架构

实行公司与各分子公司（二级），以及公司与直管事业群、部（三级）管控体系并行的架构。根据集团公司的发展战略及业务需要，对管理体制进行改革，以"精简、高效"为原则，该设立的设立，该改制的改制，该合并的合并，该撤销的撤销。截至目前，集团公司下设 14 个职能、业务部门，以及 20 个经营主体单位（事业群、直管事业部或子公司），成立了价格委员会、货款风险控制委员会等近 10 个跨部门决策机构，进一步厘清了母子公司职责边界。汉威集团大力实施事业部公司化改造，将业务下沉到子公司，例如，将市政燃气事业部成功改制为郑州畅威物联网科技有限公司。

（二）管理机制

截至目前，汉威集团共出台各类管理制度 100 多项，规范了决策和办事流程，形成了集团周例会、总裁办公例会、货款风险管控例会、研产供销协调例会机制，建立了重大事项上报、月度总结汇报、业务信息周报、会议纪要备案等制度，管理根基不断夯实。加强考核，初步实现了目标责任制考核和结果应用两个"全覆盖"。同时，进一步建立健全了货款、税务、对外投资、融资及坏账核销管理机制，有效防范了相关风险。

（三）管理方法

一是在管理中注重运用辩证思维，把握一般和特殊的关系，不搞"一刀切"。按照"强管控""弱管控"的思路，根据各单位实际以及管控程度、范围、内容上的差别，在不减弱集团服务支撑力度的基础上对各单位分门别类实施管控。二是既做"加法"，又做"减法"。不再片面追求增长的高速度，摆脱单纯的"做大思路"，而是更加注重发展的质量和内涵。既做好"加法"，加快整合并购，同时还根据实际适时做好"减法"，定期对各板块、板块内各单位的发展情况、发展潜力进行评估，对长时间发展没有起色的单位实施调整、关停等措施。三是创新工作机制。探索实施项目领导小组机制，集全集团的技术力量，加快重大业务领域的突破；建立了开放、透明、沟通、共享的"智酷沙龙"机制，打破了技术部门之间的藩篱，有效改善了技术、知识和信息资源的"孤岛"现象。建立了"汉威云"及内部软件资源共享共创开源机制，强化内部技术协同红利；建立管理人员及骨干员工流动机制，实现了人才的优化配置；借助 HR 系统、OA 系统等信息化手段，逐步将业务责任、流程固化，使业务执行受控，帮助各子公司、各业务板块高效利用资源，做活协同文章，打造平台价值，加快产业新建。

（四）管理措施

在财务管理方面：一是构建基于集团财务母子管控需要的，职责边界清晰、权责匹配的两级（集团公司—子公司）和三级（集团公司—汉威母公司—大型直管事业群、部）财务组织管理体系，并配套建设相应的运行机制，保障权力的合理集中和下放。二是推行财务委派制。提升财务运作的效率和效果，促进基层建立分工协作、相互牵制、有效制衡的经营决策、执行和监督管理机制。三是建立"内部银行"（资金管理中心）。在集团内部引入外部银行的运行模式，建立为下属实体提供支撑和服务的资金管理平台、信贷管理平台和内部往来结算平台，使分散在集团各实体的资金集中起来，统一调剂余缺，加快资金流动，发挥资金最大效率。

在人才与干部队伍建设方面：一是全面落实"步步高"三级培训计划、"人才森林"计划和"内部导师"计划，做好青年员工的"导师带徒"，为企业发展积蓄后备人才力量。二是建立后备人才库。以"素质优良、数量充足、专业配套、门类齐全、结构合理"为目标，建立科学规范的后备干部队伍，对后备干部进行动态管理，定期培训考核，优进劣退。三是推行干部轮岗、挂职锻炼。与下属子公司的法人治理结构建设相结合，做好子公司董事、监事、高级管理人员及财务人员的委派任命，加大本部与基层、基层与基层之间的干部双向交流力度。精心选拔出责任心强、业务水平高、管理经验丰富的优秀人才，将集团先进的技术和管理经验、优秀的文化和作风带到子公司的日常管理中去，帮助子公司不断完善内部管理，有效规避企业运营风险，提升整体管理水平。

在研产供销联动方面：成立了研产供销协调部，加强产业中心、研究院、采购部及各业务单位之间研产供销的协调合作，形成了以客户和市场为导向、研产供销联动的长效机制，有利于研发、生产、供应、销售各环节全面降低成本，深挖内潜。逐步推行产品经理制，产品经理对所负责的产品进行产品市场研究、产品规划、产品开发、产品上市和产品生命周期管理，通过品牌定位与资源整合，形成汉威集团自己的品牌特色。加快研发管理信息化建设，实现对研发项目进行全过程管理和研发成果的有效管理，并与智能生产系统集成，实现研、产、销的联动，有效减少由于单个环节脱节而造成的无效研发、重复研发、资源浪费。建立新产品推广、使用、反馈、改善的 PDCA 闭环机制，提升新产品发布的效率。

五、"走出去"的做法与经验

自成立以来，汉威集团以"打造具有较强国际竞争力的跨国企业集团"为目标，一以贯之推进国际化战略。目前，汉威集团的传感器、仪器仪表产品行销全球百余个国家和地区，在专业领域具有广泛知名度及很高的人气，覆盖美国、澳大利亚、亚非、东西欧等主流用户市场。产品涵盖民用、工业、警用等多个领域的可燃、毒气探测和呼出酒精气体检测，通过了多类别国际行业认证，如 CE、ATEX、TUV、DOT、FDA、ANZ、SIL、UL、RoHS 等，多次参与国外政府物联网建设、工业改造、石油化工业发展、环保及公共安全等项目合作，获得客户的长期信赖和一致好评。

一是找准定位。坚持"有所为，有所不为"，不乱铺摊子、乱上项目，按照价值引领战略，坚定不移地发挥自身优势，把市场潜力充分挖掘出来。2002 年，汉威集团自主研发并生产了第一批酒精测试仪，顺利出口到国外市场，深受西班牙、法国、意大利等国家市场的欢迎，为汉威集团在国际市场上的业务赢下第一桶金。2006 年，在前期市场调查的基础上，备受国外市场青睐的家用报警器、酒精检测仪、便携式气体检测仪和固定式气体检测仪顺利实现投产，为汉威集团在国外市场的扩张打开了新局面。十几年来,汉威集团不仅通过自主研发的产品打开国际市场,更是依靠过硬的产品质量、可靠的合作方式赢取客户信赖,为国外客户设计并定制不同的产品,深受客户的喜爱和支持。

二是加强交流。通过品牌推广和服务提升不断扩大品牌影响力,为市场开发创造条件。积极参加国际性专业展会、行业会,迅速提高国际知名度。积极开发新的推广渠道,广告投放覆盖全球范围,并取得较好的排名和点击量。国内外的询盘不再仅仅依靠国内的 B2B 平台、国内外展会和登门拜访,通过网站优化,目标客户可以随时发送询盘,极大地提高了询盘的质量,获取了更多的机会。搭建了 24 小时全天候在线服务的全球营销网络,实现除社交媒体、软件之外,客户可以直接通过网站,随时随地和市场人员进行沟通,极大地缩短了邮件来往的时间,更有利于提升客户体验,能够更好地发挥服务优势。积极推进跨境电商平台建设,实现了 B2B 业务突破。

三是搭建平台。积极推动境外创新资源布局与合作,整合国际市场价值链资源,积极打造涵盖美国、德国、韩国、新加坡海外研发中心在内的全球研发创新体系。通过这些平台积极寻找全球大型传感器、物联网企业的技术引进机会,吸收全球先进技术,快速缩短与国际先进水平的距离。2016 年 8 月,与新加坡企业共同出资成立首家合资公司——郑州吉地艾斯仪器有限公司,标志着汉威集团的国际合作和并购整合拉开序幕。2017 年,旗下子公司炜盛科技投资成立海外控股公司——英国 Unisensor 公司,用于共同研发和生产电化学传感器、整合海外传感器行业资源以及拓展海外传感器业务。

四是借势借力。国家政策就是市场的风向标,随着国家"一带一路"建设的实施,物联网行业也将随之迎来"走出去"的大好历史机遇,目前汉威集团正加大力度开拓"一带一路"辐射到的亚洲和欧洲市场,在传感器、智能仪表、智慧城市、智慧安全、智能交通等方面展开合作,将汉威集团国际化的发展战略深度融入国家"一带一路"倡议中,力争把沿线地方经济增长的红利转化为自身的市场增量。

当前,河南省工商联为引导民营企业参与"一带一路"建设,正在积极打造"百家企业走出去"活动。汉威集团将抓住机遇,积极到国外寻找发展商机,引进技术、开展合作,深度参与国际产业分工协作,增强优势领域的国际竞争力,努力在传感器、物联网领域培育出具有自主知识产权和核心竞争力的河南本土龙头企业、国际知名品牌。

六、响应国家政策,积极参与重大项目

在发展过程中,汉威集团高度重视与国家战略的深度融合,主动把自身发展战略融入国家及河南省经济发展大局,得到了各级政府的大力支持,承担了多个国家

物联网发展专项课题，构建起以传感器为核心的完整技术平台，奠定了未来行业的技术领先和产业竞争优势。

（一）响应国家政策

1. 坚持创新驱动

近年来，汉威集团每年在创新方面的投入保持在营业收入的 5% ~ 10%，以汉威研究院为核心，建设了北京、上海、深圳研发中心，并积极打造涵盖美国、德国、韩国、新加坡海外研发中心在内的全球研发创新体系，围绕传感器、智能仪表、地理信息、云计算、大数据、移动互联，以及水、气、固废净化治理技术、节能技术等全面创新。

汉威集团建有 1 个国家级企业技术中心、4 个省级技术研究中心、8 个研究测试实验室，建立了院士工作站和博士后科研工作站。目前有研发人员 234 人，硕博以上高学历人才已占 10%。目前，拥有专利授权 253 项，其中发明专利 53 项，拥有软件著作权 45 项，主持参与国家标准制定 7 项。通过科技成果鉴定 39 项，其中 16 项达到国际先进水平，23 项达到国内领先水平。

汉威集团围绕传感器—物联网产业链，采取引进、合作、培育等方式，积极寻找与高校、科研院所及相关企业联合构建产业技术创新战略联盟的机会，探索建设研发实力强、协同创新效益好的产学研创新平台。与清华大学、西安交通大学、吉林大学、武汉理工大学、中科院长春应化所、中科院半导体所、中科院苏州纳米所、中科院上海硅酸盐所、郑州大学、郑州轻工业学院、河南工业大学等建立了紧密的合作关系。利用高校和科研院所的前端基础研发技术力量，结合后端产业化研发，加速成果转化和推广应用，同时做好创新技术储备和人才储备。

同时，加强横向产业合作。在与海尔合作共建的"智控传感联合实验室"和与中国电信、华为公司合作共建的 NB - IoT 示范应用的基础上，进一步加强与重点企业在行业新技术和产业新课题研究领域的战略合作，推动产业合作向合作研发、联合设计、市场营销、品牌培育等高端环节延伸，提升行业地位。此外，汉威集团还以国家传感器众创空间为载体，加快物联网行业的专业孵化器建设，拓展产业多样性，创建产业生态体系，打造更加开放、包容的物联网产业、技术、资源集成平台。

2. 投资参与基础设施建设

PPP 模式有利于发挥政府和社会资本各自的优势，实现互利共赢。近年来，中央和地方政府多次出台政策，大力鼓励民间资本参与 PPP 项目，促进基础设施和公用事业建设。河南省自 2014 年大力推广运用 PPP 模式以来，随着制度体系的建立、扶持政策的出台，取得了显著成效。

在国家鼓励民营资本参与市政基础设施建设政策的指导下，在郑州高新区良好的投资环境等因素作用下，2015 年初，汉威集团与郑州市高新区政府达成合作，采用 PPP 模式进入城市基础设施建设领域，陆续投资 5.7 亿元控股高新区自来水公司和热力公司，将先进的物联网技术与传统公用供水、供暖行业深度融合，进行智慧化改造，仅一年时间，已将其打造成全国智慧水务、智慧热力的行业示范，成为民营资本进入公用事业的典范，取得了良好的经济效益和社会效益。

改革近三年来，高新区自来水公司完成传统水务向智慧水务的升级转变，发展成为一家具有智慧化物联网技术的水务公司。公司供水量以年均 15% 的速度保持高效增长，出厂水质优于国家饮用水卫生标准，建成河南省首家管道直饮水入户项目，在管道直饮水建设方面走在全省前列，供水漏失率更是在全国同行领先，成为全国智慧化在水务应用的先行者，乃至全国最具有影响力的供水企业之一。

改革近三年来，高新区热力公司借助管理及技术水平的提升，铺设供热管网里程达 200 多公里，供热面积达 600 万平方米。整体经营收入、净利润、回款率等主要经营指标显著提升，2016 年首次实现盈利 1800 万元，扭转了热力公司长期亏损的局面，热力公司的公众形象得到改变。

此外，汉威集团还致力于中国水环境治理行业 PPP 项目投资。例如，2016 年，与信阳光山县在县城污水处理厂扩建 PPP 项目上达成合作，基于物联网、云计算的信息化、自动化平台，将汉威物联网技术和环保技术应用到光山县水环境基础设施建设及运营管理中，实现实时监测与远程协作，确保水质排放达标，提高环保设施运营效率和经济效益，从而实现"传统环保"向"智慧环保"的转变。

3. 参与"大众创业、万众创新"

2015 年，国务院出台政策大力推进"大众创业、万众创新"。汉威集团积极响应国家的号召，激发公司员工的创业积极性，鼓励在公司体系内发展"双创"孵化项目，并积极给予投资和培育。坚持定向精准孵化原则，帮助在孵企业对接培训、融资、创业大赛等资源，并向其提供政策辅导、技术支撑，同时更加注重校企结合，产、学、研合作更加紧密。

众创空间是互联网时代促进创新创业的新平台。作为国内传感器及物联网领域的佼佼者，汉威集团建设了以母体企业为依托，借助传感器行业的龙头地位以及研发、中试、产业、管理、资本等平台优势，通过对前期成立的威果、易度等项目进行梳理，采取定向精准孵化，布局以传感器为核心、以行业物联网为应用的"传感器＋"专业化众创空间，为汉威人创新开辟了新的征途。2016 年 8 月，这一传感器国家专业化众创空间被科技部认定为全国首批 17 家国家级专业化众创空间之一，并被写入 2016 年河南省省长工作报告。

依托新成立的河南漫威孵化器管理有限公司，汉威集团正在进一步提升创业环境和行业影响力，加快打造物联网领域创新创业项目的产业生态群。在做好自身产业发展的同时，带动更多创新、创业，让更多本地及国际创新项目在汉威产业生态圈中成长起来。

4. 助力脱贫攻坚

国务院《"十三五"脱贫攻坚规划》指出，打赢脱贫攻坚战，确保到 2020 年现行标准下农村贫困人口实现脱贫。做好光彩事业，参与脱贫攻坚，特别是河南省工商联"千企帮千村"精准扶贫行动，是民营企业履行社会责任的重要渠道。近年来，汉威集团积极响应省工商联"千企帮千村"精准扶贫行动的统一部署，坚持产业帮扶、项目帮扶、就业帮扶相结合，输血与造血并举，在带动村民脱贫的同时，又激发贫困户致富的内生动力。

在帮扶对象——国家级贫困县新县，公司致力于将当地丰富的原生态动植物资源转化为方便食用的保健产品，给国家级贫困县的老区群众带来收入，改善他们的生活。公司通过"订单农业＋保护价收购"的形式，在新县陡山河乡李湾村流转土地 1200 余亩用于有机葛根的种植，产生良好的经济效益与社会效益，惠及数百户当地群众。基于新县青山绿水的环境优势，目前汉威集团正积极策划在当地发展新能源产业及环保产业，通过投资生产或捐赠部分太阳能光伏组件、分布式污水处理与净水处理设备的形式，按照建立标准的"产业扶贫村级示范点"的模式，将产业扶贫、生态保护、建设美丽乡村、提高人民群众的生活质量有机结合起来，实现当地贫困村全面脱贫。

（二）参与项目情况

作为国内传感器和物联网行业具有较大影响力的企业，近年来汉威集团积极参与了十多项国家重大工程项目。这些项目的顺利实施进一步提升了汉威集团基于传感器—物联网产业生态及行业应用的云平台服务能力，增强了核心竞争力。

2015 年，汉威集团作为国家首批智能制造试点示范单位，承担了国家智能制造专项"传感器智能制造"项目。2017 年，汉威集团承担了国家"2017 年新一代信息基础设施建设工程和'互联网＋'重大工程项目"——"基于智能传感的城市综合管理云平台"。建设内容主要包括：基于"传感器＋监测终端＋SCADA＋GIS＋大数据＋云计算"构建支持主流物联网操作系统接入的物联网生态圈"云平台"，开展软件核心技术和关键产品的基础性研发，形成基于 Web 的物联网数据开放服务平台，打造基于语义的数据互通和海量终端连接管理能力的共享式城市综合管理云平台。项目建成后，服务能力覆盖全国 120 个城市，服务于城市自来水、热力、燃气终端客户 1200 万户，排污企业 3600 个，工业企业 600 个。项目建成投产后可实现年销售收入 13000 万元、利润 5265 万元，上缴税金 1832 万元。

此外，汉威集团还积极投入河南省经济发展大局，积极参与郑洛新国家自主创新示范区建设及郑州市国家中心城市建设。正在加快推进河南省环保大数据平台，以及高新区智慧水务、智慧热力等重大项目，并且确保与汉威集团相关的具体项目尽快落地；继续依靠创新驱动做优做强，成为郑洛新国家自主创新示范区的标杆，为河南省升级转型作出贡献。

好想你枣业股份有限公司

一、企业基本情况

（一）企业简介

好想你枣业股份有限公司（以下简称"好想你枣业"）始创于1992年，于2011年5月20日在深圳证券交易所中小板挂牌上市，成为中国红枣行业优先上市的企业。好想你枣业立足河南，深耕红枣产业20多年，紧紧围绕"打造中国红枣领导品牌"这个中心和"构建红枣全产业链"这条主线，在探索发展的道路上筚路蓝缕，成功开辟了一个产业，引领了一个行业，倡导了一个理念，带动了一方经济。

作为一家集红枣种植加工、冷藏保鲜、科技研发、贸易出口、观光旅游为一体的综合型企业，好想你枣业立足于健康、养生、营养、生态、环保、富民的红枣行业，秉承"良心工程，道德产业；科学膳食，健康理念"的行为标准，采取以红枣主品类纵深发展，以坚果、豆类、米类、药食同源类等与红枣相关品类横向发展的产品策略，传递"健康、时尚、快乐、高端"的品牌理念，为行业和广大消费者提供高标准、科学配比的健康食养标准，为保障大众健康、品质生活提供服务，不断扩大产品的市场占有率和品牌知名度，打造市值过百亿元的好想你品牌。

好想你枣业建立有河南新郑、河北沧州、新疆若羌、新疆阿克苏四个生产加工基地，自建原料基地8000余亩，拥有15家全资子公司和3家参股公司，员工达3000余人，成功并购线上零食品牌——百草味，实现专卖、商超、电商、流通、进出口全网覆盖，销售网络遍及全国，并积极依托互联网思维，探索线上线下连通的云商模式，致力于全渠道营销。

目前，好想你枣业已形成原料、加工、展示、物流、销售、体验、观光有机衔接、三大产业有机融合的新型农业产业化集聚区，创新整合了农村发展的新产业、新业态、新模式，培育了经济发展新动能。在好想你枣业的带动与引领下，以往红枣行业"粗、笨、重"的跟风式加工模式、无序的价格竞争、原料来源分散、质量意识和品牌意识淡薄等问题有了大幅转变。

近年来，先后获得国家农业产业化重点龙头企业、农业产业化行业十强龙头企业、国家经济林产业化重点龙头企业、全国重合同守信用企业、全国农产品加工业出口示范企业、国家级观光工业旅游示范企业、全国食品安全示范单位、全国食品行业优秀食品龙头企业、全国枣产业骨干龙头企业、全国知识产权优势企业、国家级企业技术中心、河南省高成长性民营企业等多项荣誉，制定的免洗红枣标准被国家质检总局认定为国家标准。

作为国家农业产业化重点龙头企业，好想你枣业共拥有注册商标 578 件、专利 69 件；产品包括商务礼品、休闲食品等四大类型 600 多个单品，市场占有率达 16%。在上海社科院发布的中国农业上市公司品牌指数排名中，"好想你"以高达 70 亿元的品牌价值位列第五。

（二）发展战略

好想你枣业将借助"一带一路"的东风顺势而为，继续深化供给侧结构性改革，推动品牌战略行稳致远，迈向更加美好的未来。

创新产品品类。在横向深耕上，将枣生核和脆片打造成像"枣博士""健康情"一样的竞争品类，同时开发脆冬枣、熟化枣、鲜枣三个品类。在纵向拓宽上，开发核桃、山药、枸杞、花生四大品类，通过供应链优选，将四个品类的系列化产品开发出来，让这些营养健康的食品深入到人们的一日三餐，融入到人们的饮食习惯，打造"健康、绿色"新农产业。

打造新商业模式。将紧紧围绕"以质量提升满足传统消费升级需求，以技术、产品、产业模式创新满足并创造消费新需求，保障基本消费、增加优质消费、抓住高端消费，以消费升级引领产业升级"的市场基本导向，开创标准、健康的生活方式。

二、管理创新的做法与经验

近年来，好想你枣业全面推进供给侧结构性改革，优化产业结构，提升科研水平，提高产品质量，整合优质资源，用创新思维指导和开展工作。

（一）创新产品品类

好想你枣业拥有红枣行业唯一一家国家级企业技术中心，以此为依托，并联合中国农业大学、河北农业大学、郑州轻工业学院、河南农业大学等中国红枣产业联盟成员单位，结合红枣作为农产品的特点，不断进行"原料的创新、配方的创新、生产工艺的创新、包装形式的创新、包装规格的创新"，不断适应和引导消费者需求。荣获河南省科技成果鉴定 12 项、河南省科技进步奖 4 项、郑州市科技进步奖 4 项、中国商业联合会科技进步一等奖；研发的好想你枣片，填补了行业深加工产品的空白；"枣博士"产品引领行业的全国高端枣销量，首推红枣干、枣粉，研发木本粮与草本粮结合的产品"好七粉"等。此外，还与中国营养学会共同组建了"中国营养学会 & 好想你—红枣科学研究院"，旨在促进红枣营养研究的深入发展及相关研究成果的推广和应用。

（二）创新生产模式

好想你枣业投资 16 亿元打造占地 800 亩的中国红枣城，公司新厂区配备智能车间和电子商务智能配送中心，将光影技术、光机电一体化技术和智能机器人装备等组合优势运用在生产线、配送线，生产旺季生产量达 100 吨。另外，三个标准化的万吨冷库保证了产品的仓储和流转，为全产业链升级提供了强有力的保障。

（三）创新经营模式

以古枣树保护为核心，依托丰富的古枣树资源、当地人文历史及好想你枣业企业品牌、资金、红枣市场和区位优势，以保护古枣树、开发枣资源、挖掘枣文化和黄帝养生文化、孵化枣基地为愿景，以家庭农业、休闲农业、观光农业和设施农业为载体，以认购和认租为抓手，打造好想你红枣博览园，成功摸索出一条既符合政策又弘扬红枣文化，并且能取得经济效益的新"三农"模式。

三、并购的做法与经验

2016 年 2 月，好想你枣业宣布斥资 9.6 亿元收购线上零售品牌百草味，这不仅成为"中国首例零食电商并购案"，也被业界解读为传统食品企业好想你枣业寻求成熟线上渠道转型，实现"电商＋加盟店＋商超"全渠道发展的战略布局。

并购完成后，好想你枣业与百草味形成互补结构。好想你是高端礼品品牌，消费者为 30 岁以上人群，产品价格偏高。百草味则是一个休闲品牌，面对年轻消费群体，双方在产品和消费人群上形成互补。此外，好想你品牌以线下渠道为主，百草味品牌则以线上销售为主。

对于食品电商，最大的痛点集中在供应链、食品安全、仓储物流和线下影响力等方面，好想你枣业将在供应链和资金方面给予百草味巨大支持。线上坚果零食囤货不足造成热卖季断货的现象并不鲜见。坚果品类往往需要提前储备生产，将调用大量资金。有好想你枣业的支持，百草味将在同类品牌中更具优势。同时，好想你枣业多年形成的自有供应链系统也是同业中难得的技术支持。目前百草味的红枣类产品已全部交由好想你枣业生产，部分产品也通过好想你枣业生产线进行封装。

武汉高德红外股份有限公司

——加快红外芯片自主创新，推动军民融合深度发展

一、企业基本情况

（一）企业简介

武汉高德红外股份有限公司（以下简称"武汉高德红外"）成立于1999年，注册资本为6.24亿元，总资产为40亿元，2010年7月在深圳证券交易所成功上市，是一家专业生产红外核心器件、高科技红外武器装备系统和民用消费类产品的高新技术上市公司。武汉高德红外积极构建全产业链的发展格局，培育了"GUIDE""GuidIR""MobIR""Thermopro""EasIR""Infrafusion""KnightIR"等驰名海外的品牌，建成了亚洲最大的红外热成像系统产业化基地，为全球70多个国家和地区的1000多家知名企业提供创新的技术、产品和解决方案，技术和产品广泛应用于国防军事、航天航空、工业检测、检验检疫、安防监控、智能交通等领域，市场占有率居于行业领先地位。

作为高科技上市公司，坚持自主创新是公司重要的核心竞争力，武汉高德红外不断提升公司高科技军事装备制造水平，走科技强军之路。武汉高德红外每年将销售收入的10%以上用于新产品、新技术、新材料等的研发，已获得专利200余项，参与多项"国军标"的制定，承担国家和军事科研项目百余项，获得了一批具有自主知识产权、打破国外垄断的科研成果。武汉高德红外组建了一支国内红外技术领域的顶尖研发团队，现有高科技研发人员800余人，其中硕士以上学历占研发人员的50%，在红外探测器、光学部件、红外整机、武器系统等几十个专业方向及行业应用领域凝聚了一批技术实力强、经验丰富的技术研发人员。武汉高德红外建有国际先进、国内领先的研发中心，占地5万多平方米，建有我国最先进、批产规模最大的非制冷型、制冷型碲镉汞和制冷型Ⅱ类超晶格的三条8英寸红外探测器研制生产线，生产的红外探测器产品具备国际先进水平。同时，武汉高德红外还具备完整的高科技武器系统总体研制能力，现已构建起一条从上游红外核心器件到红外热成像、激光、雷达、人工智能、图像识别与匹配、陀螺稳定平台、火控、制导、战斗

部、发动机、舵机等武器分系统，再到最终完整的导弹武器系统总体的红外武器装备系统全产业链。

目前，武汉高德红外已拥有各类型高科技人才 2600 余名，建有国家企业技术中心、国家工业设计中心，是国家高新技术企业、国家技术创新示范企业、国家两化融合管理体系贯标试点企业、国家工业企业知识产权运用标杆企业、国家二级保密资格单位、中央军委装备发展部武器装备承制单位，已取得军工产品质量体系认证、武器装备科研生产许可证等资质，并成为国内率先获得某武器系统总体资质的民营企业，设有海、陆、空及二炮军代室，是湖北省国防建设重点民口配套单位、国内"民参军"代表企业。

（二）发展历程

1999 年，武汉高德红外以注册资金 30 万元起步，取名"高德"的含义是：高瞻远瞩，载物厚德。

2004 年，武汉高德红外凭借自身的技术创新和系统研发优势，成功进入军工领域。

2007 年，武汉高德红外成功取得全套军工资质，正式成为军品配套企业，客户开始介入公司产品的整个生产过程，武汉高德红外开始向服务型制造企业转型。

2009 年，成为中国红外行业领军公司，入选世界十大红外厂商，位列第四。

2010 年，武汉高德红外在深圳证券交易所成功上市，同年在比利时成立子公司。

2013 年，武汉高德红外搬到武汉市东湖开发区黄龙山产业园内，亚洲最先进的红外热成像产业化基地正式投入运行。

2015 年，完成对汉丹机电（国家重点地方保军公司）的并购，加速了向精确打击武器系统制造服务商转型。武汉高德红外研发中心被国家发展改革委认定为国家级企业技术中心。

2016 年，先后成立全资子公司轩辕智驾科技（深圳）有限公司和武汉高德智感科技有限公司，大力推动红外热成像技术的"消费品化"。

2017 年，武汉高德红外工业设计中心被工业和信息化部认定为国家级工业设计中心。

二、参与军民融合战略的做法与经验

红外探测技术是一种探测目标红外热辐射和红外特征光谱，并将其转换成肉眼可视图像的技术，由于是被动接受目标自身的红外热辐射和特征光谱，使其成为在全黑环境、恶劣气候条件下观测的理想技术。红外探测技术及产品已广泛应用于安防监控、危险气体检测、高铁运行检测、天文观测及航空航天等民用领域，以及战机、无人机、卫星、舰船、导弹武器系统等高端装备，红外芯片是关系我国国计民生及尖端科技发展的重要核心器件，西方国家将该产品及其研制技术列为高度敏感的高科技范畴，对中国进行长达 40 余年的严格出口限制与技术封锁，中国只有掌握了该核心器件的研制技术才能彻底打破西方封锁，保障我国军事国防安全。

（一）筚路蓝缕、从无到有，打破国外封锁

十年前，国内红外产品的芯片即红外探测器全部依赖进口，且国外的高端芯片企业对中国实施严苛的出口审批制度。不仅如此，高端芯片主要出口国——法国自 2009 年开始对武汉高德红外实施了严厉的制裁和封锁，至今仍未解除。从那时起，武汉高德红外董事长黄立深刻意识到"要想不被'卡脖子'，核心技术必须掌握在国人自己手中"，但作为集成电路 MEMS 细分领域的红外芯片是一项高投入、高技术、投资回报周期长的产业，作为一家民营企业，武汉高德红外自担风险，自筹资金，花大力气引进高端人才，组建了一支近 200 人的国内一流的红外探测器研发及生产团队，借助多种途径购买并自行改装先进的芯片制造设备。一步一个脚印，从无到有，开始踏上了艰难的红外探测器自主研发之路。

至今，武汉高德红外已投入自有资金 20 多亿元，开展基于集成电路 MEMS 技术的国产红外探测器的研制与产业化攻关，突破了数百项技术难题和数千项工艺难关，终于搭建起三条国内领先、国际先进的"自主可控"的红外探测器（兼具制冷与非制冷）批产线，一举打破了国外的封锁与禁运，有效确保了中国红外探测器的自主可控及军事装备安全，成为目前湖北省内仅有的两家国家集成电路生产企业之一。

（二）吐气扬眉，潜心打造"中国红外芯"

红外探测器主要分为非制冷型和制冷型两大种类，为全面满足国内军民用市场需求，武汉高德红外一鼓作气建成了三条国内最先进、批产规模最大、具有完全自主知识产权的覆盖非制冷型和制冷型的 8 英寸红外探测器研制生产线。

1. 非制冷型红外探测器系列

武汉高德红外建成了国内第一条也是唯一一条自主可控的 8 英寸 $0.25\mu m$ 批产型 MEMS 生产线，可大批量生产非制冷型红外探测器，具有年产各类型非制冷型红外探测器百万支的设计生产能力，产业化能力居于国内首位。该产线兼具非制冷型非晶硅红外探测器和氧化钒红外探测器的研制及批产化能力，已实现大面阵氧化钒红外探测器的小批量试制。该系列非制冷型红外探测器已批量应用于解放军各类单兵武器系统、车载及舰载光电系统、导引头、机载、吊舱等重点型号项目中，同时，也已在工业检测、检验检疫、安防监控、智能交通等民用领域开始广泛应用，不仅有效满足了我国军事装备的自主性、安全性需求，也极大地推动了民用红外产品的低成本化与普及化，已产生显著的经济效益与社会效益。

2. 制冷型碲镉汞红外探测器系列

碲镉汞（HgCdTe）材料是目前最重要的红外探测器材料，其在短波、中波和长波三个主要红外波段均能满足第三代红外焦平面器件对灵敏度和工作温度的要求，是目前行业主流的制冷型红外探测器。武汉高德红外已建成国际一流的 8 英寸 $0.5\,\mu m$ 制冷型碲镉汞红外探测器研发生产线，掌握了从元素提纯、单晶生长、敏感材料生长、芯片制造、制冷机制造到封装、探测器分项工艺测试等具有完全自主知识产权的全套技术和能力，现已具备多种规格制冷型碲镉汞红外探测器的研制及批产能力，可实现每年 3000 套制冷型红外探测器组件和 5000 套制冷机的制造，生产能力国内居首，填补了我国在该型国产芯片领域的产业化空白。该类自主芯片在成像质量、稳定性、可靠性等关键指标上高于欧洲国家同类芯片水平。采用该类芯片的产品已广泛应用于远距离侦察、导弹来袭告警、精确打击等高端军用领域，且在高铁、船舶、航空航天等高端民用领域逐步普及。

3. 制冷型 II 类超晶格红外探测器系列

II 类超晶格红外探测材料是面向第三代红外探测器的优选材料，可实现高温、大面阵乃至多色红外探测器的研发生产，该技术主要应用于反导、反卫、航空航天等前沿高科技领域，是以美国为首的发达国家正在重点研究的方向。武汉高德红外现已搭建起一条 8 英寸 $0.5\,\mu m$ 制冷型 II 类超晶格红外探测器研发生产线，已成功研制出常规面阵的短波、中波及长波制冷型 II 类超晶格红外探测器，并经国家权威部门技术鉴定为国内领先、国际先进水平，成功填补了我国在该领域的空白。目前，武汉高德红外正陆续开展高温中波、大面阵中波和长波，以及中长波双色等新型高规格的制冷型 II 类超晶格红外探测器的研制工作，力争在该前沿技术领域始终与国际先进水平保持一致。

武汉高德红外在红外探测器领域的长期潜心研究也得到了各级政府部门的认可与支持。自 2013 年以来，武汉高德红外红外探测器项目先后获得了国家、省、市多项科研及产业化专项支持；2017 年，武汉高德红外的"高性能碲镉汞材料红外焦平面探测器工程"项目作为工业和信息化部"工业强基"专项典型案例在全国范围内进行宣传推广，得到领导、专家的一致好评。

（三）借军民融合东风，实现红外产品全国产化

武汉高德红外凭借过硬的技术产品、专业高效的团队优势，以及数年从事军贸获得的军品研制经验，先后完成了"某型号红外图像制导空地导弹""某系列导弹红外导引头""某系列卫星红外相机"等百余种高端军用装备的承制工作。种种实例说明，在军民融合的道路上，武汉高德红外一直在前进。

2013 年，武汉高德红外研制成功中国首个第四代单兵反坦克导弹武器系统，首次填补了国内在该关键领域的技术产品空白，使中国首次具备第四代单兵反坦克导

弹武器系统的研制能力。由此，武汉高德红外实现了从武器系统配套厂商到武器系统总体单位的跨越，成为国内首家也是目前唯一一家获得武器系统总体资质的民营企业。

乘着军民融合这股东风，以自主红外芯片这个核心竞争力为着力点，武汉高德红外将继续为实现我国军事装备的完全自主化与国产化作出应有的贡献。

（四）军品强国，民品兴业，任重道远

在民品领域，武汉高德红外凭借非制冷型红外探测器产业化优势及多领域的研发技术能力优势，积极推进军用技术民用化，努力拓展红外热像技术产品在汽车电子、智能家居、智能测温、安防监控、警用执法、个人视觉等各类民用领域的市场应用，打造红外新平台，共建红外生态圈。

在汽车电子产品领域，武汉高德红外基于自研探测器开发出了 ADAS 红外热成像智能驾驶系统，并与多家汽车消费电子厂商及知名汽车代理厂商签署了战略合作协议，积极开拓智能驾驶、无人驾驶领域市场。

在智能家居领域，武汉高德红外已与美的集团签署战略合作协议，成立"热红外传感器联合实验室"，结合双方在各自领域的技术优势拓展智能家居市场，打造全新的智能感温调控产品，使传统家电产品具有红外感应识别功能，孵化出智能化水平更高、更贴近用户的新型家居产品。

在智能测温产品领域，武汉高德红外针对不同行业的使用需求，设计了多款机型以方便用户选择和使用。公司自主设计的 C 系列高端智能测温型红外热成像产品，凭借其在创新性、实用性、工艺性、美观性、经济性以及环保等方面的优异表现而斩获我国工业界最高荣誉之一的"红星奖"金奖，成为智能测温领域的经典产品。

在个人视觉产品领域，针对国内市场特点，武汉高德红外创新营销方式，以线上线下相结合的方式推广个人户外用手持红外产品，在户外徒步、搜救、探险、巡侦、夜视等方面不断拓展产品的应用领域，满足客户的多样化需求。

一路走来，作为一家民营企业，武汉高德红外在红外探测器芯片、高科技武器系统总体两个重要领域实现了重大突破，在民用领域也取得了显著的成绩。

格林美股份有限公司

——循环经济领域的隐形冠军

一、企业基本情况

（一）企业简介

格林美股份有限公司（以下简称"格林美"）于 2001 年 12 月 28 日在深圳宝安区注册成立，2010 年 1 月登陆深圳证券交易所中小企业板，是中国开采"城市矿山"资源的第一只股票，是再生资源行业和电子废弃物回收利用行业的第一只股票，总股本为 38.16 亿股，净资产为 70 余亿元，在册员工为 5000 余人。

十多年来，格林美累计投资百亿元，建成覆盖广东、湖北、江西、河南、天津、江苏、山西、内蒙古、浙江、湖南十个省（区、市）的十六大循环产业园。

目前，格林美已建成 7 个电子废弃物绿色处理中心、6 个报废汽车回收处理中心、5 个废旧电池与动力电池材料再制造中心、3 个废塑料再造中心、3 个危险固体废物处理中心、2 个硬质合金工具再造中心、2 个稀有稀散金属回收处理中心、1 个报废汽车零部件再造中心、1 个动力电池包梯级再利用中心，建成废旧电池与动力电池大循环产业链、钴镍钨资源回收与硬质合金产业链、电子废弃物循环利用产业链、报废汽车综合利用产业链，以及废渣、废泥、废水循环利用产业链五大产业链。

格林美年回收处理废弃物资源总量在 300 万吨以上，年回收处理小型废旧电池占中国报废总量的 10% 以上，年回收钴资源与中国原钴开采量相当，年回收钨资源占中国原钨开采量的 8%，年回收锗资源占世界锗产量的 6% 以上，年循环再造锂离子电池正极原料占中国市场的 20% 以上，年回收报废家电 1000 万台以上，占中国总量的 15% 以上，年处理报废线路板占中国总量的 20% 以上，循环再造钴、镍、铜、钨、金、银、钯、铑、锗、铟、稀土等 30 种稀缺资源以及超细粉末、新能源汽车用动力电池材料、塑木型材等多种高技术产品，形成了中国最完整的稀有金属资源化循环产业链。

格林美建成了世界最大废旧电池与钴镍钨资源循环利用基地、世界最大超细钴粉制造基地、世界最大三元动力原料再制造基地、世界领先的电子废物与报废汽车循环利用基地，成为国内一流、国际先进的国家城市矿山循环利用示范基地，国家电子废弃物循环利用工程技术研究中心依托格林美组建，被国家先后授予国家循环经济试点企业、全国循环经济工作先进单位、国家循环经济教育示范基地、国家"城市矿产"示范基地、国家技术创新示范企业、国家知识产权示范企业、全国中小学生环境教育社会实践基地等称号，成为践行中国绿色发展理念的优秀实践者。

未来，格林美在政府绿色发展理念的指引下，立志做对国民经济有影响的绿色企业，代表中国环保企业在世界发声并发挥作用，坚守"城市矿山＋新能源材料"核心产业战略，用绿色技术发展循环产业，以绿色产业对接"一带一路"倡议，展现中国环保企业的世界担当，创建受全球尊敬的环保企业。

（二）发展历程

2001 年，深圳宝安桃花源研发中心的许开华教授向深圳市政府创新性提出"发展绿色技术，打造绿色产业"的想法，提出"资源有限，循环无限"的产业理念，指出以开采"城市矿山"商业模式来化解中国环境污染与资源紧缺的两大矛盾，当即受到深圳市政府和宝安区的重视，并批准以许开华教授牵头设立深圳市环境友好金属材料工程技术研究开发中心以及宝安区开放型研究基地，提供 2500 平方米的场所作为研发场地，许开华教授在 2001 年创立了格林美，开始了开发循环技术的征程，与绿色发展结下不解之缘，很快获得了深圳市与广东省科技进步一等奖。

2004 年，荆门市政府招商引资，把格林美引到荆门，在荆门市委、市政府的支持下开始建设实验工厂，开启了循环产业化之路。

2004 年以来，格林美从小废旧电池开始，到回收处理电子废弃物、报废汽车，再到新能源材料再造与动力电池包再造，突破一个又一个关键技术，构建了从废弃资源回收、环保处理到循环再造低碳产品的城市矿山开采技术体系，解决了废旧电池、电子废弃物与报废汽车等突出污染物绿色回收的产业化关键技术，先后在广东、湖北、河南、江西、江苏、天津、浙江、湖南、山西、内蒙古 10 个省（区、市）建成 16 个城市矿山开采利用产业基地，格林美循环产业纵横 3000 公里，废物回收半径覆盖中国 50% 以上的国土面积，与超过 5 亿人口建立废物处理合作关系。超过百万人次到格林美参观废物绿色处理过程（含 50 个国家的数千名国际友人），极大地传播了循环经济理念。格林美积极布局欧洲、东亚，在南非建立中非循环产业园，形成贯通中国、辐射全球的循环产业格局，推动中国废物处理的绿色模式与世界先进水平顺利对接，成为全球领先的电子废物、废旧电池与报废汽车循环利用企业，为中国循环型社会发展、解决废物处理难题作出了重大贡献。

格林美跨国开采城市矿山，以绿色产业对接"一带一路"建设，迈上"一带一路"绿色发展新征程。格林美携手南非夸纳省争当全球钴粉行业顶尖生产商，建立中非绿色发展新模式；在韩国投资的 Ecopro – GEM 绿色动力电池材料合资工厂正式投产，提升了三元动力电池材料产业链的全球核心竞争力。

2017 年，格林美共计处理各类废弃资源 300 余万吨，回收 37 种资源，再造 58 种产品，节约标煤 403 万吨，减少水源污染 1024 亿吨，减少森林砍伐 1959 公顷，减少二氧化碳排放 1058 万吨。格林美的资源循环实践为中国绿色产业发展提供了示范模式，为绿色经济发展贡献了巨大力量，体现了公司践行绿色发展的责任担当。

2017 年，格林美荣获生态文明"绿色功勋奖"十佳上市公司、中国上市公司口碑榜"最具技术创新奖""最佳市值管理上市公司"等荣誉。2018 年 1 月 22 日，格林美代表中国企业，荣获世界经济论坛"全球循环经济跨国公司奖"亚军，格林美的绿色技术与循环经济成就被世界认同，成为中国走向世界的循环经济领军企业。

二、绿色产业发展经验与启示

（一）五大循环产业链并驾齐驱，致力于构建从报废端到绿色消费端的大循环模式

格林美形成了从资源回收到技术开发，再到资源化利用的完整资源循环产业链发展体系，五大循环产业链年处理废物总量在 300 万吨以上，循环回收钴镍、铜钨、金银、钯铑、锗铟等 37 种资源。

废旧电池与动力电池材料大循环产业链实现了"废旧电池—动力材料—动力电池包"的高值化利用，创建了从报废端到绿色消费端的大循环模式，每年回收处理废旧电池量占中国报废总量的 10% 以上，循环再造的新能源钴镍电池原料占中国市场的 20% 以上。

电子废弃物、废五金、废塑料循环利用产业链实现了电子废弃物的工厂化、绿色化与完整资源化利用，引领世界电子废弃物处理潮流，建成 8 个电子废弃物处理中心与 1 个报废线路板处理中心，每年回收处理的废旧家电在 1000 万台以上，占中国报废家电处理量的 15% 以上，形成绿色拆解、废塑料再造与报废线路板完整回收的全产业链，解决中国庞大电子废弃物的绿色处理问题。

报废汽车循环利用与汽车零部件再造产业链实现了报废汽车绿色拆解、整车破碎、完全分选与零部件再造，先后在荆门、武汉、天津、江西、河南建成了 5 个世界一流、中国领先的报废汽车处理中心，年处理能力达到 30 万辆以上，同时，联手三井，在武汉建成世界先进的报废汽车零部件再制造基地。

钴镍钨资源回收与硬质合金产业链演绎"废物回收—资源再造—替代原矿资源产品—世界品牌产品"的废物再造过程，谱写从废物到世界品牌的循环传奇，每年回收的钴资源超过中国原钴开采量，循环再造的超细钴镍粉末占中国市场的 60% 以上，每年回收钨资源占中国原钨开采量的 8%。

危险废物与废渣、废泥循环利用产业链通过"环保＋无害"的真正静脉绿色设

计，实现废水、废渣、废气与废泥的完整绿色化处理，每年回收锗资源 8 吨以上，占世界锗产量的 6% 以上。

在巩固产业链的基础上，格林美不断向下游延伸，建立高附加值的动力电池原材料产业链以及其他高附加值产业链，并与三星电子、ECOPRO、北汽、比亚迪等国内外大型企业建立了长期合作关系，通过对产业链的扩展，规避了市场风险，增强了公司盈利能力。

（二）从零到百亿元，格林美将创新写入发展的基因，打造核心竞争力

2017 年，格林美历史性地突破百亿元产业规模，各项经营指标创历史之最，而这离不开创新这个永续的发动机。格林美因领军人才成就"把垃圾资源化，化腐朽为神奇"，谱写世界废物循环的产业传奇。

格林美围绕深度绿色循环技术，提升废物再造产品价值，展开关键技术创新，取得一批关键核心技术成果，突破国外技术壁垒，先后获得 1100 余项核心专利，多项专利在欧洲、美国、日本等得以授权，成为中国再生资源行业第一家在欧美等国拥有核心专利的企业。

全面实施品牌建设，主导产品成为世界优质品牌，完成了"废物回收—资源再造—替代原矿资源产品—世界品牌产品"的循环产品世界品牌之路建设，实现了"把垃圾做成最好的产品，卖给世界最牛的公司"的市场之路建设。

主导产品超细粉体材料拥有美国肯纳金属、瑞典三特维克、中国五矿等世界硬质合金的优质客户；主导产品新能源材料拥有三星电子、独角兽宁德时代新能源、比利时优美科等一批世界新能源行业优质客户。

格林美利用自主开发的绿色处理技术，通过循环再造高效利用技术化解中国稀缺资源的战略配置矛盾。2017 年，格林美废物循环产值超过 100 亿元，相当于 3 万亿元价值的工业产品报废时在格林美找到安全处置归宿，格林美用绿色技术践行中国绿色发展理念。

（三）打通员工成长通道，构建"领军—优才—技能"三级人才体系，多渠道激励人才发展

2017 年，格林美创新性地提出"领军—优才—技能"三级人才体系，精准聚焦于引进和培育一批引领行业发展的领军人才，定向培养和造就有理想、有本领、有担当的青年优秀人才，培养选拔业务熟练的技工人才，为城市矿山和新能源产业战略实施提供人才保障。

为实现格林美打造全球技术竞争力、实现高质量发展的大任，发挥行业精英的"头雁效应"，2017 年，公司聚焦培养和引进行业内高端人才，认定了 6 名领军人才，打破了常规的研发项目管理束缚，给予领军人才 200 万元的可自由支配经费，让领军人才自选课题、自组团队，彻底打破束缚领军人才发挥才能的脚链，让领军

人才在宽广的科研平台上自由舒展、长袖善舞。

青年人才是格林美实施第三次发展战略的中流砥柱，是建设百亿元循环产业工程的中坚力量。为全面提升公司青年人才的综合实力，2017 年，格林美进行了集团范围内的人才盘点，选出 100 多名青年优才。针对每位优才制定成长路线图和个性化能力提升方案，最大限度地拓宽人才的成长通道，让青年人才同格林美一起成长。

格林美对千名一线员工开展技能培训，鼓励和引导一线员工立足本职、学习技术、优化流程、提高本领，选拔出一批业务熟练、技术本领过硬的高级技工人才，最大限度地激发员工学习兴趣，增强员工自身核心竞争力，实现广大一线员工由普通工人到技工的转变。员工对格林美文化的认同感日益增强，更加坚定了坚守环保产业的信念。

2017 年，格林美成功实施首次股权激励计划，对 433 名为企业发展作出突出贡献的核心管理层、技术与管理等相关业务骨干进行激励，为激励对象授予限制性股票 2444.6 万股。此外，成功开展了以格林美（江苏）钴业股份有限公司为主体的股权分红激励机制，与员工分享公司发展成果，增加核心员工凝聚力。

在 2018 年创新大会上，格林美打破常规，以改革的措施破解人才难题。颁布的《格林美股份有限公司技术创新奖励制度》中规定，"做研发就有奖励""成果转化就有分红"。根据研发项目的大小，项目负责人和参与人在研发项目结题后，将会获得 2 万～30 万元的创新奖励。一旦研发成果产业化，研发团队或者个人将会享受到成果产业化利润最高 20% 的分红，享受时长最长可达 10 年。

（四）以创新能力对接国家战略与需求，构建国家循环经济产业发展的公共平台，支撑行业，服务国家，惠及大众

格林美高度重视科研团队的建设，在深圳、荆门组建了两个博士后科研工作站，组建了行业唯一的国家级工程技术研究中心——国家电子废弃物循环利用工程技术研究中心。中心拥有装备的研发实验室和中试实验室，配置有 100 余台国际先进水平的检测与实验设备，研发人员达 500 余人，通过与国内外知名高校结合的产学研技术开发模式，保证了公司的技术领先水平和技术创新能力，成功打造了在废物循环利用领域影响全球、服务国家、支撑行业的公共技术平台。

一花独放不是春，百花齐放春满园。格林美组建了国家循环经济教育示范基地，努力打造面向全行业的公共技术与循环经济传播平台，推动整个行业的技术进步与产业发展。通过不断提高环保教育投入，加强循环经济宣传教育，先后在荆门、武汉、河南、江西和天津等地建成循环经济"城市矿山"博物馆，集中展示了从 20 世纪 50 年代至今的各种电子废弃物、报废汽车、废线路板以及各种循环再造产品等，为社会大众提供了解城市矿山发展历史的平台，传播循环经济理念。园区向世界开放，每年吸引数以万计的国内外人士前来参观学习，成为中国循环经济的重要教育传播基地。

（五）坚定不移跟党走，凝心聚力谋发展，绿色循环文化蜚声中外

2017年格林美全面推进党建工作，增强绿色发展使命感，塑造企业家精神，发挥企业家作用，坚定不移跟党走，凝心聚力，推进格林美核心竞争力建设。文化建设稳步开展，绿色循环文化进一步深入人心，循环发展理念广受赞誉。

格林美从战略高度谋划推进格林美各园区党的建设，坚持以党建工作为引领，发挥党员先锋模范作用，推行廉政与自律建设，坚决反商业贿赂，营造"亲""清"政商关系，格林美党建工作迈上新台阶。2017年12月5日，经荆门市委组织部批复，格林美党委正式成立。党委下设12个党组织。12月29日，格林美党委第一次全体党员大会正式召开，共有263名党员参会。大会选举了格林美董事长许开华教授为格林美党委书记。

党的十九大召开后，格林美全体党员立即掀起了学习党的十九大精神和习近平新时代中国特色社会主义思想的高潮。党委书记许开华带头学习，并给公司党员作辅导报告。通过不断的学习教育活动，确保广大党员的思想与党中央保持高度一致。

格林美频频亮相国家级主流媒体，国家"砥砺奋进的五年"大型成就展、央视财经、《人民日报》、新华社、中新网、《中国证券报》等纷纷报道格林美绿色发展五年来的成就。CCTV-2经济信息联播《砥砺奋进的五年，企业创新再出发》对格林美做了专题报道。各园区坚持开门办厂，阳光透明做环保，积极承担循环经济教育的社会责任，格林美开展循环经济教育的举措受到社会各界的积极关注。

（六）践行精准扶贫国家战略，履行上市公司责任担当，奏响共同富裕凯歌

格林美响应党和国家号召，履行社会责任，投身精准扶贫，坚持"主动参与、积极作为，尽力而为、量力而行"，采取产业扶贫、商贸扶贫、捐赠扶贫、就业扶贫、智力扶贫及其他扶贫方式，产业扶贫通过参股投资31624.97万元，商贸、捐赠及智力扶贫累计2097.99万元，采用多种组合拳举措，践行精准扶贫国家战略，体现上市公司责任担当。产业帮扶带动地区经济发展，直接解决当地民众就业600余人。格林美积极响应"千企帮千村"的精准扶贫号召，对口帮扶新农村。陆续投入帮扶资金1869.35万元。开展采购直通车活动，带动农户增收。先后通过公司、员工购买南疆核桃、延安红枣、困难农户苹果等。发扬扶危济困传统美德，弘扬社会主义核心价值观，积极组织并参与各种形式的社会公益、慈善活动，承担起造福社会的责任。通过捐款、捐物、助学、助老、助残、助医等，持续对特困群众、大病救助对象、留守老少、环卫工人开展帮扶工作，慈善捐赠超过92.14万元。智力帮扶达136.5万元。

在新时代绿色发展的大潮中，格林美将展现建设百亿元循环工程、打造千亿元绿色产业的恢宏气势，坚守环保生命线，全面建设绿色智慧工厂，从速度发展向高质量绿色发展转型，积极创建绿色产业的领先企业，为中国打赢蓝天保卫战贡献力量。

广东远光电缆实业有限公司

——以创新筑牢实业发展根基

一、企业基本情况

（一）企业简介

广东远光电缆实业有限公司（以下简称"远光电缆"）创建于1988年，是广东远光投资集团旗下的主体企业之一。远光电缆是以研发制造和销售各类电线电缆为主的中国民营科技企业，是广东省人民政府连续三届认定的广东省百强民营企业、广东省直通车服务重点企业，是国家工商总局评选的守合同重信用企业，是国家电网、南方电网电线电缆、特种输电导线的主要供应商。远光电缆综合实力排在全国电缆行业前20位、广东省前5位。公司的技术中心被认定为广东省企业技术中心，60000吨特种架空输电导线生产基地被认定为广东省特种架空输电导线工程技术研究中心。远光电缆是国家标准化技术委员会全国裸电线标准化技术委员会（SAC/TC422）和全国高原电工产品环境标准化技术委员会（SAC/TC330）会员单位，参与了17项电线电缆产品国家标准的制定及修订。

近年来，远光电缆通过现代资本运作，合理调整产业结构，整合资源，在此基础上成立了远光集团。目前集团业务范围囊括了电线电缆制造业、房地产、金融业和公益慈善事业。未来征程中，远光电缆将再接再厉，依靠技术创新和严格的科学管理，力争在南方打造超、特高压输电线路用新型导线制造业的现代产业集群，为社会经济发展作出更大的贡献。

（二）股权结构

远光电缆注册资本为21600万元，其中，远光集团持有远光电缆50%的股权，为公司控股股东。蔡仲光先生直接和间接合计持有公司70%的股权，同时担任公司董事长、法定代表人，为公司实际控制人。

（三）业务经营

远光电缆经营范围有：电线电缆、铜、铝、塑料及塑料制品的生产销售，企业自产产品及技术的出口业务，企业生产所需的原辅材料、仪器仪表、机械设备、零配件及技术的进口业务。主营业务是研发、制造和销售各类电线电缆。

二、企业发展经验

（一）企业管理创新的做法

1. 建立有实力的研发团队，引领电缆行业潮流

远光电缆拥有一支具备自主创新能力的研发队伍，目前有研究开发及工作人员86人，具有高级技术职称人员2人、初中级技术职称人员49人。团队立足自主创新，自主研发高科技、环保新产品，碰到技术难点的攻关，采取产、学、研的方式与上海电缆研究所及哈尔滨理工大学等国内科研院所和高校合作，为客户生产和提供高品质、中价位的产品。

近三年来，研发团队共为远光电缆开发新产品15个，获得实用新型专利5项，引领了电缆行业的潮流，增强了远光电缆的市场竞争力。开发的900平方米大截面导线及1250系列成型架空导线新产品分别获得了2015年清远市科技进步奖三等奖、2017年清远市科技进步奖二等奖。

2. 注重自主创新开发新产品，企业核心竞争力不断提升

远光电缆自成立以来一直重视电线电缆新产品的开发，以及新材料、新工艺和新技术的应用，积累了丰富的产品开发和技术管理方面的经验。公司由小到大、由弱到强，在以技术创新为先导的指导思想下，先后进行了多次较大规模的技术改造，公司效益连年有较大幅度增长。

远光电缆在技术创新实践中，特别注重走"产、学、研"合作之路，建立了联合开发的体系，形成了具有特色的多种合作创新模式，使技术创新工作生机勃勃。

3. 注重开展员工创新活动

远光电缆注重群众性创新活动的开展，为适应现代化企业的快速发展需要，公司在努力培养和造就新一代员工的同时，特别重视对全体员工的创新思想教育工作，通过"宣传栏""远光报"对公司的创新思路、创新模式和创新活动进行宣传，并对外采取广告牌、新闻等多媒体宣传。

远光电缆技术中心组织建立了电力电缆（三个）、架空导线（三个）和电器装备用电线电缆（六个）共十二个QC小组，在技术中心的组织下正常开展工作，使公司质量管理水平和产品质量有了较大幅度的提高。

4. 诚信守法经营，严把质量关，注重客户服务意识

远光电缆竭力从各方面推进诚信建设，自成立以来，始终严格按照国家法律规定缴纳税款。公司深信诚信守法是持续健康发展的基石。

远光电缆一直把环境、安全工作列入重要工作日程，常抓不懈。长期以来，从未发生过重大安全事故。在安全生产的前提下，对每一道生产工序严把质量关，每位员工有很强的质量意识，绝不敷衍了事。为客户提供的产品百分之百合格，对任何产品不隐瞒缺陷出厂，确保产品运行安全、可靠。远光电缆认为，严把质量关，就是对消费者负责，对社会负责。

近几年来，客户对远光电缆的服务质量认可度很高，服务满意度指数达98%以上，并多次收到来自客户的感谢信，这表明了客户对远光电缆产品质量与服务的肯定，充分证明了远光电缆在行业中的地位。

5. 建立"以人为本"的企业文化，注重人文关怀

远光电缆面对打工群体的实际，积极地筹措资金近百万元，加强企业文化设施建设，逐步改善与丰富员工的业余文化生活，创建和谐的工作和生活环境。在清远市各级党委、各级工会的指导下，远光电缆积极开展党群工作，建立健全工会组织和相关制度，充分发挥工会的职能作用，实行了员工工资集体协商制度。

2011年建立了党、团支部和工会，自公司开展党群工作后，职工政治上有了寄托，增强了职工对企业的认同感和归属感，增强了企业的凝聚力和向心力，为远光电缆的健康和谐发展创造了良好的条件。

6. 加强员工技能培训，提高整体素质

远光电缆教育员工自觉遵守公司各项规章制度，严格工作纪律和生活纪律。同时采取各种培训方法和激励措施鼓励员工学习技术、参与行业和公司举办的各种技能竞赛、获取必要的技术等级证书和从业资格证书，打造一支爱岗敬业、技能超前、能征善战的高素质员工队伍。

7. 回报社会，体现价值

远光电缆在企业发展的同时，也热心地为社会服务，支持社会公益事业。远光电缆以良好的社会效益和经济效益回报社会，不菲的业绩得到了各级政府和社会各界的认可和肯定。作为有社会责任感的民营企业家，董事长蔡仲光深谙回馈社会、感恩社会的道理。在发展的同时，远光电缆积极承担企业的社会责任，参加各种社会公益活动，捐助养老院、医院、学校、农村文化设施，捐助残疾人，帮助贫困家庭子弟圆大学梦等。据不完全统计，远光电缆成立至今累计向社会各界捐款达2000多万元。近三年企业及个人参与光彩事业及"6·30"精准扶贫捐资捐物活动就高达600万元以上，积极践行了远光人热心慈善公益、勇担社会责任的精神。

（二）企业技术改造的做法及经验

1. 开发节能新产品，适应市场需求

远光电缆更加注重节能型钢芯软铝绞线、特高压大截面导线、耐热铝合金导线的开发。63% IACS 铝导线有利于改善架空铝导线的经济电流密度、降低线路损耗、提高电网输送效率和延长线路寿命周期，是一种资源节约型、环境友好型新产品。

2. 将清洁生产与工艺创新相结合

近年来，远光电缆在逐渐扩大经营规模的同时，十分重视清洁生产工作，先后投入了 2000 多万元，建设了工业用水的内部循环使用系统，重点对铝连铸连轧工序进行清洁生产的改造，给每台拉丝机修建了独立防渗漏润滑池，集中建造了内部循环水池。对可能造成污染的铝拉丝油进行了重点监管，建设了专用库房，委托有资质的公司进行回收。基本做到了无工业废水、废气、废渣的外排，生产车间的工作环境干净整洁，工人劳动条件得到了较大的改善。

2012 年 5 月，远光电缆投入 30 万元建成了密闭系统高的新型笼式硅烷交联系统，淘汰了蒸汽外漏的旧式帐篷交联系统，实现低压车间清洁生产。项目研究的蒸笼式硅烷交联方法大大提高了 1 千伏及以下交联聚乙烯绝缘电力电缆的绝缘交联速度，使其交联反应过程从帐篷式交联所需的 12 小时缩短到 4.5 小时，节约了 62% 的电能，取得了良好的经济效益和社会效益。

从 2013 年 3 月开始，远光电缆对现有旧车间进行生产环境改造，总投入资金110 万元。改造后，车间干净整洁，地面重新进行了浇铸，铺设了钢板，墙壁重新进行了粉刷，屋面安装了透明瓦和通风设备，大大改善了车间工人的工作环境。

2014 年，为满足电缆绝缘护套料生产需求及质量控制要求，远光电缆新建高分子材料车间，总投入 500 万元，车间建成后于 2015 年投产，目前产能达 1500 吨/年。

2015 年，远光电缆投入 1000 万元，对连铸连轧生产线进行设备改造，连铸连轧生产线的设备改造项目主要是淘汰旧有高能耗的连铸连轧设备，新建一条以研究开发特种导线为主的连铸连轧生产线，同时增加普通铝产品产能，一条新连铸连轧生产线可以增加铝产品 10000 吨/年。

齐鲁制药（海南）有限公司

一、企业基本情况

齐鲁制药（海南）有限公司（以下简称"齐鲁制药"）是齐鲁制药集团在海南省打造的"出口制剂生产基地"，也是海南省政府实施"大企业进入·大项目带动"政策的重点招商引资企业。齐鲁制药成立于 2005 年，注册资金为 500 万美元，现有员工近 600 人，坚持科技创新和国际化发展战略，致力于抗肿瘤类、心脑血管类、小分子靶向药物等高端制剂领域的创新研发，并逐步形成品牌优势。

多年来，齐鲁制药经营业绩持续高速增长，从 2008 年仅 80 万元的年产值增长到 2016 年 14 亿余元的年产值，纳税 2.26 亿元，8 年间齐鲁制药产值的年平均增长速度达到 145.93%。纳税总额、总资产贡献率、流动资产周转率等多项经营指标居全省医药行业首位。齐鲁制药还获得了国家火炬计划重点高新技术企业、国家技术创新示范企业、中国化学制药行业工业企业综合实力百强、首届海南省政府质量奖、海南省百强企业等多项荣誉。

齐鲁制药现已累计投资近 10 亿余元，拥有占地约 12 万平方米的三座生产大楼、药物研究中心、质量检测中心、综合办公大楼，拥有符合国际标准的生产设施和雄厚的生产实力，是首批通过国家食品药品监督管理总局 GMP 认证的企业，也是海南省首家通过美国、欧盟"双认证"的医药企业，药品成功出口至美国、欧洲等。

齐鲁制药未来将继续抢抓国家"一带一路"建设和供给侧结构性改革带来的战略机遇，以全球视野谋划布局，以国际标准提档升级，以质量品牌优势赢得市场，以创新驱动引领未来，专注做药，聚焦临床急需的抗肿瘤、心脑血管等多发病药物，淬炼精品，力争把公司建设成为国内领先、世界一流的大型综合性制药企业。

二、抢抓改革机遇，以创新和国际化推动公司发展

齐鲁制药在省委、省政府和市委、市政府的正确领导和关心支持下，抢抓国家供给侧结构性改革机遇，以创新和国际化为重要驱动，取得了良好成效。

1. 科技创新：大力实施创新驱动发展战略，增强企业核心竞争力

创新能力就是企业的核心竞争力。齐鲁制药制定了前瞻性的研发战略，围绕全球重大药物研制方向、重大疾病药物进展和重大技术平台，密切跟进国际制药研发进程，树立了"从'仿制药＋国际化'二轮驱动逐步发展为'仿制药＋创新药＋国际化'三轮驱动，打造中国抗肿瘤、心脑血管药物民族品牌"的企业愿景。齐鲁制药产品研发在"新、特、难"上下工夫，不断突破技术壁垒，布局了50多个研发项目，涵盖抗肿瘤、心脑血管、糖尿病等10余个严重危害人类健康的重大疾病领域，重点支持创新性强、疗效好、满足临床重要需求、具有重大产业化前景的药物开发。

创新需要资金保障。生物制药是高投入领域，新药研发有"两高一长"之说（即高投入、高风险、长周期）。一个新产品的研发要5～10年，花费巨大，但齐鲁制药认为再难也要做，因为创新药物研发能力是一个药企综合能力和生命力的集中体现。为此，齐鲁制药制定了"各项工作向新产品开发倾斜"的政策，2016年直接投入研发项目的资金预算达1亿元。

齐鲁制药十多年来成功开发了20多个新产品，其中2个靶向药物的研制被列入国家"十二五""重大新药创制"专项，还承担了3项国家火炬计划、1个中央引导地方专项科技项目、2个海南省重大科技专项、6个海口市重大科技创新项目，获评海南省科技成果转化一等奖、海南省著名商标、多项海南省高新技术产品及海口市专利金奖。齐鲁制药2016年获得"国家增强制造业核心竞争力重点领域关键技术产业化项目"扶持，该项目在全国医药行业仅有3家，海南省仅齐鲁制药1家。

2. 以人才为根本：不断培养和引进国际领军人才，保证企业持续创新

企业之间的竞争归根结底就是人才的竞争，医药领域有着多种技术融汇、工艺复杂、知识密集的特点，自主研发能力和制备技术平台是企业最重要的核心竞争力。因此，建立高素质的人才队伍，是搞好科研工作的基础。齐鲁制药不断引进国际领军人才，并通过事业育人、待遇留人、政策引人、以情聚人，让人才充分施展才干。

齐鲁制药专门从美国引进3名海归博士科学家作为学术带头人，并柔性引进海归博士数十人，组建了一支高素质研发团队，系统构建了4个制剂研究和产业化平台、1个药物分析和检验平台，基本完成国内仿制药、国际仿制药、创新小分子三大研发功能体系的建设。

3. 国际化：加快"走出去"步伐，实施国际化战略，以外促内，以内养外

齐鲁制药作为齐鲁制药集团的"出口制剂生产基地"，一直以国际化为核心发展战略。

2005年建厂初期，齐鲁制药就把目光投向了海外市场，公司一期25000平方米的厂房均由美国巴特勒制造公司设计建造，秉承了"国内领先、世界一流"的高起点、高标准要求。随后又投资4.5亿余元，建成了三栋符合美国FDA标准的生产大楼。齐鲁制药还积极参与国际竞争，不断学习汲取国际大公司的工匠精神、品质意

识、技术思维、研发理念、管理方法等优势和经验，提升公司质量水准。

经过多年的努力，2014年齐鲁制药成为海南省首家通过美国FDA认证、欧盟认证的药企，多个抗肿瘤高端产品在美国、欧盟、澳大利亚等标准严格的市场批准上市，质量管理体系与国际接轨。同时，齐鲁制药先后与国际著名制药企业山德士、BPI、GHP、TWI、迈兰、诺华等公司签订了战略合作协议，布局了40多个国际注册项目，形成了多点合力的新型研发合作模式。

2016年，齐鲁制药成功出口450万支注射剂产品到美国、欧洲等国际高端市场。随后于2017年上半年，齐鲁制药注射剂产品也顺利出口至菲律宾、越南、马来西亚等国，未来泛南海合作经济圈将会给公司带来新的增长点。

三、专心做药，发扬工匠精神打造重于生命的质量品牌文化

对于直接关乎人民群众生命健康的制药行业而言，只有发扬工匠精神，把质量意识融入企业灵魂，追求质量零缺陷，保证每一粒药都不容有失，企业才能更长远地发展。

十多年来，齐鲁制药只专注于做一件事，那就是秉承"造福社会、护佑民生、创造美好生活"的经营宗旨，以对健康事业的执着追求和对药品质量工匠般的专注，坚守制药主业，聚焦临床急需的抗肿瘤、心脑血管等多发病药物，淬炼重于生命的质量品牌。

1. 建立完善的质量管控体系

基于"一流的质量源于一流的管理"理念，齐鲁制药设立了质量控制部和质量保证部，建立并完善了全员参与、责任清晰、与国际接轨的质量管理体系和考核奖惩机制，使有效管控贯穿于药品的全生命周期，实现了产品在研发、原料采购、生产、出厂放行、储存运输等各方面严把质量关，并及时进行工艺、质量的持续改进和技术革新，确保产品质量安全。

2. 引进高精尖设备仪器确保产品品质

对于药品注射液的可见异物检查，一般企业是用人工方式进行灯检，检验人员在强光反射下，时间一长，眼睛难免发生疲劳而产生疏漏。为减少灯检误差，齐鲁制药2014年在海南省医药行业首家引进日本进口全自动灯检机，能进行400万像素高精细面阵相机检查，透视类和反射类物质检测通过同一工位实现，对产品可见异物检测准确，既保证了产品质量，又提高了工作效率，有效避免了人员疲劳或者人员更换导致的灯检异常及不可控性，确保了高端产品的质量。进口全自动灯检机造价不菲，一台就600万元，但为了保证产品检验的有效性，齐鲁制药2016年又新购入了一台。

为了更精准地分析控制药物的杂质，齐鲁制药投入3000余万元购入了世界先进

的分析仪器。2015 年采购的气相质谱联用仪、液相质谱联用仪为国内科研机构、化工、制药行业的高端分析设备，能用来分析药品中的微量杂质，达到 ppm 级别，并可以检测杂质的分子量，进行定性、定量、化合物碎片研究。2016 年又购买了电感耦合等离子体质谱，用于药品中微量金属元素的检测。

为了防止运输、使用过程中药物意外破损而造成的药物活性成分外泄，有效地避免产品间的交叉污染，并对医院使用人员进行防护，齐鲁制药 2016 年初还引进了价值 600 余万元的进口套标机，在每支药品上裹上了一层薄膜，进一步满足了 FDA 监管的法规符合性。这也是国内首台进口裹包塑膜成型设备。

3. 参与国际高标准竞争，提升公司质量水准

美国 FDA 认证中心和欧盟药品认证中心是国际知名度和权威度最高的药品监管机构，代表了全球最高水准。为此，齐鲁制药从一开始就把目标瞄准了 FDA 认证和欧盟认证，而且瞄准了化学药品认证检查体系中检查层级最高的非终端灭菌注射液。非终端灭菌注射液的整个生产过程必须保证无菌操作，这是化学药品生产过程中要求最高、风险控制最难的生产工艺，认证机构对这类产品的要求极高，检查极为严格。

为了通过国际认证，在基础设施方面，齐鲁制药从 2010 年起，相继投入数千万元，对厂房设施、设备等进行了全方位的升级，还特别增加了验证和在线监测设备，用于实时进行无菌操作监测，满足无菌生产需要。

同时围绕欧美认证的六大质量系统，齐鲁制药从人员、物料、产房、设备、SOP（标准作业程序）、生产过程、环境监控、质量控制等各个环节入手，健全机构，完善制度，强化药品生产关键环节的控制，并不断提高员工的综合素质和质量意识，对产品精雕细琢，精益求精，形成"研发—生产—市场—服务—再研发"的良性闭环管理，保证药品质量和用药安全。

2014 年 5 月经过美国 FDA 检查官 7 天的全面检查，齐鲁制药终于成为海南省首家通过 FDA 认证的医药企业。在检查过程中，美国 FDA 检查官也对公司完善的质量管理体系和 GMP 执行情况充分肯定。

虽然目前我国已经有 50 余家药企通过美国、欧盟等高端认证，但真正意义实现制剂产品出口的企业实为凤毛麟角。以往企业产品出口，主要是附加值低的原料药、中药提取物等，而齐鲁制药出口的是附加值高的化学制剂产品，这在全国都屈指可数，也证明了齐鲁人精益求精的品质追求最终赢得了市场的信赖。

齐鲁制药的高质量追求，不仅赢得了百姓的青睐，也得到了海南省药品审核认证管理中心的关注。2016 年该中心将其药品 GMP 检查官实训基地设在了齐鲁制药，陆续安排 GMP 检查官近百人轮流到企业培训。

4. 将质量文化深入员工骨髓，把做好药、做良心药的理念融合上升为每一位员工的行为准则

齐鲁制药厂区有一片约 300 平方米的菩提林，栽种象征"消除灾难、渡世救人"

寓意的菩提树，是因为齐鲁制药愿治病救人的善举能够贡献国家、回报社会、造福人民、利益员工。"造最好的药来表达我们的爱"是齐鲁制药人共同的愿景和承诺，"让患者拥有美好的今天和明天"是齐鲁制药的目标，齐鲁制药正以不断创新的精神从事一项具有深远意义的事业。在齐鲁制药的质量文化熏陶下，每一位员工都心存菩提理念（即慈悲为怀、渡世救人），都从内心自发自愿地造最好的药，以菩提之心呵护苍生。

不仅如此，在国际合作、国际检查认证、客户参观交流等过程中，公司都要与客人讲述菩提林的由来，并让客人亲手种植一株菩提树，向社会各界传播齐鲁制药"大医精诚、家国天下"的核心价值观和慈悲为怀、以菩提之心呵护苍生的文化精髓。2014年5月，董事长刘文民与美国FDA检查官共同种下菩提树后，美国FDA检查官深有感触地说："齐鲁制药的质量文化、质量意识深入到了齐鲁制药每一位员工的骨髓，药品的质量控制已经成为每一位员工自觉的行为。"

齐鲁制药把药品质量监管贯穿于药品的全生命周期。因为齐鲁制药明白，药品百万分之一的差错对患者来说就是百分之百。在齐鲁制药已经形成了这样一种理念：当员工自己生病时，首选齐鲁制药的药品；当员工家人生病时，放心地选用齐鲁制药的药品；当朋友生病时，自豪地推荐齐鲁制药的药品。通过这点可以看出全体员工对齐鲁制药产品的信赖。

重庆小康控股有限公司

一、企业基本情况

（一）企业简介

重庆小康控股有限公司（以下简称"小康控股"）始创于1986年，是一家专注于实体制造业，以节能环保发动机和新能源汽车为核心业务，以汽车整车及相关零部件为主营业务的企业，现已形成集汽车整车、发动机、汽车零部件的自主研发、制造、销售及服务于一体的完整产业链，以及摩托车、减震器制造及销售的另一产业链。小康控股旗下有小康股份和景谷林业两家A股上市公司。小康控股产值超过200亿元，拥有员工万余人。

公司所涉及的产品销量均处于国内同行业的领先水平，如渝安减震器、摩托跑车、微型电动商用车的销量均为国内第一，小康动力销量为国内第三。2017年上半年，东风小康半年销量突破20万辆，销量超过了比亚迪，位列国内民营企业中国汽车品牌整车企业第三位，仅在吉利和长城之后。

小康控股旗下全资子公司金康新能源汽车有限公司成为国内第八家、中西部地区第一家具备独立新能源车生产资质的企业，这也是重庆本土汽车制造企业获得的第一张新能源汽车牌照。小康控股实施跨界战略，汇聚全球资源发展新能源电动汽车，不但从"四国七地"的布局上完成了新能源汽车从整车及三电智能研发到制造的闭环，各板块的工作也在推进中。目前公司新能源汽车已具备较强的研发能力、技术创新能力、运营及资源的整合能力。

三十多年来，小康控股不但活了下来，还成功实现了转型。靠的是专注于企业，聚焦于业务，创新驱动，按市场规律办事，依法合规经营企业。

（二）发展历程

1. 初创阶段（1986—1995年）

1986年，小康控股靠一根弹簧开始了长达十年的初创之路。初创者试探性地开办起一个小工厂，生产微车座垫弹簧和电器弹簧。

2. 创业阶段（1996—2005 年）

1996 年，小康控股开始进入汽车和摩托车减震器领域，大胆投入，大胆创新，靠一支减震器走天下。仅用了 6 年，渝安减震器就做到了行业第一，小康控股规模逐渐扩大。

2002 年，小康控股进入摩托车整车制造领域。2003 年，小康控股与东风公司合资合作，成立东风小康公司，生产东风小康微车。这些布局为小康控股后续发展奠定了较好的基础。

3. 转型阶段（2006—2016 年）

小康控股由零部件转型到整车，由两轮转型到四轮，由汽车产业的配角转型到了掌控终端产品的主角。小康控股积极树立科学发展观，转变发展方式，提高发展质量，抢抓国家全面建设小康社会所带来的政策红利，东风小康汽车进入行业前三强。2006 年起，小康控股进入了十年的转型期。

在小康控股成立的第 30 年，有两件里程碑意义的事件发生：一是旗下小康股份公司实现 A 股成功上市；二是首款超级汽车——小康 SUV 风光 580 上市，半年内实现销售 8 万辆的业绩。这都是成功转型的具体体现。

4. 发展阶段（2017 年至今）

经过整整三十年的积淀、布局，从 2017 年开始，在产业互联网背景下，小康控股进入了全面发力的发展阶段。

"创新、协调、绿色、开放、共享"为小康控股产业发展指明了方向。小康控股正致力于提供用户需要的产品，继续深耕 580 系列产品；致力于清洁出行，加大新能源汽车的布局、研发、建设力度。

二、积极参与混合所有制改革

2003 年 6 月，小康控股与东风公司各出资 50% 成立了东风小康公司，坚持"民营主导、创新经营"模式，成功开辟造车新路径，探索出了一条合作共赢之路，为民营企业积极参与发展混合所有制经济提供了鲜活样本。

当时，面对行业内毫无经验借鉴的"混合所有制经济"模式，双方本着"充分信任、相互理解、共同发展"的原则，坚持"民营主导、创新经营"的发展模式，切实促进企业跨越式发展。

"民营主导"，是指混合所有制经济的发展规划和经营方针政策等由股东双方共同决定，具体运营管理由民营企业委派人担任总经理全权负责，全面负责研发、采购、制造、销售、人力资源、财务等，从人、财、物到产、供、销进行全面指挥，实现国有企业管理规范和民营企业决策快捷的完美结合。同时，制定了《公司基本法》，明确了愿景目标、基本原则和行动纲领等，对公司的运营进行科学决策、规划、预算和运营管理；成立了薪酬及激励机制管理委员会，并始终贯彻"风险管控、内控审计"两条主线，改善了企业的经营管理，提高了公司决策的科学化水平和应对风险的能力。

"创新经营"，是指坚持"以用户为中心，以市场为导向，一切为了用户"的核心价值观，通过不断创新力促企业做大做强。一是产品创新，持续推出行业领先的产品；二是营销理念创新，抓住国家全面建设小康社会的契机，相继树立了"驾东风、奔小康""小康生活、小康汽车"营销理念；三是生产方式创新，建立起了精益生产制造和运营体系；四是管理模式创新，引入了企业资源计划管理系统，对企业资源进行了有计划的管理，最大限度地发挥企业资源的效用，降低了企业的成本。

合资以来，合资双方充分认识到，国有企业具有品牌、技术、管理等优势，民营企业具有决策较快、机制灵活等优势。双方始终坚持"民营主导、创新经营"模式，实现了真正意义上的双赢。东风小康市场保有量已突破300万辆，2017年销量突破40万辆；公司由此跻身中国西部地区规模最大的民营汽车企业之一，经营管理更加规范，企业发展空间更加开阔；东风汽车公司的产销量和产值也由此迈上了新的台阶。

目前，小康控股与东风公司合资合作成功造车的案例已经成为中国汽车产业的佳话，而且被行业纷纷效仿。如今的北汽银翔、华晨鑫源等均是参照东风小康模式。

三、积极响应"一带一路"倡议

（一）资本"走出去"

在全球范围内，新能源汽车替代传统燃油车已不可逆转。新能源汽车产业被定为我国七大战略性新兴行业之一，纯电动车已经被定为我国新能源汽车的主要战略发展方向。小康控股立志转型，由传统汽车转型到新能源汽车，而且对标特斯拉，定位于高端电动乘用车，成就国际电动汽车领先品牌。为了实现该目标，小康控股积极"走出去"，投入巨资整合全球资源。

小康控股在全球创新高地、行业领先人才聚集的硅谷建立了研发中心，汇聚全球资源。与密歇根大学进行跨界合作，获取全球智能汽车领先技术。与德国顶级工程服务公司合作进行整车开发，以获得豪华品牌的研发经验。拟收购美国AMG工厂，以获取先进制造技术。筹备日本电池研究所，以利用当地的高端电池技术和人才等。

1. 建立研发基地，整合全球研发资源

2017年3月6日，小康（美国）新能源汽车股份有限公司（以下简称"SF Motors"）位于美国硅谷的总部大楼正式投入试运营。2016年11月15日，小康控股董事长张兴海和美国密歇根大学副校长胡仕新签署战略协议，根据该协议，双方在当地建立"密歇根大学—小康互联和自动驾驶研究中心",该大楼毗邻密歇根大学,坐拥全球智库。大楼作为 SF Motors 密歇根分部的办公场所投用后,将同时成为公司电动车的整车研发、工程、试制地。

2. 收购先进新能源汽车动力系统及整车工厂

小康控股一方面自建研发中心,另一方面,也积极收购国外的先进制造企业和关键零部件生产企业。2016 年 10 月 16 日,收购美国新能源汽车动力系统巨头 AC Propulsion 公司 100% 的股权及其子公司,以及相关联的所有从事电驱动系统、控制系统、电池系统等新能源汽车业务的公司及实体、商标、专利和其他无形资产等。2017 年 6 月 22 日,收购美国顶级汽车解决方案集成供应商 AM General 公司(以下简称 AMG)的民用汽车工厂,包括与 AMG 民用汽车工厂相关的土地、厂房、工厂设备和配套设施等,双方最终确定交易价格为 11000 万美元。通过此举将构建公司在美国发展高端电动汽车的业务闭环,全面提升新车型的制造水平和产品品质,助推高端电动车品牌的建立,获取新能源汽车全球市场的竞争优势。

3. 引进全球新能源汽车金字塔顶尖人才

在人才储备方面,小康控股与美国特斯拉汽车创始人马丁·艾伯哈德签署了书面协议,聘请马丁·艾伯哈德担任公司新能源汽车顾问,改造升级高端电动车型,助推高端电动车品牌的建立。

此外,还引进了特斯拉三电系统原总工程师唐一帆等新能源汽车金字塔顶尖人才,唐一帆曾经设计了特斯拉 Roadster 和 Model S 电动车等,还是特斯拉 Model X AWD 原型车的设计者,同时公司还吸引了多位特斯拉原设计、工程师加盟。

(二)技术"走出去"

小康控股在印度尼西亚投资了一个整车工厂。2017 年 3 月 17 日,印度尼西亚小康汽车有限公司(以下简称"印尼小康")的首辆汽车成功下线,这标志着印尼小康成功投入试运行,目前,该工厂生产出来的产品已开始进入试销的阶段。

印尼小康的建成投运也标志着小康控股的汽车制造技术整体走出国门,用自己的核心技术为东南亚的客户服务。除印度尼西亚工厂外,在巴基斯坦、中国台湾,也能看到小康控股的身影。小康控股的技术正通过当地合作方的配合和经销商的推广,得到多地的认可。

印尼小康的生产基地被定位为"高精柔工厂"。其中的"高",就是高投入、高技术、高水平。一方面,印尼小康的投资巨大体现了小康控股对印度尼西亚市场的重视;另一方面,高额的资本投入也为印尼小康的技术领先提供了保障。在高技术和高水平方面,印度尼西亚工厂生产的微卡产品完全对标日系品牌。在生产工艺上,也严格对照日系标准。有了高投入作为保障,就能实现生产的高技术和高自动化。在管理上,印尼小康的标准也毫不含糊,实行高标准的管理。

"精"指的是以精益生产的方式，为当地用户打造精品汽车。而印度尼西亚工厂通用化程度高，具备多种产品的生产能力，正是该工厂"柔"的体现。

印尼小康下线的首款超级微卡仅是其生产计划的一部分。随着工厂的发展，该制造基地也将逐步生产 SUV、MPV 等多种产品。未来，小康控股的首款乘用车产品——风光 580 也有望引进印度尼西亚，将公司的优势产品引入当地乃至东南亚。

要打进印度尼西亚市场并不轻松，因为日本品牌早已在当地耕耘数十年，当地市场早已被日系占据。印尼小康要在当地发展，必须从日系品牌中抢夺市场蛋糕。此次在印度尼西亚市场全新开发的 3 座微卡，依靠强劲动力、宽敞空间，以及舒适乘坐体验，加上过硬的生产技术保障质量，用产品的优势打开市场，站稳脚跟，在印度尼西亚为印尼小康打开一片天空。从试销的情况来看，当地经销商反响强烈，纷纷看好该产品。

按照规划，随着印尼小康的发展，小康控股还将以印度尼西亚为基地，辐射整个东南亚地区，真正用小康控股的技术造福当地用户。

在巴基斯坦、中国台湾的不少经销商也与小康控股合作，通过自身技术，赢得当地市场，这也是小康控股技术在全球的延伸。随着公司自身实力的发展，小康控股的技术也正在走向全球。

（三）产品"走出去"

小康控股在海外销售东风小康汽车累计超过 30 万辆，市场遍布东南亚、南亚、中东、非洲、欧洲、南美等 70 多个国家和地区，建立了稳定的营销服务体系。

以前，小康控股的产品结构主要是以微车为主。现在，随着小康控股产品结构的改善，特别是乘用车等产品推出后，越来越多小康控股制造的乘用车推向国外。

2017 年 7 月，首批 200 辆风光 580 从中国上海出口到埃及，这是公司进入乘用车领域、出口海外的众多产品之一。风光 580 一经在智利上市，就迅速受到当地市场的热捧。

除了在非洲和拉丁美洲赢得市场外，风光 580 还谋求在全球其他地区赢得市场，风光 580 的右舵车产品已基本完成开发，2017 年内将投入右舵车的市场中。在亚洲的各大区域，这款汽车正在陆续进场。

海特集团

一、企业基本情况

(一) 企业简介

海特集团创立于 1991 年,是国内领先的航空综合技术服务商,致力于为全球客户提供航空产业链上下游的服务,业务领域涵盖航空研发制造、航空维修、航空工程、飞行员、乘务员及机务培训、飞机租赁、通用航空、机载 WiFi、集成电路制造和设计、燃机工程、航空产业基金等,资产超过 200 亿元。海特集团获得各类专利 200 余项,2016 年获得"国家企业技术中心"称号,并建有"省级院士工作站"和"先进航空发动机控制技术四川省重点实验室"。旗下四川海特高新技术股份有限公司(以下简称"海特高新")于 2004 年 7 月 21 日在深圳证券交易所挂牌上市,是中国第一家民营航空维修企业,也是中国综合航空技术服务类第一家上市公司,拥有中国民航总局颁发的 CAAC 维修许可证、美国联邦航空局颁发的 FAA 维修许可证和欧洲航空安全局颁发的 EASA 维修许可证,是中国航空产业的一支重要力量。

(二) 股权结构

海特集团旗下包含的参股控股公司在国内外约有 50 家分(子)公司。李飚及其家族为实际控股股东。其中,海特高新是深圳证券交易所中小板上市公司,实际控制人为李飚先生,持股 130013981 股,持股比例为 17.18%,李再春先生为第二大股东,持股 52000000 股,持股比例为 6.87%,李再春先生和李飚先生为一致行动人。

(三) 发展历程

海特集团创立于 1991 年,从航空维修起步,至今已发展为专业从事综合航空技术服务的民营企业集团。海特集团于 1992 年取得中国民航第一张民营 CAAC 证书,开展机载电子产品维修;1995 年建立中国第一家民营航空维修基地,同年成立四川奥特附件维修有限责任公司,开展机载机械附件维修业务;2002 年取得美国 FAA 认证,同年成立上海沪特,建立全国网络维修服务模式;2003 年成立亚美动力,开展 APU 及航空发动机大修业务;2004 年 7 月 21 日,海特集团旗下海特高新在深圳证券交易所挂牌上市，成为中国综合航空技术服务类第一家上市公司；2005 年中小型发动机维修基地在成都落成；2007 年开展直升机大修和机载产品研制业务；2008 年参与投资成立四川太古，涉足大飞机维修业务，同年收购美国飞安昆明培训中心，开展航空培训业务；2009 年天津海特成立，打造海特北方大飞机维修基地；2010 年宜捷海特成立，进军公务机市场；2011 年开展航材交换租赁业务；2012 年开展航空维修整体技术改造；2013 年新加坡 AST 公司成立，拓展海外航空培训市场；2014 年海特航空融资租赁业务全面开展，同年海特天津基地获得 CAAC 飞机大修资质，同年海特集团某型飞机发动机电子控制器项目荣获"国防科学技术进步一等奖"；2015 年组建成都海威华芯科技有限公司，进军高端芯片制造领域；2016 年华新飞机租赁有限公司正式宣布成立并完成首单飞机资产交易；2016 年与 IAI 签署合作协议，全面开展飞机客改货业务；2017 年宣布与中国联通、航美传媒合作，进入机载 WiFi 市场，同年与美国罗克韦尔柯林斯成立的合资公司天津罗克韦尔柯林斯海特飞行模拟系统有限公司（以下简称 ACCEL）生产的首台国产 B737NG D 级全动模拟机交付，跻身世界航空制造企业。

（四）发展战略

海特集团致力于围绕航空产业上下游打造航空全产业链：

（1）海特集团规划在四川筹建航空培训基地，建立航空培训学院，为航空产业输送人才。

（2）建立航空科研基地，完善航空产业链。

（3）建立直升机、通用飞机组装生产线，拓展通用航空产业。

（4）建设军民融合产业示范区，推动军民产业的深度融合。

（5）打造中国"镓谷"（集成电路产业示范区）。

（6）组建运输航空、通用航空公司。

（五）业务经营

1. 研发制造

一是在已掌握涡轴发动机全功率谱、全构型谱（从单发到多发）的数控技术基础上，开发涡桨、涡扇发动机的数控技术。二是研发生产无线电磁指示器、脉冲数字供氧系统、直升机救援绞车、APU 启动顺序组件、某单发型电子控制器等产品。三是为陆海空三军研发生产 D91 多普勒雷达综测仪、Z8 型直升机综合测试系统、Z11 型直升机综合测试系统等地面检测保障设备。四是从事引进型装备国产化替代研制工作。

2. 维修保障与飞机改装工程

海特集团打造了全国唯一的具备多型号军民两用航空发动机维修保障能力的基

地（是国内某型重要军用直升机发动机的唯一维修厂家），具备十余种航空涡轴、涡桨发动机和辅助动力装置的大修能力。海特集团是目前国内唯一具备加拿大普惠公司 PT6 发动机维修能力并获得中国民航 CAAC 认证的企业，海特集团同时拥有波音737、空客 A320、米－171 直升机等机型机体大修能力，以及航空机载设备及部附件维修能力，覆盖 40 余种机型。

3. 航空培训与模拟机研发制造

海特集团分别在昆明、天津、新加坡建立航空培训基地，规划拥有 21 台各型飞行模拟机用于飞行员、乘务员和机务人员的教学培训，其中天津基地拥有全球首台 D 级 EC135 直升机模拟机。

由海特集团和美国罗克韦尔柯林斯合资组建的 ACCEL 研发成功中国首台 B737NG D 级全动模拟机。

4. 高端集成电路芯片的研发制造

海特集团与中电科 29 所共同投资近 30 亿元人民币成立成都海威华芯科技有限公司（海特集团控股 52.91%），研发制造世界一流水平的第二代/第三代化合物半导体（砷化镓/氮化镓）核心晶圆/芯片，大量运用于 4G/5G 通信、卫星通信、相控阵雷达、电子干扰等微波领域。

5. 整合民间资源，打造军民融合科技产业联盟

2014 年 12 月 12 日，在有关部门的支持下，海特集团牵头成立川联科技装备业商会，该商会是全国工商联系统注册成立最早的省级科技装备业商会，聚集民营企业 170 家，其中绝大部分是已经参与军品生产和有强烈"参军"愿望的民营企业。

二、参与军民融合战略的做法与经验

（一）军民融合背景

海特集团作为一家专门从事综合航空技术服务的大型民营企业，设立有完善的质量管理体系，先后取得"国军标质量体系认证证书""装备和承制单位资格证书""武器装备和科研生产许可证"、总参陆航部装备局"维修许可证"，以及"保密资格证书"。海特集团现阶段的销售收入中军品所占份额已达到 40%，军品生产中外购比例（民口配套比例）不到 10%，已承担多型军品科研任务，年维修军品数千项，成为名副其实的初具规模的军民融合企业。

2014 年，海特集团作为军民融合民营百强企业参加了中国首届军民融合发展高科技成果展览，其间受到前来参观领导的亲切接见、关心和表扬。2014 年 12 月，海特集团自主研发的某型发动机电子控制器获得工业和信息化部颁发的集体和个人"国防科学技术进步一等奖"；2015 年 9 月 3 日，海特集团作为抗战胜利 70 周年阅兵保障单位，全程参与了阅兵陆航部队的装备保障，圆满完成了任务。2016 年 10 月，

海特集团参加了第二届军民融合发展高科技成果展览，展会期间，有关领导对海特集团在军民融合发展中取得的成绩给予了充分的肯定。

（二）军民融合发展情况

1. 通过对航空维修技术的不懈探索，奠定军用、民用飞机维修和技术服务的领头地位

由于航空产业具有很强的军民融合特点，海特集团早在创业之初就意识到军民融合的重要性，坚持军民"两条腿"走路。先后取得"装备和承制单位资格证书""武器装备和科研生产许可证""保密资格证书""国军标质量体系认证证书"及总参陆航部装备局"维修许可证"。海特集团成为民用航空第一个"参军"企业。

航空发动机的维修和研发制造，是航空产业中的核心和难点。海特集团利用多年积累的航空维修技术进行航空发动机及辅助动力装置（APU）维修，开发了多型发动机的大修技术，累计已完成维修陆航各型发动机共115台（次）；开发了多型进口直升机辅助动力装置（APU）维修技术，累计完成维修陆航各型辅助动力装置97台（次）。此外，还为空军、海军和二炮部队提供飞机、舰船和武器系统的部附件维修服务，累计为军队维修机械设备及部附件数万件，交付测试设备数百台（套）。

2. 利用技术创新优势，由维修向研发制造成功转型

海特集团于2003年成立了专门从事军品业务的四川亚美动力技术有限公司，并取得了保密资质认证、国军标质量体系认证、总装备部颁发的装备承制单位注册证书、国家国防科工局颁发的武器装备科研生产许可证等多项军品专业资质认证，也是总参陆航部的航空发动机定点维修保障基地。海特集团还积极进军航空研发制造领域，开展航空机载设备研发，建立了海特集团的航空研发制造板块。经过多年坚持不懈的努力，航空研发制造板块成为海特集团主营业务的核心和亮点。

3. 航空研发制造的技术储备

海特集团不仅开展了民航飞机机载设备的研发，成功开发了军用导航指示器、多波段天线、语音提示器、APU辅助动力装置起动控制器，还进行了海军装备国产化的研究工作。其中，某型军机导航指示器已经有数千台交付用户，获得用户一致好评；某型进口舰艇空调系统控制器国产化研制也取得成功，已经批量装备海军部队。

4. 某型发动机电子控制器的成功研制在军品研发板块具有里程碑的意义

航空发动机被誉为现代工业皇冠上的一颗明珠，而发动机电子控制器则是航空发动机的大脑，海特集团成功研发了国内首台可在外场直接更换而不需要与发动机进行匹配调试的全权限数字电子控制器，公司自主研发的发动机全权限数字式电子控制技术打破了国外对我国航空发动机控制技术的封锁，取得了18项发明专利（含3项国防专利），具有完全自主知识产权，并获得国防科学技术进步奖一等奖，已经批量列装部队，为国内航空动力发展作出了重大贡献。

5. 深度参与军民融合，军品研发制造项目遍地开花

航空机载设备：通过对发动机全权限数字式电子控制技术的研发，已形成系列化产品，在研项目包括 300 千瓦级～1600 千瓦级多型发动机双通道全权限数字式电子控制器系列产品。在此基础上，海特集团成功研制出国内第一套数字式脉冲供氧系统，国内首次实现数字脉冲式供氧控制，在驾驶员吸气时供氧，呼气时不供氧，大大节约氧气使用，还能根据海拔高度自动调节供氧浓度，其供氧曲线为很舒适的 A 曲线，驾驶员呼吸舒畅。氧气瓶采用复合瓶体，充氧压力由 15 兆帕提高到 21 兆帕，提高了充氧量。该系统配装某型直升机，供氧时间由单人 3 小时提高到 6 小时。

海特集团成功研发了国内第一台按军品型号要求研制的直升机救援电动绞车（I类），该电动绞车为直流电机驱动，和传统的液压式绞车或交流电动绞车相比，具有体积小、重量轻、有效载荷大、使用和维护方便、可靠性高的特点。其缆绳长度为 91 米，有效载荷为 272 千克，可广泛用于直升机救援、物品投放等。

航空地面检测设备：海特集团还完成了多项航空检测设备的研发制造，包括电子控制器全电子仿真试验系统、发动机电子控制器外场检测仪、某型电子顺序组件外场原位检测设备、导航测试系统、多普勒雷达综合测试系统、飞行控制综合测试系统等。

海特集团还创造了多项"国内唯一"：

成为某型直升机发动机唯一指定维修保障单位。十多年来，海特亚美全力保障了该型直升机的装备良好。同时，海特集团还承接了涡轴－8 系列发动机和阿赫耶系列发动机的大修任务。

研发出国内唯一的航空发动机全电子仿真系统。该全电子仿真系统完全模拟发动机运行状态，除能够完成半物理试验和车台试验相关试验以外，还能够完成半物理试验和车台试验不能进行的超温、超转、超扭等极限试验。

国内唯一掌握了 737NG 客机改货机技术的企业。

国内唯一一家与罗克韦尔柯林斯合作进行模拟机研发的企业。面向全球从事 B737、A320、C－919、ARJ－21 等飞机飞行模拟系统的设计、制造等工作。通过对民用航空飞行模拟技术的掌握，将其移植到军事应用领域，可以研制军用运输机、直升机等不同机型的飞行模拟系统，为军队培养大量的飞行人员。

6. 新常态下对军民融合混合所有制的尝试

2015 年，海特高新与中电科 29 所成立成都海威华芯科技有限公司，开展第三代世界一流水平的化合物半导体核心晶圆的研制，获得国家发展改革委的批准和支持。2016 年，投资 15 亿元（首期）建成国内第一条 6 英寸砷化镓和氮化镓半导体生产线，生产的半导体器件可广泛用于综合电子战系统、卫星通信系统、卫星导航系统、相控阵雷达、精确制导、电子对抗等军用电子领域以及民用无线通信、光电子等领

域。该生产线的建成突破了国外对我国高端射频芯片的封锁，为国家高端芯片特别是军用芯片的供应提供了重要保障，同时也是尝试军民融合混合所有制的典范。

7. 协同发展，共谱军民融合新篇章

海特集团于 2014 年 12 月发起并组建四川省川联科技装备业商会，商会成立短短一年半，已经发展了 170 多家实体企业，会员企业涵盖航空航天、IT 电子、机械制造、生物医药、石油能源、节能环保、农业科技、网络应用等领域的高端科技装备企业。作为科技装备业商会和政企沟通的平台，商会工作的重中之重就是服务好军民融合这件大事。自商会成立以来组织了一系列军民融合研讨活动，致力于发展军民融合项目，搭建军民融合的金融桥梁，发挥财政资金的杠杆放大效应，增加军民融合产业的资本供给。

8. 吸引军民基金投资，壮大军民产业力量

海特集团积极吸引基金投资，与四川省内各家军民融合基金管理公司达成合作协议，大力发展军民融合产业。

目前与四川集成电路和信息安全产业投资基金达成投资协议，助力海威华新军民混合产业发展，为军民融合产业发展注入力量。

（三）海特军民融合的未来之路

下一步，海特高新计划从以下几个方面推进军民混合所有制改革工作。一是进一步组建军民融合基金。搭建军民融合的金融桥梁，发挥财政资金的杠杆放大效应，增加军民融合产业的资本供给，引导"民参军"的社会资本形成规模效应，促进高新技术、先进设备在军事领域的应用。二是引进融资租赁企业。给予深度参与军民融合项目的融资租赁企业财税和金融支持，降低军民融合企业的一次性投入，缓解资金压力，促进军民融合企业发展。三是组建军民融合产权交易中心及技术转让中心，实现军民融合要素资源的合理、合规、合法有序流动和有效配置。

荷福胤云机器人科技有限公司

一、企业基本情况

（一）企业简介

荷福胤云机器人科技有限公司（以下简称"荷福科技"）作为上海荷福集团在四川省设立的高科技公司，凭借荷福集团与临港集团、电子科技大学紧密的战略合作和集团雄厚的研发实力、人才储备，在机器人、人工智能、"电子信息＋"、脑科学等领域历经多年钻研探索和艰苦奋斗，已拥有世界一流的人工智能机器人制造技术，成为国内首家人工智能跨行业整体方案解决服务商，同时也是科技创新产业开发运营服务商。为扩展企业的业务发展范围，完成企业在人工智能行业的战略布局，荷福科技大股东周锦霆先生整合各方优势资源，成立了荷福人工智能集团，展开双轮引擎驱动策略，结合相关政策方针，实现双城联动、优势互补的发展格局，也为进一步推动企业"人工智能＋行业应用"战略的实施打下坚实的基础。目前，荷福科技为煤炭、石油化工等行业提供人工智能整体解决方案，重点打造以科创产业为核心的科创新城，拥有领先的科技成果转化与应用能力。

荷福科技目前拥有 10 款明星机器人产品，其中最具有代表性的就是荷福人形双足直立行走机器人"吴小欢"，它是继美国、日本、韩国之后世界上第四个拥有双足直立技术的机器人。此外还有荷福创品羽毛球机器人、脑电波意念控制机器人、智能抹灰机器人、临港荷福六足仿生步行机器人、荷福多功能服务型机器人、荷福姚明高仿真人投篮机器人等。

荷福集团与上海临港集团、电子科技大学深入开展三方战略合作，共同成立电子科大—荷福研究院，整个研究院拥有 470 多位教授，其中包括 7 位中国科学院、中国工程院院士，以及 97 位国家"千人计划"入选者（含"青年千人计划"入选者 44 位）、1 位"万人计划"领军人才、34 位长江学者、7 位"万人计划"青年拔尖人才、17 位国家杰出青年科技基金获得者。同时，荷福集团斥资 1 亿元在电子科技大学兴建了国内首座建设在高校内、规模达到 20000 平方米的众创空间，为电子科技大学师生搭建一个创新创业与科技成果孵化转化的平台。

（二）发展历程

荷福科技创立之初，已经充分认识到了人工智能行业发展的趋势和前景，并就人工智能行业进行了战略布局，2012 年已经开始着手相关专业人才的储备和核心技术的研发投入与相关布局，在人工智能、机器人、生物技术、公共安全、智能家居等领域积累了丰厚的技术和雄厚的研发实力。

2015 年 9 月，整合各个研发团队成立四川荷福胤云机器人科技有限公司。

2016 年 3 月 16 日，荷福科技联合广州医科大学附属第一医院打造的广州云医院宣告成立。云医院的正式上线标志荷福科技"人工智能 + 行业应用"的战略落地。

2017 年 6 月 11 日，在中国安全生产协会指导下，由中国煤炭城市发展联合促进会、中国煤炭机电联合会、电子科技大学、中国科学院软件研究所、上海智能制造研究院临港荷福人工智能研究中心、临港集团、荷福科技以及多个省市的矿务局和多家大型煤炭生产企业共同联合发起成立的"中国煤炭行业安全生产人工智能联盟"在北京人民大会堂召开成立大会。

2017 年 9 月 20 日，由荷福科技、临港集团、电子科技大学携手中国石油和化工行业主管部门，联合国内外 2000 多家石油与化工巨头企业共同组建的"中国石油和化工行业人工智能联盟"在"中国国际石油化工大会"上正式成立。

（三）业务经营

荷福科技的业务涵盖机器人的研发和销售、网络信息安全相关软件和硬件产品的研发、智能家居及智能安防产品的研发和销售、脑科学相关产品的研发和销售。

（四）发展战略

荷福科技直面市场应用和行业痛点，以校企联合、PPP 模式、产城融合、产学研一体化为根本道路，以荷福研究院的人工智能、机器人、脑科学、云计算、网络与信息安全、指静脉及人脸识别技术、"电子信息 +"等核心优势为基础，研发、生产针对石油行业、化工行业、煤炭行业等的产业转型升级技术和解决方案；主导科创新城、产城融合的智慧城市建设；承载国家重大项目并践行军民融合产业发展方针；开辟一大批以高新科技为主导的新兴产业；升级一大批经过高新技术改造的传统行业，打造世界级的 PPP 智慧城市、科创新城，成为我国科技成果转化与应用的典范，同时成为服务国家经济发展和创新创业的关键力量。

荷福科技已逐渐形成如下几个方面的发展战略布局：人工智能产业、"电子信息 +"产业、重点领域智能应用、智能化终端产品、PPP 科创新城。

（五）股权结构

荷福科技总股本为 1 亿元人民币，股东周兵占股 88%，戴文彬占股 10%，禹勇占股1%，邓江占股1%。

（六）商业模式

荷福科技根据企业自身的特性和资源优势，实施两种商业模式并行发展。第一，"高新技术＋行业应用"，提供多行业服务，实现产业和企业价值。凭借荷福科技一揽子以人工智能、机器人、脑科学等为主的高新技术，将技术与行业需求相结合，直面行业痛点，剥离表象，结合人工智能的手段，提出对企业、行业切实有效的技术解决方案，促进产业转型升级。为多个行业提供产品和服务，企业由此也获得收益。荷福科技对化工、煤炭、石油等传统行业进行的人工智能改造便是这种商业模式。第二，运用高新技术开发市场所需新产品和服务，抢抓新的市场机遇，获得收益。荷福科技多功能服务机器人、仿人双足直立行走机器人、脑电波睡眠产品和脑电波意念控制产品都是这种商业模式的成功案例。

二、企业发展经验

（一）企业转型升级的做法与经验

荷福科技的转型升级获得各方的称赞和认可，可以从以下几个方面进行归纳：校企合作，推动科技成果的转化与应用；运用关键技术，直面行业应用问题；运用新技术帮助传统行业转型升级；运用高新技术开辟新市场。

1. "斯坦福—硅谷"校企合作模式

高校及科研院所是科技成果的宝库，但诸多科技成果最终都以一纸论文的形式结束，导致很多花费巨大成本的研究成果不能在行业应用中发挥其价值。荷福科技与我国电子信息领域的排头兵电子科技大学合作，成立电子科大—荷福—临港众创空间和电子科技大学—荷福研究院，致力于推动科技成果的转化应用，推动创新创业，打造中国版"斯坦福—硅谷"。这一战略合作极大地促进了高校科技成果的转化与应用，让科技成果在行业应用、市场应用中发挥价值，也极大地激发了科技研发和创新创业的热情与活力，会迸发更多有价值、有创意的科技应用成果，培养一大批产学研一体化人才，形成良性循环机制。

2. 关键技术＋行业应用

荷福科技转型升级的第二点经验便是将优势关键技术与行业应用结合起来。基于第一点经验，激发了创新创业，促进了人才培养、科技成果的输出。更为重要的是，要将科技创新中的关键技术和行业痛点、市场需求结合起来，推动相关领域内的关键技术的产业化应用。

3. 以高新技术帮助传统行业转型升级

从高新技术促进企业转型升级的角度来看，企业转型升级主要可以分为两类：

通过新技术改造传统行业实现转型升级，通过新技术的直接产业化实现转型升级。

荷福科技紧抓时代机遇，在人工智能、机器人、云计算和大数据、脑科学、安全技术等新兴技术领域有着雄厚的技术积累和研发实力，通过这一系列新兴技术改造传统行业是企业发展和转型升级的重要途径之一。

荷福科技针对化工、煤炭、石油等传统行业的生产管理痛点，运用操作机器人、人工智能技术等对发展遇到瓶颈的传统行业进行人工智能改造，不仅促进了传统行业的转型升级和行业改造优化，也收获了广阔的市场和实现了自身的转型升级。

4. 高新技术开辟新市场

电子科技大学—荷福研究院以中国电子信息领域的排头兵电子科技大学为阵地，具有先进和丰富的技术积累和人才储备，也掌握了包括人工智能、机器人技术、视觉技术、语音技术、物联网技术、脑科学相关技术等在内的高新技术。运用高新技术储备，在特定的领域内开辟新市场、新服务、新业态也是荷福科技转型升级的重要途径。

人工智能革命和"工业4.0""中国制造2025"浪潮的兴起，一些新产业、新产品、新服务、新业态不断涌现。荷福科技深刻洞悉市场需求，凭借高新技术储备研发了多款新产品和服务，开辟新市场。荷福科技自主研发的多功能服务机器人在人力成本急剧上升和劳动力匮乏的今天可以发挥陪伴服务、大堂客服的功能，该产品一经上市就广受好评。荷福科技基于物联网、大数据、云计算技术打造的荷福智能家居和安防系统也深受客户喜爱，成为人们追求智能生活的重要产品。荷福科技还基于儿童智力开发、睡眠助眠等人性化需求，凭借领先的脑电波相关技术，研发了脑电波意念控制产品、脑电波助眠产品。荷福科技自主研发的双足仿人直立行走机器人也开辟了全新的人工智能机器人市场。总而言之，运用高新技术开辟新市场是企业转型升级的关键途径之一。

（二）密切关注国家发展战略，积极参与各类项目建设

荷福科技不仅面向行业应用市场，坚持推行科技成果转化与应用，服务行业应用市场，还紧紧跟随国家重大战略，参与重大项目、PPP项目、军民融合发展。

1. 荷福科技参与国家重大项目情况

荷福科技凭借自身在人工智能、机器人、生物技术、云计算、大数据、安全技术等方面的雄厚技术积累，参与国家多项重大项目的建设。

脑科学与类脑研究是国家重大项目。荷福科技突破了脑—机接口技术、脑电采集及降噪处理技术等脑科学领域的关键技术，解决了传统湿电极的难题，自主研发和生产了业界领先的干电极。荷福科技还基于这一系列领先的脑电技术、脑电关键工艺，自主研发了脑电波意念控制机器人、脑电32通道放大器、脑电64通道放大器、脑电辅助睡眠装置、脑电缓解老年痴呆和激发儿童智力的尖端脑科学应用产品，

广获业内和市场的认可。

荷福科技自主研发了荷福天网系统、人脸识别及大数据安防系统、基于指静脉技术的大数据安全管理平台，这些成为国家网络安全和天地一体化信息网络项目中的重大成果。

荷福科技还参与了服务机器人项目建设。自主研发的羽毛球机器人多次获得亚太机器人大赛冠军。荷福科技自主研发的多功能服务机器人，凭借其集成的自主避障技术、智能语音技术、云计算技术、自主导航技术、声纹识别技术等高精尖技术，具有优异的移动、听说、智能识别功能，已在家庭服务、大堂服务等领域取得广泛的市场认可和反响。

荷福科技参与国家创业基地建设项目。荷福科技斥巨资与临港集团、电子科技大学建立电子科大—荷福—临港众创空间，众创空间占地 1.6 万平方米，包括创意、创新、创业三大主题区域，集创业教育、创业投资、创业辅导、创业交流平台服务于一体，将成为电子科技大学师生新型创新创业平台。2016 年 3 月，荷福科技为电子科技大学捐赠 1 亿元，并签约共建电子科技大学—荷福研究院；5 月，共建"一校一带"（成都—上海）双城双创孵化中心。

荷福科技还在示范性智慧城市、特色小镇、国家统一电子政务建设、公共云服务平台建设等国家重大项目中扮演关键角色，发挥关键作用。

2. 荷福科技参与 PPP 项目建设情况

荷福科技积极参与 PPP 项目建设，带动公共产品和服务的供给，在新经济形势下带动产城融合发展，引领智慧城市、特色小镇的建设。

2017 年 5 月，荷福科技与成都市郫都区人民政府、电子科技大学、临港集团签署战略合作协议，四方在成都市郫都区建设占地 27 平方公里的"菁蓉智谷"，依托电子科技大学，打造以"电子信息＋"产业为核心产业的科创新城，持续发力推进国际知名的"创客郫都"品牌建设和电子信息产业基地的发展，着力构建"创客郫都"全区域、全领域、全行业、多极多点全域覆盖新格局。"菁蓉智谷"项目引入PPP 手段，汇聚全国各方面的资源。

2017 年 8 月，荷福科技与佛山市三水区政府进行了多轮论证与考察，达成了战略合作意向，荷福科技将凭借在机器人、人工智能等科技产业方面的优势，打造以工业机器人、"电子信息＋"等为主的产业新城。

3. 荷福科技参与军民融合发展情况

2016 年 11 月，荷福科技与电子科技大学共建的新型高科技孵化平台正式启用，同时成立电子科技大学—荷福军民融合成果转化基地。电子科技大学—荷福军民融合成果转化基地的成立，不仅有民参军，也有军转民，成为电子科技大学和荷福科技落地军民融合战略的重要平台。

荷福科技脑活动检测技术、脑—机接口技术为我国某兵器装备部门士兵枪械操作研究提供技术支持。

（三）企业"走出去"的做法与经验

荷福科技作为科技行业的领军企业，深感企业"走出去"战略的重要性和必要性，从以下几方面入手，实现自身的跨国化发展。

1. 借船出海，共建全球创新发展平台

2016 年 11 月 1 日，中国上海临港荷福海外创新中心揭牌仪式在美国加州旧金山山森街 755 号盛大举行，这标志着临港集团和荷福科技布局海外、推动国际化发展的正式落地。中国上海临港荷福海外创新中心将主要承担以下几方面功能：一是打造尖端科技"双向"绿色通道。荷福科技与临港集团以推进中美科技创新共同发展为主旨，以海外创新中心为载体，深度对接尖端高科技产业，加强中美技术创新交流，推动上海及更广大地区的科创企业与美国开展广泛和深入的技术创新、市场拓展、资本运作合作，帮助中国企业顺利进入美国乃至国际市场，同时也推动美国科创企业与中国企业零距离合作，为其走向中国市场打开绿色通道。二是打造高端人才交流平台。海外创新中心作为上海乃至中国对接世界的窗口，着力打造具有国际影响的高端人才引进和交流基地，吸引海外高端人才、学术资源落地上海，以先驱产业的应用和推广带动产业集聚，最终形成产业与科研、企业与科技齐头并进的正向循环态势。三是打造品牌展示平台。将临港产业区、上海乃至全中国的品牌、优势产业、重点企业、科技创新服务体系推介给世界，提升中国科创品牌和上海全球科创中心在国际科技产业界的知名度和美誉度。四是打造全要素客户服务平台。为客户提供形象展示、投融资、人才引进、技术对接、员工培训、商务考察等多方面的海外服务，打造中国企业的"海外之家"。

2. 跨界投资，重新定义"中国智造"

2016 年，荷福科技实施多元化经营，斥巨资在法国波尔多地区收购大型酒庄——拉克酒庄。随着荷福科技成为酒庄新主人，荷福科技将依托自身在机器人行业的技术优势，改变传统生产模式，在葡萄种植、灌溉、施肥、打药、采摘等环节进行一系列人工智能试点工作，改造并提高传统酒庄种植酿造效率及工艺水平，使之变得更加智能、高效。

荷福科技人工智能技术对传统酒庄整体工艺的改进，将向世界表明"中国制造"产品也能够实现创新，同时将"中国制造"定义为"中国智造"。

正平路桥建设股份有限公司

一、企业基本情况

（一）企业简介

正平路桥建设股份有限公司（以下简称"正平路桥"）创建于 1993 年，是上海证券交易所主板上市公司，是一家以公路、市政建设为主业，涵盖公路投资、设计、检测、施工、养护、运营等全产业链，同时涉及水利水电工程、工程设施制造等多业态的大型民营企业集团，是青海省施工资质最全、资质等级最高的路桥工程施工企业。正平路桥现有员工 900 余人，其中研究生及以上人员 11 人、大学本科人员 347 人。具备高级职称及以上人员 27 名、中级职称 84 名，其中教授级高工 2 名、国家级评审专家 2 名、省级优秀专家 1 名、享受国务院政府特殊津贴专家 1 名。

正平路桥先后投资成立了蓝图设计、金运交通、金丰交通、正和路桥、路拓制造、正通检测、正平养护、西藏工程、海东管廊、正平投资 10 家全资子公司及驻外机构。多项工程被评为"江河源"杯省级优质工程。自 2004 年起连续 14 年进入青海省企业 50 强，自 2009 年起连续 8 年被青海省交通厅评为 AA 级信用等级，先后在 2011 年、2014 年被交通部评为公路施工 AA 级信用等级，"正平"文字商标也被国家工商总局认定为中国驰名商标。2013 年入选中国公路建设行业协会首批"公路建设百家诚信施工企业"，先后在 2008 年、2017 年荣获"全省优秀非公有制企业"，自 2006 年起连续三届被评为"青海省优秀企业"，自 2008 年起连续四届被评为"青海省优势建筑企业"，2009 年被评为"全国建筑业先进企业"，2015 年荣获"A 级纳税信用单位""全省培育和发展市场主体贡献奖"等。

作为青海省路桥工程施工行业的龙头企业，多年来，正平路桥持续创新企业管理，不断完善改进管理模式，逐步形成了一整套符合企业和行业特点的高效管理模式，包括以 200 多名管理委员为骨干的项目、子公司、事业部、股份公司四级管理委员会集体决策和团队管控体系，还有资金统一使用、人事统一管理、材料统一供应、设备统一配置、价款统一结算的"五个统一"项目管理体系，以及以成本预算为重点的全面预算管理体系、以团队目标和员工表现相结合的全面绩效管理体系、以项目经理星级评定和管理委员资格认定为重点的人才成长培养体系等。高效的管理模式保证了正平路桥工程的优良品质，实现了资源的有效利用和成本领先，更为公司的持续、健康成长提供了保障。

正平路桥自成立以来，十分注重丰富和开发企业文化内涵，形成了"正确做人、平和做事""团结、向上、干净、实干、担当"等具有鲜明正平路桥文化烙印的价值理念。通过特训、集中培训、深入一线培训、以师带徒、外派进修、校企合作等方式，分层级、分专业进行人才培养。

在不断发展的同时，正平路桥始终不忘回馈社会。二十多年来，不断为贫困地区建"爱心路"、架"连心桥"，修建"正平希望小学"，为青少年购置图书和教学器材，帮助百余名贫困学生走进大学课堂。切实做好精准扶贫工作，结合自身特点，以产业扶贫形式带动贫困地区脱贫致富。此外，积极参与中国光彩事业老区行、"党政军企共建示范村"等活动。作为青海省民营企业的代表，勇于承担社会责任，先后组织救援力量参与了汶川地震、舟曲泥石流、玉树地震等重大自然灾害的救援。由于在玉树抗震救灾中的突出贡献，正平路桥被中共中央、中央军委、国务院授予"全国抗震救灾英雄集体"。

（二）发展历程

1993 年，正平路桥的前身"湟中县正平公路工程公司"成立。

1995 年，通过增资，公司更名为"青海省正平公路桥梁工程公司"。1996 年，公司由湟中县迁至西宁市。

2003 年，通过改制，公司成为有限责任公司。2004 年，公司更名为"青海省正平公路桥梁工程集团有限公司"。

2011 年 12 月 25 日，完成股改，全面推进上市进程。

2016 年 1 月 27 日，首次公开发行股票获证监会主板发审委无条件通过。2016 年 9 月 5 日，在上海证券交易所主板成功上市，成为青海省第 11 家上市公司。

（三）发展战略

正平路桥以"四商兴正平"为核心战略，坚持"立足青海，辐射西北，拓展全国，放眼全球"的发展思路，从一个以区域性业务为主的企业，向全国性地域开拓。从公路工程投资建设向市政公用工程、地下管廊工程、水利水电工程辐射。

1. 产业定位

坚持"一体化渗透"的经营战略，将传统主营业务作为支柱之一。纵向延伸其产业链，向上下游扩展。横向拓展其经营范围，立足于基础设施领域向其他领域渗透。

扩大设施制造业的品类及规模，进一步加大工程设施、管廊设施、能源设施的产品研发与应用推广力度。

大力发展新兴业务。重点发展基础建设投资、运营与管理以及道路养护业务；关注研究"一带一路"沿线国家市场需求变化，在海外业务上有所突破；实施企业兼并、收购、重组，有效带动其他各产业的可持续发展。

2. 战略目标

未来三到五年，正平路桥将以培育公司核心竞争力为宗旨，以资本运作为手段，进一步提升综合实力和核心竞争力。力争在"十三五"末实现"双百一特"的总体目标（市值、年营业收入过百亿元，获得国家特级资质），把公司发展成西北地区基础设施领域最具竞争力的一流企业。

二、管理创新的做法与经验

（一）建立管理委员会管控模式

1. 管理委员会管控模式概述

管理委员会管控模式是将在企业生产、经营、技术、管理等方面起着主要作用的骨干和精英组成团队，全面负责企业生产经营管理工作，负责企业日常经营管理活动中重大事项的决策与管控，从而形成集体决策、科学决策的一整套完整的内部管控系统。

管理委员会是在董事会授权下的企业管理层决策和议事机构，其工作依据是国家、地方及行业有关法律法规、《公司章程》、股东大会、董事会和联席会议有关决议、企业各项规章制度，以及管理委员会各项文件和会议决议。

管理委员会运行中始终坚持民主集中制，以及依规议事、高效迅速和层级管理的原则。

2. 管理委员会的组织架构

管理委员会共分为四个层级，即股份公司管理委员会、事业部管理委员会、子公司管理委员会和项目管理委员会。

3. 管理委员会中的职务任免

（1）委员资格。遵循"自愿加入，领导推荐，组织认定"的原则，必须满足相应的条件，通过自下而上逐级审查、推荐才能取得委员资格。委员是各级组织的管理核心，主要享受各级组织的经营管理成果，是企业内部选拔各级管理人员的优先考虑对象。

委员在享有特殊权利的同时，必须履行应尽的义务，主要包括：必须模范遵守法律、法规、企业章程及企业各项制度；带头履行员工的各项义务，维护企业权益；及时向企业管理委员会反映员工的意见和建议；按时参加管理委员会会议，依法履行委员职责等。

委员实行动态化管理。通过考核评价，每年对个别不称职的委员进行调整，同时，每年也会吸纳一定数量符合条件的企业骨干为新增委员。

（2）管理委员会产生办法。管理委员会副主任、秘书长的人选由管理委员会主任从已获得常务委员资格的人员中提名，由公司全体常务委员选举产生。

常务委员的人选由管理委员会主任从已获得委员资格的人员中提名，由公司全体委员选举产生。

4. 管理委员会运行方式及主要制度

管理委员会采取会议讨论、研究、审议的方式行使权利。建立全体委员会议、常务委员会议、主任委员会议、事业部常委会议、子公司执委会议、项目管理委员会会议，以及各专业委员会会议制度。

5. 会议运行规则

各级会议由本层级管理委员会主任负责召集和主持。主任因故不能召集和主持时，可由常务副主任或主任指定的副主任（或执委）召集和主持。会议必须由委员本人出席，不能委托代理。会议议题由委员通过提案或提议方式提出，由主任确定。由1/3的与会委员共同提案，可自动纳入议题。如与会者希望讨论原定议题以外的事项，经主持人同意后，可以转入临时议题讨论。会议对列入议程的议题或事项，由参会人员采取逐项表决通过的方式形成决议，表决实行一人一票。

6. 议事规则

每个参会人员必须就会议议题作简短发言，阐明自己的观点，然后进入讨论环节。与会者的讨论必须从企业（或项目）整体利益出发，发言应具有诚意和建设性，言简意赅。与会者的发言应集中于会议主题，多谈对策、建议和方法。

（二）经验体会

通过几年的实践应用，管理委员会管控模式在正平路桥生产运营过程中发挥出了显著作用，有效降低了企业管理风险，创造出了显著的管理效益和经济效益，增强了企业的核心竞争力。

1. 企业实现平稳发展

通过管理委员会管控模式，明显提升了全员的责任担当意识，凝聚了人心，形成了管理合力。集体决策，团队管理，层层分解责任目标，并通过监督、考核与评价，及时发现和解决管理当中出现的经营问题，适时预警，推动企业由经验式管理向规范化管理的快速转变。全体委员、各级管理委员会共同堵塞企业管理漏洞，采取措施并加以改进，保障了企业健康发展，高效运营，提高了企业的运行质量。

2. 效益得到不断提高

正平路桥通过管控方式创新取得良好经济效益。自2012年开始实行管理委员会管控模式以来，各项经济指标和管理效率在本地区同行业中保持了领先的地位，企业营业收入由2012年的18.83亿元增加到2016年的21.15亿元。

3. 管理实现全面提升

通过管理委员会管控模式的构建和运行，企业的整体管理水平得到全面提升，尤其是管理团队日益强大，各级管理人员的团结、向上、实干、担当、责任意识不断增强，工作效率和工作质量不断提高。这种旨在体现团队管控、集体决策的方式，与《企业内部控制基本规范》相一致，也确保了正平路桥的平稳、健康、快速发展，并使其最终能够在 A 股成功上市。

4. 团队凝聚力不断增强

管理委员会的设立为解决企业发展成果的分享问题打下了基础。管理委员不再仅仅只是一名打工者，而是企业管理团队的责任承担者，更是管理成果优先分享的受益者。建立健全分享机制，不仅能够激发员工的工作热情和积极性，凝心聚力，也建立起了企业与员工之间的命运共同体，确保企业能够长期稳定发展。

三、积极参与西部大开发城镇化建设和 PPP 项目

（一）参与国家西部大开发建设

自西部大开发以来，青海省政府大力实施基础优先战略，以"两横三纵三条路"为主骨架公路网，大力开展交通基础设施建设，高等级公路、高速公路相继投建。2001 年 1 月，正平路桥成功中标京藏高速西宁至湟源一级公路第八合同段，这是正平路桥首次中标近亿元的工程，也标志着正平路桥首次进入高等级公路施工市场。此后，正平路桥的规模迅速扩大，先后承建了 G315 线湟源至察汗诺 A 标段、西宁至互助一级公路 B 标段、G214 线玉树至巴塘机场公路 B 标段、G215 线当金山至大柴旦公路 E 标段、G6 高速公路共和至茶卡 E 标段、G315 线湟源至西海公路 B 标段、G6 高速公路茶卡至格尔木 10 标段、连云港至霍尔果斯高速公路柳格联络线大柴旦至察尔汗 A 标段等数十个国家主干线及青海省重要干线工程，其中多个项目被业主单位评为优质工程，公司也逐渐发展成为青海省路桥施工行业的主力军。

（二）参与国家新型城镇化规划建设情况

2014 年 3 月，中共中央、国务院印发《国家新型城镇化规划（2014—2020年)》，提出加快西部城市群对外交通骨干网络建设，支撑国家"两横三纵"城镇化战略格局。国家的重点支持使得正平路桥迎来千载难逢的发展机遇。自 2014 年以来，正平路桥先后承建了 G572 线乌兰至贵南公路尕玛羊曲黄河特大桥、河南省商丘至登封高速公路路面工程 SQLM－1 标段、德令哈至香日德高速公路 A 标段、G213线策克至磨憨公路乐都至化隆 LJ－2 标段、G317 线西藏自治区阿索至中仓改建工程 B1 标段、承德至张家口高速公路承德段隆化连接线路面工程 9 标段等工程，经营业绩不断提升。

（三）参与 PPP 项目情况

G341 线胶南至海晏公路是国家公路网规划的重要干线，其中加定（青甘界）至海晏（西海）段公路工程 PPP 项目是青海省交通厅明确采用 PPP 试点的工程，也是青海省遴选出的第一批入库 PPP 模式项目。2017 年 4 月 10 日，由正平路桥作为牵头人的联合体成功中标加定至西海高等级公路 JX－2 标段。该标段采用"PPP＋BOT＋EPC＋政府特殊股份"模式，全长 51.971 千米，项目估算金额为 57.49 亿元。

海东市伊达餐饮管理投资有限公司

一、企业基本情况

（一）企业简介

海东市伊达餐饮管理投资有限公司（以下简称"伊达餐饮"）成立于 2014 年，总部位于青海省化隆县。伊达餐饮主营业务分为线上和线下两个部分：线上业务主要通过"中国拉面网"网站和"中国拉面网"微信公众号，以及"中国拉面网"APP 进行产品宣传和线上交易；线下业务位于占地面积近 5000 平方米的青海省拉面产业培训基地，主要从事餐饮创业、餐饮技艺、职业规划和技能的培训。伊达餐饮的青海拉面服务中心位于西宁市城东区鹏程大厦二楼，占地面积 500 平方米，为青海拉面人提供人才服务、培训服务、金融服务、品牌服务、采购联盟服务以及房产置业信息、汽车租赁、免费打印、复印、照相等综合服务，其中的采购联盟就是通过为拉面店集中采购食材等方式，以最低的价格为拉面店买到最优质的产品。

2017 年 2 月 10 日，"伊麦佳采购联盟暨品牌联盟"在拉面人最集中的广州市启动，现场签约 265 家，100 多家拉面店签订合作意愿书，现场签约率达 90%，新商业模式受到了广大拉面人的支持和肯定。

伊达餐饮目前拥有"伊麦佳""喇家第一碗"两个注册商标。在西宁市火车站候车厅设置"伊麦佳"牛肉拉面品牌示范店，在西宁市鹏程大厦设有"青海拉面文化体验店·伊麦佳牛肉面"，在广州设有"伊麦佳大美青海主题茶餐厅"，完善"伊麦佳"自有品牌的建设。2017 年 3 月，酝酿准备 3 年多的伊麦佳清真食材全国连锁配送模式推出，短短几个月时间，已经有 22 个城市加盟商与伊达餐饮签订合作协议，其中 12 个加盟配送城市已经正式落地开业，2017 年全国加盟配送城市突破50 个。

伊达餐饮自创建以来，服务拉面店数量从前期的 100 余家迅速增长为 2 万余家，2017 年营业额突破 1 亿元。

（二）组织结构

伊达餐饮从创办至今，短短几年的时间就从一个不足 10 人的团队发展到现在近

60 人的团队，现设有董事会、办公室、销售部、网络运营与营销策划部、仓储物流部、财务部、劳务服务部 7 个部门。其中，销售部有员工 24 人，每天销售额达 10 万余元，网络运营与营销策划部运营的公众号粉丝达 5 万余人，而中国拉面商城的日销售额平均达 2000 余元。劳务服务部每天在西宁市火车站接送来往的拉面人近 50 人，为拉面馆提供的劳务信息已经上万条。仓储物流部发往全国各地的快递平均每天达 400 余单。

二、积极打造和拓展线上与线下业务

(一) 线上业务：从网站到拉面课堂的打造

"中国拉面网"微信公众号和网站为公司宣传的主要阵地，通过拉面资讯、拉面文化、拉面招工、拉面商机、饭店转让、人才培训、伊麦佳配送、微信商城等栏目宣传拉面文化，提供拉面行业内的面店信息、人才培养、产品销售等服务。同时，借助国家"互联网＋"、大数据等政策优惠，伊达餐饮还推出中国拉面网 APP，为拉面人提供从开店的资金筹备、政策解读到开业之后的店面经营、员工管理、品牌建设等一条龙服务，实现从农场到餐桌、从资金到理财、从管理到技术指导等多角度、多层次的拉面经营管理，对拉面店和拉面人建立信用评估体系，保证第三方能够享受较高信用等级的服务。

同时，为提升几十万拉面人的综合素质，推动几万家拉面店转型升级，提高拉面店的市场竞争力，伊达餐饮打造拉面课堂，邀请行业内的专家为拉面人在烹饪技术、菜品、面店经营等方面开设拉面课堂，帮助拉面店提高经营水平，帮助拉面人提升自身素质。

(二) 线下业务：从品牌店到连锁配送的拓展

位于海东市化隆县群科新区的青海省拉面产业培训基地占地面积近 5000 平方米，主要开设计算机操作、面匠、营养配餐、茶艺、中式菜肴烹饪、中西式面点、创业、出国前引导、农民经纪人、餐厅营业员、服务员、清洁工等专业培训。同时，伊达餐饮还在西宁市建设了青海拉面服务中心，提供汽车租赁、接送机、接送火车、代买保险、收发传真、打字复印、照相及产品咨询等一系列免费服务。截至目前，拉面服务中心已经为拉面从业人员解决行业问题几千个，在行业中已经形成了一定的影响力。

伊达餐饮物流配送中心分布在上海、西安、重庆等全国 22 个城市，一直以来，与国内多家清真食材加工、销售、厨具和餐具制造企业、经销商保持着良好的合作关系，保证为客户提供的商品来源清楚、价格合理、质量过关。

伊达餐饮在西宁市人流量较大的火车站候车厅设立了"中国拉面网贵宾厅"和

"伊麦佳"牛肉拉面品牌示范店，每天接待拉面人300余人次，为来往的拉面人提供免费休息、接送服务，让来往的拉面人可以安心作礼拜，同时，也为拉面的品牌建设作出示范作用。

为了青海省拉面产业转型升级，尽快实现品牌化，伊达餐饮在西宁市鹏程大厦设立"青海拉面文化体验店·伊麦佳牛肉面"，为拉面人提供实训的机会，也成为青海省拉面文化的重要宣传窗口。

三、积极承接政府项目

（一）化隆县"带薪在岗实训 + 创业培训"项目

"带薪在岗实训 + 创业培训"项目是化隆县政府推出的精准扶贫新路子，由伊达餐饮承办，自启动以来，受到了广大贫困户的一致好评，取得了良好的经济效益和社会效益。"带薪在岗实训 + 创业培训"项目是通过伊达餐饮与拉面店对接，引导扶贫对象从跑堂打杂干起，经过一年拉面店的实训，将建档立卡的扶贫对象培养成为具有一定技能的拉面匠。一年培训期结束后，有意愿开办拉面馆的贫困对象，通过自身资金积累，再加上政府支持资金和贴息信用扶贫贷款，开办经营一个"扶贫拉面店"。"带薪在岗实训 + 创业培训"项目从2016年开始到2019年结束，历时4年，共计划实训5000人，实训完成后，支持开办"扶贫拉面店"1000家。2016年已经成功将1012人输送到全国34个城市进行培训。

（二）青海省拉面产业孵化基地项目

青海省拉面产业孵化基地位于中国拉面之乡化隆县群科新区。集实操、培训、孵化于一体的专业性、服务性创业孵化平台旨在为青海省有志于从事拉面相关产业的创业者提供全方位的服务。

伊达餐饮在化隆县政府的支持下，站在青海省拉面产业化发展的高度上，整合优势资源，启动青海省拉面产业孵化基地项目，努力打造集青海省牛肉拉面连锁、青海省牛肉拉面职业培训、拉面人才派遣、青海省牛肉拉面调味品生产、新产品研发、青海省牛肉拉面创新和创业为一体的青海省牛肉拉面产业链，引导青海省牛肉拉面向产业化、品牌化方向大力挺进，建立健全牛肉拉面服务体系，真正形成青海省牛肉拉面的影响力和品牌效应，促使青海省牛肉拉面产业成为青海省经济发展的重要组成力量及新的经济增长点。

企业转型升级篇

　　著名企业家张瑞敏有一句名言："没有成功的企业，只有时代的企业。"一方面，行业技术在快速进步；另一方面，消费需求也在快速升级。可以说，转型升级是企业永恒的主题，也是永恒的难题。企业是否能够在这个快速变化的时代生存下来、发展好，在很大程度上取决于企业转型升级的效果。

　　在本篇里，您将看到17家民营企业在转型升级方面的精彩案例。比如，在转型方面，正泰集团股份有限公司从"低压电器大王"成功转型为一家覆盖电力全产业链的服务型制造企业；苏宁云商集团适应互联网大潮，从一家家用电器批发零售商成功转型为一家"互联网+"的综合型新零售企业。更多的民营企业则在产品升级、结构优化、技术提升、区域布局、绿色发展等方面加强学习和探索，获得了客户或消费者的认可。比如，合肥荣事达电子电器集团有限公司在智能家居上加强研发，江苏中能硅业科技发展有限公司在材料设备工艺上着力突破，均取得了不俗的业绩。当然，转型升级无止境，未来仍需勇攀登。

山西飞虹光电科技集团

一、企业基本情况

拥有 1200 余名员工、总资产达 30 亿元的山西飞虹光电科技集团（以下简称"飞虹集团"）在以原有煤炭、洗煤和焦化为主导产业的基础上，积极响应山西省省委、省政府转型跨越发展的重大决策要求，借山西省被批准为国家资源型经济转型综合配套改革试验区的东风，努力实现从采掘文明向制造文明转型、从煤焦基地向高科技产业基地转型。飞虹集团于 2010 年在山西临汾甘亭新型工业园区创建了"山西陆合飞虹集团科技园"，成为洪洞县第一个转型企业。

飞虹集团是研发、生产和销售大功率白光 LED 用化合物半导体（高亮度）外延片、芯片和激光外延片、巴条以及下游产品的高新技术企业，建设有 6 套大功率白光 LED 用外延片生产线、12 套大功率白光 LED 用芯片生产线和 3 套激光外延片生产线及激光巴条生产线。目前，外延片、芯片等已实现量产，年生产能力可达大功率 LED 用外延片 50 万片（4 英寸）、芯片 40 亿只和激光器用外延片 5 万片。根据市场需求，LED 芯片直接供应下游生产厂家或自行加工生产路灯、室内外灯具及手电筒等照明应用产品，激光外延片、芯片、巴条供下游厂家生产激光堆栈及激光器等。

二、发展方式和战略的转变

（一）生产方式由粗放型向集约型转变

飞虹集团发展史上的第一次大转变发生在 20 世纪 90 年代中后期，这次转变的突出特点就是转变生产方式，由传统的生产方式向科技含量高的现代化生产方式转变。1989 年霍家庄煤矿投入大量资金，改革采煤方法，改进生产技术，将一座土法采煤的小煤矿改造成现代化联营大煤矿。

这个转变充分体现了飞虹集团顺应能源发展大势，不断提升发展追求，实现了从弱小煤矿到现代化联营企业的质的飞跃，从此企业跨上了时代的"骏马"，并与拥有煤炭开采百年历史的徐州矿物集团联合，为煤矿的安全生产提供了强有力的技术保障。飞虹集团实现了技术提升、规模扩大。

（二）从一元发展战略向多元发展战略转变

飞虹集团发展史上的第二次大转变发生在新世纪初，至今一直在大力推进。飞虹集团积极响应山西省转型发展、跨越发展的战略要求，及时把握住了能源危机、经济危机冲击下的转型发展机遇。依据对国家战略的深刻领会，结合飞虹集团转变发展方式的实际情况，提出"以煤为基，多元拓展"战略，着力向煤焦一体化和高科技产业方向发展。在煤焦化产业稳步发展的基础上，成立了高科技产业园。

2011年，飞虹集团研发的大功率白光LED外延片、芯片等系列产品工艺技术，获得"山西省高新技术进步奖一等奖""山西省科学技术发明奖""国家科学技术进步奖二等奖"。飞虹集团大功率半导体激光器参加了2012年、2013年两届慕尼黑上海光博会，受到国内外同行的关注。

（三）从单一产品生产向多元领域拓展转变

飞虹集团在创业初期的产品主要是煤炭，具有明显的单一化和低端化特征。随着社会经济的发展，越来越不适应市场的需求。新世纪初，飞虹集团敏锐地意识到，转型发展任重道远，不可能一蹴而就，还有许多具体的工作需要扎扎实实去做。在加快转型发展的过程中，一定要把循环经济作为主要发展方式，全面提升传统优势产业；要以新兴产业为突破口，打造新的高端产业，努力解决煤炭产业链条不长的问题；要坚持项目带动战略，把飞虹集团的比较优势、优惠政策与发达地区产业转移结合起来，以企引企，以资引资，以商招商，大力发展新能源、新材料、物流、装备制造等产业，在一些优势领域占领制高点。

三、转型发展的主要经验

飞虹集团从20世纪打拼开始，就认识到"小胜以智，大胜以德"，一个负有社会责任的民营企业必须以肩负振兴民族工业的责任为己任，把企业的发展和报国志向紧密结合起来，积极进取、不断创新和真诚回馈社会，创造永恒的市场价值。以"打造百年飞虹，铸就民族典范"的自觉意识和不断地自我加压来应对挑战，创造和实现可持续发展。通过诚信经营、人才强企、强化内部管理来打造品牌，坚持以技术创新为核心竞争力，提升企业的影响力，不断拓展市场。飞虹集团在转型发展中主要积累了以下经验。

（一）不断创新管理理念，为转型发展提供机制保障

飞虹集团始终坚持"科学管理，以人为本"的理念，顺应发展的需要，不断创新运行机制，不断对现有流程进行系统梳理和优化，绘制适合自身的管理变革蓝图，

凡是有利于生产经营、转型发展的有效管理方法，都会吸纳并果敢实践。公司既注重先进的管理模式，也理解传统的管理经验，从组织架构、管控流程、激励机制等方面建立了适合公司发展的现代企业制度，并建设了 OA、NC、视频会议等办公、管理信息系统，加快了企业规范化、信息化、科学化进程，实现了从传统粗放型管理方式向以精细化、科学化为特征的现代企业管理体系的转变。

（二）建立科技创新机制，占据转型发展的主动权

一是多方承接和开发国家级和省级重点科技项目。截至目前，飞虹集团 LED 新材料项目均采用先进技术、设备和工艺，是具有国际先进水平的技术创新项目。

二是联合国内外著名高校开展全面科技创新合作，提升项目研发水平。目前，飞虹集团依托太原理工大学新材料研究中心和北京工业大学激光研究院这两个国家级实验室，吸引了留学于美国、日本、法国、德国及中国台湾等国家和地区的数十位专家和博士、硕士组成的技术团队从事研发和生产。产品研发和成果转化周期短，速度快，信息反馈便捷，在立足国内行业发展的同时，关注国际上新技术、新工艺的发展。飞虹集团建有较为完善的产业链，在集成整个行业产品附加值的同时也可抵御市场风险。这些成功的合作为企业转型发展提供了强有力的支持。

三是充分发挥高端人才的作用。目前，飞虹集团拥有一支海归专家及国内高等院校的教授、博士等组成的研发、生产、技术团队。飞虹集团用事业留人，用感情留人，用待遇留人。同时重奖为企业发展作出重大贡献的人才。

（三）践行企业社会责任，努力营造转型发展的良好氛围

一是注重环境资源保护工作，把环境和资源保护工作作为重要内容纳入企业的整体规划、设计和建设中。飞虹集团高度树立"环境不仅是资源，还是资本，是发展的前进载体""资源不仅为当代，更为子孙后代"的理念，并且从集团的实际出发通盘考虑和遵守环保与保护资源的法规，推广清洁生产，推行节能减耗，努力改进企业的生态环境，将保护环境、珍惜资源变成企业全体员工的自觉行为。

二是积极实践"关爱"行动，建设和谐企业文化。飞虹集团将企业的道德准则定格为"诚信、责任、忠诚、敬业"，积极践行"关爱"行动。飞虹集团投资 5 亿元打造精品小区——陆合御景城，改善职工居住环境，为员工提供"五险一金"社会保险和生活设施齐备的公寓与食堂，提供每月不少于一次的培训，提供全面的发展空间和发展机会，让员工在飞虹集团的发展中成长，在成长中为飞虹集团增光。

四、转型发展的思考和启示

（一）领导层的决策理念是转型发展的根本

转变发展方式有着对企业发展的决定性作用，但从一般认识来看，要让企业领导一下子接受也不是很容易的事。真正说起来，企业转型发展是一项复杂的系统工程。飞虹集团体会到：整合接续产业可以发挥原有的资源优势，但依然依赖资源，需要投入大量资金；开发替代新兴产业有利于彻底摆脱对资源的依赖，形成新的增长点，但受市场、技术、人才和基础设施等因素的制约较大。因此，转变生产方式对企业长远发展具有必要性和紧迫性，企业决策层需转变理念，统一思想，抢占先机，赢得煤炭整合的主动权，成功地和国内知名企业结成战略伙伴，开发新兴产业，形成合力，使企业在更高的平台上参与市场竞争，取得成功。

（二）科技创新、增强竞争优势是转型发展的关键

转型发展是一项系统工程，但其中最核心的是高层次人才所带来的科技创新。飞虹集团充分发挥项目的高科技优势和高级人才的综合实力，研发的 LD、LED 用的外延片、芯片等产品荣获多项荣誉，达到世界先进水平，与清华大学、北京工业大学、太原理工大学共同建立高层次的产学研合作平台，引进海内外科技领域高端人才等，员工队伍的知识水平和梯次结构不断优化，为企业持续的转型升级、实现跨越发展提供了坚实的人才和智力支撑。飞虹集团的做法充分说明，一个企业的转型升级必须把科技放在首要位置，把人才资源作为坚强有力的支持，把人才队伍的建设摆在企业转型发展的核心地位，这样才能顺利实现企业发展方式的转变。除此之外，飞虹集团在充分发挥现有人才优势的基础上知人善任，为引进的高端人才努力创造良好的工作和生活环境，使各类人才的积极性得以充分发挥，为企业的转型发展做到人尽其才。

（三）实施项目带动战略是转型发展的强劲引擎

飞虹集团成功实现资源型企业转型的关键之一就是充分发挥自身优势，坚持实施项目带动战略，把项目建设作为公司转型发展、先行发展的强劲引擎，集中一切财力、物力实施项目建设，引领和带动公司迅速驶入快车道。飞虹集团的转型实践说明，企业转变发展方式需要从企业的实际状况出发，制订有针对性和可操作性的实施方案，选准新兴产业项目，毫不动摇地一以贯之，采取一系列行之有效的措施和机制，把创新作为推动公司不断发展的不竭动力，把转变发展方式真正落到实处。

未来，飞虹集团将抓住国家政策机遇，依托现有产业基础，顺应产业发展潮流，推进业务发展和产业扩张，加强战略联盟和扩大经营规模，通过商业模式创新、管理创新和技术创新，打造差异的核心竞争力，实现向轻资产经营模式的转型，形成跨国经营的大型企业集团。

亚宝药业集团股份有限公司

一、企业基本情况

亚宝药业集团股份有限公司（以下简称"亚宝药业"）是山西省医药行业首家上市公司和首批认定的高新技术企业，集药品和大健康产品的研发、生产、物流、销售和中药材种植于一体，下设 21 个分子公司，资产总额为 42.5 亿元，年销售收入为 20 亿元，有员工 5600 余人。

在全国 5000 余家医药企业中，亚宝药业综合实力排名第 87 位，是工业和信息化部认定的"中国医药工业百强企业"，创新力居全国 20 强之列，是"中国医药研发产品线最佳工业企业"。"亚宝"商标为中国驰名商标。

亚宝药业在北京、上海、太原、成都、贵阳、运城等地建有 9 大生产基地、4 大研究基地、2 大中药材种植基地。9 大生产基地全部通过国家新版 GMP 认证。北京生物制药通过了美国 FDA CGMP 认证，三分公司通过了欧盟 GMP 认证。

亚宝药业的主要产品有中西药制剂、原料药和药用包装材料等共计 300 多个品种，主要为老年慢性病用药和妇女儿童用药。专利产品"丁桂儿脐贴"是国家标志性名牌产品，2014 年荣获中华中医药学会科学技术一等奖，2015 年荣获中国非处方药产品综合统计排名（中成药、儿科类）第一名。

亚宝药业拥有一支国际化的专业研发队伍，各类研发人员总计 460 余人，其中博士 22 人、硕士 150 人。在新药的申报、生产、销售上，同国际接轨，迈出了"一地研发，三地申报；一地生产，三地销售"的国际化步伐。

亚宝药业现有各类营销人员 3000 多人，建立了商务渠道、OTC 零售、基层终端、医院招商、OTC 招商、原料药、拓展销售、保健消费品等专业的营销队伍。公司拥有完善的销售网络，销售网点覆盖全国 32 个省（区、市）的一、二、三级及终端市场，遍及 661 个市（区、县）。

"十三五"期间，亚宝药业以医药为主体，以健康产品和医疗服务为两翼，通过创建 5 大中心，搭建 10 大体系，打造 6 种能力，实现 6 种转型。

亚宝药业先后获得全国五一劳动奖状、全国质量效益型先进企业、全国守合同重信用企业、中国最具成长力企业、全国十大企业文化品牌、全国扶贫龙头企业、全国中药企业现代品牌十强、中国医药企业制剂国际化先导企业、2015年度中国制药企业百强十佳雇主企业、2015中国品牌文化影响力500强等荣誉。

二、转型发展的经验

亚宝药业作为山西省医药行业的领军企业，积极响应党中央、国务院以及山西省省委、省政府的号召，主要从以下几个方面进行转型发展。

（一）引进优秀人才，走国际化道路

据统计，制药产业是我国增长速度最快的产业之一。2016年1~11月，全国规模以上工业企业主营业务同比增长4.4%，其中，医药工业同比增长9.9%，远高于其他行业。但在经济全球化的大环境里，我国医药产业仍处于全球价值链的较低端，关键核心技术依然受制于人。

为了给科技创新提供强有力的人才支撑，亚宝药业不断引进国际高端人才，积极开展国际合作。先后引进国家"千人计划"专家王鹏博士、哈佛大学美籍华裔博士后王文贵等高层次人才15人。总之，哪一方面需要突破，亚宝药业就引进哪一方面的人才。随时需要，随时引进。

引进一个人才，就等于引进一项新的技术、新的成果和新的方法。这些高层次人才的引进不但为企业带来新的理念和思维方式，而且在优化产品结构、拓宽科研思路、突破关键技术、提高企业核心竞争力等方面起到了决定性作用。

（二）加大科研投入，促进产品升级

从全球范围来看，目前我国主要生产非专利药品，整个行业存在自主研发投入不足、产品附加值偏低、国际化程度较低等问题。为此，亚宝药业不断加大研发的资金投入和机构引进。

2015年，我国研发经费投入强度（R&D/GDP）为2.07%，其中，工业企业研发投入强度为0.9%，医药企业研发投入强度为1.67%。而亚宝药业2015年拿出销售收入6%的资金作为科研创新经费，2016年增加到8%，2017年增加到10%，远远大于同行业的平均数。大规模的资金投入，其目的是致力于构建高水平的研发平台，形成完善的研发体系。目前，亚宝药业不但在中国北京、苏州、太原，以及美国建有自己的研发机构，而且设有国家认定的企业技术中心、国家博士后科研工作站、院士工作站。

亚宝药业着力提升自主研发创新能力的同时，还积极与国际顶级科研机构和公司合作研发创新药和仿制药。先后和美国礼来合作开发治疗糖尿病的新药，和英国国家医学研究院科技部合作开发治疗帕金森病的新药，和加拿大罗森健康研究院合

作开发治疗脓毒血症的新药，和加拿大两名院士合作开发治疗脑中风的新药……

除了投入大量的人力和财力进行创新药的研发以外，亚宝药业从优化生产工艺、改进生产流程、创新管理方式等角度对现有产品进行了升级换代。目前，亚宝药业有6条原料药生产线和2条制剂生产线通过了美国、德国、日本等发达国家的认证，这些国际认证的通过，标志着亚宝药业的生产装备水平和管理水平达到了国际先进水平，为提高我国药品质量安全起到表率作用，为我国制剂走向国际化起到示范作用。

（三）创新经营模式，增强核心竞争力

亚宝药业吸收国外先进的研发理念和管理经验，积极创新经营模式，在新药的研发、生产、销售上，开创了"一地研发，三地申报；一地生产，三地销售"的经营模式，即中国一地研发，在中国、美国、欧洲三地申报；中国一地生产，在中国、美国、欧洲三地销售。

为了最大限度地利用好全球创新资源，亚宝药业与南澳大利亚大学合作，在澳大利亚建立了一个合作实验室，研究抗肿瘤创新药；在美国建立了一个研发机构，研究开发缓控释产品和长效注射剂。

除了直接在国外建立研发机构，亚宝药业还和国外顶级公司、科研单位进行"产研学"多种形式的合作。这些合作模式，一方面引进了先进的技术和管理思路，另一方面解决了我国创新药研发人才短缺的问题，极大地提高了亚宝药业的研发能力，加快了亚宝药业的研发速度，提升了亚宝药业的竞争能力。

（四）发挥自身优势，提升综合实力

2017年，亚宝药业发挥自身优势，以"优质的研发平台、先进的生产技术、独特的运营模式、完善的营销网络"为驱动，一方面深耕产业，另一方面借力资本，通过内生式的"资产经营"和外延式的"资本运作"两轮驱动，促进企业快速发展。力争到"十三五"末，成为儿童大健康产业的领导者，成为中国最具创新能力的制药企业，成为中国制药行业国际化的典范，为中国的制药产业作出贡献。

内蒙古伊泰集团有限公司

——科学创新，转型升级

一、企业基本情况

（一）企业简介

内蒙古伊泰集团有限公司（以下简称"伊泰集团"）成立于 1988 年 3 月，经历了全民所有制、国有控股与民营股份制三个发展阶段，现已发展成为以煤炭生产、运输、贸易为基础，集铁路、煤化工为一体，以房地产开发、生态修复及有机农业等非煤产业为补充的大型清洁能源企业。注册资本为 12.5 亿元。其中，由全体职工以股权出资控股组建的民营股份制企业——内蒙古伊泰投资股份有限公司占99.64%，内蒙古高峰企业集团有限公司占 0.16%，鄂尔多斯市通九物资有限责任公司占 0.12%，内蒙古满世煤炭集团有限责任公司占 0.08%。

伊泰集团发起成立的内蒙古伊泰煤炭股份有限公司分别在上海（B 股）、香港（H 股）上市。伊泰集团在 2017 年度中国企业 500 强中排名第 348 位，在全国煤炭企业 50 强中排名第 19 位，是动力煤 "4 + 1" 大型煤炭企业和煤炭行业协会协调机制成员单位，在内蒙古地方煤炭企业中排名首位。截至 2016 年末，伊泰集团共有直接和间接控股子公司 65 家、生产矿井 13 座，生产能力超过 5000 万吨/年，拥有 465公里自营铁路、过亿吨储运能力的煤炭集运站，建成了我国首个拥有完全自主知识产权的 16 万吨/年煤间接液化工业化示范项目及杭锦旗 120 万吨/年精细化学品项目，总资产达 1100 亿元，有员工 7300 人。产业分布已延伸至新疆、北京、天津、河北、山西、上海、山东、江苏、安徽、浙江、福建、广东、海南、四川、辽宁、湖北 16 个省（区、市）和香港特别行政区，以及美国、俄罗斯等国家。

伊泰集团企业经济贡献率连续多年位居鄂尔多斯市地方企业之首，经济效益、安全生产在行业中名列前茅。伊泰集团被原国家煤炭工业部评为"现场管理最佳企业"，荣获全国煤炭工业优秀企业"金石奖"，被中华全国总工会、劳动和社会保障部、全国工商联联合评为"全国就业与社会保障先进民营企业"，被中华全国总工会、劳动和社会保障部、中国企业联合会联合评为"全国模范劳动关系和谐企业"，被中央文明办评为"全国文明单位"，被国务院授予"全国民族团结进步模范集体"荣誉称号，是全国首批通过两化融合管理体系评定的企业，五次荣获"中华慈善奖"，并获得"第四届中国工业大奖表彰奖"和内蒙古自治区首届"主席质量奖"。

（二）发展历程

1988 年 3 月，伊克昭盟乡镇企业公司成立，即伊泰集团的前身。

1989 年 11 月 10 日，伊克昭盟乡镇企业公司名称更名为伊克昭盟煤炭公司，全面进入煤炭经营领域。

1992 年 11 月 10 日，成立了伊克昭盟煤炭集团公司。政企分离理顺了全盟煤炭生产、运输、销售的利益分配关系，提高了各成员企业的市场竞争力，减少了中间环节，使企业机制更加灵活，获得了更大的自主权和更强的决策能力。继组建煤炭企业集团后，进一步以现代化企业制度的要求规范企业，着手设立了股份公司，并同步发行了境内上市外资股。于 1997 年 8 月 2 日正式改组设立内蒙古伊泰煤炭股份有限公司。同年 8 月 8 日，正式在上海证券交易所挂牌上市。改组设立后的内蒙古伊泰煤炭股份有限公司是伊泰集团最大的控股公司和主体部分，主要经营范围为煤炭生产、运输和销售。

2001 年 9 月 26 日，变更为伊泰集团。

2012 年 7 月 12 日，在香港联交所主板成功上市，成为煤炭行业首家"B＋H"股上市公司。伊泰集团 H 股的发行，为公司建立起国际化的资本平台，打通了国际化的融资渠道，优化了公司股权结构，并进一步加快了公司与国际化接轨的步伐，是"百年伊泰"发展历程中的关键一步。

目前，伊泰集团的产业模式转变为以煤炭生产贸易为主，积极发展铁路运营，重点发展煤化工产业，延长产业链，提高产品附加值，构建更加成熟稳定的循环经济链。

二、转型升级的做法与经验

（一）探索煤炭产业现代化

1. 坚持矿井建设高起点、高标准

伊泰集团创办之初拥有的 27 座煤矿均属于开采工艺落后的小煤矿，采用房柱式炮采工艺，机械化水平为零，工效低、回采率低，井下作业环境恶劣，地面污染严重。2005 年，伊泰集团根据内蒙古自治区政府及鄂尔多斯市政府"打好地方煤矿改变生产工艺、提高煤炭资源回采率三年攻坚战"的要求，结合企业实际，率先在地方煤炭企业中开展资源整合和煤矿技术改造。伊泰集团利用 3 年时间，陆续投资约 30 亿元将原有 27 座矿井和其他企业的几座矿井整合并技术改造为 13 座综合机械化开采煤矿。在技术改造过程中，结合国际、国内煤矿发展现状，确定了建设国内一流的现代化矿井的战略目标，并严格按照目标要求对矿井规模、回采工艺、生产系统、采面参数等重要矿建指标进行了精准定位，实现了高起点、高标准矿井建设一步到位。技改后，矿井采区回采率由过去的不足30%提高到75%以上，采掘机械化程度达到100%，煤矿单井设计生产能力由18.89万吨/年提高到346万吨/年。此外，伊泰集团还投资23亿元新建了年产量1200万吨的酸刺沟现代化煤矿。

2017年，伊泰集团历时4年建成了设计年生产能力1500万吨的红庆河煤矿，是目前我国核准建设的规模最大立井煤矿。煤矿在建设过程中取得国家发明专利3项、国家实用新型专利2项。

2. 坚持矿井生产高效集约化

伊泰集团紧密结合井田浅埋煤层、煤层赋存平缓（近水平煤层）、地质条件简单的实际，优化矿井设计，采用斜井开拓，主运、辅运、回风三条大巷贯穿全部井田。工作面采用条带式布置，生产按照一井一面规划，主斜井采用大功率胶带输送机运煤，副斜井实现了无轨胶轮车直接入井。矿井设计的优化简化了生产系统，为实行先进的采面搬家倒面工艺创造了条件，实现了大煤流连续运输，为安全高效矿井建设打下了坚实基础。

同时，伊泰集团因地制宜采用大采高设备，提高了原煤产量和工效。目前，公司300万吨以下矿井全员工效人均年产不低于1万吨，500万吨以上矿井全员工效人均年产不低于2万吨。

3. 高投入、强管理，确保安全生产

为了保障煤矿的安全生产，伊泰集团投入大量资金采购高新技术装备，煤矿全部采用国内一流的采、掘、运设备。在煤矿安全监测监控装备方面，伊泰集团的目标是达到全国一流水平，现已投资2亿多元，为煤矿装备了安全生产监测监控系统、程序调度通信系统、井下人员定位系统、井下无线通信系统、束管监测系统、工业电视和大屏幕系统，并通过系统集成建立起了综合自动化生产调度指挥平台。2010年至2016年末，公司累计投入38.91亿元用于安全管理，极大地改善了煤矿生产条件。通过安全大投入，夯实了安全基础，为公司实现安全生产提供可靠保证。

多年来，伊泰集团始终坚持"宁可少产100万吨煤，也不死一个人"的安全理念，从管理上加强安全生产工作。伊泰集团设有安委会，董事长任安委会主任，体现安全管理的"一把手"工程；专职副总经理全面负责安全管理工作。各矿设有公司垂直领导的安监站，并赋予其经济处罚权、停产整顿权、提出免去矿长和相关管理人员职务的建议权。同时，伊泰集团还赋予井下作业人员临机专断权。技术管理人员全部进行风险抵押，年内不出现轻、重伤和死亡事故按风险抵押金两倍奖励，出现一次重伤按风险抵押金一倍奖励，出现一次死亡事故扣除所有风险抵押金。近几年，伊泰集团每年用于风险抵押金的奖励近2000万元。所有的措施为伊泰集团的安全生产提供了有力保障。从 2005 年至今，伊泰集团已经实现了连续生产原煤超过 2.5 亿吨的零死亡，安全生产处于行业领先水平。

4. 加强人才队伍建设

实施人才战略，招贤纳才，为安全生产提供可靠的技术保障。近年来，伊泰集团先后从技术力量雄厚的矿区招聘 400 多人，充实到安全生产的第一线。他们经验丰富，生产管理能力较强，为安全高效的矿井建设提供了强有力的技术支撑。

（二）探索煤炭清洁利用技术

进入新世纪之初，为贯彻落实内蒙古自治区党委、政府提出的资源就地转化、大力发展循环经济和低碳经济的要求，经过较长时间的调研、论证，伊泰集团把煤制油作为战略发展主攻方向。煤制油属于新兴朝阳产业，是国家清洁能源的鼓励发展方向，但核心技术一直掌握在南非等国家手中。2002 年，公司出资 1800 万元参与中科院山西煤化所的煤间接液化项目前期研发。该技术先后通过了中科院成果鉴定和科技部 863 专家组的验收，意味着国内煤间接液化技术取得了重大突破，打破了国外相关技术的垄断。2006 年 2 月，以中科院煤基合成油技术团队为依托，伊泰集团出资 2.27 亿元联合神华集团等五家企业组建成立了"中科合成油技术有限公司"，并以 40.4% 的股权比例相对控股该公司，成为中国煤间接液化自主知识产权技术的拥有者。

技术中试取得成功后，伊泰集团加紧部署建设工业化示范项目，转型升级取得新突破。2006 年 5 月在准格尔旗大路工业园区进行了一期 16 万吨示范厂建设，2009 年 3 月 27 日工艺装置全线打通流程并产出合格柴油，该生产线成为我国煤炭间接液化完全自主技术产业化的第一条商业化示范生产线，填补了国内空白。2010 年 6 月 30 日装置正式实现满负荷生产，标志着具有我国完全自主知识产权的煤间接液化制油成套技术从中试到工业化完全获得成功。项目连续多年超过设计产能，成为我国盈利能力最强的煤制油项目，自主核心技术领先于国际商业化技术，进入了稳定发展和产业化建设的阶段。

持续加大科技创新能力，为产业转型升级提供全方位的技术支撑。为实现示范项目技术在大型商业化项目上的应用，伊泰集团建设了煤间接液化技术实验大楼、煤基合成精细化学品研发中心、气化用煤评价实验室，完成科技成果转化 41 项，自主研发成果 97 项。经过 10 多年的探索和研究，先后投入 100 多亿元，在高温浆态床铁基催化剂技术、费托合成反应器和配套装备技术、成套工艺集成技术等方面取得了重大突破。2017 年 7 月，伊泰集团年产 120 万吨精细化学品示范项目成功投入试生产并实现连续稳定运行，标志着伊泰集团以煤炭深加工为核心的产业转型升级迈上新台阶，而该项目生产装置一个系列达到满负荷运行仅用 20 天，表明该技术已经成熟。

未来几年，伊泰集团将逐步建设已被列入"十三五"煤炭深加工产业规划目录的内蒙古大路 200 万吨、新疆伊犁 100 万吨煤间接液化示范项目，同时在巩固现有煤间接液化工程技术应用科技成果的基础上，通过研发创新不断向高端精细化学品方向延展下游的产业链，持续提高项目的经济性和产品的附加值，实现从基础原料到清洁燃料，再到精细化学品，最后到功能材料的不断转化和跨越，实现产品终端化、高端化，真正实现由以煤炭工业为产业重心的大型煤炭企业集团向国际一流清洁能源企业的转型迈进。

（三）企业转型升级经验

伊泰集团创建大型煤炭集团的成功经验归纳为以下几个方面：

1. 坚持科学发展，做大做强主业，走煤炭高效集约之路

一是在地方煤炭企业中率先实施资源整合、煤矿技改，提高资源回采率。

二是推进安全高效矿井建设，提高产业集中度。在地方煤炭企业中率先建成单井生产能力 1200 万吨/年的酸刺沟煤矿，并配套建成 2×30 万千瓦煤矸石电厂，实现煤、电循环，以及煤矸石资源综合利用。

三是积极完善配套运输体系。相继建成准东铁路一期、呼准铁路、准东铁路二期等 300 公里自营铁路。形成与国铁干线相接、功能完善的产、运、销体系。

四是建设了一支高素质的技术人才队伍，高薪聘请了一批博士、教授担任领头人，招收了 600 多名大学本科以上学历、5 年现场工作经历的专业技术人员充实到各个生产管理和技术管理岗位。

2. 探索创新发展，做精做细产业，走煤炭清洁利用之路

一是瞄准清洁能源发展方向，最早进入煤间接液化领域，掌握核心技术。早在 21 世纪初，伊泰集团在做强煤炭主业的同时，根据我国能源"缺油、少气、富煤"的现状，从开发石油替代产品保障我国能源战略安全的角度出发，出资参与了中科院山西煤化所承担的国家 863 重大项目"煤基液体燃料合成浆态床工业化技术"研发，并联合组建中科合成油技术有限公司，通过相对控股成为该技术的实际拥有者。伊泰集团是国内最早进入煤间接液化领域的企业，这为向清洁能源企业转型升级打下了坚实的基础。伊泰集团始终以科技创新为突破口，寻求产业转型升级和做大做强的新思路。

二是抓住历史机遇，建成国内第一条煤制油工业化示范生产线，抢占技术制高点，做国内煤间接液化技术的领跑者。随着煤间接液化技术中试取得成功，伊泰集团主动承担技术用于工业化示范项目的风险，于 2009 年成功建成了"十一五"期间我国第一个煤制油工业化示范项目，抓住了发展先机，成为国内煤间接液化领域的先行者、探索者、领跑者。同时继续加大创新投入，创新产学研合作模式，实现技术优势向经济优势的转化。伊泰集团联合国内大学相继建成了众多研发机构，完成

"大型煤气化炉煤种适应性研究""高浓盐水分质结晶技术示范"等 10 项关键技术的研究、开发和示范,达到了预期的技术经济指标,并在杭锦旗 120 万吨精细化学品示范项目中进行应用,同时这些关键技术难题的解决将为今后伊泰集团做大煤间接液化产业项目提供技术支撑和保障。

内蒙古山路能源集团有限责任公司

一、企业基本情况

（一）企业简介

内蒙古山路能源集团有限责任公司（以下简称"山路集团"）于 2002 年 7 月在包头市注册成立，经过十余载的稳健发展，形成了光伏设备制造、光伏农牧电站建设、光伏农牧扶贫新村建设三大产业。山路集团经营范围为焦炭、钢材、水泥、化工材料、炉料、煤炭的销售，洗煤，企业自营产品的进出口（无进口商品分销业务），化肥的销售，电子机械设备、工程车、挖掘机及配件的销售，太阳能光伏发电成套设备运行及租赁。山路集团按照"创新、协调、绿色、开放、共享"发展理念的总体要求，加大创新投入、发展循环经济，践行绿色发展、循环发展、低碳发展，大力发展光伏制造产业及建设太阳能光伏电站，加快推进光伏农牧城镇化扶贫项目建设，以产业推动经济发展，促进光伏扶贫等各项工作，进而实现经济社会和谐健康发展。

截至 2016 年，山路集团资产总规模突破百亿元，年产值达 56 亿元，在职员工达 3500 余人。山路集团连续多年跻身内蒙古自治区百强民营企业前列，2016 年位列第 13 名。

山路集团坚持科技研发和自主创新，广泛与中国科学院半导体研究所、内蒙古大学、内蒙古工业大学、内蒙古农牧科学院等科研机构和院校合作，生产的组件通过国家 CTC "领跑者"认证、ISO9001 质量体系认证、德国 TUV 认证、中国金太阳认证、CE 认证等国内外权威技术认证，拥有 235 项具有自主知识产权的技术专利。山路集团联合华为建成了全球首家智能光伏营维云中心，实现了光伏电站的集中管理、集中控制、实时监控。

山路集团用"爱心、平衡"的企业哲学指导企业践行"创造绿色能源，点亮健康生活"的企业愿景，力争将绿色永续的太阳能资源送进千家万户，造福于人类，造福于社会。

山路集团的法定代表人是倪明镜，其中倪海光占 10% 的股权，倪明镜占 90% 的股权。

（二）发展历程

2002 年 7 月 2 日，山路集团成立。

2004 年 3 月 12 日，山路集团子公司"包头市三晟煤焦有限责任公司"在包头市工商行政管理局注册成立。

2006 年 12 月 19 日，山路集团子公司"包头市三晟煤焦有限责任公司"更名为"包头市山晟新能源有限责任公司"。

二、转型升级的做法与经验

随着近年来国际、国内发展环境发生一系列重大变化，传统能源民营企业的发展也遇到了新的挑战，我国煤矿市场低迷发展，国家大力倡导发展可再生能源，山路集团深刻认识到加快经济转型升级的重大意义。因此，山路集团超前规划，未雨绸缪，积极转型升级，加快推进科技创新、管理创新、发展模式创新，大力引进和培育高端人才和专业技术人才，在企业转型升级上探索出一条扎实可行的新路子，实现了由传统能源生产企业向可再生能源生产企业的成功转型，实现由传统化石能源向清洁能源转化，由一次性能源向可再生能源转化。

（一）延伸产业链，拓展价值链

山路集团利用自身拥有的废弃物煤矸石发电，经过多年转型，发展循环经济，打造出以煤矸石为源头的两条完整循环经济产业链。第一条产业链是以煤矸石发电为源头，集热电联产、提炼高纯硅、多晶硅，以及拉单晶、多晶硅铸锭和与之配套的切片、太阳能电池片、太阳能组件、光伏农牧城镇化太阳能电站建设为一体的完整光伏全产业链。第二条产业链通过光伏发电与城镇化建设、现代化种植、规模化养殖和土地综合治理相融合，进行光伏新镇建设、无公害饲草料和粮食生产、肉羊和奶山羊养殖及乳肉产品的加工、沙化和盐碱化植被修复。山路集团通过延伸产业链，增加附加值，找到了更大的发展市场和空间。

（二）探索"光伏＋产业"的发展模式

山路集团充分开发和利用空间及土地发展光伏农林牧业，做到利用废弃物发展循环经济，创造绿色能源的发展模式，形成光伏制造全产业、光伏农林牧、光伏太阳能电站三大产业板块，且探索了光伏产业与扶贫工程相结合的光伏扶贫新模式，有效解决了农牧民的脱贫和养老问题，达到了精准扶贫的效果。由于山路集团太阳能组件成本低，科技含量高，转换效率高，因此在同行业里具有很强的竞争力。山路集团转型升级发展模式如下：

1. 光伏电站建设与光伏城镇化有机结合

通过科技创新与集成，建设现代化的新农村，改变生活方式。结合国家易地搬迁、危房改造、生态移民工程，为农牧民建设住房和庭院经济小院，院落可以种植经济作物，发展庭院经济。新建房屋包含卫生间和厨房，统一供暖、供水和供电，在屋顶上和院内安装太阳能设备，太阳能板下种植经济作物。房屋及光伏发电设施无偿赠予当地贫困户。同时配套硬化街区道路，建设学校、幼儿园、卫生室、文化活动室和便民连锁超市，通暖、电、上下水，实现十个全覆盖，破解新农村建设难题，实现城镇化。新村建成后，当地贫困户不仅可以获得一套住房，而且还可获得发电收入。山路集团已在五原县和托县建成光伏新镇，目前正在土右旗、杭锦旗、察右中旗建设光伏新镇。光伏新镇的建设受到了当地贫困户和各级领导的一致好评，为山路集团的发展找到了新的市场。

2. 光伏电站建设与农业产业化有机结合

通过科技创新与集成，发展现代农业，改变生产方式。通过流转大量的土地，改变过去传统农业经营模式。山路集团将流转回来的大片土地进行整理，建设农田水利设施，购置大型农机具，引进现代农业科技，实现在种植业的喷灌、遮阳网架等农业设施上方安装太阳能电池板发电。建设牡丹籽油加工厂，组织农牧民成立合作社，反租土地种植紫花苜蓿、青贮玉米，发展现代农业，实现土地的高效利用、规模化经营、产业化发展、机械化操作，农牧民可以通过加入合作社或者务工的形式，获得较高的收入，破解了农业发展的难题，实现了农业现代化。山路集团在五原县、磴口县、阿拉善盟规模化种植苜蓿、青贮玉米等农作物 10 万亩。

3. 光伏电站建设与牧业产业化有机结合

建设高标准养殖圈舍，在圈舍顶部和活动场安装网架式可调支架，在养殖场屋顶和活动场地内铺设太阳能电池板，实现上部发电、下部养殖的高效立体利用。其中养殖的肉羊出栏后直接进入市场，养殖奶山羊生产鲜奶，山路集团自建加工厂将鲜奶进一步加工成液态奶和羊奶粉。目前，山路集团在呼和浩特市沙尔沁、巴彦淖尔五原县、磴口县乌兰布和沙漠均建有万只奶山羊牧场，未来将在库布齐沙漠、浑善达克沙漠及腾格里沙漠分别建设万只奶山羊牧场。预计 5 年内达到 10 万只奶山羊养殖规模。

4. 光伏电站建设与沙漠治理有机结合

山路集团的地面电站不再占用耕地建设，而是集中建在内蒙古的四大沙漠（浑善达克沙漠、库布齐沙漠、乌兰布和沙漠及腾格里沙漠）和荒漠化草原。山路集团最新的支架自带喷灌功能，太阳能提水设施可以将深层地下水提上来，在清洗电池板的同时就可以浇灌作物；电池板具有一定的遮阳功能，能减小蒸发量，还可以起到阻风的作用，为在沙漠里种树、种草创造了条件，这样经过 5~7 年的修复性治理，每一个沙漠电站就可以变成一个优质牧草基地，与养殖业结合，将沙漠彻底变为一个绿色农畜产品生产基地。未来5年，山路集团计划在阿拉善盟、磴口县、杭锦旗等地区改良30万亩沙漠，将沙漠变绿洲。

山路集团以低廉的成本强势进入光伏行业，占领市场，通过科学的管理及成功的转型升级，持续发展，提高了企业竞争力，取得了良好的经济效益和社会效益，在行业中取得不菲的成绩。山路集团之所以能够成功转型，之所以能够在偏远少数民族地区建设光伏电站，完全得益于全光伏产业链成本低的优势，山路集团可以将太阳能发电利润的一部分拿出来支持光伏扶贫事业，在包头土右旗、呼和浩特市、阿拉善阿左旗、巴彦淖尔市五原县、兴安盟、青海格尔木等多个贫困地区建设了光伏扶贫电站。未来，山路集团将继续秉承"创新思路，创造能源，诚信为业，追求和谐"的理念在市场经济的浪潮中，乘风破浪，继续前进，为促进产业升级转型和推动我国能源结构改革及清洁能源发展作出贡献。

吉林省通用机械（集团）有限责任公司

一、企业基本情况

吉林省通用机械（集团）有限责任公司（以下简称"通用机械集团"）始建于1965 年，2006 年改制为有限责任公司。现拥有 5 个工业园区，总占地面积达 100 万平方米，员工人数达 1986 人，拥有 20 家分（子）、合资公司，在欧洲控股 2 家企业，在德国独资成立 1 家研发中心。2017 年实现销售收入 30.2 亿元。公司以汽车零部件为主导产品，为奥迪、大众、宝马、奔驰、保时捷、凯迪拉克、捷豹、路虎、克莱斯勒、福特、通用、日产等品牌主机厂服务。

通用机械集团着眼于推动制造业转型升级，在不断发展中确定了企业三大发展目标。

第一，打造全球最大的汽车零部件研发与生产基地。

第二，打造完整的汽车零部件工业体系。

第三，打造"中国制造 2025"示范产业园。

围绕三大发展目标，确定了"三步走"战略。

第一步：建成汽车零部件轻量化研发与生产基地。到 2016 年，完成 100 万平方米工业园建设，实现产能 100 亿元布局。

第二步：建成汽车底盘零部件全覆盖研发与生产基地。到 2021 年，完成 300 万平方米工业园建设，实现产能 500 亿元布局。

第三步：建成全球最大汽车零部件研发与生产基地。到 2026 年，完成 500 万平方米工业园建设，实现产能 1000 亿元布局。

二、转型升级的做法与经验

创新是企业生存和发展永恒的主题。创新不是推倒重来，只有创新企业才能掌握主动权，只有创新企业的产品才能处于领先地位，占据市场，只有创新企业才能走出低谷，再现辉煌。中国汽车制造业面临严峻的转型升级挑战，通用机械集团也如此。

通用机械集团经过几十年的发展，以战略创新为导向，以技术创新为重点，以模式创新为依托，以机制创新为关键，向着"领军国内汽配产业，跻身世界同行前列"的战略目标稳步迈进。

通用机械集团的经验再一次证明，在转型发展的大背景下，民营企业完全可以靠创新向国际化企业战略转型，靠创新积聚形成自己的核心要素和竞争优势，靠创新面向全国，走向世界。

（一）创新发展思路，实施"走出去"战略，推进产业升级

2010年，通用机械集团实施"走出去"战略，先后成功在德国和法国收购两家企业，并与其共同投资在长春建立了合资公司，引进了全球最先进的铝锻生产线，通过"引进、模仿、消化、吸收、创新、创造"，走出了一条"以海外并购促中国制造"的发展道路，使通用机械集团的产品质优价廉，在全球市场有强劲的竞争力。2015年9月在德国慕尼黑注册成立德国研发中心，利用欧洲高技术研发人员与国内技术人员组成的团队，实现了与奥迪、宝马等主机厂产品的同步开发，改变了国内多数汽车零部件企业靠"机械加工"的低端、竞争力差的现状，走向了高技术、高附加值的产业，实现了产业的转型升级。通过并购，通用机械集团顺利完成了铝锻、铝铸和铝铸锻毛坯技术的国产化布局，通过组建合资公司的形式，实现了国外先进技术的引进、消化、吸收，进而实现创新、创造。在吸收德国先进技术的同时，通过自动化和智能化改造，通用机械集团的铝锻生产线超越了德国技术。通过"走出去"战略带动企业技术升级和产品升级，通用机械集团获得了世界各大主机厂的广泛认可和关注。大众、奥迪和宝马已将通用机械集团作为一汽大众的战略合作伙伴。通用、克莱斯勒也将通用机械集团列为潜在的战略合作伙伴。通过利用铝毛坯资源，直接带动公司上亿元产值的增长。

（二）创新生产技术，提升核心竞争力，推进产品升级

1. 实施轻量化产品创新

减轻车的自身重量是汽车实现节能环保的重要手段。通用机械集团通过在欧洲成立研发中心，实现与主机厂产品的同步开发，用铝代替钢铁以减轻车的自重。以汽车转向系统、自动系统、悬挂系统、座椅系统、空调系统、传动系统、变速系统七大系统开发为突破口，实现公司弯道超车和跨越式发展。

2. 实施"供给侧"成本创新

通用机械集团在50多年的发展历程中，积累、发展了非标设备设计与制造、工位器具设计与制造、轻钢制造、工装设计与制造、数控机床设计与制造、自动化生产线设计与制造、工业软件研发与应用、工业机器人研发与应用、液压油缸设计与制造、注塑产品设计与制造等全产业链的优势工艺，形成了完整的"内制式"生产

模式，提高了供给侧效率，降低了供给侧成本，保证了供给侧质量，使企业产品的成本在行业具有较高的竞争力。

3. 实施智能制造创新

通用机械集团一直培育智能装备研发制造、工业机器人研发制造、自动化生产线研发制造的能力，2015年以来自行研发制造并投入使用的数控加工机床386台、自动化生产线37条、工业机器人106台，有效地降低了人力成本，提高了产品质量，同时也培育了一个可观的产业。2016年末已经实现冲压公司的自动化改造，2018年末前完成主要生产单位的智能化、自动化改造，到2020年将完成全集团的智能化改造，建成智能化工厂，努力打造"中国制造2025"的示范产业园区。

（三）创新经营模式，构建产业园区，推进产业链延伸

通用机械集团积极推动吉通产业园的快速建成，用超前的发展思路、新颖的发展理念、卓越的创新能力指导企业发展，培育企业在行业中较高的竞争力。同时，产业园能够形成产业集群，在降本增效、转型升级、去杠杆化等方面对吉林省汽车产业有较好的带动和辐射作用。吉通产业园建成后可实现销售收入800亿元，将成为全球最大的汽车零部件研发与生产基地。产业园将围绕主业供给侧布局进行优化，在智能装备制造业和工业机器人产业实现突破，将围绕主业发展各种配套服务业，医疗、教育、商业、房地产等产业发展空间巨大，将有80亿～100亿元的市场需求。产业园将致力于建立完整的汽车零部件工业体系，打造全球最大的汽车零部件研发与市场基地，全面实现智能化、自动化、数字化，实现"无人化"智能生产。

（四）创新管理机制，增强企业活力，推进现代企业制度

2006年通用机械集团进行改制，股权清楚，企业的经营层、股东、职工的责、权、利明晰，体制和机制高度匹配，通过引入现代企业管理机制，积极推动管理创新，使企业决策高效化、科学化，企业焕发了新的活力。

1. 建立研发中心组织结构管理机制

2006年，根据企业工艺多元化的特点，通用机械集团成立了研发中心，研发中心下设项目管理部、技术部和10个研发分支机构。明确研发中心与各分支研发机构的职责分工。建立符合TS-16949质量体系要求的研发流程，所有的新产品开发项目均按规定的流程开展，保证了开发的质量，满足了用户的进度、质量和成本要求。

2. 建立"无人化"生产线

通用机械集团注重打造"无人化"生产线，从冲压产品入手，建立了15条"无人化"自动冲压生产线，极大降低了员工劳动强度，提高了生产效率，有效保障了产品质量，改变了原有手动操作模式，原有的冲压生产线需要6名员工操作，改造后的"无人化"生产线仅需1名员工，负责监督生产质量和生产过程有无异常情况，

有效改善了员工作业环境,未来公司会建立更多"无人化"生产线。

3. 加强企业信息化建设

科学有效的管理是现代企业赖以生存发展的重要基础,企业为了加强对人、财、物等方面的有效管理,使企业的各种资源达到合理有效的配置,实现管理精细化,2011 年从德国 ABAS 公司引入世界一流的企业信息管理软件——ABAS ERP 管理软件,把先进技术、管理理念和方法引入到管理流程中,实现管理自动化、可视化和移动化,有效提高企业管理效率和管理水平。

上海均瑶集团

——恒心恒新，砥砺前行

一、企业基本情况

上海均瑶集团（以下简称"均瑶集团"）总部在上海，创始于1991年7月，是一家以实业投资为主的现代服务业企业集团。在经过非相关多元化发展的企业初创期后，从2005年开始，均瑶集团在传统服务业的基础上通过现代化的新技术、新业态和新服务方式改造，提出并实施向社会提供高附加值的生产服务和生活服务方向转型，在国家战略结合上海国际大都市发展战略的指引下，确定了为社会创造价值、建国际化现代服务业百年老店的使命。均瑶集团形成了航空运输、金融服务、现代消费、教育服务、科技创新五大业务，旗下有3家A股上市公司，有员工15000多人，规模列中国民营企业500强企业第242位。

经历了"增肥""瘦身""变身""增厚"的发展历程，其中既有"鹰的再生"的痛苦，更有"破釜沉舟"的决绝，目的只有一个，就是转型升级提升市场竞争力，走出一条基业长青的企业发展之路。

二、转型升级的发展历程

（一）增肥：圆梦多元化

1991年7月，均瑶集团正式进入航空运输业。1993年涉足乳品产业。1995年，整合了民营企业很少涉足的航空服务、乳业产销，成立了均瑶集团，以企业集团为载体实施多元化发展。1998年，开始提供航空、包车、旅游、乳品等一系列延伸服务。1999年公司总部搬到浦东，在浦东康桥工业区征地270亩，建立均瑶集团总部。

（二）瘦身：推行新政，删繁就简

2005年，均瑶集团已拥有10多个业务、50多家公司，产业涵盖航空、乳业、物流、酒店、房地产、出租车、零售等多个行业。多元化的均瑶集团真的很"肥"

了，董事会决定变革：一是收缩均瑶集团的非相关多元化发展业务，厘清主业。二是调整优化均瑶集团的资本结构，嫁接资本市场。三是逐步消除认识与管理上的差距，建立坚实的管理基础。

从 2005 年开始，均瑶集团开始删繁就简，把旗下的航空、乳业、房地产、物流、酒店、零售、出租车等诸多业务，或合并，或转让，或出售，然后把业务重心转向航空服务和现代营销服务，将以前的业务整合为航空、旅游休闲、营销服务、零售四大业务板块和置业、投资两大事业部。规划转型的核心标准主要有两个，即对集团利润的贡献和从制造业向服务业转变。2007 年，均瑶集团再次"瘦身"，四大业务板块缩减为航空运输和营销服务两大板块。原来的旅游休闲已经重组，零售则整合进了营销服务，这些都是按照现代化企业的标准进行的业务模式和组织架构的变革。

（三）变身：突出主业，确立大产业战略

对"飞天"情有独钟的均瑶集团实现从传统服务业向现代服务业转型的第一个产业战略，就是突出航空运输主业，呼应上海的亚太航空枢纽中心建设。

对于航空业来说，虽然有原油价格上涨、飞行员资源稀缺、投资成本巨大、航线限制等一系列制约民营航空公司发展的各种因素，但均瑶集团根据当时调研的一系列数据，决定以公务、商务和公务休闲旅客为主要的目标客户，不从航线上比拼，而是做服务，不是一味争取更大的客源，而是针对现有客户做足相关服务。

均瑶集团抓住机遇，决定筹建航空公司，经过大量艰苦的工作，在取得上海机场集团的同意，得到了民航华东地区管理局和上海市政府有关方面的大力支持后，筹建工作顺利迈出第一步。2006 年 9 月 23 日，民航华东地区管理局在均瑶集团总部召开会议，正式向吉祥航空颁布运行合格审定经营许可证和运行合格许可证。2006 年 9 月 22 日，吉祥航空正式迎来从空客公司引进的第一架 A320 系列飞机。9 月 25 日，吉祥航空首航湖南长沙成功。吉祥航空成立以来，基本实现了市场定位清晰化、商业模式集成化、机型结构统一化、资本结构稳健化、人力资源培训系统化，产业链布局基本趋于完善。

均瑶集团转型的第二大产业战略，就是确定现代消费为主营业务之一，而现代消费重心落在了整合、发展无锡商业大厦集团上。无锡商业大厦集团于 2004 年 12 月由均瑶集团收购。

收购以后，均瑶集团始终贯彻"做久、做强、做优"的企业战略理念，锐意创新，注重效益，努力构筑可持续发展的平台，经过 10 多年的整合发展，无锡商业大厦集团建立起以大东方股份为核心，以百货零售、汽车销售与服务、食品餐饮为架构的"一体二翼"经营战略，2016 年营业额达 90 多亿元，正在往大健康、大消费的方向砥砺奋进。

（四）增厚：做强航空，布局金融和科创

减肥瘦身、厘清主业，不是其他一切都不入"法眼"。作为一家有着打造"百年老店"远大目标的企业而言，均瑶集团在向现代服务业转变的过程中，除了进一步夯实、增厚航空运输、现代消费业务外，还积极响应国家深化改革政策和上海战略规划，布局金融、科创行业，进一步夯实了集团现代服务业的根基。

均瑶集团审时度势，紧紧把握时代的脉搏，根据国务院、银监会出台的相关政策，按照相关的法律法规要求，联合沪上十余家民营企业，主发起筹建全国首批、上海首家民营银行——上海华瑞银行，注册于中国（上海）自由贸易试验区。2015年1月27日获开业批复，5月23日正式开业。开业几年来，作为首批试点的民营银行，上海华瑞银行倡导新思维、依托新技术、助力新经济，确立了"服务自贸改革，服务小微大众，服务科技创新"的差异化定位，着力发展自贸业务、互联网业务、科创金融业务，积极探索富有华瑞特色的差异化创新发展道路，切实服务实体经济，创新服务小微大众，积极践行"以立足上海自贸区服务小微和社会大众为责任"的设立初衷，各项工作扎实推进，风险把控总体稳健，合规管理逐步深化，运营质量持续提升，业务发展趋势良好，品牌建设初见成效，成为全国首批十家投贷联动试点银行。

2015年6月，上海金融混改打响了第一枪，均瑶集团历史性地承担了这场改革的主要角色。根据上海市委、市政府的决策，经过市场化的比选，均瑶集团受命重组爱建集团，其目的是解决爱建集团体制机制问题，回归民营，推动爱建集团改革发展。按照市委、市政府的总体部署，改革分两步走：第一步，均瑶集团市场化受让上海国际集团所持有的爱建集团股份。第二步，通过增发，爱建集团向均瑶集团募集17亿元资金，均瑶集团成为爱建集团第一大股东。均瑶集团不负使命，全力推进爱建集团的持续健康发展，不仅赢得了上海特种基金会等股东的高度认可，也得到了社会的广泛好评。

目前，均瑶集团以爱建集团与上海华瑞银行互为业务依托，初步形成金融生态圈，致力于成为上海金融中心建设的创新基因、活力细胞。

均瑶集团积极参与上海科创中心建设，与上海交通大学、安徽省淮北市政府等单位组成"政、产、学、研、用"一体化平台，研发的纳米陶瓷合金为实现科技突破提供了广阔的空间。在智慧城市建设方面，均瑶集团承担了免费公共 WiFi（i-Shanghai、i-Guangdong）的建设和运营。同时，推出"超·爱上海"高品质公共无线网络，主打国际领先的公共 WiFi 接入水准，为用户提供更高质量的无线网络服务。

在现代消费业务中，上市公司大东方发挥线下线上的优势，稳定发展；均瑶乳业启动了 IPO，在山东、吉林、江西、四川、湖北、浙江、河南等省布局了8个生产

基地，近三年销售额和净利润复合增长率达到50%。

三、转型升级的经验与启示

多年来，均瑶集团从温州苍南的小渔村到龙港农民城，再到浙南中心城市温州，最后到国际化大都市上海，从家庭作坊式的个体工商户发展成为以实业投资为主的大型综合性企业集团。均瑶集团在转型中稳健发展，主营业务呈现良好的增长，2016年营业收入达234亿元，纳税17.6亿元，吸收就业2000多人，各项业绩指标保持稳步上升的势头。均瑶集团在地域战略调整上实现了三次大的跨越，从传统服务业转型为现代服务业。

（一）奉行并贯彻"多元化投资，专业化经营"的经营管理理念

均瑶集团转型以来，建立完善了基本的管理体系以推动企业决策的落实。各个业务板块全部聘用职业经理人、专业化的团队进行经营管理，通过"内修"和"聚能"，强化经营成果，鼓励绩效文化，进一步提升业务含金量和企业的综合竞争力。均瑶集团的产业经过几次整合，虽还是多元化经营，但已然是相关性多元化，并且每个产业都是聘请职业经理人进行专业化管理。

（二）施行了一套特殊的激励政策

从2007年开始，均瑶集团开始与各个业务单元的总经理签订经营责任书。定目标时，总有一个谈判的过程，这时就采用了一个技巧："如果你的努力目标是100%，那就在责任书里定目标为80%，剩下的20%通过激励的方式来实现。"足够的激励会使管理层与员工有主人翁精神，轻松地完成任务，这样也使均瑶集团容易落实每一年的战略调整以及经营目标。

（三）专注专业，突出和明确企业核心主营业务

均瑶集团从一个泛多元化的企业通过删繁就简，逐步减肥、瘦身、整合，摆脱了"什么热就做什么"的无序经营，转型为专注于现代服务业的公司，规划转型的核心标准紧紧围绕两个，即对集团利润的贡献和从制造业向服务业转变。通过这几年全体均瑶人的不懈努力，均瑶集团营业收入从2006年的69亿元增长到2016年的234亿元。

（四）大志有恒，确定了建"百年老店"的企业使命

根据企业转型发展的需要，均瑶集团对企业使命与核心价值观进行了重新梳理，确定并向社会发布"为社会创造价值，建国际化现代服务业百年老店"的企业使命。

大力宣传企业经营理念、发展成就和企业愿景，进一步凝聚科学发展共识。在创新实现价值观念引导下，将做久、做强、做优的企业战略理念持续强化，摆脱了一味"做大"的盲目攀比，在做实、做精主业的基础上，探索性地进入教育文化、金融服务、科技创新这些可持续发展的行业，提出建立"百年名校""百年华瑞""百年爱建"的战略目标，进一步夯实集团"百年老店"的根基，稳健地向"做有厚度的企业"前行。

（五）倡导文化融合，持续实施企业文化的优化

均瑶集团起源于温州，深耕在上海，业务范围涉及上海、温州、无锡、武汉、宜昌、天津、北京等很多城市。不同地域的文化冲突也时常会出现，如何让这些来自五湖四海的员工接受并内化均瑶集团的核心价值观，用企业文化来统摄地域文化，关键是企业文化的融合。均瑶集团按照"趋同价值观"等思路，对集团及下属企业的员工进行文化整合，沉淀、凝练了保障长远发展的"一二三四五方法论"（一使命，即为社会创造价值，建国际化现代服务业百年老店；二恒，即恒心、恒新；三文化，即效率文化、感恩文化、主人翁文化；四满意，即顾客满意、员工满意、股东满意、社会满意；五思维，即战略思维、互联网思维、辩证思维、系统思维、法治思维）。致力于让员工共同参与文化建设，把企业文化建设融入公司管理、思想政治工作和精神文明建设的全过程，让员工经历一个熟悉、培训、认同、内化的过程，从而真正将企业文化融入员工的头脑和自觉行动中。

苏宁云商集团

—— 发展智慧零售，创新供给变革

一、企业基本情况

苏宁控股集团创立于 1990 年，有员工 18 万人，在中国和日本拥有两家上市公司，是中国领先的商业企业，在 2017 年民营企业 500 强榜单中，苏宁控股集团以 4129.5 亿元的营业收入位列第二名。2017 年 7 月，苏宁控股集团旗下苏宁云商集团（以下简称"苏宁云商"）更是首次跻身《财富》的全球 500 强榜单。2017 年 10 月，由中国企业联合会、中国企业家协会发布的 2017 年中国企业 500 强榜单中，苏宁云商位居中国服务业 500 强首位。

近年来，随着我国"互联网＋"应用技术的不断成熟，苏宁云商积极顺应互联网发展态势，坚持零售本质，不断探索创新，持续推进 O2O 变革，全品类经营，全渠道运营，全球化拓展，开放物流云、数据云和金融云，通过 POS 端、PC 端、移动端和家庭端的四端协同，实现无处不在的一站式服务体验。

经过 20 多年的发展，苏宁云商通过推动门店的互联网改造、线上平台和移动端的快速发展和 OTT 市场的广泛覆盖，实现了全渠道布局。在线下，苏宁云商实体连锁网络覆盖海内外 600 多个城市，拥有苏宁云店、苏宁生活广场、苏宁小店、苏宁易购直营店、苏宁超市、红孩子门店等多种业态近 4000 多家自营门店和网点；苏宁易购通过线上自营、开放和跨平台运营稳居中国 B2C 市场前三。截至 2017 年上半年，公司零售体系会员总数达 3 亿人。

在商品运营上，苏宁云商坚持"巩固家电，凸显 3C，培育母婴超市"的全品类发展战略，并创新变革供应链，深度协同零供关系，加强商品运营及供应商服务能力。目前，苏宁云商的经营品类已覆盖家电、3C、母婴、超市、百货、美妆等。截至 2016 年末，自营与平台商品 SKU 数量超过 4400 万，开放平台商户近 30000 家。

同时，苏宁云商互联网零售 CPU 能力也逐步凸显，企业运营进入销售快速增长、规模效应提高、运营效益改善的良性发展轨道，并向社会提供数据云、金融云和物流云服务，打造互联网零售盈利的新模式。

苏宁物流围绕基础设施网络建设、物流运营效率提升以及社会化开放运作不断强化核心竞争力，截至 2016 年末，公司拥有物流仓储及相关配套总面积达到 583 万平方米，拥有的快递网点达到 17000 个，公司物流网络覆盖全国 352 个地级城市、2805 个区县城市。

苏宁金融围绕上游供应商和下游用户的融资、理财、信用消费等方面的需求，实行"融资＋支付＋理财"全产品线布局，2016 年苏宁金融业务总体交易规模同比增长 157.21%；同时，大数据应用支撑系统也正在成为助推销售增长的新引擎。

正是基于上述互联网零售 O2O 模式的探索和实践，苏宁云商率先实现快速转型，在转型发展过程中，充分应用互联网技术，以科技创新、智慧服务为定位，积极促进零售业线上线下融合，推动企业转型升级，构筑了引领行业发展的智慧零售模式。

二、转型升级的做法与经验

作为国内大型商贸零售企业，苏宁云商在家电连锁时代取得的高速发展得益于国内经济水平的高速增长和自身在品类经营和连锁布局方面的高效管理。2009 年，随着国内外互联网应用技术的逐步成熟和广泛推广，国内网购趋势日趋明显，同时，苏宁云商自身在连锁布局从一、二线城市向三、四线城市，特别是在向县、乡一级逐步覆盖过程中发现，原有单品类线下连锁的商业模式在销售、利润的增长方面也逐步遇到了瓶颈，加之传统家电零售行业零供模式的单一性，使得苏宁云商逐步认识到，传统的连锁发展模式难以长远为继，企业自身寻求零售模式创新势在必行。

苏宁云商在实体零售创新转型过程中，强化基于互联网、物联网和人工智能的技术应用和多渠道、多业态的协同，通过感知消费习惯，主动预测消费趋势，引导生产制造，为消费者提供多样化、个性化的产品和服务，打造基于互联网新技术与实体产业融合发展的智慧零售模式。同时，通过产业协同、开放线上线下零售服务接口，与各类供应商、平台商户、外部平台组织、中小微企业共同构建无处不在、无孔不入的零售生态圈，探索和打造基于数据云、金融云、物流云的互联网零售 CPU 能力。

（一）坚守零售本质，创新多渠道融合、多业态协同的商业模式

智慧零售模式是苏宁云商互联网转型发展的成果，是互联网等新技术与实体产业融合发展的新模式。

一方面，智慧零售打通线上线下，实现线上线下购物流程的一体化。目前苏宁云商已经形成门店端、PC 端、移动端、电视端、无人售货端等多渠道多端口的融合，成为国内率先实现线上线下融合发展的大型零售企业。在线上，打造了排名行

业前三的苏宁易购平台；在线下，建设了近4000家互联网门店，门店类别覆盖城市核心商圈的苏宁广场、苏宁生活广场、苏宁易购云店，覆盖社区商圈的苏宁小店，覆盖农村市场的苏宁易购直营店，覆盖专注细分品类市场的超市店和母婴店。

另一方面，智慧零售实现零售全过程的智慧运营，推动有效供给。

在智慧采购方面，智慧零售以需求引导生产，从B2C转向C2B，目前，通过数据易道、数据超市等大数据产品的开放共享，苏宁云商已经率先与家电3C行业的主流品牌建立了数据牵引的供应链机制。

在智慧销售方面，智慧零售颠覆了连锁零售以及电子商务等单边渠道经营发展的方式，其贯通线上线下，实现互联网化运营。通过千里传音、苏宁金矿、店加、苏宁V购、聊天商务平台等一系列的O2O产品，线上线下平台的价值效应正在加速共享。在云店所有引流到门店的用户中，通过使用这些O2O营销工具引流到门店的用户占总购物用户的35%以上。

在智慧服务方面，智慧零售为企业和用户构筑了数据化、科技化的服务能力和体验。2017年上半年，苏宁物流社会化收入同比增长152.67%，已为2000多家第三方商户和10万家的平台商户提供了物流服务。伴随着天天快递的加入和苏宁物流自身的不断拓展，苏宁云商已成为国内零售行业最大的自营物流企业，物流网络覆盖全国90%以上的地区。在与品质生活密切相关的智能家居领域，苏宁智能家居系统目前已接入200多家一线厂商、1000多款商品，接入苏宁智能系统设备的销售数量已超过200万台。

（二）坚持科技创新，打造数据云、金融云、物流云盈利模式

苏宁云商在前台互联网化改造取得显著变化的同时，也在持续加速后台核心零售CPU能力的输出和开放，打造基于数据云、金融云、物流云的盈利模式。

在供应链数据挖掘方面，苏宁云商通过对线上线下数亿用户数据的挖掘，为供应商和平台合作商户提供一系列营销产品、精准推广、商品定制和供应链管理等在内的工具和应用，强化双方在信息共享、利益均摊、风险共担等方面的合作，促进双方在供应链管控、资源整合和运营协同等方面的能力提升，共同打造消费需求增长新引擎。

在金融服务融合方面，苏宁金融专注于海量上游供应商和下游用户在支付结算、融资、保险等金融服务方面的需求，通过发展企业端支付业务和供应链金融业务，为上游供应商、开放平台商户提供无抵押、无担保、全程系统申请的金融服务产品，切实解决中小微企业融资难、融资贵的难题，激发中小微企业持续发展的活力。同时，通过发展面向个人用户的线上支付、线下扫码付和信用消费贷款等业务，提升消费者在各类消费场景中的服务体验，切实促进国内消费升级。

在物流能力建设和社会化开放运作方面，苏宁云商通过规模化仓储资源建设、

自动化作业设备投入、智能化物流系统升级等持续强化在物流服务能力和效率上的提升。围绕消费需求开展特色物流服务（如家电送装一体、急速达、准时达等）推广和物流应用技术研究，持续提升用户服务体验。围绕上游供应商、平台商户、外部平台合作伙伴在物流能力建设和运营管理上的合作需求，对外提供合同物流、仓储代运营、仓配一体、供应链金融、仓储租赁等多元化的开放服务产品，通过物流信息服务平台建设和社会化物流开放，整合社会物流资源，降低物流成本，提高自身社会化物流收入规模。

（三）制订清晰的未来发展计划

随着国内供给更加丰富，国家在国内消费促进和消费升级方面的政策引导也越发清晰，在国内宏观经济整体保持稳中向好的发展势头下，苏宁云商认为，国内商品消费和生活服务消费将得到有效释放。

为此，苏宁云商计划在"互联网＋"新产业、新技术、新业态等方面继续进行大胆探索，持续构建商业、置业、金融、投资、文创、体育六大产业协同发展的产业格局，打造大服务、大消费的产业生态圈，并将通过整合六大产业资源，充分利用品质消费增长的窗口期，把握行业优胜劣汰的机遇期，持续推进自身零售创新转型。

2017年，苏宁云商正围绕渠道建设、商品供应链完善、服务体验提升，打造零售、物流、金融三大业务单元的核心竞争能力，强化面向消费者、面向上游供应商及合作伙伴的服务能力，运用互联网、物联网技术，感知消费习惯，预测消费趋势，引导生产制造，为消费者提供多样化、个性化的产品和服务，创新智慧零售新模式。

江苏天裕集团有限公司

——科技引领，创新驱动，加快传统产业的转型升级

一、企业基本情况

（一）企业简介

江苏天裕集团有限公司（以下简称"天裕集团"）是集焦炭、煤化工、电力、热力等于一体，实现能源充分循环利用的清洁型现代化民营企业。现有员工 4500 人。截至 2016 年末，资产总额 98 亿元，负债总额 71 亿元，净资产总额 27 亿元。2016 年实现销售收入 126 亿元、利润 2.6 亿元，上缴税收 3.1 亿元。目前天裕集团旗下有徐州华裕煤气有限公司、徐州天安化工有限公司、徐州强盛城市煤气有限公司、徐州东方热电有限公司、徐州天裕燃气发电有限公司、徐州天旭化工有限公司、徐州盛辉管道有限公司、徐州观茂焦化有限公司、曲靖市天泰矿业公司等 15 家全资或控股子公司，主要分布在徐州市鼓楼区、贾汪区、铜山区、沛县、丰县及云南的曲靖市等区域。

天裕集团下属企业相继通过了 ISO9002 质量体系认证、OHSMS 职业健康安全管理体系认证，并取得焦化行业准入资格；天裕集团被江苏省委、省政府评为"江苏省优秀民营企业""江苏省百亿规模企业"，被江苏省经信委评为"江苏省管理创新优秀企业""2014 年江苏省信息化与工业化融合转型升级示范企业""2013 年度节能先进单位"，被徐州市人民政府评为"第三届徐州慈善奖最具爱心慈善捐赠企业"，位列 2015 年中国民营企业 500 强第 276 位、中国民营制造业 500 强第 168 位、徐州市纳税 50 强企业第 12 位。天裕集团董事长滕道春热心社会慈善事业，积极回报社会，近年来已累计捐款 5000 万元，多次荣获"慈善之星"的光荣称号，并被省委、省政府授予"江苏省优秀民营企业家"的称号。

（二）股权结构及管理架构

天裕集团是由家族持股的民营企业，控股的主要生产企业由上下游的供应商及客户共同投资建设。天裕集团拥有科学合理的法人治理结构，股东会、董事会、监

事会及管理层权责明确、各司其职。天裕集团董事会下设董事会办公室、战略与发展委员会、审计与考核委员会、薪酬与提名委员会以及顾问委员会，构建起一套"事事有人管、责任清晰、目标明确"的分工体系。

按照产业类别，天裕集团下属有两个子集团，分别是由煤、焦、电、化完整产业链上的生产企业组成的江苏天裕能源科技集团和由金融股权、附属产业、未来发展项目组成的江苏天裕能源化工集团。

（三）发展历程

天裕集团创始于 1995 年，早期主要从事稀有金属的加工及国际贸易。2004 年通过参与国有企业改制的方式，设立徐州环宇焦化有限公司，涉足煤焦化行业。为实现规模化效应，2009 年开始联合上游煤炭供应商徐州矿务集团，2012 年以参与企业破产重整的方式收购了徐州强盛城市煤气有限公司 100% 的股权。

为进一步延伸产业链，增强企业综合竞争力，2010 年天裕集团收购了热电联产企业徐州东方热电有限公司。

2012 年，天裕集团在沛县区域建设了徐州天裕燃气发电有限公司。

（四）竞争优势

1. 稳定的供销渠道以及以股权合作为纽带的战略合作关系，确保了供销业务的稳定，规避了市场风险

在长期发展过程中，天裕集团与徐州矿务集团、淮北矿务局、淮南矿务局、山西焦煤集团、兖州矿业集团、上海能源股份等原料煤生产企业建立了长期稳定的战略合作伙伴关系，确保了原料煤的供应。与中天钢铁集团、永钢集团、圣戈班管道、兴澄特钢集团、江苏龙腾特钢等建立了稳固的销售关系，确保了焦炭销售的稳定。同时，天裕集团加强与上下游企业的股权合作，下属徐州华裕煤气有限公司由徐州矿务集团参股 32%，由中天钢铁集团参股 12%，由天裕集团控股 56%，下属徐州天安化工有限公司由永钢集团持股 35%，由天裕集团控股 65%。这种上下游共同持股的方式保证了公司有稳固的供应和销售渠道，极大地稳定了公司的生产经营，保证了货款回笼的稳定，在焦炭产品产能过剩的情况下有效规避了市场风险。在 2015 年全国同行业产能利用率仅为 68% 的情况下，天裕集团的产能利用率达到了 105%。

2. 合理的物流布局及得天独厚的区位优势保障了供销业务的顺利开展，并大幅度降低了物流、库存等环节的成本

天裕集团的主要产品焦炭及占产品成本 85% 的煤炭均需大量的物流，物流条件的优劣对企业成本影响很大，天裕集团在企业建设选址方面非常重视物流条件的布局。

天裕集团下属徐州天安化工有限公司和徐州观茂焦化有限公司均坐落在徐州市

沛县龙固镇，毗邻大屯煤电公司、徐州矿务集团三河尖煤矿，紧邻天能集团龙固煤矿和龙固煤矸石电厂。北为济宁，东为枣庄，位于优质煤生产腹地，在方圆30公里范围内，还有兖矿集团、山东微山矿业等大型矿务集团，煤炭资源丰富，地理位置优越，交通十分便利。投资建设的天安化工专用码头通过微山湖水系直通京杭大运河，经长江即可抵达下游客户（永钢集团、中天钢铁集团等）的卸货码头，中间无须再通过其他运输工具中转。

天裕集团下属徐州华裕煤气有限公司坐落在徐州矿务集团义安矿原址，在方圆100公里的范围内有淮北矿务局、淮南矿务局等大型矿务集团，煤炭资源非常丰富。地理位置优越，交通十分便利。一墙之隔即有徐州矿务集团和天裕集团共同投资建设的大型洗煤厂——义安洗煤厂。集团建设有专门的铁路专用线，实现和主要客户——中天钢铁集团点对点的产品供应，24小时内即可将产品运至客户厂区，不仅节约了产品的中间运输时间，也加快了货款的回笼速度。

天裕集团下属徐州强盛城市煤气有限公司坐落在徐州市贾汪区，公司厂区外即有一大型铁路货场，有专门的铁路专用线，大大降低了原材料和产成品的周转时间，节约物流成本的同时减少了库存占用。

得天独厚的区位优势及优越的物流条件在确保供销业务顺畅开展的同时，大大节约了天裕集团的物流成本。与周边同行业相比，天裕集团的每吨焦炭节省物流成本30~50元，大大增强了产品的竞争优势。

3. 优化产业布局，延伸循环经济产业链，实现资源综合利用和能源的循环利用

经过多年的发展，天裕集团逐步完善了焦、电、化的完整产业链，项目布局及规模设计科学合理，既实现了资源综合利用，又通过循环经济提升了整个集团的获利能力。在焦炉煤气综合利用上，既有焦炉煤气制甲醇又有焦炉煤气发电，在周期性行业出现不稳定、毛利极低的情形下，运行相对平稳且毛利相对较高的电力产业保障了天裕集团在整体上仍处于盈利水平。

天裕集团注重加强循环经济体系建设，将焦炭生产过程中产生的煤气用于发电，并将发电产生的余热蒸汽再回供给焦炭生产企业用于化工企业的生产，实现了热力的循环利用。同时，通过建设干熄焦余热发电、甲醇驰放气余热发电等项目，实现对余热余压的充分利用。循环经济产业链的布局既减少了能源浪费，又增加了企业的盈利能力，增强了企业的市场竞争能力。

4. 完善各项合规手续，确保集团长期稳定的健康发展

在产业规模不断扩大的同时，天裕集团加强了环保和节能的投入，配套了先进的环保设施，通过不断的技术改造，在节能降耗上下工夫，确保符合达标排放和节能标准。天裕集团非常重视各项合规手续的办理工作，各生产企业基本全部获得环保、安全生产、危化品生产等方面的许可，在周边同行业中是合规手续最为完备的企业。确保了集团长期稳定的健康发展。

5. 加强内部管理, 提高管理效率, 提升内在竞争优势

天裕集团注重推行现代企业管理模式, 积极开展管理创新, 建立了规范的董事会管理架构, 完善企业法人治理。走"两化融合"的发展道路, 建立了 ERP 系统、OA 办公系统、E-mail 系统、视频会议系统、监控系统、HR 管理系统等信息化平台, 提高了管理效率, 节约了管理成本。以集团发展战略为导向, 采用"平衡计分卡"建立全员绩效考核体系, 提高全员工作的积极性和主动性。通过实施资金集中管理、供销集中管理、全面预算管理、计划管理、定额成本管理, 实现降低运营成本、提高运营效率、控制运营风险的管理目标。

6. 储备大量高素质专业人才, 确保集团长期可持续发展

天裕集团从事煤焦化相关行业有十多年的历史, 在此过程中, 通过并购重组、社会招聘等, 储备了大量高素质的专业人员, 同时通过建立富有吸引力的薪酬体系、绩效考核体系和员工成长计划, 稳定了员工队伍, 确保集团的长期可持续发展。

(五) 发展战略

天裕集团未来将在加强现有企业精细化管理的基础上, 进一步延伸产业链, 发展循环经济。未来 3～5 年的发展定位是: 提升现有产业的精细化管理水平, 扩大清洁能源比重, 借助资本市场优势, 广泛采用轻资产运作方式, 强化科研创新, 实现天裕集团产业结构的战略转型与升级, 将天裕集团建设成以传统产业为基础、以清洁能源、分步式能源和高端化工产品为主导、以循环经济为特色、以科研引领发展的大型现代化企业集团。

天裕集团产业结构战略转型主要通过以下路径来实现: 一是通过新建焦炭制气项目并用于发电、供热, 大力发展分布式能源, 建立需求应对式设计和模块化配置的新型能源系统, 逐步减少处于过剩状态的焦炭产品的直接销售, 转化成清洁的电力和蒸汽产品; 二是进一步扩大各环节余热余压的综合利用 (如干熄焦余热发电、甲醇驰放气余热发电), 提升综合效益; 三是借助和日本 JFE 公司、厦门大学的合作平台, 强化产品研发和创新, 生产高品质的高端化工产品和清洁燃料。通过上述项目的实施, 使集团焦炭产品与清洁能源、高端化工产品的占比由 7 : 3 反转为 3 : 7, 实现产业结构的根本调整, 更好地适应中国经济转型升级的趋势。在运作手段方面, 将改变以前的简单扩大投资的方式, 更多采用租赁经营、托管经营、融资租赁、合作入股等轻资产运营模式, 降低投资风险。

二、转型升级的做法与经验

(一) 转型升级的做法

根据国家产业政策及企业自身发展需要, 践行"生态、环保、创新、共享"的

企业发展理念和推进供给侧结构性改革，提高企业发展质量和经营效益，推进区域能源整合升级，构建清洁、低碳、安全、高效的能源体系，进一步把天裕集团做大做强。天裕集团的转型升级工作主要通过联合国内大型央企、国有企业及金融机构，借助国际、国内科研机构的科研能力，发挥自身产业分布特点及独有的"气源点"资质，大力发展焦制气、清洁能源发电、高端新材料、分布式能源产业，并借助境内外资本市场积极推动重组上市工作，实现天裕集团向清洁能源、新材料和分布式能源产业的跨越式转型升级。

1. 建设焦制气及煤气发电项目，扩大清洁能源的产能

天裕集团在铜山区、贾汪区、沛县原焦炭生产企业的基础上，采用目前国内成熟的焦制气技术生产煤气，同时新增燃气发电机组，利用焦制气置换的回炉煤气进行发电，扩大发电装机容量，发展清洁能源产业。

（1）铜山板块。投资 6.7 亿元，对徐州华裕煤气有限公司实施焦粒制气技术改造，采用固定床纯氧连续制气技术，利用焦炭产品生产燃气，置换焦炭生产过程中的回炉煤气，增加焦炉煤气产出，引进美国 32 兆瓦的 GE 公司燃气轮机发电机组高效发电。

（2）沛县板块。投资 22 亿元，对徐州天裕燃气发电有限公司、徐州天安化工有限公司、徐州观茂焦化有限公司、徐州天旭化工有限公司进行升级改造，项目完成后，形成完整的产业链，实现能源循环利用，其中徐州观茂焦化有限公司采用焦粒制气技术，利用焦炭产品生产燃气以及相关化工产品，燃气供应给徐州天裕燃气发电有限公司，其装机容量将达到 430 兆瓦。徐州天裕燃气发电有限公司生产的蒸汽供应给徐州天安化工有限公司、徐州观茂焦化有限公司、徐州天旭化工有限公司，实现能源的循环利用。

（3）贾汪板块。投资 14 亿元，对徐州东方热电有限公司和徐州强盛城市煤气有限公司进行扩能和技术改造。项目完成后徐州东方热电有限公司将增加容量 32.5 兆瓦的燃气轮机发电机组和 12 兆瓦的背压发电机组、中温中压余热锅炉等设备设施，实现发电及供热产能的扩大。对徐州强盛城市煤气有限公司实施焦粒制气技术改造，该项目采用固定床纯氧连续制气技术，利用焦炭产品生产燃气，置换焦炉煤气。扩能工程完成后徐州东方热电有限公司和徐州强盛城市煤气有限公司发电装机容量将达到 166 兆瓦，发电能力将提升超过 100%，供热能力将提升 150%。

2. 建设新材料项目，提升产品市场竞争力

依托和厦门大学合作成立的醇醚酯清洁生产国家工程实验室环宇焦化研发中心，对焦油初级加工产生的酚、蒽、菲进行深度加工并生产出医药中间体和燃料中间体等高端化工产品。借助天裕集团技术顾问的先进经验和技术，对沥青深度加工生产中间相炭微球（MCMB）（广泛用于锂离子二次电池负极材料、高密高强复合材料、高性能液相色谱柱填料、高比表面活性炭材料等领域）、碳纤维等新材料。

3. 发展分布式能源产业

天裕集团下属徐州华裕煤气有限公司、徐州强盛城市煤气有限公司、徐州观茂焦化有限公司分别是徐州市、贾汪区和沛县规划的"气源点",具有向市区、贾汪区和沛县供应煤气的功能。按照国家有关环保要求和节能减排的总体目标,要求企业和居民逐步减少对煤炭能源的消耗,而使用清洁环保的煤气等能源。天裕集团通过铺设管网将各气源点企业的煤气供应给周边的工业园区(如马坡镇玻璃产业集聚区)、企业及居民用户,用来置换其煤炭消耗,由于煤气的使用既环保又节约成本,必将受到政府和广大用户的欢迎。与此同时,天裕集团通过引进美国 GE 公司、美国 SOLAR 公司的燃气轮机发电机组,在成熟的工业园区及大型工业企业投资建设发电站,利用天裕集团管网输送过去的煤气进行发电,实现对工业园区及沿线大型工业企业的电力供应,同时将发电产生的剩余蒸汽供应给相关的工业园区或工业企业,实现煤气、电力、蒸汽的三联供,发展分布式能源产业。

4. 组建产业研究院

为了加快实现战略转型,增强集团自主创新的能力,立足产业界制高点,将科研前沿研究和科研转化并举,将科研转化与集团科研实践相结合,保持集团产品始终保持领先地位,天裕集团以现有产业为基础,依托与国内外多家科研院校的合作,聘请国内外专家,在铜山区组建具有国际先进水平的国家级中国煤化工先端材料产业研究院。

(1)产业研究院的科研基础。天裕集团在长期发展过程中,与国际煤化工领域有一定影响力的国内外多家科研机构、院校建立了深入的合作关系,厦门大学醇醚酯化工清洁生产国家工程实验室在天裕集团设立了研究中心和院士工作站,日本 JFE 公司和天裕集团开展了深入的技术合作,日本九州大学的专家持田教授、日本 JFE 公司原总经理福田先生、日本新日铁公司的原副总经理山野先生均为天裕集团的技术顾问。

(2)产业研究院的研发方向。组建的煤化工先端材料产业研究院的研发方向为:①新材料的研究开发,对先进碳材料(碳纤维、锂电池负极材料等)及各类先进芳香族材料等的研发;②新能源的研究开发,如高纯度氢的制造、储备及应用技术;③对传统煤化工技术和环保的优化升级。此外,还将定期邀请国内外产业界专家进行国际学术交流,常态化学术论坛将为徐州市打造业界的一张新名片。

(3)产业研究院的功能。收集筛选和研究利用国际煤化工产业最前沿的科技信息及成果,深入研究煤化工先端材料的生产及利用,强化科技研究成果的转化。研究成果既要有产业的引领作用,又能促进天裕集团的持续创新与战略转型。对煤化工产业的细分领域开展针对性的研究,并开展科研成果的产业孵化,最终实现科研—成果孵化—产业转化—商业培育—市场落地的全程化运作。

(4)产业研究院的规模。中国煤化工先端材料产业研究院拟由天裕集团作为主要发起人,下设研发中心、中试基地、院士工作站。研究院总投资约 4 亿元,分期建设。

5. 推动优质资产的重组上市

为优化资产配置，借力资本市场，增强集团融资能力，天裕集团启动了在境内外资本市场的重组上市工作，重组完成后，逐步实现新的产业上市，更加有利于天裕集团的长远健康发展。

天裕集团转型升级的新项目建成投产后，燃气发电的装机容量达到68万千瓦，天裕集团成为国内最大的焦炉煤气发电企业。天裕集团的产业结构发生根本转变，由传统的煤化工企业发展成为以清洁能源、新材料和分布式能源为特色的现代化科技企业。年销售规模、利润规模及上缴税收将成倍增长。

（二）实现转型升级的优势条件

1. 行业先发优势

作为全国知名的煤化工企业，天裕集团在煤化工行业里深耕多年，业务涵盖了焦炭、煤化工、燃气、电力、热力等全产业链，实现了"气、热、电"联产联供，在行业中具有先发优势。

2. 市场准入优势

天裕集团已被政府"十三五"规划列为备用气源点和补充气源点，手续已获批。随着国家对分布式能源、清洁能源政策的推进实施，分布式能源、清洁能源将会得到很好的发展，也必将会给区域经济运行提供低价、环保、安全的能源保障，具有牌照的天裕集团在行业竞争中具有准入优势。

3. 科研支撑优势

天裕集团与厦门大学合作成立了醇醚酯清洁生产国家工程实验室环宇焦化研发中心，聘请了国际知名专家为技术顾问，并依托与国内外多家科研机构和院校的合作，在铜山区组建具有国际先进水平的国家级中国煤化工先端材料产业研究院，在行业中具有其他企业无法比拟的科研支撑优势。

4. 符合国家产业政策要求

天裕集团的清洁能源、分布式能源及新材料项目符合国家优化能源结构、提高能源利用效率、为社会经济发展提供优质能源保障的要求，符合国家能源消费由传统能源向清洁能源转变、能源增效由结构节能向多元推进转变、能源保障由注重供给向供需调节转变、能源发展由注重规模向生态协调转变、能源管理由落后粗放向智能精细转变以及就近消纳、梯级利用、循环利用等一系列政策要求，属于国家政策支持和所倡导发展的产业项目。

5. 项目已吸引多家企业参与

天裕集团转型升级项目发布后，吸引了全国银行、信托公司、证券公司等10多家金融机构以及数家大型企业的关注、洽谈、合作。目前，天裕集团已经与某大型国有企业、某央企及中国华融资产管理股份有限公司分别签署了《合作框架协议》，项目建设所需资金得到充分保障。

（三）转型升级的经验

1. 以科技为引领

天裕集团特别注重先进科学技术的学习与交流。多年来，天裕集团积极向世界一流煤化工企业学习。日本 JFE 公司是世界 500 强之一的钢铁联合企业，煤化工技术世界一流，有着先进的生产技术和管理经验，集团高层定期带队赴日本 JFE 公司开展考察交流活动，学习先进的生产技术和管理经验，并邀请日本碳素材料国际株式会社专家来集团进行技术指导，在配煤、焦炉等诸多领域进行深入交流。

加强产学研联合科研。为促进集团科技进步，加快高校科技成果产业化，天裕集团积极与国内外煤化工技术权威的高校进行产学研联合科研。2015 年，集团与厦门大学成立了醇醚酯清洁生产国家工程实验室环宇焦化研发中心和院士工作站，包括煤质分析中心、煤炭渣分析中心及化学分析中心，双方联合申请国家和省级科技纵向项目，完成各类研发项目的立项工作。目前，实验室已在醇醚酯能源化工新一代重要催化剂及先进绿色催化工艺等领域取得了一批具有产业化应用前景的突出创新研发成果。

在加强企业知识产权工作方面，天裕集团也走在了行业前列。天裕集团坚持在科研、生产过程中，不断总结经验，对其中的各项技术创新及时申请专利，不断丰富企业的知识产权，使企业走上技术创新良性循环之路。目前，天裕集团下属徐州强盛城市煤气有限公司已经获得了除尘车双层冷却器、罗兹风机外置润滑系统、装煤车后挡板集烟装置、熄焦车耐热低衬板、挡焦车取门烟气收集装置、拦焦车导焦耐热地衬板六项专利，企业的年度专利申报数量也在逐年递增。

2. 坚持创新驱动

一个企业只有确保让创新成为发展的第一动力，使创新的基因植入肌体，才能劈开荆棘，走向长远。天裕集团深谙此理，在行业大势面前，既俯瞰全局，又置身其中，以创新凝聚实力。

作为独立焦炭生产企业，一直以来，天裕集团不断加大科技投入及新产品研发，加快转型升级，增加企业发展的原动力。企业坚持走"煤—焦—化"产业链的发展之路，现有四家焦化厂，全部配套建设了自动配煤系统、炼焦系统、筛焦系统以及煤气净化系统，还投入上千万元建设除尘地面站，在焦炉装煤、推焦过程中控制烟尘的无组织排放；配套建设污水处理系统，实现工业废水的零排放；建设煤气净化等辅助设施，回收焦炉煤气中的粗苯、焦油，将富余的焦炉煤气转化生产甲醇，用于发电……种种手段都旨在用创新消化污染因素，达到工业"三废"循环利用、节能减排、清洁生产和能源资源综合利用的目的。

通过加强管理创新，企业的运作效率不断提升。天裕集团通过实行"目录制"管理、建立企业流程管理制度、引进高效的技术及管理人才、加强物流体系建设、强化内部管理，多渠道降低企业成本，使得管理水平得到了显著提升。生产现场更加整洁高效，标准化水平及业务运行能力等方面均取得了突破，使天裕集团更好地应对经济危机和市场竞争，取得了显著的经济效益和快速发展规模。

3. 坚持走资源综合利用和循环经济的发展道路

天裕集团多年来致力于打造完整的循环经济产业链，通过建设焦炉煤气制甲醇、焦炉煤气发电、干熄焦余热发电、产品深加工等项目，实现了资源的综合利用和能源的循环利用。如此一来，既减少了对环境的污染和能源的浪费，又增强了企业的盈利能力。特别是采用美国 GE 公司和美国 SOLAR 公司设备和技术建设的焦炉煤气发电项目，通过装备引进（装机容量达到 30 万千瓦）、技术创新，在当前宏观经济低迷的情况下，不仅没有给企业增加负担，反而使企业实现了产值产能最大化、综合效益最大化，有力地支持了企业的稳定健康发展。

江苏中能硅业科技发展有限公司

——打造全球化新能源和清洁能源企业

一、企业基本情况

（一）企业简介

江苏中能硅业科技发展有限公司（以下简称"中能硅业"）是目前世界上单体投资规模最大的高纯多晶硅研发与制造基地，系香港上市公司保利协鑫能源控股有限公司全资控股的子公司。

2006年3月，中能硅业在江苏省徐州市经济技术开发区创立。2011年，中能硅业年产能达到6.5万吨，并首次与美国Hemlock、德国Wacker、韩国OCI并列为最具影响力的供应商。历经10多年发展，中能硅业成为江苏省重点企业、徐州市发展新能源龙头单位，通过持续技术改造和流程优化，产能不断提升，目前产能达7.5万吨/年，位居全球第一，占全球市场约17.5%，占国内市场约36%。

中能硅业是国家火炬计划重点高新技术企业、江苏省百家重点创新型企业、江苏省技术创新方法试点企业、江苏省技术创新先进单位，GCL法多晶硅超大规模清洁生产技术（简称"GCL法"）成果获2011年度中国可再生能源学会科学技术奖二等奖、第六届（2011年度）中国半导体创新产品和技术奖、2012年度江苏省科学技术奖。

多年来，中能硅业在产业发展的同时一直坚持做好社会公益事业，回馈社会，并积极履行社会责任，公司在对口扶贫、与地方共建文明生态村、市政建设、环境治理、义务献血、义务植树、抗灾捐款、支持行业发展等方面，都作出了引人关注、令人称赞的业绩。

（二）研发创新情况

中能硅业主张走自主研发的科技创新之路。截至目前，中能硅业拥有研发机构5个，累计申请专利124项，获得了大批具有自主知识产权的技术成果，涵盖了多晶硅生产的各主要工序。另外，拥有"协鑫硅业"注册商标，主营产品"协鑫硅业"

牌太阳能级多晶硅为江苏省名牌产品，"中能"字号入选徐州市十大工业品牌，"GCL"商标先后被认定为江苏省著名商标和徐州市知名商标。2016年6月获"徐州市市长质量奖"。

"十一五"和"十二五"期间，中能硅业承担了多项国家、省部级科技项目，主导国际SEMI标准2项，参编国际SEMI标准4项，主导与参编国家标准13项、行业标准6项。

中能硅业在美国华盛顿州里奇兰市设立了全球科技研发中心，并与中国矿业大学建立合作。中能硅业设立了"先进硅材料制备技术国家地方联合工程研究中心"国家级工程中心平台，以及"江苏省多晶硅材料工程技术研究中心"和"江苏省氯氢化技术工程中心"两个省级工程中心平台，旨在借助国内外高等院校、科研院所的人才、科技、信息资源优势，加快提升企业研发能力，为增强光伏产业核心竞争力提供支撑。2010年，中能硅业被省四厅委联合认定为百家重点自主创新企业之一，并获评江苏省技改先进企业、江苏省技术创新方法试点企业等。

中能硅业始终保持年均研发经费超过销售额的4%。2008年至2016年，中能硅业累计完成研发投入近17亿元，并持续完善了创新工作机制，实现了装置的高效运行。

中能硅业培育了一批包括企业院士（1人）、外籍专家（5人）、省双创人才（1人）、省产业教授（1人）、省"333"人才（2人）等在内的高层次科技创新人才，组建了一支老中青结合、专业知识结构搭配合理、以高层次人才为核心的科研队伍，固定研发人员总数达到189人，其中高级职称32人，中级职称143人，硕士学历42人，博士以上学历2人，科研队伍专业知识结构互补，梯队建设成熟，具有国内一流的创新实力。

（三）发展战略

中能硅业围绕"转型、转化、转变"的思路，以"简单、成本、速度、协同、人才"为经营理念，以"创业、创新；争先、领先"为新时期企业精神，以"专注绿色发展，持续改善人类生存环境"为使命，以"成为受人尊重的全球化新能源和清洁能源企业"为愿景，以"价值引领，创新驱动，协同一家，奋斗为本"为核心价值观，通过细致的战略分析，制定严密的战略规划、部署、执行、监控措施，针对内外部环境的变化，作出快速反应和战略调整，使公司不断发展壮大。

中能硅业坚持"以人为本"的价值观，坚持道德观、经营观、公平观的管理理念，坚持报酬吸引人、真情感动人、事业发展人、环境留住人的管理模式，形成以业聚才、以才兴业的氛围，充分调动和发挥全体员工的积极性和潜能，在公司发展的同时，实现员工个人价值的最大化，让员工真正地以公司为"家"。

根据光伏管理中心要求及自身需要，中能硅业采用"5+3+1"的模式设定战略规划区间，即"5年长期发展战略，3年中期发展战略，1年技改项目策略"，使公司能较好地适应多晶硅行业和市场的短期变化以及宏观环境的变化，保证长期战略规划的延续性和有效性。正是这种连续、科学、务实的战略管理办法，既保证了公司战略方向的高瞻远瞩和长期的一贯性，又能灵活适应内外部的变化，从而实现了连续多年快速、健康的发展。

（四）信息化、工业化融合及智能制造水平

在内部管理提升、结构调整方面，中能硅业结合"工业4.0"、《中国制造2025》，打造智能工厂，将目标定为以云计算平台为基础，建立企业大数据平台、设备资产管理系统（EAM）平台、生产执行系统（MES）平台、企业管理解决方案（SAP）平台等。信息化和工业化的深度融合与公司的发展战略高度匹配，从"传统制造"向"智慧制造"转变，全面实现生产自动化、运营高效化、管理精细化，为公司的发展保驾护航。

中能硅业对于"两化融合"的基础建设较为重视，技术设施建设较为健全，在信息化的组织与规划、信息资源管理、设备设施以及信息安全等方面具有较高的水准。目前的信息系统，实现了生产板块、采购管理、质量和计量管理、综合管理板块全面覆盖。从公司整体来说，公司主要核心流程的集成已经完成，"两化融合"总体处于集成提升阶段。

二、转型升级的做法与经验

中能硅业传统多晶硅生产工艺包括原料制备、提纯、合成、尾气处理等多个环节，所涉及的物料种类和数量多，很多物料除用于多晶硅生产外，在其他高端领域也具有广阔的应用市场。为充分发挥中间物料的价值，同时提高企业的综合竞争力，中能硅业通过自主研发，以及与国内外先进技术团队合作，并结合协鑫集团全产业链发展优势，积极拓展硅产业链，在多个新兴产业领域制订了培育发展规划。

中能硅业积极响应国家"十三五"规划，加速战略转型和产业升级，依托自身产业链的优势不断进行新的产品开发。中能硅业明确了"十三五"期间的重要发展目标和方向。通过科技创新实现传统硅材料产业的提档升级，同时结合协鑫集团战略规划大力培育、发展新兴产业。在集团设立的中央研究院框架下，借助集团优势科研资源，积极开展技术创新，进行高品质硅材料、高端电子材料及绿色能源技术的研究，使中能硅业成为高新技术及成果的孵化器。

中能硅业加强与高校的人才培养和交流，在获得持续创新能力的同时，促进应用型人才的培养，确保公司发展中的急需人才不断得到补充。加大研究开发投入，提高自主创新能力。加快高新技术开发和传统产业改造，着力突破产业和行业关键

技术，增加技术创新储备。强化知识产权意识，实施知识产权战略，实现技术创新与知识产权的良性互动，形成一批拥有自主知识产权的核心技术和知名品牌，发挥对产业升级、结构优化的带动作用。

中能硅业继续开展工业化和信息化建设升级，加强信息化建设，实现两化的深度融合发展，推进智能制造持续开展，制定节点目标，争取早日实现产业的优化升级，进而带动成本的降低、品质的提升和生产装置安全水平的提高。2016 年获得省工业和信息产业转型升级专项资金，入围 2016 年中国电子信息百强企业，2016 年获得江苏省两化融合网络信息安全试点企业。从 2016 年开始，中能硅业正积极推进 SAP 项目的实施，替换现有用友 ERP 系统，利用先进的 SAP 平台解决信息共享与资源整合问题，实现业务、财务一体化和管理的全面提升，以适应公司的快速发展。以上智能制造的建设实施，已经取得良好的社会、经济、环境效益。

近年来，除稳步提升现有改良西门子法多晶硅生产技术外，公司积极投入新产品、新技术的开发：一方面，积极开发新的硅料制备技术及装备，以大幅降低多晶硅生产成本，实现多晶硅生产技术升级；另一方面，注重开发高端硅材料产品及其生产技术，以实现硅材料品质的升级。对锂电池开发、纳米硅材料开发等多项技术进行了布局，以开发高端硅化学产品生产及应用技术，逐步将中能硅业建设成为一个具有 GCL 特色的以硅为核心的高品质硅材料、高端电子材料及绿色能源技术研究与产业化中心，打造清洁生产、低碳减排的环保新能源企业，提升国际化核心竞争力，带动国内光伏、电子、硅化学等新兴行业发展。

转型升级项目如下：

（一）半导体级多晶硅项目

中能硅业于 2015 年 12 月与国家集成电路产业投资基金股份有限公司共同出资成立了江苏鑫华半导体材料科技有限公司，主要从事电子级高纯多晶硅研发和生产，电子级高纯多晶硅是集成电路产业链的最前端，集成电路产业作为现代信息产业的基础和核心，是关系国民经济、社会发展和保障国家安全的战略性、基础性和先导性产业。中能硅业通过多年技术积累，同时引进了部分关键的技术和设备，取得了电子级高纯多晶硅的技术突破，一期年产 5000 吨，总投资 22 亿元。项目成功投产后，将改变国内高品质多晶硅 100% 依赖进口的局面，将可满足国内市场需求，有利于我国形成健康的从原料到终端的一体化产业链。同时中能硅业将依托电子级高纯多晶硅，继续研发 8 寸、12 寸等大尺寸硅晶圆。目前该项目处于试运行阶段。

（二）硅烷法流化床颗粒硅制备技术开发

2012 年，中能硅业成功开发出流化床颗粒硅制备技术，打破了国外技术垄断，并先后自主开发了年产 1000 吨和 3000 吨的第二代、第三代流化床装置，所产颗粒硅产品纯度达到 7N，硅烷转化率达到 98% 以上，细硅粉产量低于 10%，技术水平达到国际先进水平。目前，借助协鑫集团所收购的 SunEdidson 公司的国际一流的流化床颗粒硅制备技术和团队，中能硅业正在致力于开发年产能 2000 吨、6000 吨的第四代、第五代新型流化床反应器，以进一步优化流化床反应器结构及其内部温场分布、提升装置生产效率、实现装置的长周期稳定运行。中能硅业全力推进硅烷法项目量产，将生产成本向 8 美元/千克的全球新低水平逼近，助推光伏发电平价上网、让老百姓用得起太阳能电力的目标早日实现。

（三）气相白炭黑项目

中能硅业以公司副产四氯化硅为原料，通过深加工，生产高端气相白炭黑。项目总投资 1.7 亿元，年产 10000 吨气相法二氧化硅，属于循环经济项目。

（四）碳化硅特种材料

江苏协鑫特种材料科技有限公司成立于 2015 年 7 月，是由中能硅业全额出资的控股子公司，从事碳化硅涂层的研发与制造。通过引进全球先进的 CVD 法碳化硅涂层装置与技术，长期致力于 CVD 法碳化硅涂层的技术研究与改进，遵循技术研发和市场需求联动的规律，使技术进步和市场开发相互促进，生产出具有熔点高、硬度大、强度高、耐腐蚀、耐冲击、抗氧化、抗热震、热膨胀系数低等特点的涂层产品，可广泛应用于航天、原子能、电子、化工、光伏等领域。目前已投产。

正泰集团股份有限公司

——围绕主业延伸产业链，打造智慧能源服务商

一、企业基本情况

（一）企业简介

正泰集团股份有限公司（以下简称"正泰集团"）是我国新能源与电力设备制造领军企业之一，辖下有14家产业子公司，产业涵盖智能电气与高端装备、清洁能源与新材料、物联网传感技术、信息技术系列解决方案、金融物流与现代服务等，拥有"发电、输电、储电、变电、配电、用电"的电力全产业链。2017年全球销售额超过600亿元，资产达615亿元，员工达3万余名。正泰集团的综合实力名列中国民营企业500强前茅。

正泰集团设有全球三大研发中心、五大国际营销区域、14家国际子公司、22个国际物流中心，为140多个国家和地区提供产品与服务。产业制造基地主要分布在温州、杭州、上海，在中国嘉兴、咸阳及德国、泰国、埃及、新加坡、越南、马来西亚等地设有工厂。其中，温州基地主要为低压电器、仪器仪表、建筑电器、汽车电器等产业，杭州基地主要为晶硅电池、光伏电站工程、自动化、信息化、量测技术等产业，上海基地主要为诺雅克电器、输配电、电源系统、自动化、信息化、高端装备等产业。

正泰集团坚持实业发展、创新驱动的理念不动摇。在全国同行业中率先通过了ISO9001质量体系认证、ISO14001环境体系认证和OHSAS18001职业健康安全管理体系认证，通过了中国强制性认证（简称"CCC认证"），并通过了国际CB安全认证、美国UL认证、芬兰FI认证、比利时CEBEC认证、荷兰KEMA认证、德国VDE认证等。高低压电器和光伏逆变器获得德国红点奖。由正泰集团主导研发的国内首台硅基薄膜光伏电池关键制造装备PECVD、LPCVD和MOCVD设备，大幅提升了我国半导体装备制造水平，已获各种专利授权2000余项，其中发明专利300多项，并荣获"国家认定企业技术中心""浙江省重点企业研究院""全国企事业知识产权示范创建单位"等称号。

正泰集团坚持以人为本、价值分享文化不动摇，遵循"为顾客创造价值，为员工谋求发展，为社会承担责任"的经营理念，与上下游多方精诚合作、互利共赢。2014年，正泰公益基金会与中国检科院联合投资组建第三方检测机构——浙江九安检测科技有限公司，致力于推动食品安全、环境保护。浙江九安检测科技有限公司取得了CNAS／CMA／CATL资质证书，涵盖食品、环境领域，达3000余项，实验室检测能力已达国际先进水平。正泰集团积极参与扶贫济困、捐资助学、抗震救灾、公益创业、生态环保等社会公益慈善事业。截至2017年末，累计向社会捐资超过3亿元。

正泰集团先后荣获"中国工业大奖""全国质量管理奖""中国优秀民营科技企业""中国机械工业最具核心竞争力十强企业""中国民营企业自主创新十大领军企业""全国重合同守信用企业""全国就业和社会保障先进民营企业""中华慈善奖"等荣誉。

（二）发展历程

正泰集团前身是创办于1984年的乐清县求精开关厂，是一家创业股东只有5人、年产值仅为1万元的小型低压开关厂。1991年建立中美合资温州正泰电器有限公司，确立了电器专业化发展方向。借助良好的品牌形象，以市场和产品为基础，以股权为利器吸纳30多家当地企业，1994年组建了国内低压电器行业首家企业集团，形成一个门类齐全的工业电器企业。1997年，对所属企业进行股份制改造，组建股份有限公司和有限责任公司，集团内首家规范的股份有限公司"浙江正泰电器股份有限公司"经浙江省人民政府批准成立。按照现代企业制度规范企业，通过整合资源和打造品牌，正泰集团取得了快速发展。

2004年进军高压输配电设备产业，扩充电力设备产业链。2006年进入光伏领域，并逐步发展成为新能源开发投运商。2010年1月21日，正泰电器股份有限公司正式登陆上海证券交易所，成为首家以低压电器为主营业务的上市公司。2015年，正泰电器股份有限公司参与发起设立温州民商银行、浙民投。2016年，正泰电器股份有限公司以非公开发行股票方式收购正泰新能源开发100%的股权，同时增发募集配套资金投资光伏电站建设与智能制造应用项目，进一步完善企业在电力全产业链的布局。

（三）治理结构

正泰集团创立30多年来，历经家族企业到公众公司、家族企业制度到职业经理人企业制度的变迁、融合，形成了相对合理的企业治理结构和运行机制，逐步降低了家族成员在经营管理层的比重。对股东大会的人员进行了调整，现在主要由中小股东代表所组成。在最高决策层中，家族成员所占的比例不到1/3；在100多人组成的股东会中，家族之外的股东占 80%；正泰集团的管理团队中股东逐渐变少，熟悉现代企业运作的职业经理人占到 85% 以上。大量外来的优秀职业经理人和科技人员进入领导层，达到了资本所有权与生产经营权的适度分离。通过产权制度变革后，正泰集团形成了决策机构、执行机构和监督机构三权分立，各司其职，各负其责，相互监控。同时，健全了"董事会、股东会、监事会"，三会制衡。治理结构创新，使正泰集团打破了创业初期以人治为主的管理模式，建立了规范的制度体系和完善的授权经营体系，构筑起了管人、管事相结合的全新管理体系，逐步形成了以法治为主的管理模式。

二、转型升级的做法与经验

正泰集团历经 30 年艰苦创业和跨越式发展，从小作坊发展成为低压电器龙头。围绕"电"字主线，从元器件到高低压成套设备，从电力设备到系统集成整体解决方案、从输配电设备到光伏新能源，不断延伸产业链。抢抓全球能源互联网的发展机遇，打造包含能源开发、能源生产、能源传输、能源配售、能源利用的能源服务综合平台，致力于成为全球领先的智慧能源解决方案提供商。正泰集团从低压电器迈向智慧能源综合服务商，走出了一条具有自己特色的制造业企业转型发展之路。

(一) 聚焦电器发展，完善电气设备产业链

正泰集团从低压电器制造和销售起步，不断扩张市场份额，形成一个门类齐全的工业电器企业，低压电器产品销量连续多年居首位。虽然在低压电器行业正泰占据"龙头"位置，但地位并不稳固。由于进入低压电器产业的门槛比较低，行业内竞争异常激烈。另外，外资企业长期占据高端市场并将触角不断向低端市场延伸，进一步加剧竞争态势。前有狼后有虎，加快企业转型升级已迫在眉睫。正泰集团坚持"有所为有所不为"的原则，用"减法"做大企业，剥离非相关、不熟悉产业，专注电器主业。用"加法"做强产业，围绕低压电器，延伸产业链条。

从 2003 年开始，正泰集团开始进入高压输配电产业，在上海松江建立输配电设备生产基地，打造输配电产业全系列产品，被列入上海市 20 个重大产业升级项目。其自主研发的 LW43—252 高压六氟化硫断路器荣列"国家重点新产品"并填补了国内空白，ZF21—126 气体绝缘金属封闭开关设备（GIS）荣列"国家火炬计划项目"。各类产品已广泛运用于国家电网、南方电网、西电东送、西气东输、三峡工程等。输变电工程总承包覆盖 30 多个国家，在巴基斯坦的市场占有率达到 70%。由此，正泰集团产品结构从单一的低压电器延伸到高压电器，从元件电器延伸到成套电气设备，形成了为输、变、配电服务的完整的电气设备产业链。

"十二五"期间，我国智能电网进入全面建设的重要阶段，智能成套设备、智能

配电及控制系统等迎来黄金发展期。随着低压电器生产技术的不断发展，以智能化、模块化、可通信和网络化为主要特征的新一代低压电器成为市场主流。这将加速低压电器产品升级换代及市场重新分割。为适应新的市场竞争形势，正泰集团在上海建立主攻低压电器高端市场的诺雅克品牌，并以系统解决方案提高产品附加值。在杭州成立先进量测系统研发基地，开发智能电表及满足电网即时监控需要的先进量测系统。正泰集团还以外延式扩张来加速公司主业的成长，2012 年收购上海新华控制技术（集团）有限公司 70% 的股权。该集团作为我国火力发电设备控制系统国产化的先行者，具有强大的硬件及软件开发能力和工程实力。由此加快了实现由硬件向软硬件相结合的产业升级，为实现由单个元器件制造商向系统集成商的转型迈出了关键一步。通过内生式增长和外延式扩张，正泰集团很快形成了以智能电器、输配电设备、自动化系统为核心的产业格局。

在能源计量领域，从提供计量产品，升级到提供水、电、热、气智能抄表整体解决方案。工业自动化产品进入电力控制、轨道交通、过程自动化等领域，提供软硬件产品及系统集成服务。以自动控制为基础，综合信息、仪表、电气系统，发展总包市场。轨道交通综合监控系统、电力监控系统、电能质量管理系统等产品和解决方案广泛应用在上海、杭州、苏州、南京、青岛、深圳、温州等城市的地铁、轻轨、有轨电车、市域铁路项目中。例如，为上海地铁 362 个站点提供电力监控、电能量监测系统解决方案，并以 EPC/BOT/BOOT/PPP 模式成为城市轨道交通供电包、机电包的供应商，为国内外用户提供机电安装工程项目设计、施工、安装和调试等总承包服务。另外，还提供成熟的核电控制系统解决方案，为中核秦山核电厂提供了汽轮机 DEH 控制系统，为中核福清核电厂等提供了 9 套核电主设备仿真培训系统。

（二）向太阳要能源，大力发展新能源

资源紧张、环境污染、气候变化是当今世界各国面临的三大挑战，其根源在于化石能源长期大规模的开发、使用。应对挑战的根本出路是加快清洁发展，以清洁能源发电替代化石能源发电。能源革命将成为下一轮全球经济增长的主要引擎。正泰集团原本主要做低压电器、输配电设备，主要做电力建设的配套，处于产业链后端。而前端的发电部分，由于没有技术，投资金额大，都未曾涉足。

2003 年正泰集团就新能源项目选择邀请了相关顾问、专家作进一步论证，分析研究风能、水电能、生物能和太阳能等各个方向新能源的发展前景。从我国可再生能源开发利用的情况来看，风能、生物能发电因为其自身资源有限且不稳定，始终是补充性能源，而太阳能则有可能成为火力发电之后的主流能源，市场前景非常广阔。

2006 年，国家相继出台了鼓励扶持可再生能源发展的配套政策。2006 年 1 月 1

日，国家正式实施《可再生能源法》，可再生能源的地位确认、价格保障、税收优惠等都写进了法律。随后，国家陆续出台10多项实施细则，发布《可再生能源中长期发展规划》和《可再生能源发展"十一五"规划》。这一系列政策利好让正泰集团更加坚信新能源产业将大有可为。正泰集团最终选择向太阳要能源，于2006年进军光伏产业。

众所周知，我国光伏产业在短短十几年内曾经历过山车般的跌宕起伏。"尚德"事件、"双反"危机都令过去"两头在外"的产业濒临崩溃的边缘。正泰集团与同行一样，一路走来并非一帆风顺。正泰集团最初选择以二代薄膜太阳能技术为主攻方向。与较成熟的晶体硅太阳能电池相比，二代薄膜太阳能技术的硅材料占用量少，最终成本更低。正泰集团成功将薄膜太阳能电池转化率提升至12%。但谁也没有想到，光伏产业却遇到最寒冷的冬天。尤其是多晶硅价格从每公斤400美元跌至不到20美元，令薄膜太阳能电池的优势荡然无存。正泰集团及时转型，首先从薄膜太阳能的生产转向研发，将薄膜太阳能技术和其他一些高科技产品进行嫁接、合作，为第三代、第四代薄膜作储备。

除了不放弃产业链上游的材料科技外，将下游的电站建设作为转型的突破口。正泰集团借助集团品牌、资金和产业链系统集成优势，开展电站投资、EPC工程总包业务。仅用7年左右时间，正泰集团从太阳能"新人"迅速成长为国内民营企业中的最大投资商、运营商，并且是目前光伏产业链最完整的企业之一。依托大数据和云计算的平台，促进能源管理智慧化。正泰集团率先在行业内采取智能化电站管理，在线实时对光伏电站进行数字化监测，对逆变器、汇流箱、电池组件等关键设备的运行效率、故障发生率等主要指标进行分析和评价，实现光伏电站数字化和智能化统一管理，从而提高了电站综合效率和发电量。正泰集团荣获"第四届节能中国十大贡献单位""十佳电力投资运营商大奖""全国光伏发电企业前三甲"等殊荣。

（三）创新盈利模式，从卖产品到卖服务

正泰集团积极探索创新盈利模式，由过去单纯"卖产品"向EPC总包"交钥匙"工程、卖服务转变。在全球承建大量电网改造、输变电升级、光伏发电等工程建设项目。在国内外实施了数十个EPC工程总包项目，带动产品配套出口。

2017年，我国光伏新增装机容量超53吉瓦（GW），连续五年居全球首位，良好的市场环境促使我国光伏产业规模持续增长。通过建电站来销售产品，是光伏制造企业的普遍策略。但是对于正泰集团而言，建设电站不仅能销售光伏电池组件，还能带动输配电等其他系列产品的销售。正泰集团拥有建设电站所需的所有产品，包括太阳能电池组件、输配电设备、电缆、元器件等，以及优良的设计土建、机电安装团队，是业内唯一具备系统集成和技术集成优势的全产品设备提供商。将传统

的工程公司和设备制造商合二为一的一揽子解决方案不仅能提供高性价比的成本竞争力，还能有各种如节省沟通成本和建设时间等方面的好处，系统集成优势和成本优势不言而喻。2016 年，通过注入光伏资产，正泰集团实现了发电、配售电和用电的全产业链衔接，形成以光伏应用带动整个电力产业链升级的格局。

为顺应分布式光伏的发展趋势，正泰集团创新推出 O2O 分布式光伏服务平台，依托互联网平台、分布式光伏电站远程监控平台、物流服务平台、互联网金融平台，为客户提供分布式光伏系统设计、安装、并网、监控、维护、金融服务等整体解决方案。居民无须任何投资，仅提供屋顶使用权，即可分享稳定的电站收益分成。同时，正泰集团通过创新"沙光互补""农光互补""光伏旅游"等光伏应用模式，不仅改善了生态环境，还促进了农民增收。

正泰集团率先参与浙江省政府提出的"百万家庭屋顶光伏工程"，在省内建成505 兆瓦分布式光伏电站，占全省光伏电站总量的 20%。正泰集团江山 200 兆瓦林农光互补地面电站项目是华东地区规模最大的地面电站，累计发电量达 1.5 亿千瓦时，每年仅支付当地农民的租金和劳务费用就达 600 多万元，对促进土地综合利用、发展现代农业、巩固农村集体经济、增加农民收入都产生了显著效果。

正泰集团在全球建成并网运营 200 多座光伏地面电站、超 7 万个分布式屋顶电站，累计并网电站规模达 3.6 吉瓦。例如，全球最大单体地面电站之一的甘肃永昌200 兆瓦光伏电站、亚洲最大的单体建筑光伏发电项目杭州火车东站 10 兆瓦屋顶电站，以及在韩国、泰国、印度、意大利、西班牙、保加利亚、罗马尼亚及美国等地建成的 30 多座海外地面光伏电站。

正泰集团将利用产业链优势，把握电改配售端放开机会，参与售电业务，构建集新能源发电、配售、用电于一体的区域微电网。正泰集团从单纯的电池组件制造商转变成为新能源系统服务商，也实现了从生产型制造向服务型制造的转变。

（四）发力智能制造，加快两化融合

德国工业 4.0、美国工业互联网、"中国制造 2025"让全球都在关注智能制造。作为迈向"制造强国"的主攻方向，过去的两年时间里，智能制造成了中国制造业领域最热门的词汇，众多企业开始纷纷加入"智造"的行列。

正泰集团抓住机遇，率先在业内布局智能制造。正泰集团自 2014 年起开始发展智能制造，被工业和信息化部列为第一批中国制造 2025 规划企业名单。2015 年 6月，正泰集团"基于物联网与能效管理的用户端电器设备数字化车间的研制与应用"项目入选工业和信息化部智能制造专项，加快了正泰集团智能制造战略的实施进程。该项目总投资 2.35 亿元，政府补贴 6000 万元；截至 2017 年 2 月，知识产权共申请97 项。依托自主设计开发的成功经验，正泰集团具备了提供智能制造系统解决方案的能力，成为业内"中国智造"的先行者与探索者。

2016 年，通过并购整合德国工厂先进智能制造技术，正泰集团建成杭州智能工厂和海宁智能工厂。正泰集团智能工厂由物联网传感器技术、大数据、云计算等先进技术融合打造而成，实现了生产作业的全智能对接、自动化运行和透明监控，使车间作业人员大幅缩减，节省人力成本，增加生产效益。正泰集团杭州智能工厂是国内首家光伏组件透明智能制造工厂，基本具备了工业 4.0 所要求的大部分智能要素，被工信部列为"中德智能制造合作试点示范项目"，可实现一线人力节约 75%，人工成本节省约 5236 万元/年，运营费降低 5%，降低成本约 3144 万元/年，提高生产效率 17.5%，增产约 6 亿元/年。

正泰集团海宁智能工厂是首家向全球用户彻底开放的"光伏制造 + 互联网"透明工厂，可提供"1 分钟网络下单，6 小时工厂生产，48 小时配送安装，云监控直播全程，30 年质量保障，悦享 72 小时"的智能化、体验式服务。正泰集团通过实施"机器换人"，替代人力上千名，年节约人力成本近亿元。

（五）聚焦新兴产业，强化创新驱动

正泰集团将创新作为加快转型升级的重要抓手，持续推进科技创新和体制机制创新，打造国际协同的开放式研发体系，建立北美、欧洲和亚太三大研发中心，以灵活的机制，借助技术入股、资金入股、股权激励、产融结合等建立共享机制，集聚创新要素形成合力。根据不同产业，每年研发经费占销售额的 3% ~ 10%，营造"鼓励创新、宽容失败"的文化氛围。

"正泰昆仑"系列 200 多项新产品取得 360 多项专利，产品技术性能指标在国内领先；正泰集团成功研发了我国首台薄膜太阳能电池关键高端生产设备（PECVD），打破了西方的长期垄断，并与德国、日本等相关企业合作，形成高端装备联盟，实现新能源制造降本增效；自主开发了基于云计算技术、超过 1000 万点、技术先进的新型轨道交通综合监控云平台，应用于智慧城市建设等领域；提前布局传感器技术、物联网、储能技术等，抢占技术制高点。

正泰集团将目光瞄准石墨烯储能技术。2014 年，正泰集团收购了上海新池公司，并与中科院上海微系统所成立联合实验室，以石墨烯粉体材料为基础开发下游应用，成为领先的超级电容和石墨烯粉体供应商。同时设立储能及动力电池事业部设计开发储能和动力电池的应用，并逐步发展工业级高能量密度储能系统及控制平台。2016 年，正泰集团又与西班牙 Graphenano 公司合作投资 Grabat 公司，研发高性能石墨烯电池。石墨烯聚合物电池能量密度达到 700 瓦时/千克，约为锂离子电池的 4 倍，体积下降 2/3 以上，实验性能安全稳定，Grabat 电池软包已在欧洲空客 319 飞机、空客小卫星、宝马汽车等进行应用测试。2017 年，正泰集团又增资中国电器科学研究院有限公司获得 11% 的股权，增资天津中能锂业有限公司获得 20% 的股权，加大新能源电池产业的投入，为公司抓住可再生能源储能、新能源汽车等战略性新兴产

业发展机遇，培育了新的增长点。

仅凭单一产业手段无法实现新兴产业的快速发展，以金融手段助力产业资本的高效配置和运转是大型产业集团发展新的关键点。实业为本、金融为辅的模式成就了众多全球知名企业的基业长青。循着这一模式，正泰集团利用深厚的资源积累，开始布局投融资与支付平台，助力实业发展。为此，正泰集团牵头发起成立温州民商银行、浙江民营企业联合投资有限公司，参与发起成立绿丝路基金、浙江丝路产业基金，参与中东欧基金，并成立财务公司等。但正泰集团仍时刻聚焦实业，加快产业资本与金融资本融合，坚持产业为本、金融为用，以产融结合助推实业发展。

展望未来，正泰集团将进一步完善电力产业链各个环节，结合"一带一路""中国制造2025"、能源互联网建设带来的重大发展机遇，从单一的装备制造企业转型为集运营、管理、制造于一体的综合型电力企业，致力于成为全球领先的智慧能源解决方案提供商。

传化集团股份有限公司

一、公司基本情况

（一）企业简介

传化集团股份有限公司（以下简称"传化集团"）创建于 1986 年，从制造业起步，历经三十余年持续快速发展，已成长为涵盖化工、智能物流、现代农业、科技城、投资五大事业板块，横跨第一、第二、第三产业的多元化现代企业集团，拥有"传化智联"、"新安股份"两家上市公司，以及七家国家高新技术企业、两家国家级技术中心，业务覆盖全球 80 多个国家和地区。传化集团名列中国企业 500 强、中国民营企业 500 强、中国最具品牌价值 500 强之列。

（二）发展历程

1986 年起步于制造业，持续以科技创新推动绿色化工发展，成为中国具有竞争力的功能化学品行业专家之一；到 2000 年，投身智能物流和现代农业两大领域，搭平台，构生态，承担起服务生产制造和反哺农业、服务"三农"的使命和责任；而后开拓金融投资平台，承接"萧山科技城核心区"的建设重任，探索"产融结合，以融促产"的新模式，打造产城融合的国际示范区，服务城市和产业战略发展。

多年来，传化集团以"做时代企业，引领时代发展"为愿景目标，以"幸福员工、成就客户、引领产业"为使命，扎根实业，聚焦传统产业的转型升级以及新兴产业的探索实践和模式创新，将自身发展与国家发展结合，将企业梦想融入时代浪潮，与时代共同进步。

二、转型升级的做法与经验

（一）五大领域转型升级的做法

1. 化工——深耕功能化学品、农业服务、有机硅综合服务领域
化工业务涵盖功能化学品、石油化工等领域，应用领域涉及纺织印染、造纸、

塑料、皮革、农业、水处理、洗涤、新能源等。主营作物保护、有机硅材料两大核心产业，致力于成为中国领先的农业服务、有机硅综合服务提供商。目前，化工业务已形成全国性生产及供应网络，并在亚太、美洲、欧洲、中东、非洲等区域建立了广泛的国际市场网络，与知名跨国企业建立战略合作。

传化集团牢牢把握信息化与智能化给制造业带来的历史机遇，打造基于全行业价值链的服务平台，加快国际化进程。业务已覆盖全球 70 多个国家和地区，2016 年成功并购荷兰"拓纳化学"，进一步打开了全球高端技术和市场网络，正在向功能化学品领域全球顶尖专家的目标迈进。

同时，以飞虫防治为抓手，借助"互联网＋"，打造全产业链农业综合服务生态圈；提供高附加值有机硅制品和相关专业性服务，成为全球领先的有机硅综合解决方案提供商。

2. 智能物流——构建中国智能公路物流网络运营系统

基于长期在制造业一线的实践，以及对生产制造物流之痛的深刻体会，传化集团在 2000 年投身物流行业，通过打造公路港城市物流中心平台，把分散的物流资源集聚到一起，进而实现高效配置。

随着大数据、云计算、人工智能、物联网等技术的推进，传化集团在公路港城市物流中心的基础上，运用创新科技，打造覆盖全国的"传化网"智能物流系统：线下是分布于全国各城市的公路港城市物流中心，实现智能仓储和智能集配，成为城市和城市群的物流枢纽；线上有"陆鲸"和"易货嘀"两款产品，分别实现城际干线运力及同城货运的智能化调度；贯穿中间的是智能物流系统、云仓系统和支付系统；通过云仓系统，运用信息化手段把分散在城市各处的仓库连接和协同起来，形成分布式仓储网络，货物可以就近入仓、就近配送；通过支付系统这一基础跑道，为物流业生态圈提供系统的支付服务；通过犹如"插座"的智能物流系统，可以把全网的服务、上下游企业以及铁路、水运、航空都连接起来，贯穿供应链全链条。

智能"传化网"是以提高供应链协同效率为目标，以智能信息系统与支付系统为核心，依托城市物流中心，融合互联网物流服务、供应链金融服务、多式联运服务的一张"中国货运网"，是中国 470 万公里公路网的运营系统，是服务城市运营和生产制造的智能物流平台。通过几年来的努力，"传化网"的基础要素已经全面具备。

智能物流系统贯穿供应链全链条，能够为制造业企业提供个性化服务。智能物流平台用户已达 1.5 万户，日均发货超 3 万单；干线运力调度平台"陆鲸"业务覆盖 279 个城市，服务 133 万名司机会员和 13 万家中小物流企业；同城货运调度平台"易货嘀"进入 24 个枢纽级城市，服务 1000 家以上的大型企业客户。

截至 2017 年 6 月，"传化网"已覆盖超过 30 个省（区、市）、200 多个城市，累计为 399 万辆车、16.2 万个物流商提供服务，推动中国生产性服务业发展，助力中国智造。

围绕"传化网"场景培育生态圈。在审批收紧的背景下，人民银行为支持"传化网"服务生产端，向传化集团发放了支付牌照；供应链金融服务已取得小额贷款、商业保理、保险经纪等多块金融牌照，一些区域中心城市积极邀请传化集团设立地区金融总部，如设立于郑州的小贷公司在河南省政府的大力支持下即将完成审批流程。

公路港城市物流中心网络全国化布局基本形成。已累计在全国 127 个城市布局传化集团城市物流中心，建成的物业面积达 497 万平方米。

随着"传化网"智能物流平台的迅速拓展，预计到 2020 年，"传化网"将服务全国物流总额的 1%～2%，达到 3 万亿～6 万亿元的规模，到 2025 年两个指标将分别达到 5%～10% 和 20 万亿～40 万亿元。"传化网"的价值已经得到了国家和行业的高度认可；国内一流的互联网公司也在积极寻求与传化集团的合作。因为传化集团在智能物流领域卓有成效的探索，当选为中国人工智能产业创新联盟的理事长单位。

传化集团已经汇聚了国内一流物流与供应链、信息技术、智能化、供应链金融等方面的人才 4000 多人，为事业的进一步发展奠定了坚实基础。

3. 现代农业——探索中国农业科技产业化之路

传化农业是以国家农业高科技园区为依托的国家级农业示范园核心企业、国家重点高新技术企业。业务涵盖种子和种苗培育、有机蔬果培育、花卉集约服务、园艺资材服务、名贵中药材养生等领域，提供从现代设施农业系统集成服务、种子和种苗培育，到农产品流通、室内园艺工程等多种解决方案，为农民提供技术支持，实现增产、增收、增加就业，承担起工商企业反哺农业、服务"三农"的使命和责任，并在此过程中探索现代农业、设施农业、科技农业的新模式。2015 年起，进一步围绕新农业的产业服务，整合技术链、供应链、服务链，打造新农业供应链服务平台——绿科秀（线上）、绿科邦（线下），开展农业供应链服务、连锁农业公园业务，构建农业专业服务联盟。未来，传化集团将深耕生物技术，打造农业全产业链，并围绕新农业的产业服务，进一步发挥国家级园区的带动和示范作用。

4. 科技城——打造"人、产、城"高度融合的国际化新城

中国·萧山科技城（核心区）由浙江杭州萧山区人民政府、传化集团与上海陆家嘴合作共建，通过以政府为主导、以企业为主体、市场化运作、专业化服务四大维度来打造科技城全新平台。目前，科技城正通过打造生物技术、信息技术、数字创意三大产业，形成战略性新兴产业集群。未来，科技城致力于成为产城融合的国际示范区、促进区域经济转型升级的主平台，以科技创新带动城市发展。

为落实杭州市委、市政府"拥江发展"和杭州国际化的战略目标，把握好中英关系走向"黄金时期"的发展机遇，在传化集团的努力推动和萧山区委、区政府的

大力支持下，传化集团和萧山区政府、英国怡和集团共同开发建设了中英产业新城。传化集团与合作伙伴发挥各自资源优势，在中国巨大市场和英国优势产业之间搭起合作的桥梁。新城规划总投资超过千亿元，依托萧山特色与产业优势，积极引入人工智能、高端研发、金融服务、智能制造、教育医疗等英国高端产业资源，打造区域经济转型升级的服务高地和建设高地。

2017 年 8 月 18 日，在英国驻沪总领事的见证下，正式签署了三方战略合作协议。随着新城的正式启动，一大批国际高端项目向杭州涌来，全球创业、创新、创意人才将加快集聚，最终形成"人、产、城"高度融合的国际化新城。

5. 金融投资——打造专业化综合金融投资平台

传化集团以"专注新兴产业，创造卓越价值"为核心投资理念，依托产业，服务产业战略发展，主要从事股权投资、基金管理和资产管理等业务，重点聚焦于新能源、智慧物流、大健康等绿色环保、关系国计民生的行业领域，对接内外资源与资本，产融结合，以融促产，致力于成为国内最具竞争力的综合金融投资平台。

卡车分期、商业保理等物流生态圈金融快速发展，财务公司的设立正在推进，工商银行、中金公司、进出口银行分别与传化集团建立了 100 亿元至 300 亿元不等的多只基金，总额 500 亿元的产业基金已经落地。

（二）转型升级的经验

近年来，传化集团积极响应国家加快经济转型升级的号召，主动拥抱时代的变化，努力把时代的元素转化为企业发展的要素，迎来转型发展、创新发展的全新景象。

一是文化转型。传化集团在坚持文化本质的基础上，更多强调人性化，尊重员工的创造性，了解员工特别是青年员工想什么、要什么，从而实现从过去的"制定规则让员工服从"到现在的"设计共同行动纲领让员工主动遵循"，形成一种让员工高效率、高待遇、有前景、有干劲的良性循环。

二是模式转型。过去习惯于在产业链中找机会，现在互联网、物联网、人工智能等新兴技术的发展带来深刻影响，转型的关键是实现新业态的创造、新技术的应用、新产品的研发。传化集团由此转向平台思维和共享模式，从卖产品转向卖服务。目前传化集团各事业板块本质上都是在"搭平台、建生态、供服务"，努力构建生产制造与生产服务协同发展的新生态。

三是组织转型。根据传化集团战略，重新构筑组织，首要的是激活基层组织的活力和创造力，强化执行力以及资源的获取与使用能力。过去的组织是金字塔形的，上面怎么规划，下面就怎么做。现在是建设自组织，实现扁平化，特别是强化一线组织，强化直接与市场接触的经营单元、项目单元。资源也向一线倾斜。

四是机制转型。传化集团以"共创、共赢、共享"的理念，推行股权期权计划、合伙人计划、创客机制等，让员工真正当好家。各产业板块在孵创客项目多达60个，另有11个项目已成长为独立公司。传化集团员工在内部股权投资上已经达到6亿多元，超过10%的员工成为企业的股东，吸引了大量的互联网、供应链、金融等方面的精英到企业平台上一同创业发展。传化集团还推动管理机制从管控型向服务型转变，充分地授权一线、服务一线，为员工搭好事业发展的舞台。

近年来，传化集团通过坚定推动以上"四个转型"，实现企业与时代的同步发展，全面激发了员工的创新热情和创业激情，以物流为引领，各事业板块呈现出全新的发展活力。

合肥荣事达电子电器集团有限公司

——搭建新平台，探索新机制，激发新动能，以"双创"引领企业发展

一、企业基本情况

（一）企业简介

合肥荣事达电子电器集团有限公司（以下简称"荣事达"）始创于1954年，是一家拥有60多年发展历程的民族老企业，曾连续4年实现全国洗衣机、电冰箱产销量第一，是我国知名家电企业。2004年，荣事达启动"品牌发展、价值驱动、多元化发展"三大战略，实现了家电、新能源、建材三大产业全面覆盖。

荣事达由原荣事达集团改制而成，分别在安徽合肥、广东中山、浙江台州等地建有生产基地，拥有员工1.2万人、事业合伙人（团队）80余个、产学研合作基地3个、柔性生产基地3个，全国营销网点5万余个。正在建设中的"荣事达智能家居产业园"将成为年产智能家居产品500亿元的大型高科技产业园。荣事达坐拥"荣事达""品冠""品冠之家""健洗宝""乐库"五大知名品牌，产品远销欧美、东南亚等海外市场，是一家集智能家居全屋系统研发、制造、销售于一体的大型制造企业。

（二）发展历程

20世纪八九十年代，荣事达以过硬的产品质量成为我国冰洗产品的代表；进入新世纪，荣事达依托多年来在各产业领域积累的丰富产品线及优势资源，深度布局家电、建材、能源产业，积极谋划智能家居全产业升级。近年来，荣事达开启了创新、创业的全新旅程，积极推进"品牌发展、价值驱动、多元化发展"三大战略，以智能家居产业发展为方向，以"建材家电化、家电家居化、家居智能化"为发展路径，以智能家居全产业链开发为支点，最终实现了智能家居全屋系统集成。在国家"大众创业、万众创新"的指引下，荣事达开展大企业"双创"平台建设，以创新成果增加产品品种，提升产品品质，着力创造"荣事达"品牌新价值，抢占智能

家居技术制高点，打造"中国智能家居第一品牌"，与广大创客一起分享大企业优势资源、共享智能家居全价值链"双创"平台，实现与创客的互利共赢、共同发展。

（三）发展战略

每一个企业经历过一段时间的发展都会形成存量资产，特别是像荣事达这样历史悠久的民族老企业。荣事达管理层经过梳理，认为荣事达的资金、品牌、技术、文化、管理等九大要素是企业宝贵的资产，如何盘活这些有形和无形资产并进而"做足增量"，是大家一直在思考的重中之重。经过在实践中的艰苦摸索，潘保春董事长和同事们最终得出结论：必须在增量技术、增量产品、增量渠道方面进行重新谋划，并将此三者进行有机结合，从而形成荣事达多元化发展的战略基调。

荣事达管理层一致认为，必须从组织建设的角度，遵循"专业的人做专业的事"这一原则，组建专业的团队。

从供应端研发更多的新产品去刺激消费者新的需求，同时提升人们的生活品质，这一点在荣事达围绕智能家居产业全价值链、全方位整合智能产品和技术上得到了完美体现。

荣事达双创模式的创建完全基于国家提出的各项战略与政策，其最终目的是达到"盘活存量、做足增量"的效果，这种以目的为导向的战略设计启发了荣事达由内向外看，通过盘活企业现有的大量存量资产，以增量产品、增量渠道、增量市场、增量服务等方式，大大提升了企业的经营规模，满足了供给侧结构性改革的需求。

二、转型升级的做法和经验

（一）双创助力转型升级的商业模式

荣事达实施智能家居产业二次创业的核心是机制创新，以价值驱动为导向、以机制创新为引领，通过机制放大企业规模，不断激发创新创业活力，实现全员参与、全员分享，从而推动荣事达由曾经的辉煌到再度崛起的华丽转身。其具体做法是，打造开放式的双创平台，构建"双创中心＋事业集群＋合伙制"三位一体的商业模式：在每一个创业项目开始之时，荣事达即引入"事业集群＋合伙人"机制。"事业集群"制是指将创业项目作为集团下的独立单元，让专业的人做专业的事，充分授权、独立核算。创业团队拥有完全自主的经营决策权，荣事达只提供服务支持，不参与、更不干涉经营过程，从而使创业项目实现了低成本运营、高效率产出。"合伙人"制是指对创客团队的一技之长进行评估，作价入股，同时还给予创客团队一定比例的期权激励，荣事达只保留50%以上的控股权，让大家真正成为利益共同体，留住创客团队。通过利益满足、价值实现、思想引领和工具提供，加快创业项目的发展步伐，为荣事达智能家居战略目标的实现提供有力支撑。

荣事达以双创中心为基础实现物质保障，以"事业集群"制为流程实现管理保障，以"合伙人"制为模式实现能动保障，通过整合全社会资源，征集优秀创客团队为事业合伙人，视创客团队为利益共同体，实现利益共享、风险共担。通过分阶段投入，全程精准扶持（缺什么、补什么），以资源互补、整合的方式，让双创举措真正落到实处，使双创焕发蓬勃生机。

（二）双创助力转型升级的具体举措

2013年，荣事达组建了"荣事达智能家居全价值链双创中心"，构建"供应链＋服务链＋销售链"的全生态价值链；招募了一批具有品质、品德、品位的"三品创客"；构建了以"创客工场""创客学院""创客实验室""创客基地""创客金融""创客服务"为主导的六大创客平台。2017年，荣事达与长丰县国有资产管理公司共同主导、创立了专为创客项目提供资金支持的"三品基金"，全方位为创客项目提供精准服务。

1. 定位清晰，目标明确

在潘保春董事长的带领下，荣事达核心层利用大数据、云计算、人工智能等技术，围绕荣事达已有的智能马桶盖、智能卫浴等产品，进行智能家居全价值链开发和目标定位，聚焦"智能全屋"主业：通过"智能硬件＋系统软件"的物联网技术驱动，对现有产品生态进行重新组合，致力于打造"社交客厅""智膳厨房""健康卧室""聪明阳台""超级卫生间""智慧书房""智爱餐厅""智尚衣帽间""智能车库""智美花园"十大智能家居生态圈产品体系，建立了440个储备项目库，并在此基础上甄别和筛选创新创业项目，为全面落实创新创业、打造智能家居航母，奠定了坚实基础。

2. 整合要素，全面开放

荣事达依托多年来在家电、建材、新能源行业积累的产业基础，以及荣事达第六工业园的整体优势，对已有优质生产要素进行了整合：将资金、品牌、信息、技术、管理、文化、人力资源、硬件制造和市场九大资源要素，全部整合在"荣事达智能家居全价值链双创中心"平台上，并面向全社会免费开放。外部创客只要拥有一技之长（既可以是创新技术，也可以是创新管理或者创新营销模式，等等），就可以加入平台。荣事达征集了一大批外部合伙人，实现了企业平台化以及资源的互补、整合和对接。在双创平台上取长补短，取得了"1＋1＞2"的效果，促使荣事达由"创业者"转变成长为"创业的推动者""创造公司的公司"，实现企业平台化。

九大资源要素成功助推"荣事达智能家居全价值链双创中心"创客项目的落地，具体实施方式如下。

（1）技术要素。每年将营销费用的10%以及部分社会资本共同注入"三品基金"，从基金中拿出80%以上的资金用作技术创新。以中央研究院为平台，以产学研为纽带，通过引进国内外智能家居领域高端智力资源，重点打造与中科大及中科院合作的智能家居关键技术创新产学研平台，打造与深圳清华大学研究院合作的智能家居产业化创新产学研平台，打造与合肥学院合作的智能家居中德工业设计产学研平台，通过一系列自主创新，使智能家居领域关键技术及产品形成完善、先进的技术库、产品库，为创客团队源源不断地提供技术保障和产品保障。

（2）硬件制造要素。总计投资 2.4 亿元，打造了智能家电、智能建材、智能能源三大柔性制造平台，构建了大型 3D 数字化打印中心，为智能家居单品在通用化、模块化、共性化方面的统筹制造提供了保障，为创客团队在概念创新方面的落地与验证奠定了坚实的基础。

（3）资金要素。首创由政府引导、以大企业为平台、以实体产品供应链体系为载体的创业投资模式，以债权、股权等方式投入，通过"三品基金"支持每年 100 个智能领域项目的孵化和加速。

（4）市场要素。充分利用遍布全国的 5 万余个营销网点，结合线上平台，采取线上、线下相结合的方式，为创客团队的产品营销广开渠道。

（5）品牌要素。通过收购中华老字号或中外知名品牌，弥补创客团队品牌缺口，以品牌打通营销困局，让品牌助推营销升级。

（6）管理要素。一是以"红地毯服务""和商"及"零缺陷管理"等先进的管理理念为指导，用科学、先进的管理思想保障双创工作的有效开展；二是运用荣事达三大评估体系（财务评估体系、市场评估体系、品质评估体系）提升团队管理水平，强化创业团队的内部管理能力。

（7）人力资源要素。创新人才机制，树立"以人为本"思想，铸就人才战略高地，以信息化为手段，大力引进国内外各类高端技术人才和管理人才，造就一批高素质、高素养的企业家。

（8）信息要素。大力实施"工业云"及大数据建设，通过建设"基于产品研发及营销的大数据溯源系统"，为智能家居产业提供一些具有共性的产品数据及用户数据，为产品优化及营销升级提供准确的依据；同时，在原有企业 ERP 系统上进行优化升级和补充，为三大柔性制造平台提供更为高效的信息化系统保障。

（9）文化要素。通过树立内涵丰富的"创新驱动、产业报国"文化理念，打破创客团队"小富即安"的狭隘思想，引导创客团队向做大做强产业的远大目标迈进；以价值驱动为导向，培养一批受人尊敬的企业家。

3. 精准扶持，加速发展

荣事达以海纳百川的包容心态，进行服务模式创新，视创客为利益共同体，分段投入、全程合作。将创业项目分为创客期（3～6 个月）、创业期（1～2 年）、成长期（2～3 年）三个阶段，针对不同阶段的不同目标和需求，导入相应的要素资源，进行精准扶持，成功实现了创业项目 100% 存活的双创奇迹。在创客期，重点提供启动资金、免费办公经营场地等硬件要素，进行充分的市场调研和各种要素的评估，重点是人才评估，培养创业精神和学习能力等。在创业期，注重弥补技术短板，规范管理，建立经验分享和竞合平台，鼓励创新，让"会的人去说，不会的人去学"，实现各个创业项目的"传、帮、带"，不断保留优良，剔除落后，使创业团队保持活力。在成长期，导入大型资本和O2O营销平台，进行战略指导和文化导入，适时注册公司，同时注重加强思想引领，实现快速发展。荣事达为社会培养了一大批受人尊重的企业和企业家，受到了社会各界的广泛赞誉，持续领跑全国大企业双创，取得了令人瞩目的成就。2016年11月，荣事达入选工业和信息化部"国家小型微型企业创业创新示范基地"；2017年6月，跻身国务院办公厅"国家大众创业万众创新示范基地"榜单，成为安徽省唯一、智能家居行业唯一一家连续获得两项国家级双创殊荣的企业。

（三）双创助力转型升级取得的成效

荣事达智能家居全价值链双创中心成立、要素整合之后，在九大资源要素的保驾护航和"质量、品牌、模式"三驾马车的共同驱动下，每一位参与者的积极性都得到了极致发挥，创客团队和荣事达的发展都实现了成倍提速。诚如荣事达潘保春董事长所言：最令人欣慰的是，荣事达智能家居全价值链双创中心对于创客价值观的成功引领。很多创客在进入荣事达以后，才知道该如何去做企业，以及什么事能做、什么事不能做；在荣事达智能家居全价值链双创中心，他们收获的不仅是事业和财富，更多的是思想的升华、灵魂的洗礼。在培育创客的过程中，荣事达也不断地发展壮大。各事业部产值保持高速增长，新增就业吸纳了传统产品生产下降造成的企业冗员。双创为荣事达产品转型升级创造了条件，为再次腾飞立下了汗马功劳。具体表现如下。

1. 要素成果

通过一系列创新举措的实施，荣事达加大投入，加强创新，构建了强有力的要素资源平台。截至2016年末，分别打造了基于物联网的低功耗广域网关键技术创新平台和基于健康大数据的关键技术创新平台，设立了"中科大—荣事达""中科院—荣事达""深圳清华大学研究院—荣事达""合肥学院—荣事达"4个产学研一体化合作基地；建立了智能家电、智能建材、智能能源3个柔性制造平台；创建了安徽省企业技术中心、安徽省工程研究中心、合肥市智能家居工程研究中心、中德工业设计中心，以及2家国家高新技术企业；打造了安徽省工业精品10余个；扶持了安徽省"专精特新"企业1个；建立了国家博士后流动工作站1个；引进了国际物联网首席科学家3名、德国IF金奖设计大师5名；储备了智能领域优质项目80余个；主持和参与制定国家标准7项、行业标准7项、团体标准1项、地方标准3项；获得各类专利授权500余项，其中，发明专利20余项；发布软件著作10项；取得注册商标 40 余项。这些要素的有力搭建及优化配置为创客团队的发展提供了坚实的保障。

2. 经济成果

通过一系列创新举措的实施，荣事达双创工作成绩显著，创造了项目零死亡率的神话，产生了显著的经济效益和社会效益。以处于行业培育阶段的智能空气能项目为例，该项目于 2013 年成立，负责人为行业技术带头人，有技术，但缺品牌、市场和制造等其他要素，经过 4 年对该项目进行品牌和市场的补缺运作，2016 年销售收入达到 0.93 亿元，比 2015 年增长 58%，位居同行业第五位。以 2015 年成立的智能家居智控系统项目为例，通过对该项目进行制造、市场、品牌、资金等的补缺运作，不到两年的时间，销售收入即达到 0.87 亿元，增速高达 67%。

市场环境在变，消费需求在变。在不断变化的市场中，要创新，就必须要破除陈规、守正出奇。智能锁项目于 2016 年 8 月成立，负责人为行业营销方面专家，但是缺制造、技术、品牌、市场等其他要素，对此，荣事达采取的是"双创中心＋创客＋生产厂家"的三方合作模式，把专业的事交给专业的人去做，经过对该项目进行技术、市场、品牌、资金等的及时补位，不到半年的时间，销售收入达到近 0.3 亿元，位居国内智能锁行业前十位。该模式既保证了各类新产品的精准开发和足量供应，又减少了生产线的重复投入和恶性竞争，还帮助生产厂家去除了多余产能，可谓一举多得。

于 2014 年启动的"品冠之家"一站式平台项目，虽然负责人具备较强的管理能力和营销能力，但缺乏技术、品牌、制造、市场、资金等其他要素。荣事达通过资源互补，经过短短 3 年运作，销售规模已达 0.95 亿元，利润高达 23%；在双创模式下，传统的智能马桶盖产业 2016 年产销规模达到 6 万台（套），销售收入达 0.7 亿元，居安徽省同行业榜首……

3. 社会成果

双创的成功使荣事达的整体工作成效获得了快速提升，竞争力持续上升，社会影响力和品牌美誉度也得到了大幅提高。双创工作的落地生根使荣事达这个民族老字号在历史发展的新时期释放出更大的品牌活力，成为全国大企业双创标杆。荣事达董事长潘保春认为，荣事达成功入选国务院双创示范基地，主要得益于三方面原因：一是荣事达双创形式更加开放，面向全社会开放优势资源，真正实现了资源共享；二是内容更加具有可复制性，荣事达的双创模式与经验拿来可用、用即有效，而且不分行业和企业，具有较强的示范性与标杆性；三是结果更具安全性，所有双创项目全部零死亡，体现了荣事达双创较高的社会价值。

荣事达制度创新的很多原创内容（如全要素经营、九大要素分阶段精准扶持等）先后得到了相关部委的引用；荣事达在双创实践中的一些观点、做法也与政府工作报告中的倡议和要求契合。荣事达作为全国大企业双创的代表，不仅为双创及供给侧结构性改革提供了成功范本，更让自身通过双创实现了三个转型，即由家电制造企业到物联网企业的产业转型、从雇佣制到合伙人制的机制转型、从追求利润到塑造价值的价值观转型，完成了由创造产品到创造企业与企业家的成功蝶变，使集团的发展速度越来越快，实现了加速度、裂变式发展，为合伙人和全社会创造了更大价值，实现了"开放资源，聚合要素，精准扶持，组织变革，成果共享"，堪称"创新中的双创、双创中的创新"；先进经验频频见诸报刊及网络等各大媒体。

自 2016 年以来，荣事达相继获得了工业和信息化部"国家小型微型企业创业创新示范基地"、国务院办公厅"大众创业万众创新示范基地"、工业和信息化部"2017 制造业'双创'平台试点示范项目"单位、国家旅游局"国家工业旅游示范基地"、科技部"国家专业化众创空间示范名单"单位、人力资源社会保障部"全国轻工行业先进集体"等一系列国家级荣誉。受到了社会各界的广泛关注，双创经验得到了国务院和各级党委、政府的高度认可，为全社会提供了可复制的双创模式和可借鉴的范本。

日照钢铁控股集团有限公司

一、企业基本情况

日照钢铁控股集团有限公司（以下简称"日照钢铁集团"）成立于2003年5月，现已发展成为集烧结、炼铁、炼钢、轧材、酸洗、发电于一体的大型钢铁联合企业，主营产品包括热轧卷板、热轧薄板、冷成型板、酸洗薄板、镀锌薄板、型钢等，精品钢占钢材总产量的80%以上。

自2003年成立以来，日照钢铁集团累计产钢15639万吨，实现销售收入5358亿元，上缴税金541亿元（含海关税283亿元）。先后获得"中国企业500强""全国两化融合典范企业""全国科技创新质量管理先进单位""全国产品和服务质量诚信示范企业"等多项荣誉称号；连续两年在中国钢铁企业竞争力评级排名中，与宝武钢铁等企业并列全国钢铁企业竞争力第一梯队。

近年来，在各级党委、政府的亲切关怀和正确领导下，日照钢铁集团积极贯切落实"创新、协调、绿色、开放、共享"发展理念，坚持以习近平总书记视察山东重要讲话、重要指示批示精神为指引，不忘初心，紧盯"走在前列"目标，按照"一年换思想，两年上轨道，三年试运行，五年见成效，十年达到世界钢铁行业管理先进水平"的发展战略，从供给侧入手，坚持以市场为导向，坚持装备升级与管理提升双轮驱动，坚持节能减排和环境保护，坚持科技创新，深入推进两化融合工作，切实提高了制造水平，企业新旧动能转换效果显现。

2017年，日照钢铁集团实现销售收入680亿元，实现净利润74亿元，上缴税金72.6亿元（其中海关税30.6亿元）；出口钢材426.7万吨，出口额达22.8亿美元，位列全国钢铁行业第二名。日照钢铁集团ESP生产线被列为山东省首批智能制造试点示范项目，ESP薄规格产品被列入山东省2017年第一批重点新产品（技术）推广目录，ESP生产线连续两年被写入"中国钢铁行业十大事件"；实现全球首发LA级（低合金）1.0毫米ESP薄板，该材料成为商用车轻量化降本关键性材料；被工业和信息化部列入2017年度工业强基工程轻量化精密成形件"一条龙"应用计划超高强钢精密成形件产业链示范企业。

日照钢铁集团始终践行绿色发展理念，把环境保护、节能减排提高到关系企业生存和社会和谐发展的高度，累计投资 90 多亿元用于节能环保、循环经济建设，年投入环保运行费用达 22 亿元，废水、烟粉尘、二氧化硫和氮氧化物排放达到国家清洁生产一级水平；先后获山东省节能突出贡献企业、山东省资源综合利用先进单位荣誉称号，2017 年被国家标准委和国家发展改革委列为钢铁行业循环经济标准示范单位，是全国唯一入围的钢铁企业。

日照钢铁集团在不断获得成功、保持健康发展的同时，始终贯彻落实共享发展理念，坚持走群众路线，胸怀仁爱之心，广行济困之举，将公益慈善作为热爱党、热爱国家、热爱人民的具体体现，主动投身抗震救灾、教育医疗等各类公益慈善事业，高度重视、支持精准扶贫工作，为地方贫困村捐赠钢材、水泥，帮扶村居建设，向省扶贫开发基金会捐款 1000 万元用于精准扶贫。目前，集团各项捐款累计已超过 8.5 亿元，集团多次被国家民政部授予"中华慈善奖"，并多次荣获"公益明星企业""中国儿童慈善奖"等荣誉称号。

二、转型升级的做法与经验

（一）装备创新，驱动升级

日照钢铁集团投资 300 多亿元引进意大利达涅利、德国西门子、奥地利奥钢联等世界顶级冶金公司装备，引进意大利阿维迪工艺技术，建设了 3 条世界领先水平的 ESP 无头带钢生产线，被列为山东省首批智能制造试点示范项目；引进世界领先水平的德国西马克 X－H 型钢生产线，实现装备大型化、现代化、智能化。

（二）产品创新，结构优化

日照钢铁集团积极发挥先进生产线优势，开展产品创新、结构优化调整，2017 年总计完成产品认证 16 项、体系认证 10 项、二方审核 3 项、资质品牌创优 11 项。被工业和信息化部列入 2017 年度工业强基工程轻量化精密成形件"一条龙"应用计划超高强钢精密成形件产业链示范企业，被授予"全国产品和服务质量诚信示范企业""全国质量检验稳定合格产品""第三届金帆奖·金质品牌"等荣誉称号。

日照钢铁集团产品广泛应用于京沪高铁、连镇高铁、皖赣高铁、梅汕高铁、杭州地铁等项目；与交通运输部公路科学研究院合作单位"中交畅观"公司联合研发了高科技专利 ESP 新型缓冲防撞公路波形梁护栏产品；0.8 毫米规格热轧超薄板已进入家电生产线，并获得英国标准协会 ISO/TS16949 质量体系认证；ESP 薄规格产品被列入山东省 2017 年第一批重点新产品（技术）推广目录；ESP 汽车用钢被广泛应用于江淮、奇瑞、上汽通用、长城、福田、众泰等知名汽车产品中；ESP 汽车用钢为 2017 年博泽"亚洲供应商创新日"钢铁材料唯一参展项目。

（三）技术创新，增强动力

日照钢铁集团独家引进意大利阿维迪 ESP 工艺技术，该技术能够批量轧制 0.8 毫米超薄热轧钢卷，在 7 分钟内实现从钢水到卷取机上热轧卷的全连续生产，被誉为继氧气转炉炼钢、连续铸钢之后的钢铁工业第三次技术革命，代表了当今世界热轧带钢技术的最高水平。与传统工艺相比，该技术节能 50%～70%，节水 70%～80%，省地 2/3，生产效率提高 50%，从钢水到热轧卷成材率高达 97%～98%，能效水平世界领先。凭借其技术的先进性，日照钢铁集团 ESP 生产线连续两年被写入"中国钢铁行业十大事件"。

日照钢铁集团引进的酸洗镀锌线是世界上第一条真正意义上的宽带钢酸洗镀锌联合机组，达到世界领先水平，其独特的双平整配置、感应加热模式、热基无花镀产品定位均为国内首创；从德国西马克引进 X－H 型钢生产线，是目前国内 H 型钢生产线中轧制规格最全、自动化程度最高、作业产能最大的生产线。

在引进先进装备和技术的同时，日照钢铁集团加大自主研发力度，2017 年，科技研发投入 9.3 亿元；依托省级企业技术中心、专利示范企业、国家认可实验室等创新平台，推动并参与了 2 项 2017 年国家级重点研发项目；组织实施技术创新项目 10 个，组织专利外报 40 件，其中发明专利 20 件。

（四）活力创新，招才引智

日照钢铁集团以世界一流钢铁企业为标杆，引进国内高水平职业经理团队，团队成员均有在宝武钢铁等国内龙头钢铁企业高管履历，具有国际化视野；企业人才队伍年轻化，全员平均年龄仅为 31 岁，从国内一流钢铁企业引进了 120 余名技术骨干，从清华大学、北京科技大学、东北大学等高等院校引进硕士、博士人才 100 余人，已形成 10 余人的博士研发团队，自主培养了高层次创新人才 4 名，建设了市级高层次创新团队 1 个；企业文化进取向上，劳动生产率高，人均产钢超过 1000 吨/年，居全省第一；成本控制水平达到行业先进水平，各项经济技术指标均居行业前列，竞争优势明显，自成立以来连续 14 年保持盈利。

（五）管理升级，两化融合

日照钢铁集团全面借鉴世界领先钢企的管理模式和管理制度，实现精细化管理。2016 年，集团《内部控制制度的构建与实施》获第四届山东省企业管理创新成果奖。

日照钢铁集团投资逾 8 亿元，建成了集生产、物流、能源、设备、环保、安保、计量等于一体的调度指挥中心，被工业和信息化部列为 2015 年两化融合贯标试点企业。投资 4 亿元打造信息化平台，大力实施"互联网＋智能制造"，建立了"以市场为导向、以客户为中心、以订单为主轴"的产销一体化管理模式，实现了对企业产、供、销、人、财、物各个环节的优化集成，形成了以"产销协同、质量保证、成本控制、绿色制造、物流管控"为重点的核心竞争力。

1. 围绕客户转变企业经营管理模式

在传统的钢铁流通模式中，贸易商代理经营占较大比重，钢企不直接面对终端客户，只要按照贸易商的要求批量供货即可，对钢企来讲省时、省力。这种模式之所以盛行，主要原因是终端客户对钢材型号和品种需求单一，贸易商接到不同客户订单后，将订单直接累加转给钢企，钢企通过减少与客户的大范围接触，降低流通成本。日照钢铁集团在新上 ESP 生产线过程中发现，许多终端客户对钢材产品提出了不同需求，即使对于同一类型的钢材，不同客户由于自身钢材加工能力、钢材与企业产品的匹配程度不同，对钢材的强度和硬度也有着不同的要求。这样一来，钢铁贸易商作为中间环节，就无法将客户的个性化需求及时准确地传递给钢企，这就倒逼钢企直接面对终端客户，为客户量身打造个性化的钢材产品。日照钢铁集团从过去与 300 多家钢铁贸易商打交道到现在直接面对 9000 多家终端客户，客户数量呈几何级增长，由此而产生的生产订单由大批量、少批次向小批量、多批次转变，对企业的生产排程、成本核算、研发速度都带来了巨大挑战，迫切要求企业转变经营思路，把满足客户需求作为核心目标，全面提升企业管控能力。为此，日照钢铁集团在引进 ESP 生产线的同时，同步引进了世界领先钢企的管理模式，对企业原有的经营管理流程进行全面诊断和优化，建立了"以市场为导向、以客户为中心、以订单为主轴"的产销一体化管理模式，实现了对企业产、供、销、人、财、物各个环节的优化集成，使得企业灵活适应客户需求的能力得到了显著提升。

2. 信息管理提升企业运行效率

为将先进的技术和管理理念引入管理流程中，实现技术装备与管控能力的深度融合，充分释放技术和管理两个层面对企业发展的强力驱动作用，日照钢铁集团积极采用信息化手段，建设了一整套高效现代化的信息系统，有效提高了企业运行效率。

（1）全流程自动化管控系统。该系统能够将销售订单转化为生产订单，将客户的个性化需求直接下发到生产线上的自动化控制系统，对生产流程和物料供应进行最优设计，对交期产能进行精确预测，对各工序产生的数据进行高度集成和共享，真正实现企业物流、资金流、信息流"三流合一"，极大地提升了企业管理水平。日照钢铁集团产品无主库存从以往的 5 万吨左右降至 2.8 万吨，减少资金占用 8000 余万元，产品准时备货率（在预定的时间内完成成品入库）达到 96%。

（2）贯制质量管控系统。系统涵盖了从生产前端的标准控制、原料化验、工艺设计到后端的产品检测、质量分析、客户诉求管理等各个环节，从生产计划下达开始，所有制造标准和产品信息实时判定，质量标准一贯到底。在此过程中，日照钢铁集团借助产品规范和制造参数数据库，一旦发生质量问题可以立即追溯，及时进行质量缺陷分析；同时，系统还详细记录了每一笔客户订单的需求数据，对客户满意程度高的订单数据进行详细分析，并运用到该客户其他订单的生产中，真正实现了钢铁产品的"私人定制"，提升了客户黏性和满意度。

（3）高效成本管控系统。将企业产、供、销业务与财务无缝集成，系统自动将日照钢铁集团活动信息自动转换成财务信息，按照设定规则计算产品成本，并提供多样化的成本分析工具，为生产经营决策提供支撑。

（4）企业环境管理信息化系统。该系统能够对污染源的大气、水质、噪声点连续监测数据进行实时采集与监控，具备治污设备重要参数分钟级监控、总量排放超前预警等功能，实现了"数字环保一张图"的目标。日照钢铁集团环保达标排放率为100%，污染治理设备设施同步运行率为100%，各项污染物排放指标均达到钢铁行业清洁生产一级水平，全部满足山东省特别排放限值要求。

（5）全过程物流跟踪管控系统。针对"小批量、多批次"的多样化成品发货状态，为实现整合有效资源、以更快捷的速度将产品送达客户手中，日照钢铁集团搭建了从产品出厂到抵达客户的全过程物流跟踪管控系统，实现原料进出厂、厂内车辆调度、成品挑库装载、港钢交换平台、到货确认全过程的物流管控和资源共享。

目前，日照钢铁集团正在计划利用物联网、云计算、大数据、移动互联网等技术，大力实施"互联网＋智能制造"，搭建客户需求、客户关系管理、物流供应链、商务智能等平台，推动企业经营管理和生产作业向自动化、智能化、无人化方向发展，努力把企业打造成集科技制造、绿色制造、高端制造、智能制造、品牌制造于一身的世界一流钢铁企业。

（六）节能减排，绿色发展

日照钢铁集团所有冶炼装备通过省环保厅环评批复（鲁环审〔2006〕117号、鲁环评函〔2016〕83号），无环保违规项目。已累计投资50亿元建成脱硫、脱硝、除尘、污水处理、固废处理等环保设施，达到国家清洁生产一级标准。吨钢废水排放量为0.0046立方米，吨钢COD排放量为0.063克，吨钢SO_2排放量为0.67千克，烟尘排放量为0.61千克，均达到最严格的排放标准要求，排名位居中钢协会员单位前列。

此外，日照钢铁集团累计投资40多亿元建成了余热发电、高炉煤气发电、TRT发电、水渣超细粉、钢渣超细粉、综合污水处理、固废综合利用等全套循环经济节能减排项目。日照钢铁集团是国家发展改革委和国家标准委列入"循环经济标准示范单位"的唯一钢铁企业，先后获山东省循环经济示范单位、山东省资源综合利用先进单位等荣誉称号。

日照钢铁集团2017年节能量目标为15.97万吨标准煤，实际完成节能量

278.77 万吨标准煤，完成计划节能量的 1645.6%，为地方节能减排作出了贡献。集团 2017 年吨钢综合能耗为 544.8 千克标准煤，低于《钢铁工业调整升级规划（2016—2020 年)》提出的目标，节能水平位居行业前列。2017 年，日照钢铁集团被省政府授予山东省节能减排最高荣誉——节能突出贡献企业。

（七）抢抓"一带一路"建设机遇，大力实施"走出去"战略

日照钢铁集团抢抓国家"一带一路"建设机遇，按照省、市推进山东半岛蓝色经济区建设，着力发展海洋经济，依托集团临港向海区位优势，大力实施"走出去"战略，设立韩日大区、东南亚大区、中东大区、美非大区等 20 余个海外办事处，产品远销韩日、东南亚、中东、欧洲、美洲、非洲等地区。

湖北回天新材料股份有限公司

——以科技创新助推转型腾飞

一、企业基本情况

(一) 企业简介

湖北回天新材料股份有限公司(以下简称"回天新材")是专业从事胶黏剂和新材料研发、生产的高新技术企业集团,在国内沪、粤、苏、鄂四地和国外越南分别建有产业基地和研发中心。回天新材是国内胶黏剂新材料行业的龙头企业和领军品牌,也是国内当前规模最大的工程胶黏剂上市公司。

回天新材前身是襄樊市国有胶黏技术研究所,回天新材是全国第一批科研院所按市场化运作转制的民营科技企业。科技企业是回天新材的核心基因,改制以来,回天新材积极面向市场,同时也更加重视科技创新,不断致力于科技创新,积累了雄厚的研发实力,建有一支以1名国家千人计划专家、13名博士、80多名硕士为核心的研发团队,并已获得150项授权专利、83项受理专利。公司已被认定为国家企业技术中心和国家级博士后科研工作站,与中科院、武汉大学、复旦大学、中山大学、东华大学等知名高校积极开展产学研合作,携手打造世界级水平的胶黏剂研发中心。

回天新材主要从事高端工程胶黏剂的研发,四十年内已成功开发出替代国外进口的八大类四百多种高性能胶黏剂产品,在新能源、电子、汽车、高铁、建筑、包装等多个高端领域打破跨国巨头垄断,与宇通客车、中通客车、东风日产、东风乘用车、海马汽车、中国中车、比亚迪股份、天合光能、明纬电子等国内外知名企业建立了长期合作伙伴关系,是当前中国在新能源、电子、汽车、高铁、建筑、包装等行业用胶黏剂最大的供应商之一。2017年实现营业收入15.1亿元和净利润1.1亿元,同比分别增长33.9%和13.74%,是中国胶黏剂行业名副其实的龙头企业和领军企业。回天新材先后获得国家火炬计划重点高新技术企业、中国创业板最具投资价值十强企业、中国胶黏剂产品用户满意第一品牌、中华慈善事业突出贡献奖、中国驰名商标、中国石油和化工民营企业100强、中国光伏行业十大创新材料企业、中国胶黏剂行业典范企业等系列重要荣誉。

回天新材奉行"以奋斗者为本，以客户为中心"的企业文化，以"科技创新，产业报国"为企业发展使命，以"创造价值，回报社会"为企业发展宗旨，以"谋永续经营，创百年回天"为企业长远发展愿景。公司积极履行企业公民义务，承担社会责任，重视就业和员工福利待遇落实，诚信纳税，热心公益事业。因在民营实体经济领域的卓越贡献，董事长章锋先生先后荣获五一劳动奖章、中国优秀民营科技企业家、中华慈善突出贡献人物（2次）、中国社会主义事业优秀建设者、香港紫荆花杯杰出企业家等殊荣，并成功当选为第十二届、第十三届全国人大代表。

（二）发展历程

1977年，回天新材的前身——襄樊市国有胶黏技术研究所成立，由从中科院化学所、北京化工研究院等单位引进的一批资深专家组成，是中国第一家专业从事胶黏剂研究的科研单位。

1997年，研究所改制为民营企业，创立回天新材，从此走上快速发展之路。

2010年，回天新材成功地在深圳证券交易所创业板上市，并在同年获得创业板2010年最具投资价值十强企业。

（三）发展愿景

"谋永续经营，创百年回天"是回天新材的长远发展愿景。回天新材正在以全球化视野和与时俱进的精神，牢牢立足科技创新，同时借助资本市场力量，加速产业布局和资源整合，力争用五年时间跻身国内民营百强企业，用十年时间打造世界级胶黏剂品牌，努力使回天新材成为世界胶黏剂和新材料的应用专家，成为真正受人尊敬的国际化企业和世界知名品牌。

二、转型发展的做法和实践

为推动企业转型，回天新材以科技创新为抓手，在企业内部实施了一系列、全方位的深入探索、变革和调整。

（一）机制变革是回天新材科技创新的核心

科技创新，科研机制是关键、核心。只有好的科研机制，才能调动科研人员的积极性和创造性，才能推动技术研发不断实现新的突破。为此回天新材反复探索，在内部大刀阔斧地推行"三破三立"的科研变革：一是破除"科研论资排辈""项目开发行政分配"等旧的科研模式，树立以市场和效益为导向的理念，推行项目公开招标、PK开发的新机制；二是破除企业传统的行政管理体制，建立以课题组为基本单元的扁平化组织架构，动态管理、双向选择；三是破除薪酬大锅饭制，推进浮动工资绩效挂钩机制。回天新材关于科研项目 PK 开发的机制在国内属首创。在很多人看来，把一个项目让两个课题组同时 PK 开发是资源浪费，也是对员工的不信任，但古今中外的实践一再证明，竞技场总是产生最好成绩的地方。推行科研变革以来，科研人员的工作热情被极大地调动起来，都开始自动自发地加班加点，实验室晚上经常灯火通明。在推行科研变革之前，回天新材一年都难以成功开发 1~2 个项目，但推行科研变革的三年内，回天新材成功开发了 24 个科研项目，超过以往多年的总和。

（二）聚焦深耕是回天新材科技创新的基础

回天新材发展初期，对于胶黏剂的应用，几乎什么行业都涉足，什么产品都研究，导致资源分散，结果公司越做越累，效果却不怎么理想。而且在发展中，回天新材还不断受到高回报虚拟经济的种种诱惑，但回天新材最终成功抵御住了这些诱惑，选择了牢牢扎根于胶黏剂行业进行精耕细作，以工匠精神铸造精品，推动民族胶业发展。

2008 年以来，回天新材开始实施聚焦战略，即实行行业聚焦、产品聚焦和科研聚焦，集中优势资源紧紧围绕新能源、电子电器、汽车、软包装四个行业和聚氨酯胶、硅胶两个胶种深度开展科技创新，做专、做精、做强。公司先后砍掉了 60% 近 600 多个聚焦行业外的产品。通过聚焦，回天新材所研究的行业大大精简，所开发的产品数量也大大缩小，这样科研人员可以围绕某个细分行业的细分产品进行深度开发，追求精益求精的效果。聚焦之后，回天新材靠剩下的 40% 产品创造出比拥有近千个产品时翻番的生产总值和市场利润。

（三）产业化、市场化是回天新材科技创新的方向

因受前身襄樊市国有胶黏技术研究所的影响，在研发上回天新材曾走过不少弯路，最大的教训就是科研上不注重市场导向，闭门造车居多，尽管拿了很多省级、部级的科技奖励，但产业转化率非常低，基本上没有在实际中产生经济效益。为此，改制后，回天新材确立了"以客户为中心"的核心文化，在科研上按照市场规律，进行了大刀阔斧的改革，建立了面向市场的研发机制，所有的科研项目立项之前，都必须进行充分深入的市场调研，形成专业的市场调研报告，并经过由科研、销售、市场、财务等多方组成的专家小组评审后方可立项和开发，大大提高了立项的准确性。同时在科研项目开发过程中，回天新材还建立了科研与销售高效协同的机制，将科研项目的开发分为小试、中试、放大生产、批量供货四个阶段，每个阶段均设立奖金，将科研人员与销售人员深度捆绑，根据每个阶段科研人员与销售人员的价值度在两者之间进行分配，确保科研人员与销售人员在项目开发过程中高度协同、

密切配合。公司还积极借鉴国外优秀公司经验，设立了应用研究室，设置专门的应用研究工程师岗位，来不断保障和提升科技创新产业化的效率。

（四）科研队伍的打造是回天新材科技创新的根本

首先，回天新材高度重视优秀科技人才的引进和培养。回天新材每年到武汉大学、华中科技大学、华东理工大学、中山大学等名牌大学进行招聘，储备研发人才。为加强上海回天技术中心的建设，回天新材在全球范围内引进行业优秀人才，仅2016年和2017年先后从国内外引进1名国家千人计划专家、13名博士、36名硕士。

其次，回天新材厚待科研人才，在住房、购房、购车、安家费、职称津贴等方面都有具体明确的标准和政策上的倾斜，公司还对科研开发贡献突出的员工奖励轿车。上市后，先后两次定向增发股票，其中重点就是给核心的科研人才配置股票，极大地增强科研队伍的凝聚力。

最后，在科研人才使用上，回天新材不拘一格，从不搞论资排辈，一位武汉大学毕业生因为科研业绩突出，年仅28岁就担任了广州研发中心的技术总监，几年之后又晋升为全公司的技术总监。之前，常常是回天新材辛苦培养的科研人才跳槽到跨国公司，而现在正好相反，一批跨国公司的高端人才都纷纷选择加盟回天新材。

（五）产学研合作是回天新材科技创新的重要支撑

在科技创新上，回天新材注重自主研发，专门在上海设立了研发中心，先后投资近亿元，实验室、设备、仪器、人员全部按照国际一流水准配置，先后从美国、欧洲高薪引进了大量海外优秀人才，建成了一支由1名国家千人计划专家和13名博士、65名硕士组成的高素质科研团队，形成雄厚的研发实力。同时，公司也注重与外部研发机构的合作，先后与武汉大学、复旦大学、中山大学、东华大学、湖南大学等知名高校积极开展产学研合作，并与中国科学院合作成立了"中科院应化回天高性能胶黏剂材料工程技术中心"，强强合作携手打造世界胶黏剂研发中心。通过走产学研结合的道路，回天新材充分拓展了研发实力。

（六）强大凝聚力的企业文化是回天新材科技创新的重要保障

回天新材的科技创新之所以能高效推进，取得累累硕果，很大程度上归功于回天新材企业文化建设的成功。回天新材自创立起，就以科技创新、产业报国为己任。回天新材之所以能长期坚持不懈地推进科技创新，动力来源于产业报国的梦想。"以客户为中心，以奋斗者为本"是回天新材文化的核心，其指导回天新材的科技创新始终能积极面向市场、面向客户，而不是闭门造车、孤芳自赏，同时激励科研人员争当奋斗者。在回天新材，奋斗者具有至高无上的荣誉，回天新材在加薪、晋升、配股、培训等方面均大力向奋斗者倾斜，绝不让奋斗者吃亏。公司在内部大力推行激励、竞争、监督、淘汰四大机制，倡导艰苦奋斗、感恩、诚信、学习等理念，这些机制和理念也贯穿于整个科技创新活动之中，在日常研发中引导科技人员争当先进、争创一流。回天新材还注重将企业党建与企业文化建设有机结合起来，实现党员队伍与企业人才队伍发展的相互促进，注重发挥党组织凝聚作用和党员员工的带头作用。回天新材还定期组织和开展各种员工喜闻乐见、充满正能量的文体活动，极大地增强了公司的凝集力和向心力。具有强大凝聚力的企业文化，不仅保障了科研队伍的稳定，也形成了科技创新日常活动充满活力、动力的良好局面。

在强有力的科技创新支持下，回天新材源源不断地开发出一款款科技含量高、品质过硬、市场竞争力强的明星产品，这些产品通过 ROHS、HALOGEN、REACH、GL、UL、DIN、TUV、LFGB、FDA、NSF 等国际国内各项权威认证，并得到国内外客户广泛的认可，回天新材先后获得中国胶黏剂产品用户满意第一品牌、中国驰名商标等一系列荣誉。

科技创新的突破很快转化为公司的生产力和市场竞争力，有力地推动了公司的转型升级和快速发展，回天新材朝三个方向的转型均获得了成功：

成功由原来的门槛低、附加值小、发展空间有限的低端胶黏剂市场，跃入科技含量高、附加值大、前景广阔的工程胶黏剂高端市场。回天新材发展初期产品主要应用于国内的汽配维修、民用五金等低端胶黏剂市场，现在则主要应用于高端的工业工程领域，当前工程胶黏剂的销售额占回天新材整体胶黏剂销售额的 70% 以上。

成功从传统产业跨入发展潜力大、国家重点扶持的战略性新兴产业。回天新材在转型上一直紧跟战略性新兴产业的发展，将产品源源不断地导入新能源、电子电器、汽车、轨道交通、软包装、装配式建筑等市场潜力大的战略性新兴产业，2017年回天新材的销售规模突破 15 亿元，已成为当前中国新能源、电子电器、高铁、软包装、装配式建筑等用胶领域最大的供应商之一。

成功由原来单一开发国内市场，转型为同步开发国内外市场，已成功开拓越南、泰国、马来西亚、印度尼西亚、印度、新加坡等东南亚市场，出口额已超过 6000 万元人民币，并正以超过 100% 的增长率高速增长。

步步高集团

——从需求侧改革到供给侧变革，开启新零售转型之路

一、企业基本情况

1995 年的春天，现代连锁经营已悄然萌芽，步步高集团在湖南湘潭开出了湖南第一家连锁超市。步步高集团制定"用现代商业的服务理念，走中小城市道路"的发展战略，避开大城市的竞争，坚持立足中小城市，以密集式开店、"双核"多业态、跨区域的发展模式向消费者提供零售服务。

步步高集团实行多业态发展，线上线下齐头并进，零售业版图已覆盖湖南、江西、广西、云南、贵州、四川、重庆等地区。22 年来，步步高集团逐步发展成为拥有超市、家电、百货、购物中心、便利店、物流、电子商务、商业地产、互联网金融等多业态的大型商业集团，拥有门店 520 家、员工 6.35 万人。

2008 年 6 月 19 日，步步高集团控股子公司步步高商业连锁股份有限公司登陆深交所，成为中国民营连锁超市企业首家上市公司。2014 年，步步高集团并购广西最大零售企业南城百货。2017 年收购四川梅西商业。集团位列 2017 年中国连锁 20 强、中国快消品连锁 10 强、中国企业 500 强、中国民营企业 500 强。步步高集团积极参与社会公益活动，累计为社会捐款 1.2 亿元。

二、转型升级的做法与经验

2017 年 6 月 25 日，步步高集团的创新零售业态"鲜食演义"在长沙梅溪湖步步高梅溪新天地内正式营业，云猴精选 APP 同步上线，步步高集团线上线下融合发展：以"高端精品超市 + 餐饮创新 + 配送到家"模式，消费者不仅可以在新的 APP 下单餐饮美食，还可以挑选门店精选的 3000 种商品，步步高集团提供送货上门服务。

这仅仅是其在新零售实践中诸多革新中的一个缩影。2017 年，步步高集团提出，3 年之内全面完成数字化方向转型，成为一家由数据驱动、线上线下融合的新零售企业。成立 22 年，这家被业界誉为在创新上有着"互联网速度"的实体商业企业，正

在着力深耕，坚守"打通线上、回归实体"的战略，对商业模式进行迭代。

（一）开启电商之路，拥抱互联网

在互联网时代，互联网不是电商独有的工具，而是一种生存环境。步步高集团从 2013 年开始建立网上商城，之后不断迭代，不断试错，不断调整。在这个过程中，步步高集团逐渐融入了互联网基因。

2014 年前后是实体零售企业转型电商的分水岭，实体零售商的态度由之前的观望、质疑甚至抵抗转为尝试、参与甚至主动拥抱。2013 年 12 月 26 日步步高电商平台上线。步步高集团由一个单纯的实体店转变为线上线下双线扩张的企业。

步步高集团的电商战略是动态的、发展的，只有进行时，没有完成时。在步步高集团"区域版阿里巴巴"紧锣密鼓布局时，受到了移动电商思潮的触动，步步高集团认为，在 PC 端，作为后来者的实体店比不过京东、天猫、1 号店，但在移动时代，大家处在同一起跑线上。这便有了步步高集团旗下云猴网的横空出世。

事实上，步步高电商平台的发展并未取得巨大成功，但是它给步步高集团带来了互联网基因和互联网思维。

（二）深度融合，升级实体店

虽然实体零售遭遇了寒潮，但近几年来步步高集团一直逆势扩张：从 2014 年到 2017 年，连续收购了广西南城百货、湖南心连心集团的 5 家超市、四川梅西商业，并入股重庆百货；2016 年开店 48 家，居行业前列；2017 年继续加速开店。除了在广度上扩张，步步高集团也在实体店创新的深度上挖掘。

1. 回归实体，提升加速度

步步高集团在过去几年里，在实体渠道上的逆市扩张，既是勇气，也是对未来战略走向的准确把握——哪怕是在实体商业最被唱衰的时候，步步高集团也丝毫没有被外在因素干扰，依然挥舞着线下并购的大棒。

2014 年，步步高集团以近 16 亿元收购了广西零售业的龙头企业南城百货，成功构建了以湖南市场为核心，以江西市场为后方，以四川、重庆、贵州、广西市场为前线的战略格局。

2016 年 9 月，步步高集团收购心连心集团江西萍乡超市有限责任公司 5 家超市，市场占有率超过 85%。10 月，步步高集团入股重庆百货，持股 10.91%，成为其第三大股东，做实西南地区商业龙头。

2017 年 2 月，步步高集团的并购再落地，以 2.26 亿元收购四川梅西商业 94% 的股权，进一步做实西南市场，强化区域版图竞争力。

步步高集团在构建自身零售生态时，除了内生增长外，同样也会通过战略合作、资本联合等手段实现资源共享与产业协同，进而实现在未来的零售版图里拥有一席之地。在大手笔并购的同时，步步高集团也从未放慢过自身开店扩张的步伐。

2016年，步步高集团开店48家，总营业面积超过100万平方米，不仅面积上居行业之首，也是当年国内开店最多的实体零售企业。2017年第一季度，步步高集团新开门店12家，全年计划开店50家以上——实体商业已经进入景气反转周期，步步高集团的线下拓展更具底气。

2. 消费升级，用生活美学引领商业未来

针对消费升级和品质升级，步步高集团对线上线下的布局也引入了更多的新概念与新元素。把商业做成娱乐王国，也是步步高集团在线上渠道的追求。

步步高集团正通过业态的不断出新，在巩固原有客群的基础上，逐步改变客群结构，链接线上消费与线下体验，将消费者牢牢黏在自己手中。仅超市业态，步步高集团就针对不同区域、消费习惯、消费能力的市场，将其定义为三种标准，即二代大卖场、三代大卖场和精品超市，三四线城市（县级市场）以二代大卖场为主，地级市或一些比较好的商业项目主打三代大卖场，出现在省份城市和经济较发达城市的则是高端、客群定位更年轻、更注重现代时尚和生活品质的精品超市。

2016年1月30日，步步高集团在湖南郴州开出首家精品超市，其后，这一业态在长沙梅溪新天地、成都青羊万达广场等地陆续亮相，受到消费者追捧。

3. 从零售商到提供优质生活方式的服务商

对于步步高集团和湖南的商业而言，70万平方米的中国首家商、旅、文综合体——步步高梅溪新天地是具有跨越意义的作品，它真正让步步高集团实现了将自己与消费者的生活连接在一起。

作为中南地区最大的娱乐购物中心，步步高集团50亿元投资的尝试是大胆的。步步高集团让这个项目摆脱了单纯以售卖商品为主的商业模式，让业态、品牌、商品组合与生活、艺术、社交、娱乐等紧密结合，从感官体验、故事文化、参与互动和对生活的连接上吸引消费者。从这个角度来说，对于实体商业的转型，体验式和主题式至关重要，但更重要的是目前消费者的消费潜力、习性已经成熟并适应了这种方式。

在营销上，步步高集团不断颠覆着传统商业的套路。步步高梅溪新天地一年时间里举办了几百场丰富多彩的市场活动，如"几米星空装置展""郎朗的星空钢琴独奏会""中法文化之春""梅溪摩登音约会""史努比中国纪念巡回展"等大型文化活动，客流量和销售业绩明显增长。

（三）跨界延伸，打造新业态

2017年6月25日，步步高集团再次发起了一场新零售变革，推出第一个超市餐饮化项目鲜食演义，在超市里进行美食现场体验。步步高集团的目标是通过超市生鲜供应链的延伸，提供白领日常餐饮解决方案，同时以此提高超市的客流量和客单量。同时，该项目在线上同时开通，针对门店 5 公里范围的客群进行线上开通。

1. "精品超市 + 品质餐饮 + 云猴精选 APP"的新零售样本

鲜食演义是步步高集团全球供应链的再升级，是步步高集团拿全球供应链优势来迎合未来消费趋势的必然选择。

鲜食演义分为线下超市实体厨房和线上 APP 下单配送，一体双翼，提供帮助都市人从厨房里解放出来的解决方案，打造中国超市版共享厨房。主要特色是"极致新鲜 + 平价消费"，适合家庭、朋友聚会，是介于家庭厨房和酒店用餐之间的一种就餐形式。

鲜食演义的堂食设计也有新意，既有相对集中的供顾客即时就餐休息的堂食区，也有与加工操作间连为一体的就餐区。

2. 新零售业态激活全国市场

在新零售风潮下，实体零售企业的"新物种"接踵而至，步步高集团鲜食演义的推出不仅将步步高集团精品超市再次带入迭代升级，也使步步高集团成为实体零售企业中屈指可数的几家率先孵化推出新零售品牌的区域龙头。

从已经推出的鲜食演义来看，超市餐饮化带来的变化是销售额提升 30% 以上，毛利率增长 6%，而部分门店的海鲜成为销售额最大的品类。而这将带来一系列的变化，尤其是生鲜的供应链体系。

根据规划，未来该项目将覆盖步步高集团湖南、江西、广西、四川、重庆的大部分超市门店。在全面铺开以后，步步高集团超市的销售额和毛利率都将有较大提升。模式成熟后，将与全国其他零售企业合作，迅速在全国铺开。

（四）放眼全球，重构供应链

鲜食演义之所以能与步步高集团的超市调整融合得游刃有余、浑然一体，背后依靠的是步步高集团在全球范围内强大的直采自营供应链优势。

1. 供应链重组 DNA

商品、价格、场景是零售业三大最重要的要素，而商品和价格的背后就是供应链。20 多年来，步步高集团在全国和部分国家已经建立了成熟的供应链，但随着消费者的需求升级，原有的供应链体系已经滞后。

2015 年 3 月，步步高集团开启全球采购模式。至 2015 年 9 月，步步高集团已在中国香港、日本、美国、澳大利亚、新西兰和德国成立了六个境外分公司，商品资源遍布亚洲、欧洲、北美洲、大洋洲以及非洲部分地区。全渠道全球采购布局已基本成形。

通过全球供应链网络，步步高集团已为其线上线下平台引进了上千个 SKU，商品来自 35 个国家和地区。步步高集团深耕全球供应链的价值也进一步凸显。

2015 年 11 月 4 日，由步步高集团发起成立全球联采众筹平台，家家悦、天虹、美特好、兴隆大家庭、上海城市超市、尚品汇、庆客隆、三江购物等零售企业参与，已有成员企业60多家。此联采众筹平台拥有覆盖美国、澳大利亚、新西兰、日本、韩国、德国、波兰、意大利等国家的买手网络。

步步高集团在对自身渠道供应链进行纵向优化的同时，也尝试对行业供应链进行横向整合。以鲜食演义为例，步步高集团较为完善的全球直采供应链资源确保了能以较低的成本拿到全球最优质、有特色的海鲜食材；同时，鲜食演义的餐饮模式又有助于消化更多的直采商品库存，加快了步步高集团商品吞吐的周转，提升了集团直采自营供应链体系的话语权。直采自营供应链给鲜食演义带来的另一大优势便体现在价格上，同样品质的商品一般会比海鲜餐厅便宜30%~40%。

2. 输出全球供应链

在物流方面，步步高集团已打通海运、航运、中欧铁路运输等国际干线物流运输线路。建立腾万里（跨境）、云通（干线）、猴急送（终端配送）三大体系，开通湘欧快线，在日本、中国香港设立了境外仓，在广州、郑州、杭州等地设立了保税仓；最终通过门店、云猴全球购和全球联采众筹平台等渠道将商品提供给消费者。

步步高集团将旗下腾万里的总部由长沙迁到上海，充分利用上海的信息、人才、资源和物流优势，以便于腾万里站在新的高点上更好地为全国零售企业服务。

腾万里是步步高集团整合全球供应链资源的一个专业公司，拥有一批来自各个企业的资深国际买手，这些买手拥有多年零售行业经验，对商品及市场有非常敏锐的洞察力，精通国际采购和对自由品牌的运作，实战经验丰富。

腾万里自成立以来业务量突飞猛进。仅在2016年，先后从澳大利亚、新西兰、美国、德国、智利、马来西亚、意大利、波兰、西班牙、日本、泰国、葡萄牙、土耳其、白俄罗斯等25个国家直接进口商品，累计进口金额近两亿元，目前已成为湖南进口食品类最大的贸易商。

腾万里目前已具备包括普通预包装食品、乳制品、肉类、水产、化妆品在内的绝大部分品类进出口资质。全方位提供包括海运、空运、铁运及多联式运输方案及本地清关、转关、仓储、配送的跟踪服务。

未来腾万里将以湖南为基础，以上海为中心，并延伸至深圳、天津、大连、防城港、重庆等全国主要城市，为步步高集团全球供应链输出提供一站式"门到门"综合服务，致力于成为中国领先的快销品国际供应链全渠道服务商。

3. "共享经济"窗口打开

全球采购链完善并非只为云猴全球购，步步高集团实则以此为切入口实现对步步高集团原有整套供应链体系的升级改造，而这也是实体零售业"互联网＋"转型的题中之义。随着步步高集团全球采购布局的基本成形，步步高集团线下超市共享资源由此水到渠成。

步步高集团线上线下与全球同步，全球采购而来的商品会进入各大卖场，深度整合全球供应链的步步高集团可以让顾客体验到独属步步高集团差异化的商品和服务。随着步步高集团全球供应链体系的搭建成形，大西南实体门店的下沉深耕，这些优质的服务和商品将会源源不断地流向步步高集团门店所在的中西部七大省（区、市）。

业绩稳步增长、线上线下融合推进的同时，步步高集团正在为下一轮竞争夯实基础，即未来以大数据和场景体验为驱动，成为一家数字化商业企业。

步步高集团未来几年新零售转型战略的重中之重就是要通过构建数据规划、采集和应用闭环，提高企业的数据分析应用能力，挖掘有待发现和培育的客户细分群体，进而通过线上线下为消费者带去极致体验。在零售业转型升级的道路上，步步高集团希望做到形神兼备，为客户提供更随心、更舒心的消费体验。

作为实体零售的代表，步步高集团正试图再度以线下渠道为本，通过技术对商业基因的改造，重塑自己的生态闭环。

重庆秋田齿轮有限责任公司

一、企业基本情况

重庆秋田齿轮有限责任公司（以下简称"秋田齿轮"）由付中秋先生创建于1993年，位于重庆大渡口区建桥工业园区，占地160余亩，其中生产厂房约占80000平方米，有职工2700余人。秋田齿轮资产总额为9亿余元，银行信用等级为AAA级。法定代表人为付中秋先生，注册资金为5000万元，由三大股东共同出资设立。

秋田齿轮成立以来秉承"专心、专注、专业"的理念，一直致力于各型汽车齿轮和摩托车齿轮的研发与制造。成立初期，以董事长付中秋为核心的领导层励精图治，放眼未来，提出了打造"全国重要齿轮生产基地"的设想，根据这一设想，企业在当时重庆市场产品供不应求的大环境下不受限于短期利益，将发展重心放在更前沿的广东市场，董事长亲自带队常驻广东开发市场，为公司后期持续发展打下了坚实基础。随着秋田齿轮与本田等国内外优质客商的深入合作，高层领导不断吸取先进的管理经验，在齿轮产业发展进程中，秋田齿轮快速上档升位，顺利进入了本田、大长江等一线厂商的配套体系，并逐渐成为其核心供应商。2005年公司搬迁至大渡口区建桥工业园，秋田齿轮的发展迈上新的台阶，成为一家集研发、制造、销售于一体的现代化民营企业。目前公司已成为重庆乃至全国中小模数齿轮的重要生产基地。

秋田齿轮借鉴日本本田公司的质量控制标准进行规范管理，通过了ISO9001：2000和ISO/TS16949质量管理标准体系认证，以及ISO14001环境管理体系和OHSAS18000职业健康安全管理体系认证。同时，秋田齿轮建立的ERP、OA、PDM、CAPP等信息化平台，使得公司管理水平得到大幅提高，特别是对精益生产、技术开发能力的提升起到了巨大的推动作用。

秋田齿轮拥有一流的生产检测设备，目前拥有各型加工检测设备2400余台，引进的意大利SU剃刀磨、德国"格里森—胡尔特"强力珩齿机、瑞士莱斯豪尔磨齿机、英国泰勒·霍普森公司的FTSS I120型粗糙度轮廓仪等先进设备，使公司的齿轮刀具修磨、齿轮检测能力及高精度齿轮的制造能力进入世界一流水平。

秋田齿轮拥有自己的企业技术标准体系，拥有独立的进出口经营权，产品赢得了国内外客户的广泛青睐，并与日本本田、大长江、隆鑫、力帆、美国 SPX、美国中西公司、意大利比亚乔、德国宝马、印度马恒达等国内外数十家知名企业建立了广泛的合作关系。目前秋田齿轮各型汽车、摩托车齿轮的产销量均超过了 1 亿件/年，其中摩托车齿轮产品在国内市场的占有率保持在 35%。汽车齿轮产品依托于中国长安汽车集团青山变速器分公司签订的十年期战略合作协议，以及与淮柴动力集团所属的株洲齿轮有限责任公司达成的战略联盟，得到了持续的发展，销售占比不断提高，为企业产品结构调整打下了基础。

秋田齿轮是重庆市高新技术企业，是重庆市企业技术中心及重庆市小模数齿轮企业工程技术研究中心。在中小模数齿轮行业，当大多数企业还在延续单纯的加工配套发展模式时，秋田齿轮就率先举起了自主研发的大旗。目前，秋田齿轮不仅是中小模数齿轮的生产基地，更是研发基地，秋田齿轮的规模效益和经济技术实力，以及多年的研发经验，使得秋田齿轮有足够的能力完成产业领域的技术创新活动，国内各大一线摩托车整车厂商的新机型基本都由秋田齿轮完成其齿轮传动机构的研发和制造，在大排量摩托车齿轮的研发上更拥有绝对的优势和贡献。近两年，秋田齿轮持续推进转型升级工作。在自动化改造方面实施了中频炉自动送料、轴坯冷挤压自动化、轴杆桁架车床、锻造自动喷默装置、轴坯车加工自动化、数控外圆磨的桁架式自动化、6 轴机器人集成应用等项目的改造，进一步降低了劳动强度和人力成本，稳定了产品质量。在产品结构调整上，加大研发及投入力度，成功开发出宝马800 型、比亚乔650 型、1200 型等摩托车齿轮高端产品，以及多款 6 挡汽车变速器齿轮和出口印度市场的越野车变速器齿轮，秋田齿轮汽车齿轮产销量连续三年保持20% 以上的高速增长，直接出口连续三年保持30% 以上的高速增长。

近年来，秋田齿轮又相继获得了"重庆市市长质量奖""重庆名牌产品""重庆市著名商标""企业技术创新工作先进单位""标准化良好行为 AAAA 级""全国先进基层党组织""国家级知识产权优势企业""重庆市 2014—2015 年度重点培育的国际知名品牌""大渡口区十佳高新技术企业"等诸多荣誉称号。

二、转型升级的做法与经验

作为一个传统制造企业，秋田齿轮近几年一直着眼于转型升级和创新发展，目前正在实施"三个转型"战略，即汽车齿轮由微车向轿车转型，摩托车齿轮由低端向中高端产品转型，市场开发由以国内市场为主转向以国际市场为主。目前秋田齿轮正通过技术创新、产品升级、管理创新等多种手段实现转型升级目标。

（一）技术创新

近几年，秋田齿轮借助建设企业技术中心及中小模数齿轮工程技术研究中心的契机，以科技创新为总体发展思路，以中小模数高精齿轮，即汽车摩托车用高精齿轮的"增效、降耗、安全、可靠"技术研究为核心，以锻造技术、机加技术、热处理技术三大制造工艺为切入点，以自动化制造技术的集成应用为攻关方向，系统性地攻破汽车、摩托车用高精齿轮技术的工艺难点，全面提升齿轮的综合技术水平，大力开展新产品研发活动，并在新产品开发过程中对以下内容进行技术创新。

1. 齿轮加工技术使用性能的强化

（1）锻造技术：齿轮渐开线、矩形花键的冷挤压技术的推广应用，精锻技术的推广应用，齿轮异型件（凸、凹爪）温锻技术的优化设计。

（2）热处理技术：齿轮热处理技术的创新，提高齿轮强度，满足用户的特殊要求设计等。

（3）机加技术：齿轮异型件加工的优化设计，提高几何精度，提升齿轮使用性能。

2. 齿轮组合技术安全性、可靠性研究

（1）组合装配性研究：与摩托车发动机主副轴装配和汽车齿轮变速箱装配技术要求匹配技术。

（2）噪声控制：发动机机械噪声及其他声源降噪技术，形成噪声分析方法，采用相应的试验检测设备，运用于新产品开发。

（3）新材料应用：主要研究高强度材料在摩托车齿轮零部件方面的应用，力求扩大新型材料在发动机中的使用范围，提高可靠性，获得低成本、高质量、高性能等优势。

（4）自动化制造技术的集成应用：主要是引进自动化制造技术，对齿轮制造工艺进行创新，实现自动化制造与齿轮制造工艺的集成应用。

大力推进技术创新活动，为企业实施转型战略奠定了基础。近几年，秋田齿轮共获得授权专利36项，其中发明专利2项、实用新型专利32项、外观专利2项，近几年获得重庆市重点（重大）新产品和高新技术产品认定16项。通过积极开展产学研等多种形式的技术合作，引进吸收先进的制造技术，特别是全力开展自动化的集成应用，已先后完成了自动连线车床、轴坯冷挤压自动化、轴杆桁架车床、锻造自动喷默装置等多个自动化项目的改造，进一步降低了劳动强度，节约了制造成本，稳定了产品质量，提升了企业的核心竞争力。

（二）产品升级

秋田齿轮是全国摩托车齿轮产销量最大的企业，最高峰时年产销摩托车主副轴900万套，但随着国内摩托车产业整体下滑，秋田齿轮对摩托车齿轮板块也进行了转型升级。近几年，秋田齿轮逐步淘汰了一批附加值低的低端产品，重点加强附加值高的高、精、尖产品的研发生产，紧密围绕日本本田和其他国内外企业，相继成功开发了本田 K67、宝马 800 型、春风 650 阅兵车、比亚乔 650 型和 1200 型，以及多款出口印度市场的新型摩托车齿轮等高端产品，进一步提高了企业的综合实力。秋田齿轮在国内摩托车齿轮市场的占有率达 35%，年产销量稳定在 700 万套左右。

秋田齿轮从 2005 年开始进入汽车变速箱齿轮市场，初期以微车齿轮为主，从 2012 年起，开始加快轿车齿轮的研发生产。2015 年，秋田齿轮的汽车齿轮年产值达 2.16 亿元，连续 5 年实现 20% 以上的增长速度，其中轿车齿轮产值占比达 70% 以上。与长安、小康、北汽银翔、海马、印度马恒达等公司建立了长期合作关系，产品类别涵盖微车、轿车、SUV 和重型汽车齿轮。目前秋田齿轮正在进行自动变速箱齿轮和新能源汽车减速传动齿轮的研发试制工作，力争在这两个领域取得突破。

（三）管理创新

在转型过程中，秋田齿轮通过不断的管理创新支撑转型战略的实现。秋田齿轮坚持科学的人才观，摒弃了家族式的管理模式，外聘职业经理，打造了一支高素质的领导队伍。在内部管理上，从"5S 管理"入手，变传统的"工艺专业化"生产方式为"对象专业化"的 JIT 生产方式，建立精益生产的扁平化组织生产模式，并综合运用批次管理、目视管理、日清日结、TQM 等先进管理手段，减少甚至杜绝生产转换增值过程中的一切浪费，不断优化整合企业内部资源，大大提高了生产效率，加强了质量控制，改善了生产现场环境和物流，实现了规范化经营管理，最大限度地保证了技术创新活动的顺利开展。同时，秋田齿轮借鉴日本本田公司的质量控制体系进行对标，通过了 ISO/TS16949 质量管理标准体系认证、ISO14001 环境管理体系和 OHSAS18000 职业健康安全管理体系认证，2013 年更贯标了卓越绩效管理模式，并获得了"重庆市市长质量奖"。

在管理创新的推进过程中，重中之重就是深化信息化运用手段，通过大力推进两化融合建设，形成高效的指挥中枢及紧密一体的管理体系，对公司采购、生产、销售、财务等各环节进行有效控制。

秋田齿轮的信息化起步较早，但由于受当时技术条件和管理水平的局限，采购、技术、设计、生产、库房等环节没有实现系统的集成和应用，已有的系统开发环境和应用平台差异很大，造成各管理系统相对独立，应用水平参差不齐，各个子系统及技术、生产、采购等形成一个个信息"孤岛"，难以实现企业内部的信息共享，企业的信息资源无法得到合理的利用，限制了企业的发展。加上秋田齿轮从事的是多品种、大批量的生产，各类原材料、半成品、产成品达数万种，每天物资的进出、生产的协调、财务数据的汇总都涉及巨大的工作量，同时仓库多（厂内和外点仓库共计 30 多个），库管人员多（100 人左右），且素质参差不齐。此外物料领用的随意性也导致了库存物资的积压和库存资金的居高不下。仅仅通过严格的制度和大量的手工劳动，辅以简单的一些信息化管理手段，已经很难保证数据的及时性和准确性，物流问题越来越成为制约公司发展的瓶颈。为此，秋田齿轮实施了生产经营管控集成化、智能化综合平台建设项目，根据总体规划，以需求为牵引，分步实施，以效益为驱动，重点突破，先易后难，稳步推进。首先采用 ERP 系统，先期上线采购、销售、库存、财务的一体化管控系统，后期推行计划、生产管理模块，同时逐步推进实施图文档、CAPP、CAM、BO，打造统一的协同开发平台，并逐渐与 ERP 系统集成，实现全面集成和持续优化；同步开展设备自动化升级改造，包括锻造、冷挤压等主要工序，实现主要工序的自动化，为进一步采用 MES 系统打下基础。

在实际操作中，秋田齿轮的信息化依托以 PDM 为主的技术信息化和以 ERP 为主的管理信息化，在信息化建设过程中，秋田齿轮本着构建一体化管控平台体系的目标，将信息化工作分解为三个阶段，即先搭建基础平台，后进行业务流程管控，再实现战略决策。随着秋田齿轮信息化工作的深入，其逐步应用了用友优普 U8 + 的财务管理、采购管理、生产管理、质量管理、供应链管理、人力资源管理等 20 多个模块。

目前，针对公司的产品特点和存在的种种问题，以及产品销售、产品设计、产品制造等流程，经过深入探讨和调研，秋田齿轮实行了一套切合公司实际的整体解决方案。

（1）销售部接受订单，技术部进行产品设计，采购部进行外购件的采购，生产部进行产品的加工和生产，各相关部门通过 ERP 系统进行全程跟踪和控制。

（2）销售部提出新产品需求，转到技术部，由技术部项目经理进行产品立项，负责人对相关人员进行权限设置，技术人员使用电脑辅助设计软件进行产品设计，并且使用图文管理信息系统进行各种数据的采集和汇总，提供给采购部、生产部以及整个 ERP 系统。技术资料的保存和提取都在图文管理信息系统的服务器上。

（3）技术部使用图文管理信息系统对图文档和工艺汇总表进行各种报表的输出和汇总，传输到公司的 ERP 系统中进行产品成本核算和资产控制。

（4）资料管理人员使用图文管理信息系统进行资料的归档和备份。

通过固化流程与管理模式，建立一套适合秋田齿轮的 ERP 系统。在实施过程中，采用用友公司的 ERP 软件作为秋田齿轮 ERP 系统建设的应用软件。该软件以 SQL Server 数据库为基础，采用 B/S 架构。数据库服务器、应用服务器、加密服务器、升级服务器分离部署。各功能模块相对独立但又相互联系，能以分步实施的方式较好地满足公司目前的管理需求和未来的深化应用扩展。

（1）根据销售计划和库存数据形成物料需求计划（采购和委外计划）与生产计划，并向生产系统、采购系统和委外系统提供数据，采购和委外系统进行价格控制和数量控制，在审核关键控制点后完成采购流程，实现 VMI 采购和零库存。完成采购后采购和委外系统向成本核算系统和财务系统提供数据，并通过应付系统和合同管理系统对供应商和应付账款进行有效控制。

（2）委外系统和生产系统通过执行计划，实施限额领料，完成对物资进出的管理和成本的控制，对采购物资的物流节点（订单、到货及入库）和产品生产过程中的主要工序节点（制坯、机械加工、热处理及成品）进行掌控，实现精益生产，并最终向成本核算系统和财务系统提供数据。其中，由开发平台中的图文档案系统提供物料编码和BOM。

（3）销售系统对客户信用额度和期限、销售价格实施管理，并通过在销售发货、开票、挂账、结算过程中各节点数量的相互稽核，对销售数量进行控制，最终通过应收系统和合同管理系统实施对客户关系和应收账款的管理。

（4）上述系统同时向成本核算系统和总账系统提供数据，自动完成账务处理，并通过财务系统向专家财务系统提供数据，完成财务分析和对公司的评价。

相比将生产制造环节的管控整合到ERP系统中，秋田齿轮针对库房批次的管理则是依靠管理流程的优化来解决。

以秋田齿轮目前的业务现状为出发点，本来需要条码系统来解决的发货批次问题，通过管理的优化同样可以解决。但是，秋田齿轮非常清楚，由于业务发展非常迅速，未来一定还是需要通过条码系统完成物流环节的效率提升。在供应链全过程应用条码扫描技术，来达到快速高效地完成识别和输入，减轻劳动强度，提高准确性。

同样需要优化和提升的环节也体现在另外几个方面。目前秋田齿轮的两化融合已经具备了一定的平台化基础，需要结合公司的发展以及管理水平的提升，在两化融合平台上进行持续优化和改善，譬如公司即将着手生产线工控设备以及电子看板同现有信息系统的集成，将现场的数据采集和数据分析，通过公共平台或接口进行无缝集成，同时，要在现有的数据平台基础上实现商业分析的功能，BA商业分析软件与绩效管理的深度应用为公司经营决策提供了数据支持。

另外，秋田齿轮管理上的一个特色，就是将党建工作与公司的发展相结合，公司党建工作主动融入"三个转型"之中，实施以"责任支部""效益党建"为核心理念的党建项目工作法，将创新工作室引入党建工作。秋田齿轮已建立11个党建项目创新工作室，创新工作室紧紧围绕公司生产经营的热点、难点和重点问题，聚集智慧、整合资源，摆脱部门、单位和人员的约束，激发了广大党员的参与积极性。特别是确定创新责任人之后，采取会员制，把有一定专业知识、专业技能、热心创新工作的党员、入党积极分子吸收到团队中来，通过创新工作室这个有效平台，开展创新活动，展示自身价值。

创新工作室改变了过去的单一做法，倡导运作功能多样化。首先，把创新工作室定位于素质、能力提高的平台，要求成员在相互交流、相互学习、相互帮助和项目实践中，获取知识、提升素质、增强能力。其次，把创新工作室定位为选题攻关、立项创新的载体，变过去单打独斗为依靠团队、博采众长、聚力攻关，项目加速，效果理想。最后，把创新工作室定位为知识分享、成果推广的阵地，通过大家共同耕耘、共同收获，既分享了成果的喜悦，又加速了成果的推广运用。

以秋田齿轮一分厂创新工作室为例，它结合分厂的实际，发现汽车齿轮主轴坯件的采购价格很高，其原因主要是采用传统的热锻工艺，既耗费原材料，又花费较高人力成本。为了降低成本，适应公司产能提升的需要，创新工作室提出变汽车主轴坯件的外购为自制，并对加工工艺实行大胆改革的意见和方案。通过严密的方案论证和连续 36 天的试验，该项目终于被秋田齿轮技术质检部门验收认可，准予量产。汽车齿轮主轴坯件采用新工艺自制可使每件产品的成本降低 3.09 元，每年可为秋田齿轮节约成本 60 万元，同时大大降低了员工的劳动强度，改善了工作环境，提高了工作的安全系数。

同时，公司党委相继开展了"质量提升""管理提升""双强双带""五比五看"等主题活动，发挥党员的骨干带头作用和党组织的战斗堡垒作用。2016 年初，汽车齿轮上量，标检出现瓶颈，公司党委连续 10 天组织 5 个支部的党员义工给予支援，保证了生产任务的圆满完成。汽车齿轮分厂党支部在"质量提升"活动中开展"一对一"的帮扶，即 10 名党员帮扶 10 名能力较差的员工，签订帮扶责任书，确定帮扶目标，尽心尽力地帮扶，取得了良好的效果。

兰州威特焊材科技股份有限公司

——以创新打造高端产品，以品质赢得市场赞誉

一、企业基本情况

（一）企业简介

兰州威特焊材科技股份有限公司（以下简称"威特股份"）是一家集科研、生产、销售和技术服务于一体的国家级高新技术企业，是专业生产经营焊接材料和金属合金材料的民营企业。威特股份成立于 1999 年，现有注册资金 3350 万元。2016年 9 月 1 日，威特股份成功在北京全国中小企业股份转让系统完成新三板挂牌。

威特股份是西北地区唯一的铝合金焊材生产企业，主导产品有铝及铝合金系列焊丝，包括纯铝、铝硅合金、铝镁合金、铝锰合金、铝铜合金、铝锂合金六大类二十二个品种。近年来，为航空航天、电动汽车、运动器材、化工容器、建筑装饰、家电等领域提供了高性能铝合金焊丝。目前，威特股份制定的铝锂合金焊丝企业标准被甘肃省质量技术监督局专家组评定通过，拟推为国家标准。

威特股份响应中央军民融合发展委员会关于民企参军的号召，积极投身到军工装备协作配套建设中。目前已通过国军标质量管理体系 GJB9001B—2009 认证，公司产品入选国家发展改革委经济与国防协调发展司编印的《"民参军"企业推荐目录（2017 年版）》、中华全国工商业联合会编印的《军民两用高新技术民营企业及产品推介目录（第六册）》，并已取得"武器装备科研生产单位三级保密资格"，目前已启动武器装备科研生产承制许可的申报工作，将尽快实现公司产品在军工领域的规模化应用。

威特股份以自主创新为主，坚持"产、学、研、用"相结合，先后与兰州理工大学、武汉大学、东北大学签订技术开发合作协议，在铝及铝合金焊丝研发方面已获 7 件国家发明专利、2 件实用新型专利、1 件外观设计专利，新受理 4 件发明专利，专利所有权都属于威特股份。现已注册三个商标，包含公司所经营的各类产品，保护范围全面。其中兰光商标覆盖了焊接材料，威特商标覆盖了金属合金材料。2016 年，威特股份产品获评"甘肃省名牌产品"。威特股份正在建设的省级高强新

型有色合金材料工程实验室是全省计划培育的 100 家工程实验室之一。

威特股份借助"一带一路"建设机遇，把握兰州新区开发开放的战略时机，积极提升西北地区铝合金及有色金属焊接材料制造技术，在兰州新区投资 3 亿元筹建"年产 1 万吨铝及铝合金焊丝生产线项目"，该项目的建成将实现公司经营的跨越式发展。

（二）股权结构

截至 2017 年 6 月 30 日，威特股份总股本为 3350 万股，股东为 29 人。其中实际控制人持股 1113 万股，占比 33.22%，其他"董、监、高"及核心员工持股 13 万股，占比 0.39%。

（三）发展历程

威特股份成立于 1999 年 4 月，原名兰州威特炉料有限公司，总资产为 50 万元。2015 年，进行股份制改造，年末更名为威特股份。2016 年，在新三板成功挂牌，2016 年 11 月完成新三板挂牌以来的首轮定向增发，发行 1350 万股，每股 3 元，融资 4050 万元。截至 2017 年 6 月 30 日，资产总额达到 7623 万元，是 1999 年刚成立时的 152.46 倍。

目前，威特股份是兰州市政府指定的"出城入园"百家企业之一。公司积极响应政府号召，在兰州新区征地 114.286 亩，投资 3 亿元，建设年产 1 万吨铝及铝合金焊丝生产线基地。

二、转型升级的做法与经验

（一）坚持向科技要效益的发展理念

威特股份自成立之初，就秉承向科技要效益的发展理念。威特股份持续加大对传统不锈钢焊条等产品的升级改造，提高性能，迅速扩大了公司的规模和产值，也初步打响了公司的品牌效应。

（二）坚持走转型升级的发展道路

2008 年，受国际金融危机的影响，传统的钢铁行业受到严重冲击，与钢铁行业密切相关的焊材行业也受到影响，无序的同行竞争及越来越薄的利润使公司原有的科技领先优势越来越不明显。在这种情况下，威特股份决定放弃现有的领先优势，不打"价格战"，坚持"专、精、特、新"的高端产品战略，对公司生产线进行技术改造升级，采购了一批进口设备和国内顶尖设备进行铝合金焊丝的研发和生产。在加强产品研发的同时，威特股份注重研发团队的培养和研发平台的建设。目前公司建有甘肃省发展改革委批准的"省级高强新型有色合金材料工程实验室",是全省计划培育的100家工程实验室之一,2017年经复审合格。2017年3月,在兰州市科协的大力支持下,威特股份成立了"甘肃省院士专家工作站"。

(三) 坚持产业报国的发展方向

新材料在广泛应用于民用领域的同时,更重要的是应用于军用领域,增强国防力量。目前随着轻量化、高速化的发展,C919大飞机、火箭、航母、高铁等大量使用铝合金板材。顺应这一趋势,积极响应国家关于"军民融合"的号召,与兰州理工大学、兰州理工合金粉末有限公司联合成立了甘肃省军民融合协同创新平台,威特股份也已通过国军标质量管理体系GJB9001B—2009认证。威特股份研发生产的航空航天用铝锂合金焊丝打破了国外对我国该项技术的长期封锁。

(四) 坚持走依靠资本市场的发展道路

威特股份紧紧抓住资本市场的发展规律,在主办券商华龙证券的指导下,完成了股份制改造,并于2016年9月1日成功挂牌新三板。2016年11月,威特股份完成首次定向增发,发行股票1350万股,募集资金4050万元。公司自挂牌之日起,严格遵守股转系统的相关规定,保护投资者合法利益,得到全体股东和主办券商的信任与认可。目前,威特股份正在进行B轮定向增发,计划发行股票1000万股,募集资金6000万元,用于新区项目建设。

(五) 坚持现代企业管理制度

随着公司挂牌新三板,威特股份的治理体系越来越规范化、制度化。一方面,威特股份严格按照股转系统的有关要求,就重大事宜召开股东大会,定期公开披露有关信息,确保公司运营的透明、合法。另一方面,加强内部管理,通过运用积分制考核、股权激励等现代企业绩效考评及激励机制,激发了团队干事创业的热情。同时,在研发、生产过程中,严格按照国际质量管理体系ISO9001有关要求、国军标质量管理体系GJB9001B—2009、保密管理体系及知识产权体系的要求,把管理贯穿于公司的各个环节,向管理要质量、向管理要效益,公司产品得到了广大客户的一致认可和肯定,公司产品也被评为"甘肃省名牌产品"。

(六) 坚持按"互联网+"的思维开展多渠道销售工作

在销售运营过程中,威特股份采用"以销定产"的生产模式,坚持采用大城市"产品+营销代理人+用户"、小城市"产品+用户"的模式进行市场销售。同时,公司积极运用互联网开展销售工作,注册成立了一家专门从事电子商务的全资子公司——兰州卡思特电子商务有限公司,启动网络营销模式。自该子公司成立以来,网上供应等级达到五星，年均销售额达 300 余万元，实现了口碑、利润双丰收的效果。威特股份通过以上有针对性的销售业务模式将产品销售给终端客户，并对用户提供高质量的技术服务从而获得收入、利润和现金流，形成了完善的市场销售渠道和稳定的客户群。

企业管理创新篇

　　新古典经济学将企业当作"黑箱"来分析，而在管理学和企业管理实践中，企业则是由股东、管理人员、员工组成的科层化组织，在不同的管理理论、管理方法、管理手段、管理模式之下，企业的投入产出效率可能是完全不同的，企业成长的速度和质量也可能是完全不同的。历史上，许多企业都倒在了管理不善的问题上，成功的企业则通过"向管理降成本、要效益"而实现了生存和发展。正因为如此，管理创新成为企业管理领域的"显学"。

　　本篇介绍了14家民营企业在管理创新方面的案例。通威集团首创了将水产养殖和太阳能光伏发电有机融合、达到"鱼、电、环保"三丰收的"渔光一体"模式，九州通医药集团股份有限公司创立了药品零售以及高效配送的"九州通模式"，江苏秀强玻璃工艺股份有限公司着重用中国传统文化来改造企业文化。这些企业的管理实践各有千秋，各有特色，值得研究参考。

长光卫星技术有限公司

一、企业基本情况

（一）企业简介

长光卫星技术有限公司（以下简称"长光卫星"）成立于2014年12月1日，是我国第一家商业遥感卫星公司，是由中国科学院长春光学精密机械与物理研究所等5个股东和41名自然人出资成立的高新技术公司。其中，中国科学院长春光学精密机械与物理研究所以无形资产的方式出资2.2亿元，吉林省中小企业和民营经济发展基金管理中心作为吉林省政府的投资代表以货币形式出资2亿元，长春中元航天信息有限公司以货币形式出资2亿元，长春问宇航天科技有限公司以货币形式出资1.5亿元，长春中吉卫宇投资中心以货币形式出资1.5亿元，其他41名自然人（科研骨干）以货币形式出资2.63亿元，合计注册资本11.83亿元，公司法定代表人为宣明。

长光卫星是我国第一家集卫星研制、发射、运营及遥感信息加工于一体的全产业链运行的商业卫星公司。主营业务涵盖卫星研制、卫星在轨交付、卫星部组件研制、无人机研制、无人机部组件研制、测绘服务、遥感高级产品、行业应用解决方案、地面应用系统、大数据应用服务等。公司采用"大众开发、万众创新"的发展思路，秉承"团结、创新、拼搏、务实"的"一箭四星"精神，以"互联网＋遥感"为驱动，以"用空天地一体化遥感信息产品服务全球70亿人"为使命，以"建立基于互联网的遥感信息平台，不断推出创新产品"为目标。

（二）发展历程

2005年，长光卫星核心技术团队结合多年航天遥感载荷的研制经验，提出了"星载一体化"卫星设计理念。十多年来，坚持星载一体化的技术路线，合理统筹卫星研制成本与性能指标，严格方案设计、元器件选型、整星测试等关键环节的质量管控，不断优化卫星研制技术流程，积累了宝贵的卫星研制经验，为长光卫星奠定了坚实的技术基础。2014年，长光卫星"吉林一号"卫星工程作为军民融合项目获得立项，按照"军民商共用、深度融合"的原则，创新卫星研制、运控，应用组织管理方式，探索航天领域军民融合发展道路。

2015 年 10 月 7 日，"吉林一号"系列卫星以"一箭四星"方式在中国酒泉卫星发射中心成功发射，拉开了我国商业航天大幕，创造了多项第一。"吉林一号"卫星是我国第一颗自主研发的商用高分辨率遥感卫星、我国第一颗以一个省的名义冠名发射的卫星、我国第一颗自主研发的"星载一体化"商用卫星、我国第一颗自主研发的米级高清动态视频卫星，也是我国第一次以灵巧方式在轨成功成像、国产 CMOS第一次在轨技术验证。

2017 年 1 月 9 日"吉林一号视频 3 星"（"林业一号"卫星）在中国酒泉卫星发射中心成功发射。该卫星作为全国首颗和林业系统深度合作并以"林业一号"命名的卫星，目前在轨状态良好，各项指标达到国际先进水平。

二、管理创新的做法与经验

（一）走产业集聚道路，连通上下游企业

围绕"吉林一号"，长光卫星正在建设集卫星研发、生产、总装、试验、遥感数据开发应用等综合能力为一体的"吉林省航天信息产业园"。长光卫星依托"吉林省航天信息产业园"，充分发挥卫星和航天信息产业对上下游企业的拉动、辐射和促进作用，催生了一批新的航天装备制造和单机供货单位，吸引了更多非传统航天工业部门参与到航天产业，促进了航天装备制造技术的发展和数据挖掘与分析技术的进步，为航天事业发展引入新动能。

（二）探索商业航天混合所有制，提升企业发展活力

长光卫星以混合所有制企业面世。在注册资本 11.83 亿元中，既有吉林省中小企业和民营经济发展基金管理中心作为吉林省政府投资代表的出资，也有长春中元航天信息有限公司、长春问宇航天科技有限公司、长春中吉卫宇投资中心的出资，还有研发和管理骨干等 41 位自然人的投资。在混合所有制企业中，各类相关持股人都在企业经营中获得一定的决策权和否决权，使企业能更好地适应市场经济体制，提高市场竞争力，增加经济效益，保证经营行为以企业利益最大化的方式进行。

（三）市场化运作，引领遥感卫星技术进步

长光卫星以技术创新立企，机制灵活，充分发挥了技术研发的牵引作用。在"吉林一号"卫星设计和研制中，基于星载一体化技术优势，打破了传统设计时平台和载荷各自独立的藩篱，在卫星设计、研制、测试等方面取得了多项创新性成果。"吉林一号"卫星是我国第一颗自主研制的星载一体化卫星，多项指标达到国际先进水平，其灵巧视频星是国内首颗视频卫星，实现了推扫成像、凝视视频成像等技术

创新，可对地拍摄高清彩色动态视频；灵巧验证星实现了灵巧成像、微光成像以及国产 CMOS 芯片在轨验证。"吉林一号"卫星作为我国首个自主研制与运营的商业卫星，降低了航天装备制作成本，提高了观察效能。

（四）注重人才培养，探索激励机制

长光卫星现有职工近 400 人，其中硕士学历以上人数占到 78%，正高级职称人员有 14 人，副高级职称人员有 12 人，中级职称人员有 63 人。对于每个企业，核心人员就是企业的根基所在，核心人员的稳定性直接影响整个企业的运作和发展，为了稳定人才、激励员工，公司开展并完成了骨干员工持股工作，使骨干员工参与企业管理。公司通过为骨干员工提供交通用车以及具有竞争力的奖金，增加了员工在企业的归属感，激发了员工工作的积极性。

长光卫星十分重视员工专业能力和综合素质能力的培养。真正适合公司的人才必须同时具备专业能力和综合素质能力。所以，公司进行了各类有针对性的培训，致力于打造一个"以人为本"全面均衡的人才培养机制。

（五）创新岗位调配机制，充分发挥员工自身优势

把员工放到最适合于发挥自身优势的岗位上，才能充分实现员工的价值。长光卫星根据发展需求和员工自身的特点，有计划地为想要调换岗位的员工提供再次选择工作岗位的机会。经过领导讨论以及相互交流，双方达成统一意向后，进行挂职培养，挂职一年后，员工可自由选择工作岗位。这样的挂职机制，既体现出公司对员工管理的人性化，同时还最大限度地发挥了员工自身的优势。

（六）"产、学、研"结合，培养后备人才

传统的封闭式的人才培养观念往往出现"产学双方不相往来"的分裂现象，针对这一实际问题，长光卫星依托卫星及无人机研发、生产和试验等平台，建立了能够适应一线工作需要的产学结合培养机制，让员工在实际工作中充分得到锻炼和成长。长光卫星重视解决发展过程中专业人才紧缺的问题，批量培训对口人才，做好人才储备工作。

（七）制定特色保密与质量体系，提高工作效率

对于传统的保密单位，由于机制问题，工作上会出现各种烦琐冗余的步骤。作为二级保密机制的商业公司，时间是很重要的成本，针对复杂的保密机制，长光卫星制定出了极具特色的保密和质量体系，将国军标管理体系融入整个公司的管理体系，最大限度地提高了工作效率，并通过 ISO9001：2015 标准和武器装备科研生产单位二级保密资格认证。

黑龙江兴安矿业开发集团有限公司

——发展循环经济，实施节能减排开发战略

一、企业基本情况

（一）企业简介

黑龙江兴安矿业开发集团有限公司（以下简称"兴安矿业"）是一家以矿资源开发、煤炭生产销售为主体，以房地产开发、装饰工程、北药开发、绿色农业种植、仓储运输、宾馆、旅游业和小贷公司为辅助的综合性非公有制的股份合作制企业。所辖红远煤炭有限公司、晟煜矿业有限公司等8个子公司，2016年注册资金达1.42亿元，资产总额达85545万元，主营业收入达26876万元，实缴税金2200万元。

兴安矿业通过创新发展，在矿产开发领域率先实施循环经济和节能减排发展战略，仅煤炭生产企业累计投入资金2.1亿元，使企业得到了长足的发展，尽管近几年受工业经济下行和煤炭售价大幅度下降的影响，企业仍保持强劲的发展势头。兴安矿业煤炭生产产量占全区煤炭总产量的15%以上，缴税和公益事业捐款连续10年排名全区第一名，近10年缴税累计达3亿多元，年平均缴税达3000多万元，为社会公益事业捐款达到10692多万元。

兴安矿业始终坚持企业管理创新和综合利用、节约资源相结合，坚持矿产资源开发走节能减排之路。在企业发展中，按照"在保护中发展，在发展中保护"的原则，企业走上了一条高速度、高效益、高回报、低消耗的创新发展之路。2004年在区域煤炭生产企业处于低迷状态下，一些小型煤炭生产企业纷纷下马，兴安矿业收购了两家小型煤炭企业，并通过国家和省、地相关部门办理了相关审批手续，首批投入8000万元按标准改扩建了原有的两个小煤矿，改善了生产、生活环境，扩大了产能，还投资2800万元建起了铁路专用线和货场。从此，企业走上了以矿产资源开发为主业、以房地产等产业为辅助的可持续发展之路。

（二）企业荣誉

2007年，兴安矿业被黑龙江省委统战部、省中小企业局、省人事厅、省工商局、

省工商联授予"优秀中国特色社会主义事业建设者"称号，同年董事长公明淑被省妇联、省劳动和社会保障局、省中小企业局、省工商局等部门授予"巾帼创业先进个人标兵"。

2008 年，被中华全国工商业联合会授予"抗震救灾先进个人"，被省委、省政府授予 2008 年度黑龙江省非公有制企业纳税 100 强企业，而且排名前列，被地区行署授予"劳动模范称号"，被省委改善经济发展环境专题推进领导小组办公室诚聘为"全省经济发展环境监测点"。

2009 年，被中国中小企业协会、中国企业创新成果案例审定委员会授予"最具社会责任感企业"，在省第四次光彩事业总结表彰大会上，被省政府授予"光彩企业"称号。

2010 年，被中国中小企业协会、中国企业创新成果案例审定委员会授予"中国中小企业创新 100 强"企业，被省委、省政府授予"黑龙江省对口支援剑阁县灾后重建先进单位"。

2012 年，被省政府授予全省"劳动模范"，被中国中小企业协会、中国企业创新成果案例审定委员会授予"中国中小企业优秀创新成果企业"。

2013 年，被授予"全国道德模范"，被民政部授予第八届"全国中华慈善奖"，被国家老促会授予"全国支援革命老区建设先进单位"，被中国乡镇企业协会等授予"全国发展县域经济突出贡献人物"。

2015 年，再次被中国中小企业协会、中国企业创新成果案例审定委员会授予"中国中小企业创新 100 强"企业。

2016 年，被省中小企业协会授予"黑龙江省中小企业创新发展十大成长之星"，被省中小企业协会授予"黑龙江省诚信中小企业"。

2017 年，被省中小企业协会和省创新成果审定委员会授予"黑龙江省中小企业创新 20 强"企业。

二、管理创新的做法与经验

兴安矿业秉承管理创新理念，坚持"全面提升企业管理理念、完善管理机制、规范管理程序、创新管理办法"，做到企业制度管理科学化、企业目标管理战略化、企业文化管理精品化、企业人力管理和谐化、企业信用管理诚信化、企业信息管理数据化、企业营销管理市场化、企业财务管理制度化、企业行政管理规范化、企业党建工作示范化。在不断丰富企业管理内容、全面提升管理理念、创新管理方法方面成效显著。

兴安矿业自从事矿产资源开发以来，坚持将管理创新作为企业发展的着力点和落脚点，把管理制度的重点投放在矿产资源节能减排、绿色生态矿山建设上。特别是兴安矿业所属红远煤矿有限公司在资源开发过程中，着重进行节能减排技术改造，2005 年投入 8000 多万元对煤炭生产企业进行综合利用和节能减排技术改造。为发展循环经济，打造绿色生态环保矿山企业，又于 2012 年至 2014 年投入 13000 万元对所属红远煤矿实施节能减排技术改造，通过节能减排技术改造，该企业现已成为大兴安岭地区最具标准化的管理创新煤炭生产企业。十几年来，兴安矿业紧紧围绕地委、行署关于"创新发展'六大产业'，在提档升级上用力，以强化林区转型发展为支撑，做好创新供给这篇文章"的战略部署，坚持创新发展矿产资源开发业，取得了显著的经济效益和社会效益。

（一）管理创新的必要性

第一，坚持管理创新是企业成为创新型企业的迫切需要。兴安矿业按照地委、行署发展矿产业、林木产品加工业、绿色食品加工业、北药开发业、生态旅游业、特色养殖业"六大产业"的发展思路，坚持走科技创新之路，大力发展煤炭和有色金属采掘主导产业，相继投入 5 亿多元获得大兴安岭地区和省内其他区域有色金属矿 26 处的探矿权。

第二，坚持管理创新，是企业面对工业经济下行转危为安的迫切需要。2013 年至 2016 年，全国煤炭出现产能过剩，煤炭销售市场出现严重低迷的状况，煤炭销售价格每吨最高减少近 200 元的收入，面对煤炭市场出现的严重经济下滑趋势，兴安矿业降低煤炭产量，以销定产，同时对所属煤矿进行节能减排技术改造，为煤炭销售市场的好转积聚后劲奠定了坚实的基础。

第三，坚持管理创新是企业培养创新型管理人才的迫切需要。兴安矿业加强了以企业为主体的科技创新体系建设，突出了创新型管理人才的培养和引进，目前兴安矿业管理层人才中，本科以上学历有 29 名，从原国有煤炭生产企业招聘技术人才任总工程师和子公司总经理，同时还注重培养现有人才，鼓励现有管理人才参加国内高校的各种管理培训和学历继续教育等，积极营造人才培养环境，使企业管理人才脱颖而出。

第四，坚持管理创新是企业实现现阶段发展目标的需要。经过几年投入大量资金探矿、找矿，在"十三五"期间通过招商引资等形式对已探明的两处煤矿、一处镁矿、一处金矿进行有序开发后，到"十三五"末期兴安矿业年营业收入可突破 5 亿元，年上缴税金将超过 5000 万元，可跻身大型民营企业的行列。

（二）管理创新的具体做法

坚持管理创新、节能减排，是企业长足发展的根本保证。兴安矿业依托大兴安岭地区得天独厚的资源优势，开创了矿产资源"在保护中发展、在发展中保护"的循环经济发展之路。兴安矿业如按原始工艺开采矿产资源必然要破坏地表森林资源，处于对森林资源保护的强烈责任感，不惜多投入资金，改变了传统的工艺流程，变煤炭露天开发为井下作业，不仅使森林资源得到了有效的保护，又使矿产资源得到了有效的开发。

1. 围绕管理创新、节能减排，做到"六个提高"

兴安矿业围绕管理创新，开展节能减排，发展循环经济，做到了"六个提高"。

（1）实施管理创新，提高企业核心竞争力。兴安矿业的发展过程是不断提升企业核心竞争力的过程，主要体现在以下几个方面：第一，提高企业决策竞争力。创业之初，兴安矿业领导核心层审时度势，从房地产开发业转向矿产资源开发业，这一正确决策使企业得到迅速发展，经济总量10年间提高了39倍。第二，提高企业组织竞争力。充分调动企业团队的积极性，保证了决策力和执行力的有效结合，组成了精干的专业团队，目标明确、标准科学、责任明晰，同时对保证企业目标如期实现的突出贡献人物实行奖励，企业管理人员最高年终奖达30万～50万元。第三，提高企业创新竞争力。企业要在市场竞争中立于不败之地，就要不断地创新，兴安矿业在商海搏击中永不停步，奋勇争先，在项目开发上，坚持开发一批、研发一批、储备一批，在新产品开发过程中始终坚持高起点、高投入、高科技，十几年来直接用于新项目的开发投入达5亿多元。第四，提高企业文化竞争力。把企业文化建设作为制度建设的重要内涵，通过打造企业文化精品工程激发了广大员工的工作潜能，提高了工作效率。通过形成厚重的、高品位的企业文化，统一了企业员工的价值观，建立了企业管理创新的行为准则，形成了兴安矿业职工爱岗敬业的浓厚氛围。

（2）实施管理创新，提高科技成果转化力。科技成果只有转化为生产力，才能真正显示其价值，而通过市场实现有效转化，才能形成推动科技进步的基本动力。兴安矿业采取以下措施促进科技成果转化：第一，科技投入多元化。实行分级投资，兴安矿业所属子公司都是投资主体，坚持"谁投资，谁受益"的原则，科技开发资金主要用于矿产资源开发战略决策以及煤炭、有色金属矿勘探开发方面的增储、增产、增效研究，以及优化产业结构。高新技术科研项目研究由集团公司投入，集团公司下属子公司按每吨煤12元提取科研经费，其他生产单位按总收入的3%安排科研经费，几年来，兴安矿业及下属公司累计投入科研经费1500万元。第二，科研攻关"产、学、研"一体化。随着矿产资源的深度开发，兴安矿业积极主动与省内齐齐哈尔地勘总院、省有色金属七〇七地质队以及鸡西矿院等科研院所合作取得省内26处煤、铁、铜、金、锌、钼的探矿权。第三，科技转化成果市场化。兴安矿业几年来一直按照市场运作方式转化科技成果，以招投标、签订技术转让合同等方式加速已探明矿产资源成果转化，加速矿产资源的开发，让科研成果转化为新的经济增长点。

（3）实施管理创新，提高生态环境保护力。坚持低碳开发矿产资源和生态农业是兴安矿业义不容辞的责任。美丽富饶的大兴安岭以其丰富的资源优势闻名于世，兴安矿业进入矿产资源开发领域以来，首先把保护生态资源作为重要任务，把"实施生态战略、建设绿色兴安"作为企业的战略定位。无论是从事矿产资源开发，还是进行北药开发，始终遵循"不破坏森林资源、不破坏森林植被"的原则，坚定不移地走节约资源、低碳开发之路。2005年进入古莲河开采煤矿，为了保护森林资源不遭受破坏，改露天开采为地下生产作业，虽然增加了生产成本，但有效地保护了森林资源。

（4）实施管理创新，提高安全生产保障力。安全生产关系到千家万户的幸福与稳定，作为煤炭及矿产资源开发企业和建筑施工企业，安全工作有着更加非同寻常的意义。兴安矿业坚持进行全员、全过程、全方位的安全管理。将安全管理质量标准体系建设列为企业总体认证的重点，积极实施先进管理方法，使安全管理工作向科学延伸、向工艺延伸、向家庭延伸，整个公司实行领导安全承包制度、风险抵押金制度和每周一次的安全教育制度，加强管理层抓安全管理的责任，提高自觉性。建立健全安全生产组织机构。切实加强对煤炭生产储运企业的安全工作领导。兴安矿业坚持"党政同责、一岗双责、齐抓共管"的原则，组建以集团党支部总书记兼工会主席（高级安全工程师）为主任的安全生产委员会，又建立了集团所属煤矿和储运公司安全生产领导小组，煤矿矿长和储运公司经理分别担任所属企业的安全生产领导小组组长，形成了职责明确、责任到位的安全管理责任机制。建立和完善安全管理制度。兴安矿业各子公司都结合企业的实际情况相应建立了一整套管理控制制度，如井下作业采取"当天检查、当天通报"，制定建筑施工单位不戴安全帽、高空作业不系安全带降一级工资处罚等18项安全工作制度。加强企业安全文化建设。首先是加强安全思想教育，并将其作为实现安全生产的重要保证，在工作中做到"三不放松"，即经常性班前安全教育不放松、安全教育效果不明显不放松、安全教育面达不到100%不放松，同时做到安全教育"三个到位"，即安全技术指标到位、安全措施讲解到位、事故苗头分析到位；其次是加强安全知识培训教育，如请地、县安全主管部门专业人员开办领导、专职和兼职安全管理人员培训班，提高职工安全技术素质，除对井下员工进行定期安全培训外，还结合生产实际，开展多种形式的"技术练兵比武"活动。强化安全专业管理。首先是抓好现场管理，确保井下作业现场整洁畅通；其次是抓好设备管理，为了保证设备正常运转，确保安全生产，坚持每套设备的保养做到"两个不行"，即设备不保养不行、保养不到位不行，坚持"两个当时"，即出现问题当时解决，出现故障当时排除。由于高度重视安全生产工作，企业自创建以来，无论是矿产开发还是建筑施工均取得重伤以上事故为零的良好成绩，创造了煤炭生产500万吨无死亡、重伤的佳绩。

2. 围绕管理创新、节能减排实施"三大生态工程"

兴安矿业把管理创新的落脚点和着眼点放在了矿产资源开发工程、煤矿技术改造升级工程、矿产资源综合利用工程三个方面。

（1）集中财力、技术力量找矿、探矿，实施矿产资源开发工程。自 2005 年以来，兴安矿业相继投入 5 亿多元资金，购买了大兴安岭地区及周边地市煤、铁、铜、铅、锌、钼、金、银等 26 处有色金属矿的探矿权，先后与齐齐哈尔地勘总院、省地勘院齐齐哈尔分院、省有色金属七〇七地质队、省煤炭地质勘探局等多家地质勘探部门合作，现已探明储量 1000 万吨的煤矿两处、储量 9000 万吨的镁矿一处、储量 15 吨的金矿一处，以及储量不等的其他有色金属矿。实施矿产资源开发工程为企业向更加宏伟的战略目标迈进提供了强有力的资源保障。

（2）节能减排、提档升级，实施煤矿技术改造升级工程。自 2005 年购买漠河县境内两个小煤矿以来，本着节约资源、节能减排、科学开采的原则，于 2005 年投入 8000 多万元，对两处小煤矿进行了提档升级、扩大产能技术改造，不但对煤碳生产作业区的生产环境进行了改造，还对职工生活区的生活环境进行了改善，为职工建造了职工宿舍、食堂、浴池等公共设施，使生产、生活环境得到了极大的改善，产能由原年产十几万吨提高到 30 万吨以上。经过 6 年的煤炭生产，原有的生产、生活设施已无法适应安全生产、文明生产的需要，经省煤炭管理局批准由省煤炭设计院设计，兴安矿业按总体设计预算又于 2012 年到 2015 年投入 13000 万元，再次对所属红远煤矿进行技术改造升级。在总投资中，用于节能减排技术改造工程的总投入达 9084.8 万元。技术改造升级工程的实施不仅改善了生产、生活环境，而且使煤炭产能增加了一倍。

（3）节约资源、发展循环经济，实施矿产资源综合利用工程。兴安矿业本着发展循环经济的原则，综合利用煤炭生产剩余物煤矸石，实现资源综合利用工程。计划在"十三五"末期实现矿产资源综合利用开发项目总投资 7500 万元，其中，企业自筹 4500 万元，银行贷款 1500 万元，国家投入 1500 万元，此项目建成后，将增加收入 5000 万元，可实现利税 1500 万元。

江苏秀强玻璃工艺股份有限公司

——弘扬中华传统文化，助推企业做大做强

一、企业基本情况

江苏秀强玻璃工艺股份有限公司（以下简称"秀强股份"）创建于 2001 年，是中国最大的光伏镀膜玻璃制造商之一，公司于 2011 年 1 月 13 日在深圳证券交易所创业板成功上市。公司总部占地 760 余亩，设有 14 个分厂，职工达 3200 余人，现有党员 115 名、入党积极分子 31 人，分布在 14 个分厂的各个支部。秀强股份主要生产光伏镀膜玻璃、TCO 玻璃、家电彩晶玻璃、LOW－E 玻璃、真空绝热板五大系列近千个品种，产品远销世界 30 多个国家和地区，与海尔、LG、格力、惠而浦、伊莱克斯、松下、东芝、夏普、三星、三洋等 20 多个国内外著名家电企业都有业务往来。近年来，秀强股份在上级党委政府的正确领导下，坚持"科学管理做事，传统文化育人"，认真扎实开展中华优秀传统文化教育活动，职工责任感、执行力明显提升，公司向心力、凝聚力、创新力不断提高，有效促进公司持续、健康、快速发展。秀强股份实现销售收入近 20 亿元，利润总额达 1 亿元，平均每年以较大幅度持续增长。

二、管理创新的做法与经验

（一）弘扬优秀传统文化的起因

秀强股份在快速发展的同时存在管理不规范、缺乏科学有效的绩效评估机制、缺乏有效关心、尊重职工机制、干部与普通职工之间关系冷漠甚至紧张对立、个别干部责任感不强、职工流失较多、职工夫妻不和、婆媳不睦、邻里关系紧张、家庭暴力时有发生、职工的离婚率一度超过 10%、创新机制不活、技术薄弱、产品开发能力较差等诸多问题。这些现象引起了董事长卢秀强的关注与思考：做企业难道就仅仅是为了赚钱吗？当企业做大了，除了赚钱外，还能为职工、为社会、为家乡父老做点什么？靠什么才能实现"基业长青"？如何打造真正意义的百年老店？

没有科学、健全的制度作保障，企业不可能长久发展。如何让一种机制育人、实现职工自动自发从内心深处敬业爱岗是公司面临的迫切问题。公司于 2009 年决定找寻破解"人的大脑问题"的方案。先后组织有关人员到山东青岛大洲体育用品有限公司、南京居美馨参观学习传统文化，了解中国的传统文化在现实社会中的实际运用价值。随后秀强股份首次派遣人员特别是职工中的党员到南京居美馨参加传统文化学习，以后每月都有员工到南京居美馨学习，不断探索实践，以《弟子规》教育为切入点，开展多种形式的弘扬优秀传统文化的教育实践活动。

（二）弘扬优秀传统文化的概况

诚信、仁爱、担当、知耻是中华优秀传统文化的实质内涵，秀强股份以弘扬《弟子规》为切入点，不断拓展到《论语》《千字文》《朱子家训》等优秀传统文化内容。为此，秀强股份从 2009 年 10 月开始，利用四十天时间分十期对全员进行了脱产培训，得到了员工的广泛认可。2011 年 9 月、11 月、2012 年 2 月、2013 年、2014 年、2015 年，秀强股份在南京居美馨举办 6 期专场培训，目前，直接赴南京居美馨参加培训的人员达到 600 人次（其中义工有 50 人次）；在公司内部进行了全员培训，开设员工国学班，暑期员工子女国学班；分厂及车间班组每天利用班前会朗读《弟子规》，让所有员工接受中国传统文化的教诲和熏陶。并将《弟子规》教育延伸到员工的家庭，开设国学启蒙班。在每一次学习后，及时进行分享，在分享中共同感悟。在此基础上，秀强股份积极参与社会公益事业，逐步将培训范围扩大至南通企业和宿迁的多所学校和多个社区等，形成良好的社会效应，每年前来公司参观学习 200 余起，参观人次约为 4000 人次。

（三）弘扬优秀传统文化的做法

九年来，秀强股份根据公司实际，不断探索实践，初步形成符合公司现状的做法，弘扬传统文化活动深入开展。

1. 建立健全制度，保证弘扬传统文化活动持续健康开展

自 2009 年以来，秀强股份高度重视企业文化建设，总结提炼出了"科学管理做事，传统文化育人"的企业文化建设理念，逐步形成科技文化、制度文化、伦理文化、怡情文化四个板块，同时也是四项制度。

科技文化（培养创造力，增强凝聚力）——以国际玻璃深加工最高科技水平为目标，加大公司的创新研发及科学技术投入，生产高科技含量、高附加值的产品，不断满足客户需求。

制度文化（强化法纪意识，保证执行力）——通过与国际化标准接轨，不断建立健全现有的管理机制，完善现有的流程、制度，让企业逐渐沿着法治化的轨道稳步向前。

伦理文化（树立正确的荣辱观，增强向心力）——以《弟子规》等传统经典为基础，推行孝道、感恩、忠诚，弘扬和善、追求和谐，承担社会责任、建设和谐家庭，提升人生价值。

怡情文化（营造文艺氛围，激发青春活力）——以人为本，关爱员工，多角度、多层次、全方位提升员工幸福指数和归属感，使员工真正快乐地生活、工作。

以上四项制度都有具体责任单位、责任人抓落实，抓具体的细节管理，每月9日各部门、各个分厂汇报上个月企业文化四个制度的建设执行情况，奖优罚劣，双向激励。为了保证传统文化教育落到实处，秀强股份制定学习、检查、正负激励等几十项制度，由法务部、总经办等部门督查落实，促进弘扬传统文化活动持续深入开展。

2. 领导带头践行，促进弘扬优秀传统文化落地生根

为了保证传统文化教育落到实处，秀强股份董事长兼总经理卢秀强带头学习《弟子规》《道德经》《孝经》等传统文化，做到入脑入心，融会贯通运用；带动中层以上干部践行，形成一层做给一层看、一级带动一级干的互动局面，有力地促进了公司传统文化教育落地生根、开花结果，在公司的"医、教、食、住、行"等几个方面都有了长足的进步，员工的满意度大大提升。

3. 开展员工培训，全员践行优秀传统文化

新员工入公司第一天，就开始导入传统文化理念，进行正心正念教育，介绍企业文化，通过公司孝文化长廊和《弟子规》文化墙，接受《弟子规》文化熏陶。在公司集体组织学习《弟子规》的基础上，公司10多个职能部门200多名职工，每天八点半晨会背诵《弟子规》；10多个分厂2500多名职工利用接班前10分钟时间，高声朗读《弟子规》，班前半个小时观看传统文化视频。2015年8月，经过认真筛选，10名员工为期3个月的国学班正式开办，每天从上午8点半开始学到下午5点半，及时进行集体分享，每天上交一份《弟子规》学习心得，做到植入脑、融入心；从2015年4月开始，为促进集体学习，公司分别举办三期《幸福人生大讲堂》，每期100多名学员，学员为公司高管、中层干部、一线职工和义工等；从2015年10月开始，公司利用生产淡季，对公司员工开展全员培训，共培训七期，先后培训1800多名员工。

4. 从践行开始，通过典型评选不断弘扬传统文化

为了深入弘扬中华民族的传统美德，构建和谐幸福的家庭，促进企业文化落地生根，秀强股份每年举办"十佳好媳妇、十大孝子""秀强道德模范人物""秀强人"评选活动，积极动员职工参与到活动中来。2016年共评选出20名秀强人、7名道德模范人物、8名好媳妇、2个和谐班组。多年来，秀强股份先后评选30名十大孝子、38名十佳好媳妇、27名道德模范人物、160名秀强人。在此基础上，公司积极向省（区、市）推荐中国好人、江苏好人、感动宿迁人物等先进人物，其中董事

长、总经理卢秀强先后获得全国劳动模范、全国关爱员工企业家、江苏道德模范提名奖等荣誉称号。余宗宝获得全国关爱企业员工荣誉称号，刘玉获得2014年感动宿迁人物荣誉称号，董玲获得2014年感动宿迁提名奖。

5. 举办企业文化节活动，切实推广优秀传统文化

为传承中华优秀文化，秀强股份从2010年开始，每年举办一次企业文化节活动，将优秀传统文化教育作为主题活动融入其中。全体员工朗读《弟子规》，对全员进行传统文化培训，开展家庭和睦、孝敬公婆、培养孩子成才等的十大好媳妇、十佳孝子的评选表彰活动，开展"我是秀强人""孝道的力量"等主题演讲；采用歌曲比赛的方式，表达对祖国的热爱、对民族的依恋、对家庭的感恩之情；分忠诚、勤奋、创新、激情四类开展岗位技能、演讲比赛等活动，将企业文化落到实处；并将篮球、羽毛球等各种文体活动有机穿插其中。

6. 加强阵地建设，积极营造浓厚的传统文化氛围

近年来，秀强股份不断打造企业文化建设阵地，先后投资500多万元，建成文化展示长廊、崇孝园、念慈湖、春晖亭等以落实《弟子规》为主要内容的文化阵地。文化长廊围绕科技文化、制度文化、伦理文化和怡情文化四个主题建设，共有35块长廊画，集中展示秀强股份内部践行传统文化方面的突出的人和事。在加强传统文化主阵地建设的基础上，秀强股份充分利用办公区、车间、食堂、厕所等场所，宣传《弟子规》经典故事、经典语言等，让人无时无刻不接受教育，现在秀强股份已形成浓烈的传统文化氛围。

2016年，秀强股份在研发大楼东侧投资300多万元建设西楚植物文化园，占地约3.5万平方米。该园以奇景、情趣为特色，规划建设桃李园（春）、乡土园（夏）、枫叶园（秋）、冬雪园（冬）、药草园、宿迁名木植物园、宿迁稀有植物园等九个植物特色园，以"植物化人、文化植物"为理念，建有槐树堂、五色土、问道、信义亭、若水池等26个特色植物景观点，赋予宿迁植物文化内涵，促进生态宿迁建设。

7. 精心制作教材，不断拓展弘扬优秀传统文化范本

为导入和推行传统文化，从2008年下半年开始，卢秀强同志采购了大量细讲传统文化经典《弟子规》的书籍和影视资料，率先在宿迁企业界做起了以孝亲为主题的企业"家"文化，重温传统文化经典《论语》《孝经》《常礼举要》等。结合公司实际，先后印制《弟子规》50000多本，达到人手一册；将《弟子规》配图，印制图文并茂的《弟子规图说》5000册；将公司模范人物点滴事迹收集整理成一辑《瓜豆集》，印制6000余册，不断鼓舞激励员工奋发进取；每月一期《秀强玻璃》报，登载优秀传统文化知识、信息、事迹，不断将弘扬优秀传统文化引向深入等，这种回归人性本真的教育形式和方法注入了卢秀强对员工最深沉的期望和关爱，特别是对青年人产生了巨大影响。通过开展讲座，奠定了青年员工为人处世、成家立业、

幸福成功的基础。

8. 开展以练习太极拳为主的体育活动，不断丰富弘扬优秀传统文化内涵

文武之道，一张一弛，健康的身体是革命的本钱。关爱员工的身体健康，提倡大家做工间操，在游戏中相互拍打。放松一下，愉悦身心，提振一下精神和士气。倡导大家练习太极拳。从 2012 年开始，秀强股份积极倡导打太极拳，聘请宿迁太极拳知名人士，教授公司员工打太极拳，为大家购买太极拳服装，规范太极拳活动规则。目前，秀强股份太极拳活动吸引了众多员工，从开始几个人发展到100 多人，并有不断扩大之势。

（四）弘扬优秀传统文化的主要成效

经过多年传统文化教育，中华优秀传统文化理念逐渐融入人心，不断内化于行动，教育成果不断显现。现在员工对企业漠不关心的少了，积极参与建设的多了；吵架、打架的消失了，互相帮助的多了；天女散花丢垃圾的少了，维护环境的多了；打麻将赌博的少了，参加文化与公益活动的多了。已初步形成"对上尊敬、对下慈爱、对人和气、工作认真"的良好风气。

1. 员工精神面貌改善

秀强股份坚持不懈地进行传统文化教育，力争将孝道、谦德、感恩、诚信、仁爱等思想灌输到每个员工心灵深处，引导职工谦德做人、科学做事，从内心深处增强了职工责任感，调动了职工积极性。他们在工作岗位上认真精细、担当务实；他们出公司精神振奋，意气风发，自信满满，向社会展示了不一样的企业员工风貌；他们回家笑容满面、和蔼可亲。尤其是被评选为"好媳妇""孝子""秀强人"的榜样职工，强烈的荣誉感和责任感促使他们带动更多员工投入工作，有效激发他们工作的动力和活力。

2. 公司发展动力增强

由于员工积极性有所提高，职工责任感增强，公司"担当、奉献、创新、心齐、风正、气顺、劲足"的局面已形成，公司执行力、创新力显著提升。目前，秀强股份高透射可见光 AR 镀膜玻璃、玻璃自洁净等三项技术居世界领先水平。2016 年上半年，秀强股份不断优化产品结构、完善产业布局，加快新产品的研发生产和市场导入速度，加大力度拓展新兴领域和新客户。对内通过加强与客户的合作，提前介入客户新产品的研发试生产过程，取得高端新产品订单，并扩大镀膜技术在家电玻璃产品中的应用，提升产品的附加值；对外通过积极开发新产品，为海内外客户及时提供新产品配套，成功开发多家新客户。

3. 企业管理方式有所改进

经过《弟子规》等传统文化教育培训，许多分厂厂长、车间主任、班组长学会站在对方立场处理问题，不少管理人员改变了过去简单、粗暴的管理方式，用心管理，用情沟通，管理者与被管理者对立的情绪明显减少，公司整体人与人之间的关系有了极大的改善，有力地促进公司各项工作有序顺利开展。

4. 员工幸福指数有所提高

通过《弟子规》等传统文化学习教育，员工心态平和，敬业爱岗，收入稳定增加；员工将学到的孝道、谦德、仁爱等在家庭分享，得到家人认可，并妥善处理家庭各种矛盾，不少家庭关系融洽，邻里关系和谐。多年来，秀强股份先后有120名员工家庭得到改变，促进家庭和谐文明。和开展优秀传统文化教育前后比较，可以得出明显结论。2008年公司职工1480名，职工离婚25例，危害治安案件24例，交通事故18例，职工离职率15.52%；2014年公司职工3000人，职工离婚1例，危害治安案件1例，交通事故3例，职工离职率2.14%；2015年公司职工3100人，职工离婚0例，危害治安案件0例，交通事故3例，职工离职率4.18%。

5. 企业文明程度有所提升

自开展传统文化教育以来，秀强股份职工"学《弟子规》，做文明人"已蔚然成风，职工在企业勇于担当，认真工作，言谈举止彬彬有礼，就餐节俭，进出礼貌文明，文明职工逐年增多；职工在家尊老爱幼、孝敬父母、勤俭持家、家庭和睦、邻里和睦，职工文明户持续增加；企业在全体职工的共同努力下，工作秩序井然，环境整洁有序，规模逐年扩大，效益不断攀升，公司美誉度、文明度不断提高，公司先后多次获得省（区、市）文明单位。

安徽省祁门红茶发展有限公司

一、企业基本情况

（一）企业简介

安徽省祁门红茶发展有限公司（以下简称"天之红公司"）是一家集茶叶科研、种植、生产、经营及茶文化交流于一体的综合型农产品加工企业，是祁门红茶最大的生产、加工基地。公司始建于 1993 年，注册资本为 5000 万元，下辖安徽省天之红茶业有限公司、天之红农业庄园、祁门平里茶叶改良场、祁红电子商务有限公司、安徽省祁门红茶工程技术研究中心等全资子公司与科研实体。经过多年的创新发展，企业规模和实力不断壮大。2017 年，实现销售收入 1.76 亿元、利税 2680 万元。

（二）企业荣誉

天之红公司先后被授予省民营科技企业、省农业产业化龙头企业、省技术创新示范企业、省守合同重信用企业、省电子商务示范企业、中国质量诚信企业、全国供销合作社农业产业化重点龙头企业等称誉，连续 8 年被评定为中国茶叶行业综合实力百强企业，是"徽州文化生态保护试验区"和省级"非物质文化遗产传习基地"。

"天之红"牌祁门红茶是安徽省著名商标、安徽名牌和"安徽老字号"。2017 年 10 月被国家质量监督检验检疫总局授予"生态原产地保护标志"，同年 12 月被国家工商行政管理总局商标局认定为"中国驰名商标"，产品先后获 2009 年中国（浙江）非遗文化博览会金奖、2012 年度苏浙皖赣沪名牌产品 50 佳，2013 年获中国最具影响力红茶品牌，2014 年获中国（广州）国际茶博会名优茶质量竞赛"特等金奖"，2014 年获中央电视台"八大徽茶"上榜品牌，2015 年获中国（上海）国际茶博会金奖，2015 年获首届国际文化产业投资洽谈会展品金奖，2017 年获北京国际茶业展特别金奖，2018 年获第二届中国国际茶叶博览会金奖等。

（三）发展历程

1. 体制转换，祁门红茶产业一度陷入困境

20 世纪末至 21 世纪初，伴随着市场化浪潮的冲击，祁门红茶产业经历了一次断

崖式的下滑。由于原有统购统销政策取消，原国有祁门茶厂独家经营的体制被打破，民营资本开始涌入。国有茶厂因不适应国家经济体制的转变而陷入困境，最终不得不破产改制。随着国有茶厂退出，祁门红茶产业出现了产能分散、产量下降、销售渠道混乱的局面。市场一度陷入无序竞争，一些外地红茶也乘机假冒祁门红茶的名义流入市场，祁门红茶品牌的信誉受到严重影响，业内产生了悲观情绪，不少祁门红茶产区试图另谋出路，搞起了"绿改红"。

2. 勇于担当，民营资本扛起大旗

1993 年，得益于党的改革开放政策。农村致富带头人王昶创办了祁门县凫峰绿色食品开发公司。从此，他一边加工黄山名优茶和"凫绿"茶，一边开始了祁门红茶的试制和生产，加工出的祁门红茶产品很快得到了市场认可，赢得了消费者的口碑。祁门红茶产业的不景气和暂时困难激发了王昶的责任意识和开拓精神。在政府和有关方面的关心支持下，2005 年，天之红公司进一步扩大规模，在县龙门坦工业园区兴建起来一座占地达 3 万平方米、拥有大型现代化厂房和设备的祁门红茶生产基地，并将公司正式更名为"安徽省祁门红茶发展有限公司"，扛起了引领祁门红茶产业发展的大旗。

3. 机制创新，调整结构适应市场

以市场为导向、根据市场变化、主动出击、抢抓机遇是民营企业的立身之本。为适应市场需求，优化市场结构，2008 年，天之红公司开发了祁红皇茶等名优新产品，并申请了国家专利。由此，祁门红茶名优茶打开了国内销售市场。2009 年，天之红公司获得祁门红茶自营出口权，开始向海外市场拓展；同时，天之红公司领衔制定了省级祁门红茶地方标准，实行工夫红茶的标准化生产。2010 年，天之红公司通过产学研合作研发的清洁化、自动化生产线投入使用，推动了企业生产和经营的良性发展。

（四）发展战略

红茶是传统大宗消费品，红茶制作工艺是国家非物质文化遗产。作为一家有着深厚历史渊源的经营企业，自成立以来，天之红公司坚持"在传承中创新，在创新中发展"，在继承优秀传统制茶工艺和文化的基础上，引入现代经营理念和管理制度，通过持续的技术创新、产品创新、经营创新和管理创新，不断做大规模、做强品牌、做优效益，着力将祁门红茶打造成"中国红茶第一品牌"，力争到 2022 年实现产量、产值、利润翻一番，并争取在主板上市。

二、管理创新的做法与经验

(一) 加强源头管理

茶叶是食品类产品，其品质的好坏在很大程度上取决于鲜叶原料的安全卫生质量。在茶叶生产加工的系统化流程中，做好茶园管理是首要关键环节。天之红公司自成立之初就把加强源头管控作为提升产品品质的重要措施，在基础条件比较成熟的茶产区探索建立了"公司＋合作社＋农户"的组织形式，将各散户茶农的茶园组成连片绿色无公害生态茶园基地。

随着规模扩大，仅靠原有模式已不能适应茶产业提质增效的要求。2010 年，天之红公司采取租赁承包、土地流转等方式在祁门红茶核心产区建立了自有的高效生态茶园基地，加强了生态茶园的标准化管理和有机化改造。

(二) 改进生产工艺

天之红公司积极开展产学研合作，形成了完善的科技创新机制，先后组建了"安徽省祁门红茶工程技术研究中心"和"安徽茶叶产业技术祁门综合试验站"。2016 年，天之红公司与中国农业大学食品科学与营养工程学院签订了科技合作协议。与此同时，天之红公司被认定为安徽省技术创新示范企业，成为黄山市现有的 6 家省级技术创新示范企业之一。2011 年以来，主持承担并完成省级科研项目 6 项，其中被列入国家级星火计划项目 1 项。获省级科研成果 3 项，授权专利 12 项；并获安徽省科学技术三等奖 1 项和市科技进步一等奖、二等奖各 1 项。

生产工艺的改进为产品创新提供了强有力的技术支撑。借助现代化的加工设备，天之红公司大力开发适销对路的产品，及时回应顾客对于消费升级的诉求。天之红公司产品结构由成立之初单一的"祁门工夫红茶"，发展到现在包含"祁红皇茶""祁红香螺""祁红香茶"等名优茶和祁红工夫、黄山毛峰、屯溪绿茶（炒青）等 6大系列 120 多个品种。

(三) 拓宽市场渠道

为扩大销售，天之红公司不仅在全国各地设立了 300 多家直营店、专卖店和代销点，还于 2012 年成立了电商营运中心（电商部），组建了一支学历高、素质好、信息化服务意识强的客服队伍，相继在天猫、淘宝、一号店、京东、苏宁易购等开办了"天之红"茶叶旗舰店，为消费者提供及时完善的信息、交易、结算、物流等全程电子商务服务。

针对当前国内出现以乡村旅游拉动内需、带动扶贫的发展趋势，天之红公司提出了"茶产业向旅游业延伸、以旅游业带动茶产业转型"的发展规划，利用茶园基地良好的生态环境和独特的秀美风光，借助黄山大旅游的优势，按照文、茶、旅一体化的要求，打造了一个以茶事体验、乡村旅游和休闲度假为内容的"天之红庄园"。

近年来，世界茶叶市场的格局发生了深刻的变化，我国茶叶出口的形势不容乐观。要在国际茶叶市场立于不败之地，除了要练好内功，还必须加快"走出去"的步伐。天之红公司积极响应"一带一路"倡议，提出了"祁门红茶＋"的长期发展战略，即祁门红茶＋互联网、＋旅游、＋茶文化、＋科研、＋出口创汇等，力争融入国家"一带一路"建设，促进祁门红茶产业的绿色和可持续发展。天之红公司连续派出外贸人员参加了在阿布扎比国展中心（ADNEC）举办的第二届"中国贸易周"、在哈萨克斯坦举办的第十九届国际食品展和在美国拉斯维加斯举办的世界茶博会，并赴阿尔及利亚及周边国家考察茶叶市场，以期扩大产品的出口。

（四）弘扬非遗文化

独特的内涵赋予祁门红茶独特的标签，也成为公司品牌的价值源泉。天之红公司主动参加全国性的茶展会、茶博会、茶研会，并积极组织、赞助举办了祁门红茶采摘节、祁门红茶米兰世博会出征仪式、祁门红茶产业模式创新高峰论坛、祁门红茶形象大使选拔赛、黄山国际山地车公开赛、皖南国际文化旅游示范区启动仪式等；和安徽省摄影家协会共同举办了"天之红杯——诗画茶乡·印象福州摄影比赛"，安排了安徽省青少年茶文化科普夏令营活动，为新黄山书画院美术写生基地举行了揭牌仪式，协助省政府接待了国外艺术家在"天之红庄园"举办的"一带一路·飞彩流韵"画展，在传播祁门红茶文化的同时，提升了公司产品品牌形象。

在祁门红茶首获国际大奖100周年之际，"天之红"作为中国红茶的代表性品牌参展米兰世博会，再次亮相世界舞台，并获得世界博览会总代表和馆长联合会授予的"世博经典品牌"和"世博金奖产品"荣誉，这是继1915年获巴拿马万国博览会金奖、1987年获布鲁塞尔第26届世界优质食品评选会金奖后，祁门红茶获得的第三个具有国际影响力的奖项，为实现祁门红茶的百年回归和提升祁门红茶的区域公用品牌价值作出了自己的贡献。

为扩大知名度，在文化部和黄山市政府的支持下，"天之红祁门红茶非遗项目展示窗口"于2016年顺利入驻恭王府，成为恭王府内又一以中国茶文化为内容的非遗景观。

为保护、传承和弘扬祁门红茶非遗文化，天之红公司成立了以国家级非遗项目代表性传承人王昶名字命名的"技能大师工作室"，并专门辟有传统技艺展示车间和祁门红茶文化宣传廊，接待过各级领导的调研和国内外茶叶专家、客商考察，为数以千计的国内外参观者、大中小学学生演示过祁门红茶制作技艺，接受过中央电视台和多家省市电视台、央视网、新华网、人民网及地方多家平面和网络媒体的采访；

支持和安排了大专院校师生的暑期社会实践活动，并与县城小学合作成立了"天之红"红领巾教育实践基地。

天之红公司受邀连续参加了由文化部主办的 2014 中国（北京）非遗年俗文化展示周、2014 中国（深圳）非遗百项技艺展、第二届湘赣鄂皖非遗联展、第二、第三届中国非物质文化遗产传统技艺大展。在第二届中国非遗传统技艺大展期间，文化部副部长项兆伦还率非遗司和恭王府管理中心的领导到天之红公司实地了解和考察了祁门红茶产业发展与祁门红茶传统技艺传承的情况。

（五）助力脱贫攻坚

天之红公司遵照上级有关扶贫开发工作会议的指示精神，于 2010 年牵头组织成立了祁门县祁门红茶扶贫互助协会，吸纳了包括部分建档立卡的贫困户会员 208 户。2015 年成立"天之红祁门红茶产业联合体"，通过联合部分加工企业、专业合作社以及茶叶种植、加工大户，形成产供销联合发展的模式，对推动茶叶的种植、加工、经营，扩大茶叶销售网络，提高产品的附加值，吸引外出打工的茶农回乡发展茶叶经济，都起到了很好的促进作用。

天之红公司在生态茶园基地建设中，返聘当地留守贫困茶农参与茶园的管护、修整和采摘，使他们增加了一份劳务性收入，每年最多的可增收 1 万元以上，提振了这些贫困茶农脱贫致富的信心。

天之红公司将资助茶区基础设施建设当作扶贫开发的重点。几年来，先后出资 660 余万元用于凫峰镇、柏溪乡的修桥补路、捐资助学和资助养老院等公益事业，在 3 个乡镇、5 个行政村的 12 个村民组开展扶贫帮困公益活动，除对 70 多户贫困家庭和低保户进行了长期帮扶外，还与凫峰镇党委对接，定期上门对该镇各村组的 40 余户贫困户发放慰问品和扶助金；每年定向资助 10 名家庭困难的学生完成学业。天之红公司在新安镇龙源村联系了 4 户特困户家庭，不仅送去了慰问品和扶助金，还承诺负担其中一户失去父亲和母亲患病的儿童今后的全部学费。

六安江淮电机有限公司

——抓质量，育品牌，走创新发展之路

一、企业基本情况

2016 年六安江淮电机有限公司（以下简称"江淮电机"）实现总产值 15.43 亿元，入库税收达 6102 万元，资产总额达 11.23 亿元，分别是改制后第一年（2002年）的 25.5 倍、22.2 倍、32.6 倍，综合实力位于全国同行业第三位。江淮电机的发展得益于十多年来持续不断的创新追求，以及持续的市场开拓。2015 年获得市政府第三届质量奖荣誉称号，这是对江淮电机推行"质量兴企、卓越强企"理念的高度认可，更是对企业今后争取更大发展的无形鞭策，江淮电机将一如既往地把全面质量管理作为企业发展的立足之本。作为安徽省电机行业的龙头企业，多年来，江淮电机始终秉承"质量即是生命，质量决定发展效益和价值"的理念，坚持创新驱动，抓质量、育品牌，走出了一条具有自身特色的质量兴企、卓越强企之路。企业先后荣获 2006 年"安徽省质量管理奖"、2012 年"安徽省卓越绩效管理奖"；2005年获安徽省著名商标，2014 年获中国驰名商标；2004 年获安徽省名牌产品，2005 年获国家免检产品称号。

二、创新发展的做法与经验

（一）围绕创新发展，着力加强研发机构和人才队伍建设

2001 年江淮电机改制初期企业竞争力较弱，产品单一、质量差、技术含量低、人才匮乏、缺乏核心技术、自主创新能力薄弱、对外技术依赖程度高等问题突出。这些问题如果不能解决，企业不仅将面临发展问题，还将面临生存问题。江淮电机果断决策，依靠科技进步，走一条具有自己特色的创新发展之路。

为此，在当时资金较为困难的情形下，江淮电机积极筹措资金，加大研发投入，与合肥工业大学、安徽大学电机与控制研究所、上海电器科学技术研究所、南阳防爆电气研究所等建立了密切的技术合作关系，引进了一批国内电机行业骨干，形成

了电机设计、电机制造、测试、产品标准制定等较为完整的研发体系，并参与组建了安徽省电机工程技术研究中心、江淮电机企业技术中心、安徽省新型电机工业设计中心、安徽省电机工程研究中心四个省级研发机构，为公司的创新发展奠定了扎实基础。十多年来，江淮电机开发各类新产品共计十大系列、近三千多个规格，打造高新技术产品十项、国家节能产品五项，产品不断创新，为企业开辟了新的销售领域。

十多年来，江淮电机整合各类资源，始终坚持"以人为本"，推行了企业制度创新、管理创新，建立了"以我为主、开放合作"的技术创新模式，注重创新文化在创新人才培养中的积极作用，倡导"人是企业的根本，文化是人的灵魂"的理念，积极营造"崇尚创新、宽容失败"的创新文化，调整经营策略，着眼于培育新型的企业创新文化。江淮电机提倡"允许失败，但不允许不创新""要奖赏敢于冒风险的人，而不是惩罚那些因冒风险而失败的人"等。江淮电机先后引进各类技术人才87人，聘请国内知名专家、教授12人，共同进行产品研发。通过与高校、科研院所的合作，建立了灵活多样的人才培训机制，并通过企业文化的建设和创新体系的建设，塑造"追求创新，积极向上"的成才氛围，让创新精神得以传承和发扬。

（二）围绕创新发展，着力组织技术攻关

江淮电机紧紧围绕国家产业政策及国家中长期科技发展纲要，以节能技术应用、开发系列节能电机产品为研究方向，先后组织实施了"Y3 系列三相异步电动机研发项目""YX3 系列高效率三相异步电动机研发项目""超高效率电机研发及制造项目""YB3 高效防爆电机研发及制造项目""高压电机研发项目""变频电机研发项目""YE3 超高效率电机研发项目""YE4 超超高效电机"等技术攻关项目，2008 年成功申报了安徽省地方重大科技项目，2010 年承担了国家技术创新工程试点省项目，2012 年承担了科技部火炬计划项目，2016 年承担安徽省科技攻关项目等，对企业技术创新能力的建设起到了至关重要的作用，坚定了企业走自主创新发展之路的决心和信心。

经过十多年不懈努力和积累，江淮电机通过集成创新与引进消化，掌握了一批具有自主知识产权的核心技术，每年推出新产品 5～9 类，在激烈的市场竞争中，走在行业的前列。近 4 年投入研发费用近 1.21 亿元，实现了对电机传统产业的高新技术改造，开发新产品 10 大类，实现了成果转化 43 项，新产品贡献率连续 4 年占企业销售收入的 65% 以上，基本上建立了加工数控化、装配自动化、检测智能化的现代企业，并建立信息中心、电机试验中心等。如今企业形成了从普通电机到特种电机和高新电机，从关键零部件、关键材料到关键装备，从设计、开发到试制、试验的比较完整的自主创新能力。

（三）围绕创新发展，着力实施知识产权战略

为使企业持续发展，江淮电机号召技术团队在产品研发上始终坚持"生产一代、储存一代、研发一代"的企业技术创新原则，同时实施知识产权战略和技术标准战略。

江淮电机荣获安徽省 2 个名牌产品称号。注册商标"LA"荣获安徽省著名商标，五大主导产品获中国电器工业协会质量可信产品等，如今江淮电机正在争创中国名牌产品和中国驰名商标。

近年来，江淮电机实施知识产权战略，拥有发明专利 3 项、实用新型专利 15 项，建立专业性专利技术信息库，做好核心技术知识产权管理和保护工作，2012 年江淮电机通过安徽省创新型企业认定，完成了安徽省电机工程技术研究中心的建设等。

随着我国电机制造技术的发展及节能降耗、减少有效材料用量需求的提出，许多新技术、新科研成果以及新产品出现，急需将它们反映到标准中来。近年来，江淮电机积极参与国家和行业标准的制定，负责起草国标 6 项、行业标准 6 项，参与起草国标 3 项、行业标准 2 项等，掌握了市场的主动权。

（四）以技术创新和改造促进产品质量提升

十多年来，江淮电机先后主持了三项安徽省"861"项目（新产品开发与重大技术改造），投资近 3.2 亿元，进行了定子、转子冲片制造工艺改造，以及定子绝缘处理工艺改进、金加工工艺改进、铸铝工艺改进等，先后引进数控车床、加工中心、高速冲床、数控冲床、真空浸漆及连续沉浸生产线、装配线等，实现了加工数控化、装配自动化、检测智能化，装备水平提升，有效地提高了产品质量。

随着新厂区的使用，江淮电机将加快新产品开发，调整产品结构，预计在"十三五"末期，将实现产值 25 亿元、利税 4.5 亿元。

1. 以创新理念来抓质量

导入质量环境管理体系，实施卓越绩效管理模式，确定"固本、强能、突破"的总体战略目标，围绕战略、顾客与市场、资源、过程管理、测量分析与改进等，建立以过程为基础的质量管理体系，有效地促进了企业质效提升、产业融合发展。近年来投入近 1.7 亿元，完善对进货检验、过程检验、产品出厂试验的改进，提升了产品制造工艺水平，实现了加工数控化、装配自动化、检测智能化，同时建成电机工程实验室，实现对近万种规格电机产品的性能检测和数据分析，以及改进设计等，全面提升产品制造质量。

改制以来，江淮电机将创新驱动、技术领先作为提升产品质量的重要抓手，不断进行新产品开发，负责或参与国家级新产品开发及标准制定，掌握行业的"话语

权",同时千方百计加大技术革新投入,引进新工艺、新技术、新设备、新材料,提升企业技术创新能力,先后开发国家级新产品9项,取得省部级科技进步奖3项,负责起草和参与编制国标、行标16项等。江淮电机获得安徽省创新型企业、国家火炬计划重点高新技术企业、全国节能先进集体称号。

2. 聚焦品牌建设,开拓大市场格局

江淮电机将产品品质提升作为企业发展战略的重要目标,全力打造"LA"品牌电机的国内外影响力,树立民族品牌形象。"LA"品牌被认定为中国驰名商标。

多年来,江淮电机着力打造符合国际标准的产品研发和管理体系,在产品质量、品牌建设上练好内功,实现了公司和产品的转型升级。目前产品已经销往美国、日本、欧盟等。

恒申集团

一、企业基本情况

(一) 企业简介

恒申集团总部设在福建省长乐市,成立三十多年以来,已经发展成为一家由申远新材料、恒申合纤、力恒锦纶、力源锦纶等 7 家实体企业组成的集化工、化纤、地产、金融、投资为一体的现代化企业集团,员工超过 5000 人,集团工业年产值达 500 亿元,其中化工板块年产值 250 亿元、化纤板块年产值 200 亿元、地产板块年产值 50 亿元,每年实现税收收入 15 亿元。

恒申集团以己内酰胺、锦纶聚合切片、锦纶民用丝及氨纶丝等产品生产为核心,为全球客户提供"己内酰胺—聚合—纺丝—加弹—织造—染整"完整产业链解决方案。产品取得国际 Oeko–Tex ® Standard 100 纺织品生态认证,畅销全国 20 多个省市并进入全球海外市场,企业品牌"力源、图形""LIHENG""恒申 HSC 图形"被评定为福建省著名商标,恒申合纤、力恒锦纶及力源锦纶所有产品均被评为福建省名牌产品。秉承着高品位、高质量、以用户需求为导向的产品战略,遵循创新、求实、优质的服务理念,恒申集团不断提升自身研发实力,引进日本 TMT、瑞士伊文达、德国巴马格、卡尔迈耶等公司的主要设备及工艺进行研发生产,恒申集团已拥有 289 项国家知识产权专利、6 项发明专利、1 项国家标准、5 项化纤行业标准,并参与国家"十二五""十三五"重点建设项目,被评为国家级高新技术企业、国家差别化锦纶 6 产品开发基地以及福建省省级企业技术中心。

(二) 发展历程

2003 年 3 月,长乐力源锦纶实业有限公司成立,标志着恒申集团正式进入锦纶制造领域。

2005 年 10 月,长乐力恒锦纶科技有限公司成立,在锦纶丝基础上增加其上游聚酰胺切片、锦纶加弹丝的生产与销售。

2007 年 4 月,长乐力宏染整有限公司注册成立,是目前集团最大、技术最先进、最环保的染整厂,是福建省染整示范企业。

2010年6月，长乐恒申合纤科技有限公司注册成立，增加了氨纶的生产销售，旨在建设全球最大的合纤科技生态总部基地。

2013年3月，福建申远新材料有限公司正式注册成立，以建设全球最大的己内酰胺一体化项目、全力打造"申远新材料产业园区"为目标。

（三）发展成果

近些年，面对经济发展新常态，在化纤行业处于疲软格局的市场环境下，恒申集团立足国家创新发展战略，向管理要效率，用管理创新提升价值创造能力，进而巩固行业龙头地位。面对纺织行业深度调整的转型压力，恒申集团迎风向前，逆势而上。2015年，恒申合纤年产值突破100亿元；2016年，恒申集团工业年产值突破200亿元；2017年上半年，恒申锦纶丝出口量稳步提升，占全国总量的25%。

凭借优质的产品品质、良好的经营业绩和对社会发展作出的贡献，恒申集团迄今获得各项荣誉300多项，先后荣膺"中国化纤品牌价值排行榜第一名""中国纺织服装行业主营业务收入100强企业""全国民营企业500强"，并荣获"全国化纤行业优秀品牌贡献奖""全国化纤行业'十二五'最具服务满意度奖"等多项大奖。

恒申集团在关注经济效益的同时，积极回报社会，把社会慈善当作事业来做，始终关注社会、热心慈善，先后成立长乐慈善总会力恒分会、恒申慈善基金会，每年在教育、救灾、助学、助医、助困、助残、援建等方面投入3000万元开展慈善公益活动。

二、管理创新的做法与经验

（一）管理创新的灵魂是理念创新

恒申集团立足化纤行业，用深耕的足、发展的翼在行业中精耕细作，成为福建省纺织化纤行业龙头企业，其中申远新材料总投资400亿元、年产100万吨己内酰胺、聚酰胺一体化项目更是被纳入国家"十三五"规划项目、福建省重点建设项目和榕商"回归工程"项目。

恒申集团始终将管理理念创新摆在发展之首，秉承"创造美好生活奇迹"的理念，将"创先发力、创新管理、创造价值"的"三创精神"作为理念创新的重要着眼点，规划集团发展方向，不断为集团的健康发展注入新的活力。

1. 创先发力，研发理念引领行业

创先发力，是恒申集团持之以恒、一以贯之的管理理念，在集团发展历程中得到集中体现。对于恒申集团来说，创先发力不是野蛮发力，更不是随便发力，是在充分洞悉市场、了解客户需求后的立即发力、迅速发力。创先发力，是对"做事要走一步、看两步、想三步"的"恒申集团化解读"，在日常经营管理过程中，凡事思考在问题前面一点，行动在对手前面一步，对于 CPL 市场行情、下游需求波动等行业痛点和难点问题，做到早谋划、早决策、早行动，带领恒申集团在激烈的市场竞争大潮中站稳脚跟、乘风破浪。抢在市场之前、抢在对手之前创先谋划，站在集团高度上创先决策，确定方向后创先行动、立即行动，这是恒申集团在发展过程中能够不断把握机遇、应对挑战的最根本原因。

"瞄准市场，提前布局，创新技术，真抓实干"是恒申集团研发工作的指导思想，在集团成立之初，董事长就确立了"成本为先、联合研发"的研发策略，专注于研发创新，不仅要把蛋糕做大做高，更要做好做精，制订中长期的科研计划，以企业为主体，以市场为导向，以产品开发为龙头，朝差别化、功能化、高附加值三个方向深入研发。

第一，提升研发价值，建成全产业链研发中心。恒申集团在对客户需求进行分析之后，开始建设全产业链研发中心。2016 年聚合研发中心的落成启用，标志着恒申集团成为化纤行业中首家拥有全产业链研发中心的集团公司，为恒申集团的技术创新、产品创新提供了全套的实施阵地。

恒申集团每年投入巨额研发资金，整合集团各方创新资源，不断提高研发水平。目前已建成日产 5 吨的聚合研发中心、8 个独立研发纺位的产品研发中心、卡尔迈耶研发中心、1 个分析检测中心及日产 1.2 吨的氨纶研发线。此外，集团注重科研人才队伍的建设，研发人员达 495 人，其中有高级工程师、博士、硕士等高级技术人员 57 人，以及专家级顾问 5 人。

第二，专注产品研发，夯实产品的核心竞争力。产品是恒申集团持续关注并付诸行动的所在，集团高层在每年初部署重点工作时，都把产品研发和品质稳定列为首要工作。由研发副总挂帅，制订年度产品开发计划，基于行业领先的研发中心，结合集团各子公司车间的现场经验，攻坚克难，落实责任人并定期回顾。

恒申集团在产品研发方面成果显著，成功开发出以冰凉产品、防蚊产品、夜光产品为代表的功能性产品系列和以多孔细旦纤维、母丝、色丝、扁平纤维、再生纤维为代表的差别化产品系列，受到下游客户一致好评。下属力恒公司成为省内首家自主研发双母粒添加工艺的公司，为集团在行业内的龙头地位奠定基础，提升行业科技发展水平；色丝产品省去了染整工序，也减少了排污。研发成果的转化能力提升明显，准确地将最新科技研发成果运用到生产中，研发了高速纺分纤母丝，并确定了批量化的生产工艺。分纤母丝生产采用全国最快纺丝速度，并响应国家节能减排政策，使产品能耗相比同行业降低 10%，提高了锦纶产品的附加价值和适用范围。

第三，产学研常态化，推进研发创新再上新台阶。恒申集团持续推进创新平台和研发体系的建设，积极与中国工程院、东华大学等国内科研院所、高校建立长效的合作机制，解决技术与人才瓶颈，与中国工程院俞建勇院士和纤维材料改性国家重点实验室主任朱美芳教授建立合作关系，建立起锦纶行业第一家院士工作站，合作开展研究工作。同时，推动申远新材料与福建物构所建设福建物构所申远新材料中试基地，加大科技创新人才的引进和培养，提升集团自主科技创新能力。

恒申集团还与厦门大学石墨烯产业研究院合作，依托高校低成本、高品质的石墨烯生产技术，将石墨烯应用于锦纶6纤维材料，使得材料具备抗紫外、抗菌、远红外、抗静电等优良性能，目前已具备成熟的实验室制备技术，正在进行产业化放大实验，若产业化成功将带来锦纶6纤维材料的新技术革新和良好的经济效益。

2. 创新管理，完善人才培养机制

人力资本是最重要的经济资源和生产要素。创新管理实质上是人才驱动，恒申集团注重人才队伍的建设，不断创新人才培养机制。2014年实施"新申代·青训营"人才培养战略计划，对优秀的应届毕业生及具有潜力的内部员工，根据其工作表现及个人特点展开针对性培养，加速人才的成长，为集团百年企业的梦想输送不竭的人力资源。积极引进高素质人才，每年从香港大学、厦门大学、东华大学等高校招揽研发及管理人才，通过不断与外界进行能量和信息交换，为集团发展注入新鲜活力，集团共有硕士及以上学历员工50余人，引进台湾工程师约20人。

对于创新人才，事业激励很重要，人文关怀也不能缺位。恒申集团让员工不仅来得了，更待得住。在生活的方方面面细心为员工着想，免费提供配备齐全的优质宿舍，打造足球场、篮球馆、电影院等基础配套设施，定时举办运动会、跨年晚会等活动丰富员工日常生活。良好的成长氛围实现集团11年来中层骨干的"零流动"。

3. 创造价值，担当社会责任

恒申集团的价值创造在于通过为客户、员工和社会创造价值，最终实现自身品牌价值的提升，成为受人尊敬的"生命型企业"。用生产的长丝为人们带去无处不在的关爱，为人们创造出"美好生活奇迹"，是恒申集团孜孜不倦追求的企业价值和社会责任所在。

近年来，恒申集团在创造科技价值的同时，始终注重企业社会责任和品牌价值建设。将绿色环保作为规划发展时考虑的首要先决条件，引进世界三大顶尖技术，构建先进的环保技术体系，"四废"可实现100%转化，即废水达标处理循环利用，废渣加工成优质化肥，废气、废液焚烧转化成热能排放。无污染及循环利用，真正做到对生态环境零污染，建设环境友好型企业，这是恒申集团社会责任的体现，更为恒申集团勇于担当增添了内涵和厚度。

以产业为己任，谋求行业大发展、大繁荣。在2016年由中国品牌建设促进会、中央电视台、中国国际贸易促进委员会等联合举办的2016年中国品牌价值评价信息发布活动中，恒申集团表现抢眼，被评定的品牌总价值达104亿元，名列化纤领域第一名。2017年恒申集团成为第一家协办中国纺织创新年会的企业，与行业机构一起搭建行业交流平台，制定行业新规则，探讨行业规范化发展模式，引发行业对创新、品牌、品质和未来的思考。

（二）管理创新的载体是流程创新

流程创新是管理创新落地实施的主要载体，企业管理创新的重要方针政策通过流程管理得以贯彻执行，落到实处。恒申集团坚持用理念指明创新方向，用流程贯彻创新举措，重视流程管理的价值，将流程管理看作企业管理效率、管理成效的试金石。

1. 打造产业流程闭环，构建核心竞争优势

2003 年自集团进入锦纶行业以来，通过产业链流程的垂直管理不断做强竞争优势，向上游发展，拓展业务领域，先后成立力源锦纶、力恒锦纶、恒申合纤、力宏染整等公司，实现了锦纶长丝生产到锦纶聚合生产的拓展，完成了锦纶生产到氨纶生产的跨界，实现了化纤及化纤纺织的一体化、规模化生产，形成了产业链的掌控能力和核心的竞争优势。恒申集团通过向上游发展一步，突破了发展瓶颈，实现了产业链流程垂直化；通过向下游规划一步，创造了跨界条件，联合下游实现了共生共赢。

2. 优化工作协同流程，提升内部管理效率

内部管理效率是企业的生命，是制约和决定企业效益的重要因素，只有提高管理效率，企业才能焕发生机，在激烈的市场竞争中得以生存。优化工作协同流程，制定合理的流程，设立有效的工作沟通机制，是恒申集团提升内部管理效率的重要手段。

第一，流程管理关键在于"立规矩"。无规矩不成方圆，对企业的运营管理更是如此。恒申集团董事长陈建龙在企业经营管理中十分强调"规矩"二字，"规矩"既是恒申集团生产经营遵循的既定原则，又是对恒申集团规范化管理、标准化经营的真实需求。在流程管理过程中，对集团运行中因"不守规矩"造成的"淤堵"问题进行集中清理改进。同时，借鉴世界 500 强企业的管理方式，引进职业经理人，对流程管理立下"规矩"，做到"有章可循、有据可查、有法可依"，推诿扯皮、沟通不畅、利益团体的现象得到了有效遏制，实现了管理效能的最优化。

第二，流程管理难点在于"做减法"。简单问题复杂化，流程节点过长，是国内企业特别是民营企业在实行流程化管理遇到的普遍问题。恒申集团在制定管理流程时，只有一个原则：让流程尽可能简单。在流程梳理和优化之前，一件复杂重大的事情甚至要 15 人以上签字才能决策和执行。集团在进行流程梳理和优化的时候，用模块化的方式将工作和责任封闭起来。比如，将产销、研发环节封闭起来，建立一个责任组织，有清晰的责任边界；将生产封闭起来，变成平台，内部实行准市场化。这种模块化的流程管理为公司简化业务流程、提高部门协同水平和效率起到极大的推动作用。

第三，流程管理重点在于"回头看"。流程管理有利于提高企业执行力，加强内

部控制，提升工作协同水平和管理效率。为从根本上解决流程的痛点，恒申集团成立流程优化小组，由总经理任小组组长，全面负责流程优化工作。

流程管理的"回头看"就是指集团流程优化小组通过对年初流程会议的决议执行情况进行不定期回头看，对存在流程壁垒和效率低的部门以季度为单位，实地蹲点调研、重点跟踪，并进行总结，对不整改、整改不力的业务部门进行全集团通报批评，确保流程优化工作富有成效。流程管理的"回头看"既是恒申集团工作组织制度的进一步创新，更是恒申集团重抓、狠抓流程管理的决心体现。

3. 聚焦品质，提升流程管理水平，贡献恒定产品质量

对于一流的领先企业，管理如果只解决效率问题是远远不够的，必须站在一个更高的层面，通过有效整合公司内部流程，聚焦于品质管理全过程，为社会提供恒定、高品质的产品。因此，恒申集团高层有效组织集团资源，围绕产品及其质量攻关等展开工作。以提供恒定、高质量和高品质的产品为企业管理、流程再造的落脚点，通过高效的品质、流程管理活动，奠定恒申集团在市场中良好的口碑和美誉度。

恒申集团将集团的核心资源整合在品质提升、价值创造上，设立销售客服中心和产品质量攻关小组，再造集团品质管理和提升的流程，集中精力为下游客户提供恒定、高品质产品。通过将优势资源进行有效整合，实现责任到人、时间到点、狠抓落地，消除不必要的环节，重点逐渐突出，部门配合更加默契，不断提升为下游客户和社会创造价值的能力。

在2016年的年度工作会议中恒申集团将董事长"一生做好锦纶这一件事"的理念作为培育"工匠精神"的指导原则，由上自下在全集团范围内掀起以细节为本、以品质追求为目标的"工匠风"。

（三）管理创新的抓手是工具创新

创新是现代企业进步的原动力，是增强核心竞争能力、获得跨越式发展、实现持续成长的决定性因素。恒申集团在纺织、化工、化纤主业做大做强的同时，不断推进集团管理改革和升级，始终将创新规范化作为集团管理的首要任务，通过信息化、精益化、专业化的管理工具推进各业务部门的管理创新。

1. 深化信息化建设，加快智能制造进程

作为国家"两化"融合管理体系贯标试点企业，恒申集团十分注重工业化与信息化的深度融合，加大科技创新与人才培养，创建智能型、创新型现代化企业。2015年启动"两化"融合贯标工作并通过专家组审核，为企业注入新的发展动力。2016年9月，恒申集团携手IBM、SAP共同建立集团ERP管理系统，成为锦纶行业首家使用SAP全方位覆盖生产、研发、销售等7大模块的集团公司，实现了成本的最优控制、流程的最优化。通过为期一年半的SAP项目实施，全体员工参与其中，

实现了资源的有效配置，实现数据标准化、财务业务一体化、管理透明化，建立起实时、准确、高效、透明的财务分析系统和管理决策辅助系统，提高信息化管理水平。

与此同时，一批旨在提升管理水平、创新管理方式的信息化管理系统项目在2017年陆续启动并实施，建立生产制造执行、管理大数据分析、信息交互、商务智能管理、全面预算管理、资金管理、销售订单管理、WMS物流管理等系统，全面建立规范化、一体化的集团信息系统，集团下属申远新材料"聚酰胺纤维全产业链数字化工厂"项目入选2017智能制造综合标准化与新模式应用项目，建成后可实现产品的物联互通和"两化"融合，从而更好地促进集团内部以及集团与外部之间的连接，使企业管理水平达到一个新高度，真正打造"智能管理、智能生产、智能物流"的工业4.0未来工厂。

2. 推进精益化管理，提升现场管理水平

生产现场管理是恒申集团车间管理水平提升的重要手段，通过精益化管理工具，运用科学的管理制度、方法对生产现场各要素进行合理有效的计划、组织、协调、控制和检测，将人、机、料、法、环、信六大模块有效结合起来，达到优质、高效、低耗、均衡、安全、文明生产的目的。

恒申集团的生产现场精益化管理工作以"先试点、后铺开"的形式开展，选择前纺一期作为试点车间，总经办牵头协调，前纺一期主动作为，将车间厂长在台湾的丰富管理经验与恒申集团的生产实际相结合，从工艺流程、车间布置、搬运空间、人机效率、现场环境、关键路线、目视管理入手开展一系列精益化管理工作，极大地提升了车间管理水平，进一步稳定了产品质量，提高了产品 AA 率。

3. 开展专业化管理，专注主营业务

为使行政工作聚焦于服务生产、服务主业，恒申集团试点成立第三方后勤服务公司——乐生活，将下属申远新材料的食堂、安保、车辆等后勤工作剥离在行政工作之外，外包给第三方后勤服务公司，使申远新材料的行政管理工作更简单、纯粹，将精力更多地放在公司管理制度完善、员工满意度提升等工作上来。此外，恒申集团将物流、仓储等业务外包纳入工作计划，寻找行业顶尖合作伙伴，提供专业化服务，让专业的人做专业的事，这是管理的本质，也是管理最终的方向。

（四）未来已来，管理创新永不止步

董事长陈建龙认为，企业要成为世界一流，方方面面都要创新。只有坚持走管理创新驱动之路，创建百年企业的梦想才不再遥远。管理创新，是恒申集团转型升级路上的新方向，是恒申集团在供给侧结构性改革的背景下主动适应化纤工业发展的新变化。恒申集团拉开了自上而下、由下而上的全方位、多领域的创新发展大思潮、大行动。

　　未来五年，恒申集团将始终坚持立足以己内酰胺为中心的新材料产业，整合优化化纤产业链，延伸拓展新材料和炼化一体化产业领域，继续推进工业 4.0 信息化管理平台建设，加强科技创新与人才培养，致力于将"申远新材料园区"打造成千亿元级的产业基地，稳步推进集团在上海证券交易所主板上市，为建设"百年企业"的梦想打下坚实的基础。

智恒科技股份有限公司

——打造行业领先的智慧水务方案提供商

一、企业基本情况

（一）企业简介

智恒科技股份有限公司（以下简称"智恒科技"）总部设在福建省福州市，是我国较早从事管网漏耗监控及智能远程数据采集系统研发的制造企业，于 2003 年 7 月成立，由一个概念诞生，从三人团队创业起步，最初注册资本为十万元，经过 14 年的发展，现已成为一家集硬件、软件、平台、服务于一体的产业化科技型企业，成长为行业内领先的智慧水务方案提供商。2015 年 8 月，智恒科技完成股份制改造，并于 2016 年 1 月 11 日在"新三板"挂牌。

目前，智恒科技的注册资本为 1.26 亿元，总资产为 6 亿多元，市值为 17.4 亿元。股东合计 44 位，其中董事长李贵生先生为公司控股股东，与一致行动人合计控制公司超过 50% 的股权。

近年来，智恒科技业绩保持高速增长，规模不断扩大，管理经验逐渐丰富，规章制度、组织架构不断完善。智恒科技通过 ISO 质量管理体系认证，是国家高新技术企业、软件企业、创新型企业、科技型企业、成长型工业企业、福建省"专精特新"中小企业。智恒科技现有员工 500 多人。智恒科技是福州市台江区重点企业、纳税大户及纳税 A 级信用企业。

智恒科技坚持科技创新发展，设有独立的研发机构——技术研发中心和软件科技公司，下设产品工程部、研发部、前端开发部、需求分析部、技术支持部，有专职的科研和技术人员，每年科技研发费用投入占营业额的 6.5%，企业科研团队已取得实用新型专利 21 项、外观专利 1 项、计算机软件著作权 40 多项，拥有 15 项商标注册证，发表 4 篇论文，正在申请的发明专利有 4 项。积极开展研发成果转化工作。智恒科技自主研发的水表集成户外显示器设备被福建省发展改革委评为 2017 年福建省优秀物联网创新产品，智恒科技被认定为 2017 年度福州市知识产权示范企业。智恒科技主持"物联网水务综合运营管控平台的研制及应用示范""管网流量产销差无线远程实时抄收监控管理系统研发及产业化"等推广项目。承担福建省 618 科技对接项目——"供水管网产销差及无线实时抄收监控系统",对福州市 150 多个老旧小区进行了改造,为福州市供水管网改造、智能抄表等的信息化管理作出较大贡献,取得良好的社会效益与经济效益,入选 2016 年度水利先进实用技术重点推广指导目录。"供水管网分区计量及智能漏耗监控系统"入选 2015 年国家机关事务管理局公共机构节能节水技术产品参考目录,"管网产销差漏耗监控及智能抄表系统""节能卫士单位内部能耗动态监控服务系统"入选 2016 年全国电子节能环保产品与技术应用方案推荐目录。智恒科技被福建省发展改革委列为 2016 年省重点上市后备企业,被福州市认定为市级企业技术中心,入围 2016 年福建省科技小巨人领军企业培育发展库,被福州市科协认定为市级专家工作站及市级院士工作站,被评为智能水表综合实力前十强企业及最具影响力企业。智恒科技研发中心被福建省科技厅评为福建省城市物联网能源综合管控工程研究中心。2017 年 8 月获评 AAA 级信用企业。亮相首届中国自主品牌博览会暨中国品牌发展国际论坛,向全国人民展现智恒科技自主品牌的发展成果和企业风采。

(二) 发展战略

以市场需求为导向,深化企业内部改革,采取转型不转行的战略思维。

1. 应用新技术,保持公司产品的领先性

智恒科技自主研发的高精度、高密度的前端数据采集设备在市场上已具有相对领先性,智恒科技将在数据传输方面融合物联网传输技术,研发制造兼容 NB - IOT、LORA 等多种新兴传输手段的产品,同时将继续深化"智慧水务赋能一体化管控平台"的建设,建立企业数据共享中心,真正赋能智慧水务。未来,智恒科技将进一步延伸数据服务,建成后的物联网云数据中心将可以对海量数据进行云储存,通过部署各类先进的大数据挖掘算法模型,构建用水量预测、管网风险、水力模型,实现数据应用共享。

2. 加快物联网云数据中心的建设

帮助水务企业提高对数据资产的使用能力是智恒科技未来的核心竞争力之一,通过水务物联网获取水网数据,以云计算和大数据分析提供决策支持和增值服务,应用移动终端的便捷性,加快数据和业务的流转,提高自身的科技储备和资本市场战略收购能力。

3. 以城市为单位,实现城市智慧水务运营一体化

近年来,智恒科技积极布局智慧水务领域,以城市为整体进行智慧水务管理,从存量的老旧表改造到新表的增量安装,以传感技术、数据采集为工具,以物联网为载体,以大数据为核心,通过数据管控平台进行水务大数据建模分析,实现智慧水务赋能一体化管控,提供城市级智慧水务整体解决方案。作为中国领先的智慧水

务运营服务商，智恒科技成为新加坡智慧水务建设的三家企业中唯一一家中国企业。目前，智恒科技正积极与江西省水投、中闽水务等单位进行合作模式洽谈工作。

4. 打造智慧水务产业链，强化创新能力

智恒科技将立足智慧水务领域，围绕智慧水务运营服务商的战略发展目标，力争成为智慧水务运营智能化方案解决专家。智恒科技园还将向社会开放，以充分发挥智慧水务应用、推广、产业创新的示范作用，同时还将进一步加大应用物联网科技创新理论和水务改革力量的产学研合作，加快普及水务物联网、智慧水务技术在城市水务领域的创新应用，从而推动我国智慧水务的建设和发展，为我国的绿色低碳、节能环保事业贡献应有的智慧和力量。未来，智恒科技将以水行业的远程数据采集及漏耗管控为基础，不断向电、热、气等能源管控领域拓展，根据客户需求提供个性化的技术方案。

二、管理创新的做法与经验

（一）坚持"五化管理"，提升管理品质

李贵生总裁提出建立"五化管理"的独特管理制度。所谓"五化管理"，包含管理制度模块化、作业实行标准化、品质管控精细化、服务满足差异化、考核内容数字化。

管理制度模块化。制度是保证组织规范化的根本，作为企业规范化的先决条件，将企业制度进行模块化划分具有不可动摇性。

作业实行标准化。认真落实作业标准是保证企业效率、获得最佳秩序的关键。

品质管控精细化。始终坚持"实用领先、品质为天、服务为根"的经营理念，认真对待每个细节，将品质作为企业生存的最后土壤。

服务满足差异化。对一个行业而言，70%的共性服务可以满足行业的基本服务要求，是否能提供剩下30%的差异化服务就是普通企业和优秀企业之间的差别。

考核内容数字化。公平考核的基础标准是将内容量化成数字模型，只有当数字模型本身具备相对公平性，考核才能具备公平性。

近年来，智恒科技在公司管理中导入 ISO 9001 质量管理、ISO 14001 环境管理、OHSAS 18001 职业安全管理、ISO 27001 信息安全管理四大管理体系，以及 GB 安全管理的四大卓越绩效评价准则，在服务管理中导入了 ISO 2000 信息服务管理体系，在生产管理中推行 6S 管理和 TPS（丰田精益生产模式）及 ERP（企业资源计划）管理。通过这些管理的提升，智恒科技在生产效率上提升了 20%，在管理成本上下降了 10%，对企业的发展起到了极大的促进作用。

（二）建立健全人力资源制度，培养优质人才

人才培养与选拔对现代企业而言尤为重要，由此企业的人力资源管理制度便成为业务的驱动力。长久以来，智恒科技的人事部门按照人力资源三支柱的模式运行：业务伙伴（HRBP）——业务发展的战略伙伴，领域专家（HR COE）——人力资源解决方案集成者，人事共享服务中心（HR SSC）——人力资源流程运作者、关系管理者、变革推动者、核心价值观传承的驱动者。

构建完整的人力资源运行模式，根据公司实际制订人员选聘计划，多渠道招聘，海量选拔。建立完备的人才培训计划和层级（公司级、部门级、员工级）绩效考评体系，做到人力成本最小化、人力资本最大化。

通过对人力资源的定期盘点，识别员工的胜任力及人才结构，为用人部门提供精准的人才"血常规"，为人才培养及人才梯队搭建提供基础分析数据，并通过定制化的能力提升培养方案，让组织内的人力资本最大化。

九州通医药集团股份有限公司

——坚持主业引领行业，让医药流通更智慧

一、企业基本情况

（一）企业简介

九州通医药集团股份有限公司（以下简称"九州通医药"）位于九省通衢的湖北省武汉市，是一家立足医药健康产业，以中西成药、中药、器械为主要经营产品，为医疗机构、零售药店、商业批发企业、制药企业及消费者提供高性价比的现代医药分销和物流服务的大型民营企业。2010年11月在上海证券交易所挂牌上市，注册资本为18.79亿元，经营规模连续多年位列中国医药商业企业第四位、湖北省民营企业第一位。九州通医药在"2016胡润品牌榜"和2017年《财富》（中文版）500强中，分别位列第181位和第101位。2017年，实现营业收入739.43亿元、营业利润19.42亿元以及净利润14.73亿元，较上年同期分别增长20.12%、85.63%和62.87%。公司拥有员工2.5万多人，有直营和加盟零售连锁药店953家。2018年第一季度，实现销售收入222.10亿元，较上年同期增长18.05%。

九州通医药在全国中心城市兴建了31家大型医药物流中心、81家地市级区域配送中心，覆盖了全国95%以上的行政区域；建有103座共计175万平方米的现代化GSP仓库，自有配送车辆达1500余辆，物流存储能力达400万件，出货效率达10000行/小时，出库准确率达99.99%。建立了全程可追溯冷链平台，拥有188个冷库（库容54000立方米）和120余辆冷藏车。九州通医药取得了国内240多种药品的全国或区域总经销/总代理资格，积累上游供货商7000多家、下游客户10万多家，经营品种、品规达26万多个，能够为客户提供"一站式"医药采购体验，是中国医药商业领域少数几家具有全国性网络的企业之一。

近年来，九州通医药的发展成就获得了社会各界的认可。先后获得"中国物流改革开放30年旗帜企业""国家5A级物流企业""国家智能化仓储物流示范基地""中国物流装备产业成就奖""湖北改革奖""湖北省最具影响力民营企业"等殊荣，被授予"全国守合同重信用企业""中国社会责任感优秀企业""湖北省守合同重信

用企业"等荣誉称号。

公司股东包括上海弘康实业投资有限公司（26.36%）、狮龙国际集团（13.44%）、楚昌投资有限公司（10.02%）、中山广银投资有限公司（8.07%）、北京点金投资有限公司（6.25%）、云南白药控股有限公司（1.66%），以及其他个人。

（二）发展历程

1999—2005 年：创业发展阶段。这一阶段公司快速发展，先后在武汉、北京、河南、上海、新疆、广东等地设立了多家分公司，并率先开创了快批、快配分销的"九州通模式"，成为医药流通市场化经营的代表。

2006—2010 年：多元化发展阶段。九州通医药开启第二次创业，全面进军中药、医疗器械、医药零售、电子商务、医药工业等领域，商业模式得到迅速扩展。

2011 年至今：转型发展阶段。九州通医药向医院业务转型，开启进军公立医院、扩大战略业务规模的第三次创业，凭借医院药事托管、参与医院集中采购、探索医药电商新业态、打造中药产品品牌和医药器械服务品牌等多种举措，成为引领行业创新的先锋企业。截至 2017 年末，九州通医药的分子公司达到 300 余家，员工近 2 万人，形成了以医药配送为核心，包括中药研制、医疗器械、智慧健康、智能化装备在内的全产业链。

（三）商业模式

我国现有医药商业流通企业的行业经营模式，根据下游客户的类别不同，主要分为"以面向二级及以上医疗机构为主的经营模式"及"以市场分销为主的经营模式"两种，九州通医药属于"以市场分销为主的经营模式"，该模式是指医药流通企业以基层医疗机构、民营医院、零售药店、下游分销商等市场化客户为主要销售对象，提供药品销售及配送服务。其特点是毛利率较低、费用较少、配送周转速度较快和账期较短。九州通医药创立了这种经营模式，并一直沿用至今，行业内称其为"九州通模式"。同时，九州通医药利用已积累的资源优势，稳步拓展中高端医院市场业务。

"九州通模式"充分利用上游供应网、下游分销网、自身营销网，通过公司自主开发的信息商务等平台将这三网进行了有效的整合，实现了采购信息、物流信息、销售信息在上下游行业的高效传递和共享，使医药产业链各方联系更为紧密，并可有效降低成本，提高效率。

二、管理创新的做法与经验

（一）坚持主业不动摇

作为公司创始人，刘宝林将企业家精神以及独有的洞察力和战略思维充分地贯彻运用到九州通医药每个发展阶段中，始终保证公司发展战略不偏移。九州通医药发展遇到过艰难抉择：2000 年中期，受政策影响，很多民营医药流通企业纷纷倒闭或退出，九州通医药也陷入进退两难的境地，经营业绩明显放缓。面对此困境，九州通医药把"坚持做医药分销，坚持药品的平价销售策略，做医药现代物流，做中国医药健康产业的最佳服务商"作为公司坚守的发展战略，这一战略定位从来没有改变过。

所谓坚守主业，就是坚守公司的主营业务，主要包括药品、医疗器械、中药材与中药饮片、食品、保健品等产品的批发，以及零售连锁、药品生产和研发、终端推广、增值服务业务等。一是药品、医疗器械等产品的批发业务，其服务方式主要是为公司上下游客户提供分销、物流配送与药品信息服务以及其他增值服务。目前公司主要经营的药品、医疗器械等品种、品规达 291293 个。二是零售连锁业务，零售连锁是九州通医药开拓药店终端市场的业务板块。主要包括药品、医疗器械等产品的销售、药店管理流程和服务流程的规范化、标准化和程序化，以及为药店提供信息服务等。九州通医药从 2003 年开始从事药品零售连锁经营，利用其配送能力、营销网络和品种资源，在条件成熟的省（区、市）开办和发展零售连锁业务。目前九州通医药在各地的零售连锁药店共有 953 家（含加盟店）。三是药品生产及研发业务，九州通医药以下属子公司北京京丰制药集团有限公司为西药工业平台，该公司是一家从事药品生产及研发业务，以抗生素系列、糖尿病系列和心脑血管系列药品生产以及研发为主的企业。

（二）把社会责任放第一位

坚持平价销售，惠及大众百姓。九州通医药的经营始终紧紧围绕普通老百姓做文章。"为医药健康产业提供高性价比服务""卖良心药、做平价药、保百姓健康"是每一个九州通医药人的事业使命。九州通医药坚持把药品送到最难配送的边远地区、基层医疗机构、乡村卫生室，让老百姓购药既方便又便宜。从 2000 年起，九州通医药专注于平价药销售，首先，在二三线市场布局，服务收入微薄的老百姓，使全国网点连成片。到目前为止，九州通医药的平价药在整个医药行业占据了领先位置，2013 年，平价药销售近 300 亿元。2004 年，上海 100 多家平价药房在九州通医药强大配送体系的支持下，实行大降价，医药价格平均降幅达 20% 以上。九州通医药设在北京、广东、湖北、河南、新疆等地的营销公司，先后多次发起降价，为平抑当地的虚高药价发挥了重要作用。2006 年，九州通医药对武汉市普爱医院实行药品直接供应试点，一年就为患者节省了 4700 多万元药费支出，而且规范了用药行为，使得医生用药更为合理，为医院实行医药分家进行了有益的探索。特别是针对中国边远山区买药难、用药难的问题，想方设法将平价药配送到急需用药的边远山区。2011 年 6 月，四川省全面实行国家基本药物制度，全省乡镇卫生院只能使用基本药物。由于基本药物价格低，利润薄，一些品种中标价甚至低于采购价，很多医药公司因无利可图而不愿配送至地处大山深处的医疗机构。凉山州木里藏族自治县三桷垭乡卫生院缺医少药，得知这一情况后，九州通医药当地所属公司用马帮送药的方式担负起药品的配送任务。九州通医药的平价药店还进驻贵州苗族同胞的聚居区，在驻店药师的指导下，适时将疗效好、价格低的药品送到山区农民手中，极大地满足了当地百姓购药需求，受到当地老百姓的称赞。

（三）紧盯风险防控

随着九州通医药的发展壮大和内外部环境的不断变化，公司面临的风险表现出多样性、复杂性。构建风险管理体系是提高风险防范能力的重要手段。为此，九州通医药成立风险督察部门，针对不良库存、预付款、应收账款、呆死账、负债率等高风险项目通过以下几个方面进行管控：建立风险管理与监督机制，对风险进行识别，明确管理部门、管理对象及管理内容，明确监督部门、监督对象及监督内容；建立风险的责任追究机制；定期组织风险评审会议，对各项风险情况进行通报、评审，并推动解决，执行风险管理委员会的决策。

在风险防控方面，主要采取以下措施：一是取消价格特权，通过核查低于核算成本价的销售，发现特权角色漏洞，联合各业务板块及运营确定取消价格特权，制定低于核算成本价销售的替代流程，并提出系统需求。二是规范保证金管理，通过核查连续 90 天应付账款负数，发现上游保证金计入预付，但并无规范管理流程，联合财务、采购事业部制定并宣导上游供应商支付保证金的支付、收回流程。规划保证金的管理信息系统需求，并跟进保证金录入。三是 JZTERP 与下游辅助系统对接，通过对销售退补价核查发现阶段性折扣、账目处理差异、无法收回应收及代垫等违规操作，联合财务要求阶段性折扣、折让折扣的开具需与下游业务辅助系统关联，取消手动开票。四是规范业务人员交接管理办法，联合采购事业部梳理采购人员交接管理流程，增加税票、遗留问题交接；联合分销事业部梳理业务人员交接管理流程，增加管理人员、对账函交接等要求。五是规范一户多码开户，定期对全公司一户多码客户进行核查，清理出 9074 家需要屏蔽的客户。

（四）紧紧抓住质量兴企这条生命线

九州通医药是全国最大的民营医药流通企业，多年的经营实践表明，一个企业要想持续发展，做到基业长青，必须找到一个从优秀管理向卓越管理的跨越通道，这个通道就是质量。因此，九州通医药始终把质量建设当作企业管理的重中之重。

一是强意识，树牢全员质量观。（1）以抓教育宣导，强化全员质量观。九州通医药定期组织召开员工大会，专门就安全和质量工作进行宣导。特别是随着2018年国家食品药品监督管理总局针对医药行业内关于强化质量管理的"94号文"的出台，九州通医药组织了专题学习、宣传、讨论，在全公司叫响了"质量第一，合规，合规，再合规"的口号。通过学习，切实增强了以质量创品牌的自觉意识；九州通医药还充分利用板报、标语、橱窗和《九州通之旅》杂志等各种宣传手段，强化员工的质量观，让广大员工真正认识到药品质量关系到老百姓的身心健康和生命安全，来不得半点马虎。九州通医药还经常给员工灌输这样一种思想：质量管理不是一个部门的事，而是全公司的事，更是每一个员工的事。让广大员工真正认识到，质量是企业的生命，质量工作做好了，就是在为公司作贡献。（2）抓队伍建设，提升全员质量观。建设一支过硬的质量专业队伍是做好质量工作的重要前提和保证。九州通医药从成立之初，就十分注重质量管理队伍建设，从集团到分子公司均设立了专门的质量管理机构，2014年将集团质量管理部长升格为质量管理总监，也是为了更好地推动质量管理工作的实施与监督。目前，整个集团拥有质量专职人员800多人，其中，42%具有执业药师资格。这样一支庞大的质量管理队伍为质量安全筑起了一道坚实的屏障。（3）抓专业培训，促进全员质量观。九州通医药每年制订年度培训计划，开展形式多样的质量竞赛，比如"质量先锋团队""质量安全卫士""火眼金睛"等岗位练兵活动，并进行评比奖励，极大调动了员工热情；另外，九州通医药还定期组织质量管理人员、技术质检人员到其他先进企业进行药品知识、管理制度等方面的培训，通过培训，这些质量管理人员和技术人员的专业素质得到提高。

二是严制度，全面提升质量管理能力。（1）流程从严管理。抓好质量管理，抓过程是非常重要的。九州通医药针对业务经营中的"进、销、存"三个环节，制定了严格的管理制度和标准操作流程，比如，在入库检查验收时，九州通医药要求所有药品必须严格依据新版GSP要求，目前整个集团有84家药品批发公司通过了新版GSP认证。进行药品验收抽样检验，保证不让一粒、一片、一支假冒伪劣药品流入公司、流入社会；在养护环节上，坚持每天对冷链物流和仓库的温度、湿度进行检查，确保药品处于最佳库存状态。上海公司的冷链物流顺利通过当地药监部门最严厉的检查，获得高度评价，并且将其经验进行了全市推广。（2）把关从严落实。为确保监管有效到位，九州通医药制定了质量管理"六关"，即计划采购关、入库验收关、在库养护关、出库复核关、配送保障关、售后服务关。其中的每一关，无论是动态还是静态都有严格的监管措施，一环扣一环。特别是在特殊药品和冷链配送管理上，九州通医药对药品和冷链配送保温箱、冷藏车以及温度监控管理系统进行严格的全程可追溯监管，确保万无一失。另外，对于倒票、挂靠经营等不法经营行为方面，九州通医药更是给予严厉的打击。2018 年上半年，九州通医药组织所有公司从票、证、账、货和规章、制度、流程入手，对不合规的流程进行了彻底的清查和整顿，有效防范了各种质量风险。（3）责任从严追究。九州通医药将抓质量的责任层层分解到每一个级别、每一名员工，建立奖罚机制，让每一位员工真正意识和担负起对质量的责任。在质量责任追究方面，九州通医药还有一个非常奏效的办法，就是坚持质量事故跟"饭碗"挂钩，"谁出事，谁下课"。

（五）以文化引领企业发展

企业文化是企业的灵魂，是推动企业发展的不竭动力。企业文化对内是一种凝聚力，对外是一种辐射力。九州通医药经过多年的发展形成了以创造共同事业的文化、主人翁文化、平台文化、服务文化、团队文化、家规文化等为主要内涵的原生态"家"文化体系。其核心内涵是"平等、友爱、互帮、共进"。九州通医药将每位员工都看成是家的成员，平等对待，相互尊重，互帮共进，大家同吃、同住、同劳动。虽然条件艰苦，但一家人其乐融融，这种工作作风一直延续下来。这种朴素、真挚的行为和情感激励着九州通医药第一代创业人勤奋工作，拼搏向上，完成了创业这一艰苦卓绝的任务。后来，随着公司的不断发展与壮大，家文化的内涵也不断丰富，并逐步走向成熟。到了公司发展时期，家文化体现的是一种创造共同事业的文化：公司是员工的家，公司的事业是每一名员工的事业，公司的发展与每一名员工的前途息息相关。员工与公司创造共同的事业，共享公司的发展成果。

一是股权激励，让员工真正成为公司的主人翁。为激励员工，九州通医药先后拿出 9500 万股、市值 20 亿元实行股权激励，激励对象达 4500 余人次。

二是人文关怀，让员工感受社会关爱。九州通医药围绕"人文关怀、硬件提升、沟通协作、学习成长"四大板块，开展子女入学我帮你、拼拼巴士、爱心妈咪哺乳室、就医关怀等十项关爱活动，为员工创造舒适的工作环境，并对员工的衣食住行、婚丧嫁娶等重要事件细致关怀，努力实现员工工作与生活的平衡。（1）节日慰问送福利。九州通医药实行保障员工健康、生活幸福的福利制度，为员工提供福利补贴及福利性假期，如生日假等，并在节日到来之际精心策划主题活动、准备庆祝礼品，向九州通医药员工的家人致以最诚挚的祝福。（2）高温慰问送清凉。九州通医药每年例行的高温慰问让员工们切切实实感受到了公司的体贴和关怀，同时也激发了员工的积极性，使大家能时刻体会到这个大家庭的温暖。（3）年终慰问送温暖。深根家文化理念，体现公司对困难员工的关爱，2017 年末，九州通医药在工会的组织下开展了"迎新春、送温暖、献爱心"慰问活动。此次慰问涉及集团所属区域公司和在汉直属公司共 25 家，共计帮助困难职工 345 人，慰问金近百万元。特别是公司以人为本，针对夫妻职工，家庭负担重、工作强度大的情况，为了照顾他们的生活，九州通医药为他们提供夫妻宿舍，体现人文关怀。

人福医药集团股份有限公司

——坚持走创新发展之路，着力打造国际化医药健康产业集团

一、企业基本情况

（一）企业简介

人福医药集团股份有限公司（以下简称"人福医药"）成立于1993年，于1997年在上海证券交易所上市。人福医药是湖北省第一家上市的民营高科技企业，也是武汉市东湖新技术开发区第一家上市公司，目前已成为湖北省医药工业龙头企业、中国医药工业20强企业、中国民营企业500强企业、全国科技创新示范企业。

作为"国家认定企业技术中心""国家重大新药创制专项承担单位"，人福医药坚持以研发为先导，持续进行研发投入，与国内外著名研发机构建立了紧密联系和合作平台，与中国军事医学科学院合作成立了军科光谷创新药物研发中心，牵头成立了湖北省生物医药产业技术研究院。

人福医药已在国内的麻醉药、生育调节药等多个细分领域建立了领导地位；同时，积极发展医药商业及医疗服务业，实现医药全产业链深度融合。人福医药正稳步推进国际化进程，致力于建立世界级的全球经营的医药健康集团。

人福医药的营业收入从2010年的22亿元增长至2015年的100.5亿元，年均复合增长率为35.3%。2016年，人福医药实现营业收入123.3亿元、净利润10.8亿元。人福医药明确聚焦医药的专业化发展方向，确立了"以市场和研发双轮驱动，做医药细分市场领导者"的战略以及"创新、整合、国际化"三大路径，取得了显著的成果，为中国制药"走出去"树立了榜样，闯出了一条"人福模式"的国际化先行探索之路。

（二）发展历程

人福医药自1993年创立至今，主要经历了以下五个发展阶段：

初具雏形（1993—1997年）。这一阶段企业架构及规模初具雏形。人福医药的战略重点落在资产规模的迅速扩张上，最终迈出了上市的重要一步，成为湖北省第

一家上市的民营高科技企业、武汉市东湖高新技术开发区的第一家上市公司。

系统建设（1997—2000 年）。这一阶段是人福医药历史上一次全面而深刻的自我变革。发展战略确定、产业结构调整、组织机构变革、规模制度修订都密切围绕企业变革开展。

布局产业（2000—2006 年）。人福医药产业结构调整完成，形成了包括医药、生殖健康、环保、房地产、金融五大产业的产业格局。在这一阶段，人福医药加大了医药产业投资，进一步拓宽并明确了医药主产业的发展方向。

聚焦医药（2006—2016 年）。这一阶段是集团重要的战略调整期。进一步退出和剥离非医药产业，聚焦医药产业，坚定医药专业化发展。2010 年，正式公告更名为人福医药，明确了做专业化的医药上市公司、成为医药细分市场的领导者。

跨越发展（2016 年至今）。以销售收入跨越百亿元为起点，人福医药进入崭新的提质增效、跨越发展时期。集团加大了已有产业的纵深发展和新兴产业（如医疗服务业、大健康）的拓展，国际化步伐稳健前行。集医药工业、医药商业、医疗服务业、大健康及国际化业务于一体的全产业链医药健康产业集团基本成形。

二、管理创新的做法与经验

（一）以战略为引领，做医药健康细分市场的领导者

人福医药聚焦医药健康细分市场，确立了做医药细分市场领导者的战略。在明确各细分市场定位的同时，集团高度重视战略总体规划与引导、战略管控与落地。并购企业后，在建立健全规范的法人治理结构、完善升级企业经营机制的基础上，形成了一套可复制的标准化管理模式。集团通过战略导向，注入人力、资金和产品资源，培育研发、营销和管理能力，使被并购企业按照"人福"模式，突破中小制药企业的发展困境，培育资源与能力，走专业化路径，提升企业核心竞争力。在下属经营公司自主经营的同时，集团总部着力于从财务与投融资管理、董事会建设、目标经营考核、高级管理人员管理、全面管理审计、战略规划管理六个主要方面进行集中管控，以此规范各个成员企业的治理结构、运营机制及管理体系。

人福医药集中资源，在具备良好发展前景的已有细分市场重点发展，通过加强研发、拓展市场及并购，建立和强化细分市场领导地位。在做好现有企业、强化内生增长的同时，积极实现外延布局，通过并购的方式，有选择地进入其他医药健康细分市场，打开创新的专业发展线和利润增长点，壮大企业骨架。

人福医药坚定实施做医药细分市场领导者的发展战略，以研发与市场良性互动为基础，指导下属企业有规划、有目标地实施标准化战略管理。通过实施细分市场的产品战略、聚焦顾客的营销战略、营销导向的研发战略、市场领导的标准战略，重视医药企业的社会责任和医药产品的内在质量，实现结构调整和转型升级、可持

续发展，以各企业"细分市场的强"成就集团"医药产业的大"，将集团旗下企业培育成为"专、特、新、精"的医药细分市场领导者。

（二）以人才发展为驱动力，打造一流的人才发展平台

人福医药认为，人是发展的目的，不是手段。人才的成长可以推动企业事业的发展；企业发展了，能为人才提供更多、更好的发展空间，让人才的潜力进一步得到发挥。人福医药致力于成为企业家培养和成长的摇篮与平台，将"人才发展"作为企业发展的根本。

人福医药紧密围绕"进入中国医药行业第一集团、打造国际化医药产业集团"的战略目标，坚持"人才是企业第一资源"的理念，遵循"用好现有人才、吸引急需人才、培养未来人才"的原则，大力实施人才兴企战略，在全面实施人力资源管理标准化的基础上，以人才梯队建设为重点，创新人才引进、培养及管理机制，培育了一支高素质的专业化、年轻化、国际化的人才队伍，为人福医药发展战略的实施提供了人力资源保障。

具体来说，人福医药建立了科学的人才工作体系，每年度进行人才盘点，建立各个层级人才库，实施"高潜质领导人才选拔培养计划"。集团每年通过公开选拔的方式在总部及各经营公司的优秀年轻中层及以上干部中按职类分别选拔出高潜质人才作为培养对象，由集团总部制订针对个人的系统的培养计划并实施，通过对人才动态选拔，培养年轻化、职业化、国际化的高级经营管理人才，为人福医药快速发展提供人才保障。同时，建立股权激励、员工持股等多种形式的中长期人才激励保障机制，实现人才与企业共发展、共进退。

搭建平台，成就创新创业梦想，成就企业家及伟大企业，是人福医药的使命所在，人福医药致力于成为一个发现、培养企业家的平台，通过不断创建新的平台，提供给员工创新创业的舞台；而员工在发挥自身价值的同时，也可以不断推动平台向更高的方向迈进，从而形成"人"和"事"的良性互动。

在透明、开放、激励和充分授权的运营机制下，人福医药旗下各细分领域经营公司紧密团结在人福医药这一共有事业平台上。对于员工而言，在人福医药工作拥有平等、开放的发展平台，没有官僚主义和等级区隔的阻挠。认同人福医药文化、有潜力、有担当的年轻人被委以重任，造就了一个又一个的青年企业家。人福医药十分重视企业中年轻人才的培养，抛开资历和年龄的成见，大胆起用富有活力和朝气的年轻人。

（三）以创新为先导，打造一流的创新产业化平台

1. 将创新作为企业发展的第一驱动力

公司研发投入占比、研发产业化平台的价值水平、研发项目的数量和质量在国

内均处于领先地位。

目前，人福医药已在北京、武汉、宜昌、新泽西、纽约、圣路易斯等地设立研发中心，公司在国内正在推进的研发项目超过 200 个，有 10 多个 I 类新药处于临床阶段。人福医药在不断夯实既有细分领域的产品开发能力的同时，还将重点开发抗肿瘤、新型抗病毒和抗感染、心脑血管以及自身免疫性疾病等重大领域的创新及仿制药物，建设完善产品线，强化核心竞争优势。人福医药在美国另有 80 多个仿制药研发项目正在稳步推进，力争 5 年内获得 50 个以上的新药简略申请（ANDA）文号，通过丰富产品线，提高在美国仿制药行业的市场地位。同时，随着国际化进程的加快，公司还将加强国内外研发团队的合作，全面开展重点产品的国内进口注册和研发产品的中美同步申报工作。

2. 建立创新产业化服务平台

2014 年，在湖北省科技厅的支持下，人福医药牵头成立了湖北省生物医药产业技术研究院。

产业技术研究院作为独立的法人单位，以现代产权制度为基础，具有经营性与公益性相结合的特点。特别是开放实验室和中试实验室不以营利为目的，只收取基本的运行成本，以服务社会、提高利用率为目的。产业技术研究院具有与科研院所、高校牵头的研究院不同的运营模式、机制与价值实现。在湖北省科技厅的支持下，由人福医药及新药研发专家主导，与军事医学科学院等科研院所合作，同时配以武汉光谷人福生物医药创业投资基金，为湖北省乃至全国各类生物医药企事业单位提供关键技术、临床样品制备、制剂研究、临床注册、国际合作、投融资评价等服务，服务产业链，为全省产业创新发展提供科技支撑。同时还为评估后的潜力创新药物提供资金投入，为不同阶段的项目提供个性化的支持与创业辅导，最大限度地缩短产品上市周期。

在湖北省省委、省政府的大力支持下，未来，人福医药将整合全球资源建设集创新研发中心、创新产业中心、科技金融投资基金及创新成果应用示范基地四位于一体的湖北省生物医药产业创新中心，集合科研院所、企业、金融及医疗机构的力量，以湖北省生物医药产业技术研究院等开放平台为基础，精准服务研发创新项目，助力湖北省乃至全国医药研发创新成果的高效转化和产业化。

（四）以国际化为愿景，布局全球医药健康产业

1. 创世界一流品质

成为世界级医药公司，成为真正的国际化医药健康产业集团，是人福医药的愿景宏图，也是一万多"人福人"为之奋斗的目标。

从医药行业的供给侧结构性改革出发，须从品种、品质、品牌三个方面发力，提供有效供给，提升中国药品（制剂）的国际品牌形象。打造世界级品牌，取决于

建立世界级视野、世界级品质、世界级人才及世界级管理体系。人福医药深谙品质为品牌之基，只有达到世界级的品质标准，才可能逐步发展成为真正的国际化企业。

人福医药不断完善自身的质量管控体系，将"品质立企"确立为公司的战略方针。以推动国际化进程、建立世界一流质量标准为使命，提升集团体系内的整体质量管理水平，并以自身在建立世界一流质量标准、树立中国制药的国际品牌形象过程中所做的坚守和努力，为中国医药行业的国际化发展作出了示范。2016 年，人福医药荣膺工业和信息化部"全国质量标杆"，系武汉市唯一入选企业。目前，人福医药旗下人福普克药业及宜昌人福药业的两个出口药品生产基地均零缺陷通过美国FDA 认证。葛店人福药业通过美国 FDA 认证，原料药也已进入国际主流市场。对国际化一流品质的不懈追求，为进一步提升集团质量管理水平提供了有力保障，将为人福医药建设成为具有品质竞争力的世界级制药公司奠定坚实基础。

2. 进军美国等高端市场

在以美国为代表的国际高端市场，人福医药选择将"市场开发先行、建立全价值链的国际化能力"作为对外开放的发展路径，立足于发展自主品牌产品，建立自主销售平台，在高端市场开发和注册相当数量的通用名药，在中国建立高标准的生产基地保障产品质量和供应，形成可持续的国际市场竞争力。

为了得到美国主流市场的认可，人福医药一改做出口产品的老办法，采取先做市场再生产产品的策略。这种模式归纳为"两头在外"，即研发和市场在国外，生产在国内。

2009 年，人福医药于美国新泽西州投资成立美国普克药业有限公司，主要承担研发和市场拓展工作，现已经建立了围绕专利品牌产品、通用名处方药和非处方药的市场营销和管理架构。为了让该公司更好地融入美国市场，公司组建了一个全部由美国顶尖的营销、研发和管理人才组成的团队。公司从管理层到普通员工，70%以上是当地美国人。

目前，在美国已组建 100 人的销售团队，并建立了 cGMP 标准的仓储物流体系，产品已进入美国沃尔玛、CVS 等大型连锁零售商，市场销售网络覆盖全美 48 个州共计 9.6 万家终端药店。设立美国研发中心，开发针对美国市场的通用名药和品牌药，开展产品注册，寻找差异化的市场机会。

在此基础上，人福医药在国内建设符合美国 cGMP 标准的现代化生产车间，形成"销售、研发、注册、生产"全价值链的制剂国际化竞争能力。年产 30 亿粒软胶囊的武汉出口药品生产基地已于 2015 年 5 月零缺陷通过美国 FDA 认证，成为湖北省第一家通过 FDA 认证的制剂企业，也是国内第一家通过 FDA 认证的软胶囊药物生产企业。该项目在施工阶段就严格按照美国 FDA 认证标准，从概念设计和基础设计，再到施工设计及施工管理，全面与国际接轨。目前该项目产能全饱和，二期 70 亿粒软胶囊生产线已于 2017 年 5 月完成工程封顶。建成后，人福医药将成为欧美软胶囊剂型的最大供应商。

同时，人福医药旗下另一个出口生产基地，即位于宜昌的宜昌人福口服固体制剂车间获得了美国 Perrigo、Cardinal 等公司的订单，于 2016 年末开始向美国市场销售 OTC 片剂仿制药，该车间于 2017 年 1 月零缺陷通过美国 FDA 认证，将进一步优化产品结构，扩大经营规模。

人福医药历时八年拓展美国医药市场，目前共拥有近 20 个 ANDA 文号，约 400 个品规的药品在美国市场销售，2016 年公司在美国实现制剂销售收入 6.8 亿元。公司将持续加强在美国的药品研发和渠道拓展，不断提高经营规模和盈利能力。

目前，公司是国内为数不多的、能在美国自建品牌、自建销售队伍的中国企业，并有望在"十三五"时期进入美国仿制药企业 20 强。

3. 布局国际新兴市场

在开拓国际中低端市场方面，人福医药积极探索布局非洲、东南亚等市场。

2009 年人福医药启动非洲市场战略，并于 2009 年 12 月在西非马里投资成立人福（马里）医药股份有限公司，专注于西非医药市场的开拓，建立在西非的销售渠道和网络，贸易额逐年增长。

为占领市场先机，打造在非洲销售药品的完整产品线，2012 年人福医药在马里注册成立了人福（非洲）药业股份有限公司。2015 年 1 月该公司投资 3 亿元建设的马里当地第一家和国际 GMP 接轨的现代化药厂正式建成投产。该项目建设面积达 1.9 万平方米，年产 3000 万瓶药用糖浆剂和口服混悬液、4000 万瓶大容量注射剂，达产后年销售收入在 4 亿元以上。该药厂也是目前我国在西非大陆投资最大、生产规模最大的现代化大型制药工厂。作为我国投资非洲医药产业的排头兵，成功引入中非基金在该公司项目参股 30%，降低了整个项目的融资成本。

此外，为完善非洲业务战略布局，公司正积极拓展东非市场，2016 年 6 月，投资 3 亿元在埃塞俄比亚建设的年产糖浆混悬液 3000 万瓶、固体制剂 50000 万粒的生产线开工建设。

在东南亚等市场，公司也积极开展特色专利药物的国际注册工作，并在越南等市场开展销售。

4. 推进海外并购与合作

人福医药的国际化战略明晰，采用并购重组等多样化方式，布局产业，致力于构建国际化的医药健康产业集团。

2016 年，人福医药投资 5.5 亿美元收购美国药企 Epic 公司，专注于药物缓控释制剂技术研究、麻醉药物的研发和生产，对集团在美国拓展麻醉管控药物、进一步加大仿制药研发和海外技术引进有着重要战略意义。

2017 年 5 月，人福医药携手中信资本，以 6 亿美元收购全球最大的隔绝性卫生防护用品企业 Ansell（安思尔）旗下包括杰士邦在内的全球两性健康业务，业务涉及全球 50 多个国家和地区，拥有全球最先进的研发技术、生产技术、质量体系和产品储备，以及多个全球知名品牌和营销渠道。收购完成后，人福医药将成为世界第二大安全套生产企业，并致力于整合全球资源，拓展公司的大健康业务。

2017 年 6 月，人福医药联合汉德资本完成对美国医药细分行业龙头 Rite Dose 公司的收购，将引进 BFS（吹瓶—灌装—封口）技术在省内落地。Rite Dose 公司是美国 BFS 技术生产单剂量无菌药剂制造商，行业排名美国首位。

广西七色珠光材料股份有限公司

——创新驱动，打造世界级珠光颜料品牌

广西七色珠光材料股份有限公司（以下简称"七色珠光"）紧紧围绕"诚信打造基石、专业创造价值、创新铸就未来"的经营理念，明确企业发展战略，加强科技研发投入，注重资本市场创新，不断创新工作思路。自成立以来，七色珠光快速发展，为地方经济发展、社会稳定作出了积极贡献。

一、企业基本情况

（一）企业简介

七色珠光成立于 2011 年，是广西鸿尊投资集团有限公司旗下的高新企业品牌，是一家在全国中小企业股份转让系统挂牌上市的国家级高新技术企业，也是广西壮族自治区、柳州市重点建设的战略性新兴材料产业企业。主营业务为全系列珠光效应材料及人工合成云母的研发、生产和销售，产品广泛应用在汽车面漆、化妆品、油墨、涂料、塑料、陶瓷、皮革、种子、建材等诸多领域，凡是有颜色的地方均可使用。

秉承"诚信、创新、主动、高效"的企业精神，成立以来，借助领先的开发平台、先进的工艺技术、丰富的市场经验和科学的管理模式，七色珠光在人力、企业品牌、管理和资本等方面获得了优势，业务网络遍及海内外。目前已被列为广西"中国制造 2025 规划"重点扶持企业、战略性新兴产业规划的重点培育企业，并多次获得政府技术改造专项资金、战略性新兴产业发展专项资金等资金扶持，有力地推动了公司的创新发展。公司现在正遵循着"立足广西、辐射全国、引领世界"的企业发展战略，追求卓越、不断创新，为实现"建设世界级珠光颜料企业"的目标而努力。

（二）发展历程

2011 年 12 月 25 日，一期 2500 吨珠光材料项目工程的动工标志着中国西南首家集珠光效应材料研发、生产、销售于一体的高新技术企业正式诞生。2014 年，一期

项目工程竣工并实现产品上市销售；2015 年公司完成股份制改革，并成功上市新三板；同年年产 5000 吨人工合成云母项目和 10000 吨珠光材料技改扩建项目启动建设，于 2016 年如期完成了第一个五年计划，全年实现销售收入 1.8 亿元，利润达 1100 多万元，实现了从投入期到盈利期的历史性转变。2017 年，七色珠光已进入可持续发展的快车道，并开启了新一轮的五年计划，未来将迎来二期、三期的建设，综合实力将进一步增强，正朝着成为亚洲规模最大、科技生态的高性能珠光效应材料产业基地的目标稳步迈进。

二、管理创新的做法与经验

（一）实施新战略，坚持"四个领先"的发展战略理念

七色珠光始终坚持以"规模领先、技术领先、管理领先、企业文化领先"的发展战略为指引，紧紧把握社会经济发展的需求及国家政策走向，在五年的时间里走出了一条属于自己的发展道路。

1. 以"规模领先"全面构建企业核心竞争力

七色珠光按照亚洲"规模最大、科技生态、技术领先"的理念进行规划和设计。总投资 18 亿元，占地面积 600 亩，分三期进行建设。目前，一期工程扩建项目已于 2016 年完成，二期工程已提前建设，计划于 2019 年完成，设计年产值达 18 亿元以上。现已建成全球领先的年产能 10000 吨的珠光生产材料工厂，以及年产能 5000 吨的人工合成云母工厂，规模处于全球第四、亚洲第二的水平。

目前，七色珠光二期年产 3 万吨（GMP 级）珠光材料项目已完成前期筹备工作，即将启动建设。项目主要依托柳州市强大的汽车产业链，解决我国汽车耐候级珠光材料依赖从国外进口的问题。建成投产后将成为全球一流的高端珠光材料产业基地，满足未来化妆品级、汽车耐候级产品的发展需求。企业规模的扩大可提升产能，降低单位产品成本，有利于新产品的研发，满足日益增长的市场需求，进一步增强企业在市场上的竞争力。

七色珠光深刻感受到，如果仅仅立足于区域市场，企业很容易被淘汰掉。因此，七色珠光积极开拓国际市场，通过参加展会等多种形式参与国际竞争，提升品牌知名度。经过近三年的前期开发和积累，七色珠光已在法国成立了海外研发中心和销售子公司，并且在 30 多个国家建立了经销商网络，国际销售额快速增长，有力推动了七色珠光的发展。

2. 以"技术领先"打造企业高端品牌形象

一直以来，七色珠光把人才引进和培养作为七色珠光企业发展战略的重要组成部分，通过成立商学院，开创了珠光材料技术研发、高端人才培养的新模式。七色珠光与北京大学共建博士后工作站，与广西科学院共建国家级珠光材料企业技术中

心，与湖北工业大学共建七色珠光新材料研发中心，与清华大学、广西大学、广西科技大学等建立产学研合作关系，与武汉理工大学筹建院士工作站。现已被认定为自治区级企业技术中心和珠光材料工程技术研究中心。实力雄厚的研发团队为企业战略目标的实现奠定了人才基础，创新能力得到全面提升，有效地推动了企业的飞速发展。

七色珠光深知，科学技术是第一生产力。在完善工业级珠光材料产品系列的基础上，公司投入更多资源重点研发耐候系列珠光材料、高端化妆品珠光材料及各种特殊性能珠光材料。近年来，公司加大科技研发投入，研发成果呈直线增长趋势，实现了从"模仿创新"到"自主创新"的升级。现已成功研发出涵盖高中低端各系列型号的产品共300多种，并拥有十多项发明专利及数十项核心秘密技术，其中"导电绢云母粉的制备方法"获得了广西发明创造成果展览交易会项目金奖，"一种湿法合成 $KMg_3（AlSi_3O_{10}）F_2$ 晶体粉的制备方法"和"一种具有3D效果的磁性珠光颜料及其配制方法"分别获得了银奖。目前，七色珠光已成为一家拥有全球先进合成云母技术、智能化生产工艺体系、与国际接轨的技术研发中心和全球布局的营销网络的战略性新兴产业龙头企业，产品获评为广西名牌产品。

3. 以"管理领先"促进企业高效运作

一个企业要在国际竞争中脱颖而出，除了在技术、成本方面领先之外，在企业管理方面也必须与国际接轨。自成立以来，七色珠光便把企业管理模式的建设上升为企业战略的重要组成部分。

七色珠光引进国外的先进管理理念，建立了健全的企业治理结构，大大提高了内部组织运行效率，降低运行成本。通过打造先进的全自动、智能化、节能环保新型珠光材料工厂，采用MES制造执行系统、SPC质量管理系统等信息管理系统进行管理，确保产品生产过程的可追溯性及品质始终居领先水平，为七色珠光参与国际竞争打下了良好的基础。2016年公司顺利通过欧莱雅、日本三好等国际知名公司的审计，成功进入它们的供应商体系。

七色珠光通过了ISO 9001：2008质量管理体系认证、ISO 14001：2004环境管理体系认证和OHSAS 18001：2007职业健康安全管理体系认证。值得注意的是，七色珠光还通过了ISO/TS 16949：2009质量管理体系——汽车行业生产件与相关服务件的组织实施ISO 9001的特殊要求认证，确保七色珠光具备生产汽车耐候级珠光效应材料的能力。

同时，在内控管理方面，七色珠光制定了严格的内部控制管理制度，完善公司内部控制体系，进一步规范公司内部各个管理层次的相关业务流程，分解和落实责任，进一步提升风险防范能力，提高公司运行效率。在安全管理方面，公司安全生产工作已实现标准化管理，于2014年被评为"安全生产标准化三级企业"。为持续提高安全管理水平，对安全及环保工作进行规范和控制，公司于2017年正式启动安全生产标准化二级达标创建工作。在现场管理方面，为进一步提升公司的生产效率和质量水平，公司以降成本、提效益、增效率、促发展为目标，大刀阔斧地进行了一系列技术升级与现场改善工作，对提升公司的经营绩效起到了良好的促进作用。针对生产过程中人工密集型岗位，利用自动、半自动化的设备进行代替，进一步降低人工成本，促使人员使用更高效。引进智能控制系统，在关键工艺环节采用更先进的信息化控制手段，减少人工操作失误，降低次品率，不断提升产品质量水平。在人力资源管理方面，七色珠光运用现代化科学管理方法，通过制订规划，保证人力资源管理活动互相协调，与企业的战略方向相一致，通过岗位设计与分析，合理安排员工岗位，以最低成本发挥人力资源效用，通过制订员工职业生涯规划，挖掘员工潜能，实现知识共享，以提高整体人力资源管理水平。

4. 以"企业文化领先"增强企业发展活力

企业文化建设如今已成为引领企业进步的重要标杆，七色珠光通过"党建带动工建"的企业文化建设模式，有效增强了企业凝聚力，大大促进了企业的整体发展。同时，七色珠光始终坚持以人为本，时刻把员工的利益作为一切工作的出发点和落脚点，为员工搭建发展平台，促进员工全面发展。目前公司已被评为"广西民营企业文化建设示范企业"，企业文化发挥着精神层面的良好效应，源源不断地转化为生产力。

七色珠光通过实行伙食补助、免除住宿费、发放节日慰问品、举办员工生日会等方式，不断提高员工的福利待遇，有效地调动了员工的积极性；通过给在职三年以上的员工父母每月发放敬老金，增强员工的归属感，弘扬孝敬美德；通过举办员工运动会、读书会、各种球类比赛等活动，营造健康文明、团结协作的文化氛围，进一步提升企业凝聚力；通过成立"职工之家"，开设阅览室、健身中心、电影放映室等活动场所，培养员工积极向上的生活情趣；通过突出党建工作，设立党总支部，建立工会宣传橱窗，开展"两学一做"活动，定期召开"三会一课"，及时传达中央文件精神及上级党组织的工作指导；通过大范围开展企业文化宣贯工作，创办《七色珠光》企业内部刊物，搭建"企业文化长廊"，建立网站、微信公众号等信息平台，让企业文化建设的成果与时俱进，不断创新；通过加强公司治安综合治理，对办公楼及厂区进行绿化、美化、亮化，为员工创造和谐的工作生活环境。

（二）开拓新市场，全面布局，打造国际化品牌

基于七色珠光技术创新的能力和资本市场的强力支撑，七色珠光正在加快走出国门的步伐。七色珠光的国际化发展以成为"中国珠光颜料领先品牌"为目标，围绕"起步的七色、发展的七色、世界的七色"三个阶段有计划地展开工作。目前国际化发展进程已推进至第二阶段，七色珠光正在大力拓展国际市场，计划于2019年真正将七色珠光打造为国际化品牌。

1. 紧跟行业趋势，把握发展机遇

近年来，虽然国内外宏观经济形势弱势运行，但由于珠光材料应用广泛，不受行业季节性、周期性影响，不会对个别行业形成依赖，因而可有效熨平经济周期性波动的影响。

当前，全球珠光材料市场整体正处于高速发展阶段。随着珠光材料在市场中的广泛应用，其将逐步取代有机颜料、染料和金属颜料，由于发展空间巨大，未来很长一段时间内全球珠光材料的需求都将保持快速增长状态。而且我国珠光材料制造行业的规模、资产及销售产值等各项指标也在持续攀升，虽然起步较晚，但凭借中国珠光材料企业的研发能力和制造能力，行业经营持续向好。

在珠光材料行业高速发展的良好势头下，七色珠光牢牢把握机遇，发挥行业优势，整合全球资源，优化产业链布局，推进国际产能合作，正稳步推进国际化版图的开拓。

2. 开发优质产品，逐步占据市场

七色珠光的主要产品为珠光效应颜料和人工合成云母，凭借强大的技术能力，七色珠光产品在白度、亮度、纯净度、遮盖性、稳定性及耐候性等重要指标上均达到了国际领先水平，并普遍优于行业同类产品。

七色珠光是国内外为数不多掌握珠光材料全粒径人工合成云母专利技术并实现规模化生产的企业，也是全球两家通过日本食品分析中心产品检测的单位之一。凭借这一独有技术，产出的产品品质竞争优势明显，得到了海内外客户的一致认可。

近年来，七色珠光的产品结构向中高端调整，七色珠光投入大量资源重点研发化妆品系列、耐候系列、特色功能性系列等中高端珠光效应材料，目前已取得显著阶段性成果。

在汽车耐候级珠光效应材料方面，七色珠光与全球第二大汽车涂料厂家湖南湘江关西涂料及全球第四大汽车涂料厂家艾仕得涂料联合进行开发。目前已研发出了汽车各色系 10 多个型号的代表产品，产品前期测试结果良好，性能完全达到国际同类产品的质量水平。其中海南岛暴晒试验已进行 1 年，未来可逐步解决国内汽车耐候级珠光材料依赖从欧美进口的问题。

在高端化妆品系列珠光效应材料方面，七色珠光研发的新一代化妆品专用功能性填料解决了传统填料对人体皮肤的伤害问题。目前，化妆品微细粉、硅球、双色系列产品已顺利推向市场，取得了良好的市场反应。新产品具有国际领先水平，受到众多国内外知名化妆品公司及经销商的青睐。

通过以市场为导向，以客户为中心，七色珠光发挥技术研发优势、产品稳定性优势、产能优势、营销优势，抢抓机遇，以优越的产品质量受到众多海内外客户的欢迎，在国际市场上的开拓卓有成效。

3. 完善营销布局，加快版图拓展

近年来，七色珠光在国内外市场的开拓硕果累累，尤其是国际市场业务快速增长，经过多年的积累和开发，七色珠光已初步建立起以企业总部为核心、辐射多区域、多层次的销售服务网络。

在国内市场方面，公司分别在上海、广州、天津、成都、香港等主要城市设立办事处，并成立了上海万紫千红子公司，形成以七色珠光总部为核心的立体营销网络。通过与一批细分行业 VIP 客户合作，提高重点细分行业市场的占有率；优化经销商网络布局，划分华东、华南、华北、西南四大区域，以地级市为单位建立经销商网络，提高经销商的质量。

在国际市场，七色珠光通过积极参加各类国际大型展销会，在法国、北美、亚太等珠光材料关键市场设立区域营销中心，于全球主要区域开发经销商，成立法国海外研发中心及子公司等，不断开拓国际化版图。当前，七色珠光已与 100 多个国家的众多客户建立了联系，并在 30 多个国家开发建立了经销商网络，成功与多家国际行业龙头大客户展开合作，品牌知名度不断提升，大大加快了渗透国际市场的步伐。

在海外业务的强大需求下，下一步，公司计划筹建 5 个国际子公司，配备一流的研发团队和营销团队，承担七色珠光海外市场经销商和终端大客户的开发和管理职能，并作为七色珠光在海外的研发分中心和物流分中心，为七色珠光国际市场客户提供强大的技术和售后服务支持，使公司的国际竞争力得到进一步提升，把七色珠光打造成国际知名品牌。

4. 建设专业团队，支持业务发展

根据七色珠光国际业务快速发展的需要，七色珠光加强与海外的沟通，学习国际化经验和贸易规则。通过外派、换岗等方式，培养员工的国际化服务管理能力；通过引进海外专业化人才，带动整个国际业务水平的提升。同时，七色珠光充分挖掘现有人力资源的潜力，建立健全人才引进及员工培训管理体系，通过内部培训、联合培养、人才引进等多种方式大力扩充人才队伍，优化人才资源结构，增强员工的归属感和认同感，建立起符合企业快速发展需要的人才梯队。

虽然七色珠光的国际业务起步较晚，但在公司领导的重视及人力资源部门的大力支持下，国际化团队建设迅速，当前已形成一支由原法国科学院配位化学研究所首席科学家 Xavier 博士领衔的海外研发队伍和专业的应用服务团队。通过国内外的相互配合，发挥各自优势，在技术攻关、产品市场推广上取得了良好的成效。

5. 强化品牌建设，打造国际品牌

随着七色珠光产业链的不断完善，国际化的深入拓展，七色珠光品牌已逐步成熟，初步具备了品牌带动营销的实力。

七色珠光通过提炼和更新公司全球品牌定位，在区域行业性杂志、协会作品牌宣传推广，建立起全球统一的市场营销策略和品牌管理体系；通过跟第三方不定期合作，加强行业媒体关系，为公司品牌服务；通过优化英文版官方网站，更新网站外观和完善各板块功能，增加网站的可阅读性，吸引客户搜索，并利用社交、行业网站进行营销推广和公司活动介绍，增加公司品牌影响力。

为实现品牌的增值，提高品牌号召力转化力度，未来，七色珠光将致力于打造高认知度、高美誉度的品牌形象，有选择、有计划性地进行品牌传播，加快推进七色珠光品牌走向国际化的进程。

（三）资本市场创新，为公司快速发展提供强大资本支撑

为了提升公司品牌及拓宽融资渠道，助力公司快速发展，七色珠光于2014年启动了上市计划。2015年3月19日在新三板正式挂牌上市，标志着公司跨入了全新的发展阶段。自挂牌以来，公司获得了诸多政策红利，拓宽了融资渠道，品牌形象得到全面提升，投资者关注度不断提高，市场认可度持续提升，为公司加快发展、增强经营能力提供了强劲的动力。

由于良好的经济效益和发展前景，七色珠光受到了资本市场的欢迎。12月31日，七色珠光股票由协议转让方式变更为做市转让方式，招商证券、国海证券、财富证券、西部证券、平安证券、兴业证券6家机构为公司做市商，入市以来，股票价格稳定，交易活跃，日均市值达到9亿元以上。2016年连续入选全国股转系统三板成指、三板做市样本股，并于6月24日被确定为新三板创新层挂牌公司。挂牌两年多来，七色珠光已经完成两轮定向增发，共募集资金1.6亿元，为公司产能扩建、新产品研发、市场渠道建设等提供了充足的资金，避免了一般中小企业面临的融资难、融资贵问题。

（四）树立好形象，推动公司和谐可持续发展

七色珠光始终坚持在做大做强的同时，切实履行自身的社会责任，致富思源，反哺社会。成立至今，七色珠光已提供就业岗位500多个，年产值逐年提高，2016年已达1.8亿元，有效地促进了地方经济的发展。

从2011年开始，七色珠光先后出资在鹿寨县寨沙镇、拉钩乡为长田小学、拉沟小学捐赠洗衣机，为拉钩乡大坪屯修建卫生室。2013年，公司设立了"广西大学七色珠光奖励基金"，基金收益用于奖励品学兼优的优秀学生、资助贫困学子，自设立以来，已有70名学生获得奖励和资助。2014年，七色珠光向湖北省荆门市沙洋县毛李镇中心小学捐献图书，为贫困山区儿童送去知识食粮。2015年，公司与江口乡六合村进行了"一对一"帮扶结对，多次实地走访开展调研，并组织员工参与募捐，在村内开展专场招聘及科技培训，搭建村、企互动平台，致力于帮助六合村早日脱贫致富。2016年，公司向六合村捐资3万元，助其加速农田灌溉渠道项目建设，彻

底解决了 200 多亩农田的灌溉问题。同时，向新安村捐资 1 万元，实施球场及桥梁改造项目，用于改善基础设施建设。2017 年，公司响应鹿寨县政府的号召，为贫困地区捐资 20 万元，旨在积极推动扶贫工作的开展。多年来，七色珠光时刻牢记企业的社会责任，始终把关心、帮助困难群体装在心里，每年组织员工开展"送温暖，献爱心"活动，坚持慰问贫困老人及党员，所行义举赢得了捐助地区老百姓的广泛赞誉。

通威集团

一、企业基本情况

（一）企业简介

通威集团是以农业、新能源为双主业，并在化工、生物工程、宠物食品等领域快速发展的大型跨国集团公司，系农业产业化国家重点龙头企业。通威集团现拥有170余家分、子公司，员工近3万人，旗下上市公司通威股份（2004年上市）年饲料生产能力超过1000万吨，是全球最大的水产饲料生产企业及我国主要的畜禽饲料生产企业，系四川省首家年度销售收入过百亿元的农业上市公司，也是我国农、林、牧、渔板块销售规模最大的农业上市公司之一，水产饲料全国市场占有率超过20%，连续20余年位居全国第一。2017年，通威集团以561.78亿元的营业收入再次荣列"中国企业500强"和"中国民营企业500强"。

目前，通威集团正秉承"为了生活更美好"的企业愿景和"追求卓越、奉献社会"的企业宗旨，坚定不移地发展农业和新能源两大主业，其中农业主业以饲料工业为核心，全力延伸和完善水产及畜禽产业链条，打造集品种改良、研发、养殖技术研究和推广，以及食品加工、销售、品牌打造和服务为一体的世界级健康安全食品供应商。同时，在新能源主业方面，通威集团已成为国内拥有从上游高纯晶硅生产、中游高效太阳能电池片生产到终端光伏电站建设的垂直一体化光伏企业，已建立我国完整的拥有自主知识产权的光伏新能源产业链条，并成为中国乃至全球光伏新能源产业发展的重要参与者。

经过多年跨越式发展，在新能源产业链上游，通威集团旗下的永祥股份经过四次技改升级，已形成2万吨高纯晶硅产能，产能位列全国前三，质量全国一流，各类消耗水平和成本处于全国领先水平。2017年，永祥股份位于乐山的年产5万吨高纯晶硅及配套新能源项目已于6月30日启动建设，位于包头的年产5万吨高纯晶硅及配套新能源项目于2017年内启动建设，两个项目全部建成后，永祥股份高纯晶硅产能将达到12万吨，位居全球第一。

在产业链中游，通威集团深度切入太阳能发电核心设备和产品的研发、制造和推广。目前，通威集团的太阳能电池片最高平均转换效率超过21.5%，品质达到行业最优，成本实现行业最低，各项技术指标已达到世界先进水平，电池片品质与客户评价均为中国第一。2015年11月18日，通威集团在成都双流区规划建设全球规模最大的5吉瓦太阳能高效晶硅电池项目。2017年9月20日，项目二期2吉瓦全球首条工业4.0高效电池生产线也正式投产，项目采用了智能在线式自动化生产设备，建设了国内首条全智能无人生产线，实现了生产全自动化、信息化。

在产业链终端，通威集团拥有发展分布式光伏的独特优势，正大力发展家庭屋顶光伏，并与现代渔业相结合，打造"渔光一体"模式。目前，通威集团正在全国各地建立以户用为主的分布式光伏发电及"渔光一体"基地，优质而清洁的光伏电力正源源不断地惠及千家万户。作为中国乃至全球唯一一家同时涉足农业和新能源光伏产业的龙头企业，通威集团真正实现了农业和光伏的高效协同发展。

成立以来，通威集团一直保持着稳健快速的发展，在为中国水产事业、新能源事业及其他事业作出积极贡献的同时，也得到社会的广泛认同。特别是近年来，通威集团及其控股的通威股份多次获评"中国民营上市公司100强""中国最具竞争力民营企业50强"等；2013年11月，通威集团入列"全球新能源企业500强"；2014年1月，通威股份参与的项目获得"国家科学技术进步二等奖"殊荣；2014年12月23日，通威股份被授予四川质量奖；2016年3月，通威股份荣获第二届中国质量奖提名奖；2017年，通威品牌价值达450.62亿元，连续14年荣列中国品牌国家队。

在通威集团发展壮大的过程中，十一届全国政协常委、集团董事局主席刘汉元先生也不断获得社会各界的高度赞誉和充分肯定：2012年12月，获"光伏行业年度十大风云人物"；2013年11月6日，获国家能源局颁发的2013年"全球新能源年度风云人物"殊荣；2014年，获"中国畜牧饲料行业年度经济人物"与"全球新能源商业领袖"殊荣；2015年，获"亚太最具社会责任经济领袖""四川经济影响力人物"殊荣；2016年，获"中国上市公司最佳董事长"等殊荣。

在获得自身稳健发展的同时，通威集团始终坚持以一个成功企业的高度社会责任感，情系民生，饮水思源，用真情和爱心回馈社会各界的厚爱，积极参与社会公益事业、光彩事业和思源工程。迄今为止，通威集团的各种捐款捐物总额已超过3.5亿元。

截至2017年9月，刘汉元持有通威集团80%的股权，管亚梅持有通威集团20%的股权。

（二）发展历程

1983年，刘汉元在四川眉山永寿镇老家的蟆颐堰，成功发明了渠道金属网箱式流水养鱼技术，开启通威集团事业的发展历程。

1986年3月10日，通威集团前身——眉山县鱼用配合饲料厂建成投产，正式迈开了作为民营经济一分子向前发展的脚步。

1992 年，通威集团正式成立。

1994 年，通威集团移师成都，由此开启了布局全国的崭新征程。

2004 年，通威股份在上海证券交易所成功上市，步入了发展快车道。

2006 年末，通威集团作出重大决策，正式进军光伏新能源产业。

2013 年 11 月 18 日，通威太阳能（合肥）有限公司隆重投产，通威集团正式进军光伏行业中游——电池片环节。

2017 年 6 月 30 日，通威集团旗下永祥股份的 5 万吨高纯晶硅及其配套新能源项目正式启动建设。

2017 年 9 月 20 日，通威集团世界首条工业 4.0 高效电池生产线暨通威集团 35 年庆在成都隆重举行。

（三）发展战略

通威集团致力于打造世界级健康安全食品供应商和世界级清洁能源供应商。未来 3 ~ 5 年，通威集团将着力打造"三个世界级龙头"：全力打造世界级高纯晶硅龙头，同时进一步巩固领先地位，打造世界级电池片龙头，并通过聚焦水产饲料和"渔光一体"模式，巩固、提升通威集团水产饲料的世界级龙头地位。

二、"渔光一体"创新模式的做法与经验

"渔光一体"是通威集团全球首创的、将水产养殖和太阳能光伏发电有机融合的生产方式，即在池塘水体中开展水产养殖生产的同时，在水面上架设光伏组件，从而实现水下健康养鱼，水面清洁发电，达到"鱼、电、环保"三丰收的一种创新发展模式。

目前，通威集团正结合现代渔业和光伏两大主业的全产业链优势，在包括江苏、天津、黑龙江、山东、安徽、湖北、广东、广西等地大力推进"渔光一体"项目的建设，已开发的项目装机容量达 500 ~ 600 兆瓦。未来 2 ~ 3 年，通威集团在"渔光一体"方面将更多专注于现代智能养殖与"渔光一体"相结合的大型基地建设，大部分项目都将是上百兆瓦的大型规模。

以通威集团位于江苏如东县的"渔光一体"项目为例，该项目是通威集团打造的我国首个真正意义上的"渔光一体"基地。项目在设计、验证、建设过程中，充分整合了通威集团双主业优势，并成功植入"通威 365 科学养殖技术"，实现了通威集团两大主业的高效融合和协同发展。该项目占地总面积达 2720 亩，其中一期、二期占地面积约为 1000 亩，共建有 5 口"渔光一体"池塘，现已完工并于 2015 年 12 月 30 日正式并网发电。截至 2017 年 6 月 31 日，项目已发电 1303 万度，发电量超过预期。在水产养殖方面，依靠"通威 365 科学养殖技术"及大数据平台，实现了养

殖全程可追溯和远程操控，基地养殖的鲻鱼、南美对虾、小白虾、梭子蟹均长势喜人。2017 年 7 月，通过通威集团自主打造的"通心粉社区 APP"，利用其中的水产交易系统，基地与盐城市大丰区的水产批发商达成交易，一次性销售了超过 6 万斤的绿色、安全鲻鱼。水产养殖、光伏发电双双获得成功，充分验证了通威集团融合现代渔业和光伏两大主业创新发展出的"渔光一体"模式切实可行，"1 + 1 > 2"的叠加效应明显，也展现了通威集团"互联网 + 水产"战略的成功转型升级。

目前，通威集团如东"渔光一体"基地已成为江苏乃至全国广泛关注、最具代表性的"渔光一体"项目。项目接受了各部门领导的视察和现场指导。2016 年 9 月 20 日，来自全国各省、自治区、直辖市水产技术推广站的领导也莅临项目参观考察。在现场验收会上，全国水产技术推广总站站长肖放高度评价了通威集团"渔光一体"模式对推动我国水产业从传统分散向集中成片发展为现代渔业、设施渔业、智能渔业的示范引领作用。通威集团"渔光一体"模式的成功应用也得到了多个权威、主流媒体的关注，在江苏乃至全国取得了良好的示范效应。

综上所述，"渔光一体"是现代水产养殖和光伏产业的有机结合，一方面改良了传统"渔光互补"项目以光伏发电为主、渔业养殖为辅的弊病，另一方面解决了光伏产业发展过程中遇到的土地资源短缺问题，同时还解决了池塘单一养殖水产品的单产效益低的问题。改造后的"渔光一体"池塘，既没有改变原有土地用途，更是一种高效、生态的复合用地创新模式，大幅提升了单位面积土地的价值输出，引领了我国传统水产养殖的转型升级，实现了太阳能光伏产业和现代渔业的跨界整合。可以说，通威集团"渔光一体"模式的创新是通威集团经过三十多年稳健、快速发展后实现产业融合、转型升级的一次华丽蜕变。

新疆广汇实业投资（集团）有限责任公司

一、企业基本情况

（一）企业简介

新疆广汇实业投资（集团）有限责任公司（以下简称"广汇集团"）创建于1989年，经过几十年的艰苦奋斗，历经两次创业，现拥有广汇能源、广汇汽车、广汇宝信、广汇物流4家上市公司，形成了能源开发、汽车服务、现代物流、房产置业、辅助产业并进的发展格局，业务范围遍及全国各地，并已延伸至哈萨克斯坦、美国等国家，员工总数达10.8万人。2016年，广汇集团总资产2220.8亿元，实现经营收入1652.75亿元、净利润44.44亿元，注册资本达40.1024亿元，位列"2017中国企业500强"榜单第116位、"2017中国民营企业500强"榜单第19位。2017年7月，广汇集团首次跻身《财富》世界500强，位列第495位，成为新疆首个入围"世界500强"的本土企业。

广汇能源创始于1994年，2000年5月在上海证券交易所上市，2012年成功转型为专业化的能源开发企业，公司立足新疆、面向全球，依托丰富的天然气、煤炭和石油资源，建成了以LNG、醇醚、煤焦油、煤炭、石油为核心产品，以能源物流为支撑的天然气液化、煤炭开采、煤化工、油气勘探开发四大业务板块，拥有石油资源量11.64亿吨、天然气资源量1254亿立方米、煤炭储量180亿吨，形成了年产17亿立方米LNG和4000万吨煤炭的开采加工能力。近年来，公司围绕国家"一带一路"倡议，重点建设"四个三"工程：开发三种资源（天然气、煤炭、石油），打造三大基地（新疆煤炭清洁高效利用转化基地、中亚油气综合开发基地、北美油气综合开发基地），建设三个物流园区（江苏启东、甘肃酒嘉、宁夏中卫），打通三条物流通道（出疆物流通道、中哈跨境管道、海运油气接收通道）。同时，公司还创造了五个行业"第一"，即国内第一个实现陆基LNG产业化运营、第一个在国外拥有油气资源、第一个修建国网重轨电气化铁路、第一个建设运营跨境天然气管道、第一个获得原油非国营贸易进口资质的民营企业。

广汇汽车于1999年起步，2004年初步形成了全国性的汽车连锁销售服务网络，2006年正式成立广汇汽车服务股份公司，2015年登陆A股市场，2016年成功收购宝马在中国最大的经销商——宝信汽车，成为国内首个年经营收入突破千亿元的汽车经销服务商，位列 2017 年《财富》中国 500 强第 52 位。目前，公司在全国拥有 11 家区域公司，经销网络覆盖 30 个省（区、市），4S 店数量近 1000 个，其中超豪华、豪华品牌店面达 150 余家，中高端品牌店面达 430 余家，经销 57 个乘用车品牌，业务链涵盖整车销售、乘用车融资租赁、维修养护、二手车交易、佣金代理等汽车服务全生命周期，并与阿里巴巴、汽车之家、爱卡汽车等互联网企业共同打造汽车消费 O2O 平台。公司连续多年稳居"中国汽车经销商百强"榜首，是中国最大的乘用车融资租赁提供商、经销商中最大的二手车交易代理商。

广汇物流自 2003 年开始布局，2016 年登陆 A 股市场，实现了新疆本土商贸物流暨供应链管理企业上市"零"的突破。公司旗下美居物流园作为新疆最具标杆意义的家居建材产业园重点项目，是乌鲁木齐北部最成熟的商业中心，曾获"全国建材重点流通市场"等多项荣誉称号。目前，公司正积极筹建"以冷链仓储和常温仓储为基础、以物流信息服务为纽带、以城市配送体系为延伸"的全链条智慧型冷链物流基地，并以商业保理和小额贷款业务为切入点，积极推进供应链金融服务，实现由传统商贸市场向现代物流转型，创品牌物流，努力成为"一带一路"领先的供应链商贸平台运营商。

广汇置业是新疆首家集开发、物业、热力于一体的综合房产置业集团，形成了"区域集中全价值链开发"的经营战略和跨区域、多业态、横纵结合的内部产业集群，具备年管理开发各类房地产近 800 万平方米的能力，是新疆区域房地产龙头企业。公司先后获得"全国房地产领先企业""中国房地产企业诚信经营单位""全国企业信用评价 AAA 级企业"等荣誉称号，投资建设的乌鲁木齐中天广场和时代广场、广西贵港东湖城、西安广汇城已成为当地地标建筑。近年来，公司积极向全国市场进军，在新疆、广西、四川、陕西、宁夏、江苏区域内累计开发了 128 个住宅小区和商业地产项目，累计开发总面积超过 2157.17 万平方米，物业管理面积达 1572.27 万平方米，热力供应面积达 1558.49 万平方米。

2016 年以来，广汇集团还借助国家支持新疆建设与发展的重要政策，把握自治区加大固定资产投资力度的重要机遇，相继进入旅游、基础设施建设领域，并积极主导南疆银行的筹建工作，助推地方经济发展，服务新疆社会稳定和长治久安总目标。广汇集团始终秉承"产业报国、实业兴疆"的企业使命，在稳健快速发展的同时，积极回馈社会各界的关心与支持。28 年来，广汇集团累计向社会各界及贫困地区直接捐款捐物 5 亿元。近 5 年，广汇集团社会贡献总额达 614 亿元，累计纳税超过 220 亿元。作为新疆发展商会的会长单位，广汇集团带领新疆民营企业主动参与精准扶贫工作，在新疆和田、喀什等地重点实施了矿产开发、特色农牧业和新型城镇化建设等重大惠民扶贫项目，总投资约为 600 亿元，并依托民生项目扎实开展"民族团结一家亲"活动，在推动发展、扩大就业、增进团结、维护稳定方面贡献了一份力量。广汇集团投资组建的广汇男篮，经过 18 年的拼搏奋斗，夺得 2016—2017 年 CBA 联赛总冠军，为新疆争得了荣誉，也提升了企业形象和品牌影响力。

（二）发展历程

1. 创立起步阶段（1989—2006 年）。1989 年 5 月 2 日，广汇集团的前身——乌鲁木齐广汇工贸公司挂牌成立。17 年中，企业坚持"发展中求稳健"，先后涉足贸易、餐娱、房产、石材、能源、汽车等领域，销售收入由 350 万元迅速增长至 92 亿元，增长 2600 多倍。1993 年，广汇集团进入房地产开发领域，当年开工建设的广汇大厦成为当时乌鲁木齐最高的标志性建筑，广汇集团由此迅速发展成为新疆最大的房地产开发企业。2000 年 5 月 26 日，在上海证券交易所正式挂牌交易，成为"中国石材第一股"。2002 年，广汇集团相继进入能源开发、汽车服务等领域，初步形成了"三大产业"的多元化战略布局，为企业未来转型和发展打下了良好基础。

2. 战略转型阶段（2007—2017 年）。在这一阶段，广汇集团坚持"稳健中求发展"，重点发展"能源开发、汽车服务、房产置业"三大主导产业，销售收入由 92 亿元增长至 1653 亿元，增长了 17 倍，总资产达 2220.8 亿元，增长了 15.6 倍。2007—2016 年，广汇集团累计实现营业收入 7249 亿元、净利润 315 亿元，上缴各项税费 278.46 亿元，职工人数年复合增长 14.6%，为社会解决就业人口近 7 万人。2008 年，广汇能源相继进入油气、煤炭资源勘探开发以及煤化工深加工领域，成为国内首家同时拥有煤、油、气三种资源的民营企业。2011 年，广汇汽车首次荣登"中国汽车经销商百强"第一名，一举奠定了国内汽车经销服务行业的领军地位。广汇置业经过二十多年的发展，成为集房地产开发、销售、商业租赁、物业服务、城市热力等于一体的大型综合性房地产开发企业，打造出了跨区域、多业态的产业集群，是西北地区开发规模最大、营销数量最多的房地产企业。2016 年以来，广汇集团抢抓"一带一路"建设和全面深化改革的历史机遇，大力发展现代物流板块，并正在推进有色金属和黑色金属、基础设施建设、金融、旅游等领域的前期工作，逐步形成六大板块的发展战略。

（三）发展战略

当前，广汇集团正在编制 2018—2022 年发展规划。未来五年，广汇集团将把握国家实施"一带一路"建设、全面深化改革的重要机遇，立足进入世界 500 强的新起点，秉持"产业报国、实业兴疆"的企业使命，传承"凝心聚力、创造价值"的企业精神，践行"认真、用心、激情、信念、决心"的"广汇坐标"，牢固树立和贯彻"质量、创新、安全、绿色、协调"的发展理念，以全面提升发展质量为第一要务，以人才保障为第一支撑，以创新驱动为第一动力，紧紧依托核心竞争优势，科学布局六大板块，不断优化经营结构，加强体制机制建设，培育发展新动能，助推企业转型升级，再一次唤起全体广汇人艰苦奋斗、拼搏进取的激情，开启广汇集团"第三次创业"的发展新征程，为建设百年广汇筑牢根基，为实现新疆社会稳定和长治久安总目标贡献力量。围绕这一指导思想，广汇集团初步确定了各板块发展的战略思路。一是建设能源价值链产业新体系。围绕煤矿、煤化工、天然气、启东码头等项目进行产业优化升级，建成生产安全稳定、产品品质优、市场前景好、协作紧密、环境友好的现代煤化工产业集群和新能源基地。重点发展油气下游产业链，积极开拓全国市场，重点布局区域市场，提高产品市场占有率。重点研究清洁能源产业发展方向，打造新的利润增长极。二是大力构建汽车服务生态圈。坚持新建与收购并举、产融结合的发展战略，建设全链条汽车服务平台，构建汽车服务生态圈。加快拓展并优化新车销售网络布局，挖掘汽车后服务市场潜力，增强汽车金融、维修服务市场竞争力，加快二手车市场布局，积极推进线上线下融合发展，将广汇汽车打造成为优秀的世界级汽车服务集团。三是积极打造多业态物流平台。以冷链物流为主业，以现有商贸物流平台运营和广汇集团内部物流资源整合为两翼，以"供应链管理、供应链金融"为支撑，建设大数据平台、供应链管理服务平台。通过整合上游供应商、中游配套服务和下游消费资源，形成全国化的网络布局，提高物流效率和运营效率。整合内部资源，做大企业规模，持续提升广汇物流资产价值，建设"一带一路"绿色、安全、领先的供应链商贸平台运营商，成为西北供应链综合平台第一品牌。四是稳妥布局国内房地产市场。巩固在新疆的区域优势地位，积极开拓国内市场，主动"走出去"，重点布局国内有经济增长潜力的热点城市。积极拓展产业地产领域，提升产品和服务质量，打造以品牌为支撑，集房地产开发、物业服务、智慧社区、热力供应于一体的综合性、跨区域、多业态的城镇居民全生命周期的不动产运营商、优质生活服务商。五是稳步发展相关辅助产业。深入分析政策环境和市场形势，依托企业规模优势和业务布局，通过股权投资、产业合作等形式，主导筹建南疆银行，发展金融、旅游、基础设施建设等业务，培育企业增长新动能，构建企业与社会协同发展、经济效益与社会效益内在统一的新业务板块。

二、管理创新的做法与经验

（一）始终注重发挥党的核心引领作用

非公有制企业的发展，离不开各级党委、政府的亲切关怀和大力支持。广汇集团始终坚持党的领导，坚持企业经营工作拓展到哪里，党的组织就组建到哪里，党的工作就开展到哪里。企业始终注重发挥党的核心引领作用，坚持与自治区党委同心同向，1993 年，广汇集团率先在全疆非公有制企业中成立了党组织，以党建指导企业经营，服务企业发展。特别是党的十八大以来，集团不断加强思想、作风、组织和制度建设，为企业发展保驾护航，坚定不移地在思想上、政治上、行动上同以习近平同志为核心的党中央保持高度一致，坚决贯彻落实自治区党委的重要决策部署，以党建工作统领企业发展方向。近年来，广汇集团先后开展了党的群众路线教育实践活动、"三严三实"教育整顿、"两学一做"学习教育、"学转促"等专项活动，充分地发挥了党员先锋模范作用，有力提升了企业各级员工的凝聚力和战斗力，为集团发展奠定了坚实的政治思想基础。目前，广汇集团及所属产业共有34个党委、201个基层党组织、6180名党员。2017年，集团率先在民营企业中成立了党的纪律检查委员会。

（二）始终保持精准的战略方向

面对复杂多变的宏观形势和市场环境，广汇集团领导班子深入分析发展形势，深刻洞悉和把握发展机遇，科学制定发展战略，围绕战略规划主动转型、优化结构、完善布局，确保企业稳健快速发展。1993年，广汇集团把握国家实施住房改革的政策机遇，进入房地产开发行业，迅速确立了新疆市场的龙头地位。2000年，提前布局汽车经销服务领域，通过大规模并购重组，形成了全国性的产业布局。2007年，广汇集团制定了"发展能源开发、汽车服务、房地产三大产业，进军世界五百强"的战略目标，经过十年的不懈努力，广汇能源成为国内能源行业知名的非公有制企业，广汇汽车成为全球最大的汽车经销服务商，广汇置业成为西北最大的集开发、物业、热力于一体的房地产企业。近年来，集团抢抓"一带一路"建设机遇，积极布局现代物流产业，依托物流园区运营向冷链物流、供应链金融、智慧社区等新兴业态发展，企业经营结构不断优化，经营效益持续提升。

（三）始终保持有效的人才支撑

广汇集团秉承"合适即人才，合适为优秀"的人才理念，高度重视人才引进和培养，大力建设"三支队伍"，即一支善于指挥、能打胜仗的经营管理队伍，一支专业过硬、行业领先的技术队伍，一支作风顽强、执行到位的员工队伍。广汇能源从国内科研院所、行业标杆企业引进专业技术和管理人才，广汇汽车从麦肯锡、通用电气、达能集团、广汽集团、国内五大银行等知名企业引进近千名高级管理人才。此外，各产业均建立了完善的人才发展机制，扎实开展人才培养工作，营造能者上、庸者下的竞争氛围，形成了可持续发展的人才梯队。目前，广汇集团员工构成情况为：中高级员工1.5万人，占比15%；大专以上学历员工5.82万人，占比60%；专业技术员工1.26万人，占比13%。集团现拥有1个国家级技能大师工作室、2个自治区级技能大师工作室和1个创新工作室。在高层次与高技能人才方面，集团有8人已入选自治区高层次人才引进工程，有2人获得国务院特殊津贴。集团正致力于打造一支在企业内部具有较强创造力、在国内市场具有较强竞争力的专业技术人才队伍和高层次技能人才团队。

（四）不断健全完善战略决策和运转机制

广汇集团不断健全公司制度体系和管理结构，形成了较完善的战略决策体系和重大事项决策程序，确保集团重大战略决策的前瞻性和合理性。一方面，在集团层面构建了较强的战略决策体系，不断完善董事会和管理层决策机制，科学界定董事会、党委、各级管理层和部门的决策和管理责权，完善重大事项决策程序，充分发挥各层级的积极性和主动性，确保集团重大战略决策的制定更加科学合理，为决策的贯彻落实和有效执行打好了基础。另一方面，建立了较为规范、高效的运营管理体制和运行机制，包括战略规划、战略管控、战略评价、年度计划、月度经营分析会、审计监督、业绩考核与评价等管理模块。其中，在企业内部管控方面，搭建了较为规范、高效的战略及运营管理体系、监督评价体系、风险防范体系和服务保障体系，形成了督察预警、安全管理、党建和企业文化、纪律检查等保障机制，确保了集团战略目标和经营计划的有效实施。

（五）不断丰富具有广汇集团特色的企业文化体系

独具特色的企业文化是广汇集团保持快速稳健发展的强大精神动力。广汇集团的企业文化建设博采众长、兼收并蓄，形成了以"军营好作风、国营好传统、民营好机制"为一体的"三营文化"，铸就了强大的执行力。经过岁月的洗礼和历史的凝练，提出了"产业报国、实业兴疆"的企业使命，确立了"凝心聚力、创造价值"的企业精神，建立了"认真、用心、激情、信念、决心"的"广汇坐标"，即广汇集团核心价值观，这是广汇集团最宝贵的精神财富，引领着全体员工不断拼搏进取、砥砺前行。近年来，集团持续创新企业文化工作的方式方法，系统提炼企业核心文化理念，锻造企业文化活动精品，扎实开展企业文化宣传教育。通过《广汇集团企业文化手册》、"广汇坐标"电视访谈、企业形象宣传片的学习研讨，以及"最美广汇人"评选和事迹宣讲，帮助各级员工深刻领会广汇集团文化精髓，加快企业核心文化理念落地生根。围绕"五·二"企业节、集团跻身世界五百强等专项庆祝活动，激励员工士气，全方位、多角度展现企业实力和形象，为企业发展凝聚强大的正能量。

新疆阿尔曼清真食品工业集团有限公司

——团结进取，开拓创新，打造新疆特色食品第一品牌

一、企业基本情况

（一）企业简介

新疆阿尔曼清真食品工业集团有限公司（以下简称"阿尔曼"）成立于1995年，经过20多年的艰苦创业，如今已成为一家集绿色食品研发、无公害种植、新疆特色食品加工、连锁餐饮服务、商品批发零售于一体的拥有多家子公司的国家级农业产业化重点龙头企业和国家级少数民族特需品定点生产企业。

目前阿尔曼拥有新疆阿勒泰阿尔曼乳业食品有限责任公司、新疆布尔津阿尔曼清真食品有限公司、玛利朗快餐连锁食品有限公司、新疆热迪力清真食品连锁发展有限公司等多家子公司，在全疆还有3963家连锁超市和加盟店、45家代理商，销售网络已覆盖全疆各地州、县市和830多个乡镇及6000多个行政村，相关从业人员近万人。

阿尔曼创新丰富了新疆特色食品文化、食品品牌文化和团队文化，并将其贯穿于经营管理实践，成功实现了企业转型和稳定健康发展。用文化创新引领企业战略转型，走出了一条企业转型发展的新路子，成为少数民族企业中一颗耀眼的明珠。

（二）发展理念

阿尔曼成立至今始终坚持"健康食品、健康人生"的理念，严格控制产品生产的每一道关口，在产品设计、工艺流程、原料采购、供应配送、生产组织、经营管理、检验检测、包装运输、销售和服务等各个方面，认真严守从农田到餐桌的每一道防线，让人民群众吃得安全。

（三）公司荣誉

阿尔曼拥有自主知识产权专利43项、339项注册商标，20个产品获中国绿色食品认证。阿尔曼商标荣获中国驰名商标、新疆著名商标。集团通过ISO 9001：2008

国际质量管理体系、HACCP 国际食品安全体系、QS、GMP 保健食品良好生产规范认证。

2013 年阿尔曼技术中心获得自治区批准，博士后科研工作分站获国家博士后管委会批准。2010 年阿尔曼被指定为第 16 届广州亚运会特色食品供应商，2011 年为第 26 届深圳世界大学生运动会食品供应商，阿尔曼被中国市场监测中心确认为中国质量服务信誉 AAA 级企业，被中国特色食品博览会认定为"推荐食品"，被新疆自治区质监局认定为"新疆名牌产品"和"质量认定产品"，被新疆农业名牌产品认定委员会认定为"新疆农业十大名牌产品"。

（四）发展规划

阿尔曼"十三五"的总体规划是：以农产品生产加工为核心，以新疆特色食品连锁经营为基础，拓宽阿尔曼连锁经营渠道，运用创新机制构建现代企业经营模式，将阿尔曼打造成为一家上规模、网点覆盖全国的新疆特色食品连锁企业，成为一家业绩卓著的全国知名食品集团，争创中国新疆特色食品第一品牌，成为中国最大的新疆特色食品供应商平台。

二、管理创新的主要做法与经验

（一）建立绿色基地，为实施品牌战略把好质量关

在热迪力·阿布拉董事长的带领下，阿尔曼自从事食品行业起就确定了"为消费者提供天然、安全、健康的绿色食品"的经营方向，把做放心食品、维护食品安全当作提高各族人民群众生活质量、促进各族人民群众身心健康的头等大事。

1. 在生产原料的源头上严格把关

食品生产的原料安全是食品安全的关键。阿尔曼采取了企业带基地、基地连农户的形式，充分利用新疆本土资源优势，在全疆建立了四个无污染原料种植养殖基地，即阿勒泰奶牛养殖基地、喀什巴旦木种植基地、和田核桃种植基地和木垒鹰嘴豆种植基地，从源头上保证了食品的质量安全。阿尔曼不仅拥有充裕的优质原料，还带动 2 万余户农牧民走上了致富的道路，把绿色资源优势转化成了市场优势。

2. 在产品制作流程上严格把关

食品安全关系人民群众的身体健康和生命安全，一点都不能马虎。阿尔曼在多年的实践中，总结并制定了严格的生产操作标准。每一位操作工要经过岗前培训，掌握食品安全知识和操作技能后才能上岗。

3. 在流通环节上把好关

从产品出厂、运输到上架销售，各环节都有标准的操作流程。实行进货台账制度，每天检查食品的保质期和生产日期，特别是对临期产品的销售，严格把关，确

保产品质量。对过期产品严格按照集团规定程序进行退市管理，并在规定的地方销毁，实行全方面的监督检查。阿尔曼始终坚持"健康食品、健康人生"的理念，生产加工的食品已建立了食品追溯体系，确保食品从农田到餐桌的安全。

（二）提质增效，创新经营方式，壮大发展规模

阿尔曼实行技术改造、提质增效、加强连锁加盟等措施，创新经营方式，不断拓展市场。一是技术改造。工厂采用先进的、适用的新技术、新工艺、新设备、新材料等对现有设施、生产工艺进行技术改造，提高了生产线的利用效率，设备利用率达到98%以上，提高产品质量，增加品种，促进产品升级换代，为产品的生产提供保障。二是提质增效。规范生产工序，提高产品品质，规范生产过程中材料的使用，减少原辅材料的浪费现象，加强对生产设备的检修，保证设备的正常运转，提高工厂设备的利用率，从而提高生产效率，降低生产成本。三是加强连锁加盟。阿尔曼以超市、快餐为代表，不断完善标准化建设，强化连锁业的管理控制，加强连锁经营建设，以服务、管理、产品等的标准化，实现连锁店复制、拓展，目前已建立超市连锁店18家。

（三）转型升级，推动新疆美食走向全国

阿尔曼实施企业转型服务新疆经济的发展战略，果断对集团结构进行调整，促进集团由生产销售型向生产服务型转型，向"重创新、重质量、重细节，抓管理、抓质量、抓安全"的经营模式发展。科学规划布局产业结构，依托集团现已形成的新疆特色食品产供销"一条龙"生产、经销实体，以"稳定生产、促进商贸、拓展市场"的工作思路，优化有效资源配置，使集团整体产业形成以市场为导向、以商贸零售业为前沿、以食品加工和中央厨房为支撑的特色食品产业链经营模式，围绕新疆美食这一具有影响力的品牌，集中精力做好新疆美食，让人们提起新疆美食就想到阿尔曼，将阿尔曼品牌推向全国。

（四）实行标准化管理，争创丝绸之路经济带上的食品代表

在日趋激烈的市场上扩大知名度，从而立于有利地位，在国际食品业界取得长足进步，成为阿尔曼发展的目标。阿尔曼坚信"三流的企业做产品，二流的企业做品牌，一流的企业做标准"。公司以创办高新技术产业为先导，以基础产业和制造业为支撑，以服务业全面发展的产业格局为目标，经营范围逐步拓宽，企业规模日渐扩大。在企业不同的发展阶段中，一直在推行企业标准化管理。2012年阿尔曼开始进行新疆美食标准化研究。集团的研发人员通过一年多的反复研究、试验，逐步解决了生产、冷冻、配送等难题，掌握了一系列的标准化数据。目前"丝路食代"新疆清真美食中央厨房已实现了统一仓储、统一生产加工、统一分级包装、统一配送

服务，拌面、抓饭、烤肉、烤包子、大盘鸡等这些新疆标志性的美食已从家庭作坊式的生产转换成规模化、标准化生产。

（五）推行股权激励，让员工共享企业经营成果

阿尔曼围绕着改革、调整、创新、提高，设计了"十三五"总体规划。2016年，阿尔曼实行共享制股权激励，骨干员工享有参与企业收益分配的权利。集团进行了组织架构调整，建立了超市管理中心、丝路食代管理中心、生产销售管理中心、玛利朗管理中心四个利润中心，实行共享制股权激励机制。通过执行共享制股权激励，2016年集团销售额上涨6%，利润增长12%。通过实施薪酬制度改革进一步增加了企业动力、员工活力，激发了员工创造力。引入共享制股权激励机制，提高员工收入，调动员工工作的积极性，促使企业总体经营处于良性循环状态。

（六）承担责任，为大爱投身公益事业

阿尔曼作为新疆第一批少数民族企业，时刻牢记党和政府的教诲，始终热心于国家和地方的光彩慈善事业。2003年出资在和田县、疏勒县分别建立了"阿尔曼希望小学"，并免费提供校服和职业装、学习用品等，解决了当地近千名维吾尔族、哈萨克族、汉族等孩子的上学问题；2007年为自治区贫困学校和贫困学生提供了150万元的资助金；为新疆大学、新疆少年报社以及贫困地区捐款捐物100余万元，还为汶川、玉树、喀什、巴楚、伽师、于田等地震灾区捐款捐物共50余万元。阿尔曼在承担社会责任的同时，关心集团员工，设立了"爱心基金"（工会爱心互助基金）委员会，对家庭生活困难员工给予及时的关心和帮助。

（七）团结进取，为新疆社会稳定和长治久安作贡献

阿尔曼不仅要成为一流的现代企业，还要成为民族团结和融合的楷模。阿尔曼践行嵌入式社会结构，营造一个多民族相融共生的民营企业。现在的阿尔曼已成为多民族团结的大家庭。集团注重组织建设，大力支持党、工、团的工作，发挥其在企业中的作用，强化民族团结，树立"三个离不开"的思想，引领阿尔曼员工开拓进取、团结奋斗，集团现已成为新疆民族企业的旗帜，成为新疆特色食品行业的领头羊。

新疆六师煤电有限公司

——化解困难保活力，降本增效促发展

一、企业基本情况

新疆六师煤电有限公司（以下简称"六师煤电"）成立于 2009 年，是山东信发集团积极响应西部大开发号召，承接新疆生产建设兵团招商引资落户五家渠开发区的一个重大投资项目。目前六师煤电拥有职工近 6000 人，总投资已超过 300 亿元，拥有 364 万千瓦机组总装机容量、190 万吨电解铝产能、80 万吨碳素和 150 万吨铝深加工能力。

2016 年，六师煤电生产原铝 171.9 万吨，完成铝深加工 69.9 万吨，发电 241.5 亿度，生产碳素熟块 83.9 万吨、生块 80.3 万吨，实现总产值 250.2 亿元、净利润 37 亿元。

2017 年第一季度，六师煤电生产铝产品 42.1 万吨，发电 48.99 亿度，生产碳素熟块 21.39 万吨，实现产值 63 亿元，实现营业总收入 52.1 亿元。其中，公司销售铝产品 39.18 万吨，均价为 13296 元/吨，较上年增加 2173 元/吨。

二、管理创新的做法与经验

1. 创新与自动化

创新是社会发展的源泉，也是企业发展的不竭动力。六师煤电成立了技术研发中心，每年拿出 2 亿元资金用于技术研发和创新，创新工作常态化已深入到了生产经营的各个环节。截至目前，六师煤电各类技改创新近 2000 项，申请国家实用新型专利 12 项。同时，优化生产流程，新上机械手、机器人等各类自动化设备。电解铝项目采用 400 千安、500 千安系列电解槽，单系列产能、主要设备、环保工艺、技术以及电流效率均为目前世界领先水平；电厂 36 万千瓦热电机组首创四机一控技术，110 万千瓦超临界空冷机组是国内单机最大的火力发电机组，36 万机组和 110 万机组均采用艾默生、ABB、西门子等国际顶级控制设备，碳素生产采用目前国内先进

的自动化控制技术，真正做到以先进技术促进企业发展。六师煤电在生产流程再造、自动化设备改造等方面均取得了较好的成绩。

2. 充分利用循环经济模式

六师煤电按照新疆生产建设兵团提出的"资源开发可持续、生态环境可持续"的发展要求，充分利用循环经济模式，不断增强自主创新能力，企业竞争力和综合效益实现稳步提升。六师煤电实现从热电联产到铝电联营，把各种资源全部"吃干榨净"。电厂发电直供铝厂，蒸汽用于园区企业和102团居民采暖，粉煤灰用于生产水泥和建材产品，碳素直供铝厂，残阳极回收再利用，真正实现了经济、社会和环境的和谐发展。

3. 铝产品深加工

为进一步增加产品附加值，降低原铝的库存，六师煤电于2016年新建110万吨铝合金棒项目。该项目的主要工艺、技术和自动化程度均处于国内外先进水平，以满足"工业4.0"的发展要求。项目建设严格执行国家环保"三同时"制度，投资2620万元安装各类环保设备，使烟气、废水排放达到国家排放标准。该项目是六师煤电"稳增长、调结构"的重大举措之一，项目投产后，将进一步延伸产业链条，全面提高主营产品的附加值，切实提高企业经济效益。

4. 修建铁路

为降低短倒费用，修建了铁路，现已投产运营。

5. 优化人力资源结构

通过转岗分流、职能合并、招录大中专毕业生、服务外包等形式，做到专人专职，提升员工层次，让员工最大限度地发挥各自的才能。

6. 延伸产业链

针对煤炭价格的上涨，六师煤电在购煤方面增加煤矿自用煤的采购量；在运输上，增加自有铁路运量，成立物流公司，综合应对运价上涨问题。

7. 加强职工培训

六师煤电专门成立了职教中心，由专人负责，购进各类教学器械，聘请相关专业专家，对干部职工进行生产技术、安全防护等方面的培训，大大提高了员工的生产技能，提升了企业整体的生产水平，也增强了企业的综合竞争力。

企业并购篇

    "没有一家大公司不是通过某种程度的并购成长起来的"，这是美国著名经济学家施蒂格勒被广为引用的一句话。的确，历史上美欧日企业经历了至少五次并购浪潮，今天世界500强、美国500强中的大企业几乎无一不是经过并购而形成的。不过，企业并购并非易事，比如，跨国并购面临政治因素、国别风险，跨行业并购面临陌生环境、管理理念不同带来的团队整合风险和文化冲击等。因此，成功的企业并购案例就显得尤为珍贵。

    在本篇的2家企业中，浙江吉利控股集团有限公司近年来就发起了对英国锰铜出租车公司、澳大利亚DSI等企业的并购，但最经典的还是收购沃尔沃汽车一案，该公司由此成为世界500强企业，同时其产品创新、技术创新也进入良性发展轨道。安徽省路网交通建设集团股份有限公司则以引进战略投资者的"被并购"模式实现了高速成长。本篇案例少而精，希望对您开卷有益。

浙江吉利控股集团有限公司

一、企业基本情况

浙江吉利控股集团有限公司（以下简称"吉利集团"）始建于1986年，从生产电冰箱零件起步，发展到生产电冰箱、电冰柜、建筑装潢材料和摩托车，1997年进入汽车行业，一直专注实业，专注技术创新和人才培养，不断打基础、练内功，坚定不移地推动企业健康可持续发展。现资产总值超过2000亿元，员工总数超过7万人，连续6年进入世界500强。

吉利集团总部设在杭州，旗下拥有沃尔沃汽车、吉利汽车、领克汽车、Polestar、宝腾汽车、路特斯汽车、伦敦电动汽车、远程新能源商用车等汽车品牌，规划到2020年实现年产销300万辆，进入世界汽车企业前十强。

吉利集团旗下汽车企业在中国上海、杭州、宁波，以及瑞典哥德堡、英国考文垂、西班牙巴塞罗那、美国加州建有设计、研发中心，研发设计、工程技术人员超过2万人，拥有大量发明创新专利，全部产品拥有完整知识产权。在中国、美国、英国、瑞典、比利时、白俄罗斯、马来西亚建有世界一流的现代化整车工厂，产品销售及服务网络遍布世界各地。

2016年，吉利集团旗下吉利与沃尔沃两大汽车品牌总销量突破130万辆，缴纳税收268亿元，同比增长53%。其中：吉利汽车销量79.9万辆（含帝豪电动车1.7万辆、知豆电动车2万辆、康迪电动车1.3万辆，电动车合计5万辆），同比增长50%（增幅高于行业36个百分点），净利润实现翻番；沃尔沃汽车全球销量53.4万辆，同比增长6.2%（其中，中国销量9.1万辆，同比增长11.5%），实现盈利110亿瑞典克朗，较2015年盈利增长66%。

2017年以来，吉利汽车销量继续呈现良好势态，1～6月吉利汽车实现销量53.1万辆，同比增长89%，增幅高于乘用车行业87.7个百分点，在行业排名第6位，较2016年上升4位；实现营业收入394亿元，同比增长118%；实现利润43亿元，同比增长128%。沃尔沃汽车全球销量达27.8万辆，同比增长8.2%，营业利润为68亿瑞典克朗（约合55亿元人民币），再创历史新高，同比增长21.2%。2016年以来上市的博越、帝豪GS、帝豪GL等全新3.0时代产品市场订单远远超过实际产能，市场呈现供不应求的局面。随着企业核心竞争力的不断提升和3.0精品车型的热销，吉利汽车的市场表现和前景也得到了投资者的高度认可。恒生指数宣布将吉利汽车纳入成分股组合，吉利汽车成为"蓝筹股"中唯一的汽车行业股票。在2017年世界500强榜单上，吉利集团排名第343位，比上年提升了67位。与此同时，在净资产收益率榜上，吉利集团位列中国公司第四、中国车企第一。

在2016年11月吉利集团创业30周年之际，吉利汽车宣布了中长期战略计划，即2020年产销达到200万辆，进入世界汽车行业前十强。

二、收购沃尔沃汽车的做法与经验

（一）收购背景

2006年美国福特出现127亿美元亏损，2008年金融危机爆发后，汽车行业出现更可怕的警讯，当年美国福特净亏损达147亿美元，美国福特公开挂牌出售沃尔沃汽车，标价60亿美元。

2008年7月，吉利集团向福特递上收购意向书。经过近两年的艰苦谈判，吉利集团在全球众多竞购对手中获得优选竞购权，并于2010年3月以18亿美元达成了100%股权收购协议。2010年8月2日，吉利集团与美国福特完成资产交割，成为中国汽车行业第一家跨国公司。

（二）收购沃尔沃汽车的八大宝贵资产

吉利集团收购沃尔沃汽车，拥有了沃尔沃汽车100%的股权和100%的知识产权，其中包括：沃尔沃汽车商标的全球所有权和使用权；10个可持续发展的产品及产品平台；已进入量产准备阶段的沃尔沃全新SPA平台；位于哥德堡、比利时等的4个整车厂，以及约57万辆的生产能力、物流能力和工艺制造设备；1家发动机公司、3家零部件公司，以及1个拥有40%股权的生产变速箱、悬架和底盘附件的公司；拥有83年历史的数字化汽车设计开发平台、拥有6000余名高素质科研人才的研发体系和能力；分布于100多个国家的2325个销售网点、服务体系；涵盖发动机、整车平台、模具安全技术、电动技术的10963项专利和专用知识产权（在美国福特会计报表上，无形资产达16亿美元）。

（三）收购沃尔沃汽车的体会及发展情况

1. 收购沃尔沃汽车是一次战略性收购

吉利集团收购沃尔沃汽车是为了发展中国汽车工业，提高中国汽车整车的研发能力和中国汽车零部件的国际竞争力。欧洲、美国、日本、韩国都有各自的汽车零部件体系，而中国没有自己有竞争力的汽车零部件体系。吉利集团致力于全面提升中国汽车零部件工业的国际竞争力，充分发挥收购沃尔沃汽车后的同步研发能力，推动中国汽车零部件工业的转型升级。吉利集团通过收购沃尔沃汽车这一战略安排，全面了解、参与、掌握了沃尔沃汽车的研发以及实现了研发数据库的共享，快速提升了吉利汽车的研发能力，培养了大量中国研发工程师，并和中国的汽车零部件企业协同推进中国汽车零部件企业的转型升级。

2. 坚持"吉利是吉利，沃尔沃是沃尔沃"的品牌定位和经营原则

吉利集团收购沃尔沃汽车后，沃尔沃汽车在新的管理框架下，制定了"放虎归山"的发展战略：除了巩固和加强在欧美传统市场的地位，更要开拓和发展包括中国在内的新兴国家市场，2020 年全球销量达到 80 万辆，其中中国销量达到 20 万辆或占同级车市场份额的 20%，回归豪华汽车品牌第一阵营，实现"零排放，零伤亡"的目标。

为此，吉利集团明确了"吉利是吉利，沃尔沃是沃尔沃"的品牌定位和管理分工。在此原则下，收购后，吉利集团对沃尔沃汽车进行了一系列改革，以适应新的全球发展战略，包括：制定科学健康的公司治理结构，任命新的董事会及首席执行官，调整组织架构以支持新的战略；制定清晰的品牌战略，坚持和发扬"以人为尊"的品牌理念；制订未来五年的投资计划，包括投入 110 亿美元研发新技术平台，继续提升研发能力，保持沃尔沃汽车在全球的技术领先地位；制定新的产品规划战略，对现有产品如 XC90、S80、S60 等车型进行升级，并计划推出全新平台的新车型；制订清晰的中国发展计划，调动全球资源支持，组建中西合璧的管理团队，激发团队的紧迫感，鼓励创新思维，积极实现与合作伙伴的共同成长，实现经销商、供应商等的双赢。

3. 收购后沃尔沃汽车在中国市场的发展

2011 年，收购后的第一年，沃尔沃汽车实现全球产销 44.8 万辆，同比增长 20%，其中，中国市场销量超过 4.7 万辆，同比增长 55%，是中国及全球市场销量增长最快的豪华车品牌。新的沃尔沃汽车为欧洲创造了 1800 多个就业岗位，增加了当地的税收，受到了瑞典、比利时政府和欧盟的广泛赞誉。

2011 年，沃尔沃汽车中国区总部在上海成立。2013 年 8 月，沃尔沃汽车在中国的国产化工业布局正式获得中国政府批准。2013 年 8 月 28 日，沃尔沃汽车成都工厂成立。2014 年，为中国消费者量身打造的沃尔沃 S60L 长轴距版将作为沃尔沃汽车首款国产车型投产；2015 年，沃尔沃 XC60 投产。2013 年 9 月 26 日，沃尔沃汽车大庆合资工厂成立。目前沃尔沃 XC90、S90 已在该工厂量产。

4. 吉利汽车与沃尔沃汽车的协同效应日渐开花结果

收购沃尔沃汽车后，通过双方"后台"的合作，吉利汽车的技术水平、产品品质和品牌形象得到了快速提升。沃尔沃汽车以其领先的技术和管理水平，在不断加强自身发展的同时，也向吉利汽车输送着先进的技术和管理经验，双方的协同效应

正随着合作的进一步加强和深入而逐步呈现出开花结果的态势。

2012年3月，吉利汽车与沃尔沃汽车签署技术转让协议，开启了双方深入合作的大门。2013年2月，双方联手在瑞典哥德堡成立了欧洲研发中心（CEVT），该中心依托哥德堡的优势研发资源，研发双方共享的CMA基础架构模块。在这个新的基础架构模块上，分别开发吉利汽车和沃尔沃汽车两个不同品牌、不同市场定位的产品。目前CMA架构下的整车研发项目正在顺利推进。

吉利集团战略转型代表车型——博瑞于2015年4月上市，该车作为"中国品牌"代表，首次获得"2016中国年度车"大奖，成为获奖车型中唯一一个中国品牌、唯一一个非进口车型，并一举成为外交部外事礼宾用车、中国国家游泳队指定用车；博越、帝豪GS分别于2016年3月26日、5月1日上市，均呈现市场供不应求的良好态势。随着博瑞、博越、帝豪GS三款战略车型的成功上市，吉利汽车已全面迈进精品车3.0时代，为后续强劲发展奠定了坚实的基础。

2017年8月4日，吉利集团、吉利汽车、沃尔沃汽车联合成立领克汽车合资公司。新公司成立后，吉利汽车将拥有领克汽车50%的股份，沃尔沃汽车拥有30%的股份，吉利集团拥有20%的股份；吉利集团与沃尔沃汽车联合成立技术合资公司（暂定名为宁波时空方程技术有限公司），新公司将按照50：50的股比，通过相互授权的方式，实现整车架构技术、高效清洁动力总成等领域的前沿技术共享与零部件联合采购。

吉利集团成功收购沃尔沃汽车，使中国拥有具备国际竞争力的世界知名企业和品牌，可以一举进入国际高端市场并占有一定的份额，同时可以掌握汽车核心技术和新技术。

通过与沃尔沃汽车的合作，吉利集团在较短时间内解决了技术瓶颈问题，并通过技术的沉淀、积累，形成标准、流程和数据库，逐步形成技术、人才、成本的独特优势，这些优势将是吉利集团未来的核心竞争力。同时，沃尔沃汽车也正走在"放虎归山"的道路上，焕发出强大的生命力，在各个方面呈现出欣欣向荣的局面。

（四）收购沃尔沃汽车对中国企业"走出去"的启示

要研究全球经济和产业发展规律，提前规划，为潜在的收购做好充分准备和安排，同时自身要扎实做好各项基础工作；要确保在使命和愿景层面保持跟被收购企业的一致性。吉利集团确定的"造最安全、最环保、最节能的好车"的理念以及"人性化"的企业文化得到了沃尔沃汽车的高度认同。

注重收购对象的品牌及技术含量，尤其是其持续的创新能力。收购后投入超过110亿美元支持沃尔沃汽车的五年研发计划，支持沃尔沃汽车实现"零伤亡、零排放"的技术愿景。

国际收购一定要与自己的发展战略紧密结合，重在为我所用，不为收购而收购，把通过收购得到的品牌、技术、固定资产以及各类资源作为实现战略目标的重要支撑点。

充分发挥被收购企业管理层和员工的积极性，吉利集团采取"吉利是吉利、沃尔沃是沃尔沃"的管理理念，让沃尔沃汽车相对独立运营。沃尔沃汽车的员工满意度调查显示，沃尔沃汽车全球员工满意度达到84%，为20多年来最高。

充分发挥工会的作用，健全的工会制度是企业发展的推动力量，而不是阻碍力量，企业的发展战略要与工会进行充分沟通，并得到工会的持续支持。

在制度上确立有利于合作的沟通机制，先后建立"吉利—沃尔沃合作与对话委员会"和"吉利集团战略咨询委员会"，保证双方及时、高效、无障碍的沟通。

充分发挥协同效应，在研发、采购、质量管理、品牌建设、人员培养等方面充分发挥各自优势，在保持双方品牌独特定位的基础上，争取效率和效益的最大化。

注重文化活动的交流，促进不同文化群体之间的彼此认同，形成全球型企业文化。吉利集团收购沃尔沃汽车后，赞助浙江吉利交响乐团赴欧洲巡演，并为沃尔沃汽车员工举行专场演出，取得了非常好的文化融合效果。

成功的全球化战略给吉利集团带来了跨越式发展，从过去以引进高端国际化人才来实现技术与管理的突破，过渡到系统地学习国际成熟汽车企业的体系化运作能力，充分利用全球资本、全球技术、全球人才、全球市场等可利用的资源，帮助吉利集团在技术研发、质量管理、供应商控制、品牌建设与售后服务等一整套体系上实现提升。

安徽省路网交通建设集团股份有限公司

——战略引资谋求突破

一、企业基本情况

（一）企业简介

安徽省路网交通建设集团股份有限公司（以下简称"安徽路网"）创立于2004年，拥有公路工程、市政公用工程施工总承包一级资质、路基工程专业承包一级资质、路面工程专业承包一级资质、建筑工程施工总承包二级资质等。在新一轮PPP模式下，战略定位为中国产业集聚一站式服务运营商，专注产业小镇与产业园区投资、建设、招商和运营一体化服务，安徽路网以"推动区域产业与城市价值提升"为使命，以"用心为客户创造价值"为核心价值观，以PPP＋产业小镇、PPP＋主题产业园区为核心产品，秉持"策划引领、产业先行、投建联动"的经营理念，致力于推动以产业小镇和产业园区为载体的产业链上下游企业集聚，打造具有区域特色的产业发展新高地，助力区域经济增长。

安徽路网投资的产业小镇与产业园区，已遍布全国二十多个区域，在业界率先提出"基建＋"理念，成功实践"PPP＋担保""PPP＋产业园区""PPP＋VR＋特色小镇""PPP＋信托＋基金＋城改＋产城一体化"等多种创新模式，为安徽省乃至全国首例，受到国家相关部委、行业专家、科研机构、权威媒体的广泛关注和高度评价。其中，亳州市谯城区产城一体PPP创新示范项目被评为国家第三批PPP示范项目。伴随着中国新型城镇化的发展，安徽路网将为区域产业与城市价值的提升提供更务实、更专业的服务，为每一座城市赋予产业的生命力。

（二）股权结构

安徽路网在引入江苏南通三建集团（以下简称"南通三建"）以前为自然人控股，南通三建入股后变成企业法人股东和自然人股东共同持股，股权结构为：法人股南通三建持股55%，集团创始人、自然人股东刘义富持股45%。

（三）发展历程

公司成立之前，为安徽省交通厅下属的劳务服务公司，2004 年正式改制为安徽路网，成为自然人控股的民营企业，为安徽省国有高速公路提供养护和维护工程服务。

2006—2012 年。2006 年，宣城市水阳江大道投资建设项目对外以 BT 模式进行招标，安徽路网抓住了这一机会，项目不仅为安徽路网贡献了较高的利润，同时也为安徽路网下一步发展找到了一种新的业务模式，以投资带动施工，避开主流的施工市场，为安徽路网发展奠定坚实的基础。随后，安徽路网将市场逐渐扩展到淮南、铜陵、宿州、滁州等地。随着地方政府债务风险增加，2012 年末，监管部门明确对 BT 模式进行遏制，同时也倒逼安徽路网进行转型。

2012—2014 年。安徽路网制定了两步走战略：一是积极引进战略投资人，增强公司融资能力；二是升级 BT 模式，以规避政策风险，从 BT 模式升级到 FBT 模式，但市场前景依然堪忧。

2014 年至今。2014 年 9 月 23 日，财政部发布《财政部关于推广运用政府和社会资本合作模式有关问题的通知》。随后，安徽路网成立 PPP 项目专门机构，结合自身能力，制定适合公司风格的 PPP 项目投资指南，根据 PPP 项目的融资特点，主动出击，与金融机构（信托公司、基金公司、金融租赁公司、银行）对接，确立 PPP 项目融资模式和保证条件。

（四）发展战略

安徽路网从基建运营商向产业运营商转型，最近五年的发展定位为中国产业集聚一站式服务运营商。安徽路网以产业发展为抓手，为地方政府提供产业策划、规划设计、投融资、工程建设、产业招商、运营管理的一站式服务，推动产业集聚、集群发展，助推产业结构调整和产业升级，促进区域产业与城市价值提升，服务地方经济。

（五）商业模式

为实现产业驱动主营业务发展，根据企业能力和产业资源的配置能力，主要为地方政府提供主题产业园和产业小镇两个核心产品。

主题产业园和产业小镇均采用政府与社会资本合作（PPP）模式，其中，主题产业园为"PPP＋投建联动＋产业运营"一体化模式，产业小镇为"PPP＋一二级联动＋产业运营"的产城融合一体化模式。采用"短期收益长期投入"的方式，将短期内获取的工程收益（工程建设和运营维护）投入到产业招商和运营管理中，进而获取长期的产业发展收益，如园区资产租售收益分成、税费留成、政策奖励，以及为园区企业提供的金融服务、生活服务等产业经营收入。这奠定了安徽路网长期、可持续发展的能力，同时也为其进入资本市场打开了一扇新门。

二、战略引资的做法与经验

（一）战略投资人简介

南通三建 2017 年荣列"中国企业 500 强"第 194 位、"中国民营企业 500 强"第 40 位、"ENR 全球最大的 250 家工程承包商"第 35 位，创建于 1958 年，是全国知名建筑施工企业，以建筑施工为基础，是集金融、投资、房屋开发、工程管理、运营服务、海外经营六大产业于一体的综合型现代建筑产业集团。建筑主业拥有房屋建筑施工总承包特级资质、11 个一级资质以及多个其他施工资质，具有对外承包工程和劳务合作经营权、对外援助成套项目总承包企业资格，核心业务遍及全国 28 个省（区、市），覆盖北京、上海、广州、青岛、大连、西安等 120 多个大中城市以及美国、俄罗斯、澳大利亚、泰国、新加坡、印度尼西亚、柬埔寨、安哥拉、也门等 30 多个国家和地区，先后获得鲁班奖、国家优质工程奖等奖项 31 项，铸就了一批建筑经典。

（二）战略引资的背景及方式

1. 合作背景

2013 年 1 月，安徽省人民政府下发《关于促进建筑业转型升级加快发展的指导意见》（皖政〔2013〕4 号），进一步明确，支持鼓励建筑业企业以产权为纽带跨地区、跨行业兼并重组，形成一批在全国有竞争力的安徽建筑业知名企业、品牌企业。这促使安徽路网开始寻找战略合作机遇，努力改善、提升企业的核心竞争力，解决企业未来可持续发展的问题。

南通三建作为传统的房屋建筑施工企业，以房屋建筑工程施工为主营业务。在当时国家经济下行、投资方式转变以及房地产市场不景气的宏观环境下，企业业务规模和利润率不断下降，企业发展遇到严峻的挑战，亟须寻找新的业务突破点和利润增长点，要么实施商业模式创新，要么进行投资并购扩大规模。安徽路网以投资带动工程业务的经营模式，不仅获取了较高的工程利润，还赚取了融资差额，与传统工程施工企业相比，企业利润率较高，具备较高的投资价值，同时双方合作还能在主营业务上实现优势互补。因此，合作对于双方来说，有了共同基础。

南通三建董事长黄裕辉和安徽路网董事长刘义富均为清华大学 EMBA 学员，在日常的学习和工作交流中，双方沟通频繁且对彼此的经营理念和价值观颇为认同和赞赏，基于双方领导在理念上的共识，以及合作可以实现优势互补、资源共享的大前提下，双方决定携手重组共推企业转型升级发展。

2. 战略合作模式

2014 年 2 月，南通三建与安徽路网正式签订引进战略投资人合作协议。南通三建以 2.4 元/股的价格，以现金出资 4.69 亿元持有安徽路网 55% 的股份，2014 年 3 月 11 日，双方完成企业增资及股权变更手续。在南通三建入股前，安徽路网由于企业规模有限，融资渠道和方式单一，这成为限制企业发展的瓶颈。拥有南通三建的股东背景，迅速让安徽路网在品牌影响、融资支持、"走出去"发展等方面较之以往有了质的提升。

南通三建入股后，对董事会进行重组，在董事会派驻两名董事，在监事会派驻一名监事，在集团公司财务管理部派驻一名财务部部长。对安徽路网实施财务管控，只要求企业产值、利率额在约定期限内达到一定的增长率，将其作为核心考核指标，对公司发展战略、业务发展方向、日常经营管理和企业高层人事任命均不作干涉，只要求及时报备即可，给予了安徽路网管理层高度的经营自主权和自由权，全力释放领导层、经营层和业务层的创新动力和经营活力。

3. 未来三至五年发展规划

鉴于南通三建和安徽路网在未来都有进入资本市场的规划，其中南通三建已在新三板挂牌，下一阶段将转战主板。南通三建凭借其自身的资源优势，启动股东结构优化解决方案，并积极寻找对安徽路网未来发展起支撑作用的股东资源，以实现重组价值最大化，力促安徽路网早日成功进入资本市场，实现跨越式发展。已推荐接洽建银国际、恒大资产、中民投等一批国内外优秀的战略投资机构，在各方的精心准备以及南通三建的利益让步下，已与部分机构达成引进战略投资人合作意向，为安徽路网上市及下一步企业转型发展奠定了坚实的基础。

（三）战略引资带来的成效

南通三建入股后，安徽路网在渠道共享、融资支持、资源整合和工程管控方面有了跨越式的提升。

渠道共享。南通三建作为全国性综合型施工企业，已在全国 120 多个大中城市设立了分公司、办事处等常设机构，在双方战略重组后，这些机构也成为安徽路网收集当地市场信息的渠道，安徽路网与分公司、办事处人员保持联络，实现信息即时共享。特别是南通三建在北京的办公场所，为安徽路网提供了便利，为安徽路网对外接待、整合资源、商谈合作、展示形象提供了一个重要平台，同时，借助办事处，利用北京的区位优势、人才优势，为安徽路网招揽了一批高素质、综合型的管理人才，为公司下一步转型发展提供了有力的组织保障。

融资支持。安徽路网在南通三建入股前的主要融资方式是利用在建工程的应收账款质押贷款，融资期限短且融资成本高，一旦遇到政府无法履约，导致还款违约，将会给企业带来巨大的财务压力和信用风险。入股后，在南通三建的指导和协助下，安徽路网首次在杭州银行发行了中小企业私募债，为探索新的融资渠道提供了经验支持。在安徽路网流动资金贷款方面，南通三建也发挥了担保作用，解决了企业在经营过程中流动资金不足、财务绷紧的问题。南通三建为安徽路网在 PPP 项目融资方面提供了股东担保，解决了安徽路网的项目融资问题。

资源整合。为提升企业市场竞争力，进一步扩大竞争优势，安徽路网从"PPP + 工程建设"的 1.0 版本逐渐向"PPP + 产业运营"的 2.0 版本升级。在金融端方面，由于南通三建协同配合，安徽路网先后与浦发银行、民生银行、兴业财富、中信信托等一批知名的金融机构达成 PPP 项目投资战略合作协议，为安徽路网从安徽走向全国提供了有力的金融保障。在产业端方面，南通三建支持安徽路网先后在北京、上海、深圳、广州、苏州、南京等十大城市设立招商中心，并与高校商学院、全国知名商（协）会建立合作，打通了产业渠道，储备了大量的产业资源，为项目后续的产业资源导入提供了保障，为实现后续的产业运营收益提供了机会。

工程管控。在安徽路网业务高速扩张的前提下，人才的缺乏和建设的紧迫对公司工程管控形成了新的挑战。在一些重点项目的重要时期，南通三建及时给予了人才方面的支持保障，项目才得以如期履约和回笼资金。定期组织安徽路网的工程管控团队赴南通三建项目一线，进行现场观摩和施工管理经验交流，同时向其传授南通三建长期形成的、具有先进性的项目标准化管理制度，使安徽路网的项目工程管控提升了一个档次，同时为安徽路网年轻的工程管控团队提供了宝贵的管理经验和人生财富。

企业国际化篇

　　国际市场不仅是优秀跨国公司成长壮大的广阔平台，也是试金石。从20世纪90年代我国政府鼓励"走出去"、利用国内国际两个市场以来，中国民营企业的国际化、全球化步伐逐渐加快，进出口贸易、绿地投资、跨国并购、兴建产业园区等方式被中国民营企业广泛应用，一批企业不但"走出去"，还能够"走进去、走上去"，最重要的是"挣到钱、回得来"。

　　本篇编入了9家民营企业的"走出去"案例，都各有特点。江苏恒瑞医药股份有限公司是中国原创药品研发生产的领军企业，其"走出去"主要是瞄准全球药品最高标准的美国市场，接轨国际最高标准，做强"中国制造"；华立集团股份有限公司依靠在泰国建设的泰中罗勇工业园成为中国企业依靠工业园区"走出去"的典型代表；内蒙古伊利实业集团股份有限公司、昆明星耀集团等企业以"一带一路"国际合作为契机，实现了快速国际化，等等。中国民营企业的国际化、全球化之路方兴未艾，但征程漫漫，未来仍需努力前行。

内蒙古伊利实业集团股份有限公司

——全球织网构建民营企业国际化新模式

一、企业基本情况

（一）企业简介

内蒙古伊利实业集团股份有限公司（以下简称"伊利集团"）是中国规模最大、产品线最健全的企业，位居亚洲乳业第一、全球乳业八强，是中国唯一一家符合奥运会标准，为 2008 年北京奥运会提供服务的乳制品企业，也是中国唯一一家符合世博会标准，为 2010 年上海世博会提供服务的乳制品企业。2017 年 8 月，伊利集团与奥运再续前缘，成为全球唯一同时服务夏季奥运和冬季奥运的健康食品企业。在潘刚董事长的带领下，2016 年伊利集团实现营业总收入 606.09 亿元，创亚洲乳制品企业最好成绩；2017 年上半年，伊利集团实现营业总收入 334.94 亿元，同比增长 11.32%；实现净利润 33.68 亿元，同比增长 4.52%。与业绩的持续增长相对应的是，伊利集团的净资产收益率连续几年保持在 20% 以上，位居全球乳业第一。

（二）发展历程

伊利集团的发展历程可以说是中国乳业从小到大、从弱到强的历史缩影。从 20 世纪 50 年代仅 95 户养牛专业户组成的呼和浩特市回民区合作奶牛场，发展成为今天中国乳业举足轻重的龙头企业，伊利集团的发展历史不仅成为了中国乳业的一面旗帜，还开创了中国的"液态奶时代"。

2017 年，根据荷兰合作银行公布的全球乳业排名，伊利集团蝉联亚洲乳业第一，位居全球乳业八强。同时，伊利集团也是 2017 年全球乳业八强中唯一的亚洲企业，连续四次入围全球乳业前十。2017 年 3 月，在国际品牌价值评估权威机构 Brand Finance 公布的 2017 年度 Brand Finance 全球乳制品品牌价值排行榜中，伊利集团的品牌强度指数位居全球第一。与此同时，在全球知名传播服务集团 WPP 发布的 2017 年度 BrandZ™ 中国最具价值品牌 100 强榜单中，伊利集团同样强势登顶，蝉联食品类品牌价值第一。

在发展历程中，伊利集团始终坚持"伊利即品质"的企业信条，持续推动创新和坚持国际化发展战略，积极履行企业社会责任，以高品质、高科技含量、高附加值的多元化产品，赢得了消费者的高度信赖。数据显示，2016 年全年购买过伊利集团产品的消费者达 11.4 亿人次，伊利是中国唯——家消费者购买人数超过 11 亿人次的品牌。

二、企业的核心价值观和竞争力

（一）将品质视如生命

伊利集团将品质视为生命，致力于生产 100% 安全、100% 健康的乳制品，将战略管理工作升级为"质量领先 3210 战略"，聚焦"全球最优品质"，持续升级全球质量管理体系，将严苛的质量管控标准贯穿于全球产业链，保证零食品安全事件。

一方面，伊利集团积极对标国际，与瑞士通用公证行（SGS）、英国劳氏质量认证有限公司（LRQA）和英国天祥集团（Intertek）达成战略合作，持续升级伊利集团全球质量安全管理体系，强化食品质量安全风险控制的能力。同时，伊利集团利用互联网思维，建立完善的产品追溯程序。奶源基地从奶牛出生即为其建立养殖档案，原奶运输过程实现全程可视化 GPS 跟踪，实现了产品信息可追溯的全面化、及时化和信息化，并且与国家平台进行对接。

另一方面，伊利集团是唯——家掌控三大黄金奶源基地的乳品企业，拥有中国规模最大的优质奶源基地，以及众多的优质牧场，为原奶长期稳定的质量和产量提供了强有力保障。同时，伊利集团还在欧洲、大洋洲、美洲等积极整合全球优质奶源资源，更好地满足消费者对高品质乳品的需求。截至 2016 年末，伊利集团共投入约 135 亿元用于奶源升级与建设，在全国拥有自建、在建及合作牧场 2400 多座，规模化、集约化的养殖奶源供应比例达到 100%，居行业首位。

（二）坚持国际化战略

国际化是伊利集团的重要战略。目前，伊利集团在亚洲、欧洲、美洲、大洋洲等乳业发达地区构建了一张覆盖全球资源体系、全球创新体系、全球市场体系的骨干大网。在欧洲，结盟意大利乳业巨头斯嘉达，在荷兰成立中国乳业截至目前规格最高的海外研发中心——欧洲研发中心；在大洋洲，投入 30 亿元在新西兰建设全球最大的一体化乳业基地；在美洲，主导建设全球农业食品领域高端智慧集群——"中美食品智慧谷"，形成中美乃至全球在农业食品方面"集聚院校机构最多、实力最强、涉及领域最广且最前沿、模式最独创、机制最灵活、影响最深远、受益面最大"的高端、超前智慧集群，共同为中美创新合作形成新引擎、注入新动能、树立新典范，从而更好地推动两国企业互惠发展、真正造福两国人民。

（三）以创新改变未来

伊利集团一直坚持和推动创新战略，经过多年发展，已经建立了多个领先的技术研发和产学研合作平台，持续推动行业创新。其中，国家认定企业技术中心、乳品深加工技术国家和地方联合工程研究中心、全国冷冻饮品标准化技术委员会秘书处、国家乳制品加工技术研发专业分中心、国家乳肉检测中心的乳品检测研究室等都属于国家级别的研发创新平台。

当前，伊利集团紧紧围绕国际乳业研发的重点领域，整合海内外研发资源，从全球视角布设一张涵盖全球领先研发机构的全球创新网络，覆盖亚洲、欧洲、大洋洲和美洲，开展全产业链创新合作，取得了丰硕的实际成效。通过全球创新资源整合。2016 年，伊利集团在整体乳品市场的零售额份额达 20%，位居市场第一；新产品销售收入占比达 22.7%，"金典""安慕希""畅轻""金领冠""巧乐兹""甄稀"等重点产品的收入占比达 49%。

伊利集团始终致力于推动中国母乳研究，与专业机构联合创建了国内第一个"乳业研究院"；携手国内外多方权威营养机构，通过对中国母乳的潜心研究，建立了全球第一个针对中国人的母乳数据库；创立了"母婴营养研究中心"；发布了首部《中国母乳研究白皮书》；引领中国乳品行业在针对中国人群特别是中国母婴营养研究的工作上进入了系统化、规范化的发展时代。当前，伊利集团在整合全球优势创新资源，全面升级中国首个母乳数据库，将母乳研究数据拓展到更加细微的母乳功能成分研究，并且建立更前沿、更准确的母乳成分检测方法，形成具有自主知识产权的母乳科学研究数据。

（四）践行社会责任

伊利集团秉承"平衡为主、责任为先"的"伊利法则"，坚持"健康中国"计划，围绕"社区、青少年、环境"三大核心目标的健康发展，形成并且践行一套完整的企业社会责任体系——"健康中国责任体系"。在"成为全球最值得信赖的健康食品提供者"的品牌愿景之下，伊利集团的社会责任关注领域包括为世界提供最优品质的产品和服务、引领全球行业发展、倡导人类健康生活方式、善尽社会责任。"善尽社会责任"又包括营养健康、环境保护、青少年教育、就业帮扶四个重要内容。伊利集团在企业社会责任领域开创了三个"第一"，即第一个完整的健康中国社会责任体系、第一个社会责任应急预案、行业内第一份企业公民报告。目前，伊利集团已经为社会公益事业累计投入资金 8 亿元。

此外，伊利集团还探索产业链金融和新型奶农培训模式，加大对奶农的帮扶力度，培养和支持现代牧场的发展。自 2010 年伊利奶牛学校成立以来，通过邀请百余位世界顶尖行业专家，面向奶源基地技术人员和牧场管理人员，组织了 200 多场牧场管理专项培训和专题讲座、6000 余次牧场现场技术指导，培训学员近 5000 人次。同时，通过与中国银行、建设银行、兴业银行、海尔租赁公司等金融机构合作，共同研发了多款契合奶农等产业链合作伙伴需求的金融产品，比如，"青贮保""流通保""牧场保""租赁保"等，有效地解决了他们的融资难题。

三、"走出去"的做法与经验

在经济全球化背景下，伊利集团为满足消费者不断变化的需求，紧紧围绕国际乳业研发的重点领域，积极拓展人才、智力、标准、技术等资源的全球合作机会，布设了一张涵盖全球领先研发机构的创新网络。在"全球织网"的战略引领下，通过打造"全球智慧链"，伊利集团让全球顶尖智慧资源成为中国乳业的创新引擎，合力研究国际前瞻营养健康课题，更好地满足消费者的营养健康需求。

（一）把脉乳业形势

欧美发达国家的乳品需求趋于稳定，以中国为首的新兴市场国家需求旺盛。近年来，国外乳业巨头纷纷来华，以伊利集团为代表的中国乳业品牌要"与狼共舞"，直面外资乳业品牌强大的市场竞争。作为中国乳业领军企业，伊利集团采取"以优质取胜""以创新取胜"的新发展思路。而全球化是突出重围的最佳途径。适时进行全球化发展，会增加品牌价值、提升品牌形象，进而获得世界的认可，实现由中国品牌到世界品牌的转变，并顺势融入全球乳业产业链，用全球最好的资源服务中国消费者，进而服务全球市场，最终推动整个中国乳业的提质升级，带动乳业的民族品牌共同进步。

（二）"全球织网"战略布局

中国乳业市场多年来一直呈现持续增长态势，乳业市场潜力巨大，但作为乳业领军企业的伊利集团在持续发展过程中也面临着中国乳业共同的问题及挑战。

一方面，国际乳业巨头纷纷涌入中国抢占市场，而这些国际乳业巨头大都具有整合全球资源的经验，能以全球资源的优化配置取得诸多方面的优势；另一方面，国内乳品企业大量涌现，纷纷参与市场竞争，使国内市场一度呈现竞争乱象。为了使中国乳业市场良性发展，并促进中国乳品品质的提升，伊利集团便开启了企业的全球化发展，"全球织网"战略也应运而生，而"全球织网"的背后正是伊利集团国际化经验的提炼。

随着"全球织网"战略的落地，伊利集团已经初步实现覆盖亚洲、大洋洲、欧洲、美洲的全球资源网络、全球研发网络和全球市场网络的布局，通过整合包括奶源、技术、人才等在内的全球最优资源，为消费者持续提供高品质的产品和服务。

伊利集团的全球资源网络，不仅包括全球的优质自然资源，还包括全球的技术、智力等资源。通过大数据以及智能制造的应用，伊利集团整合来自包括中国在内的全球生产和研发标准，用数字化的手段和国际化的标准重构全球分工，整合包括奶源、研发、生产、物流和终端零售在内的全球产业链，打通上下游产业，跨越不同国家和地区，实现对全球最优资源和智慧的集聚与整合。

1. 全球生产

在"用全球的优质资源更好地服务消费者"这一理念的指引下，伊利集团以国际化视野，持续拓展和优化采购渠道，整合采购业务，提升供应商关系管理水平。同时，依托海外生产基地，逐步搭建起面向全球的物资采供管理平台，通过稳定、高效的物资采购服务和可靠、优质的原料供应，有效支持了业务发展和对多元化需求的快速响应。

2. 全球质量管理体系

近年来，伊利集团秉承"伊利即品质"的企业信条，致力于提供100%安全、100%健康的产品与服务，并将严苛的质量管控标准贯穿于全球产业链，以高品质的产品赢得了更多消费者的青睐。与全球三大认证机构达成战略合作，持续升级全球质量管理体系，并将质量管理工作战略升级为"质量领先3210战略"，坚持将食品安全工作延伸至全球产业链条上的所有合作伙伴，系统性构建全球质量管理体系。

伊利集团率先在业内构建"全员、全过程、全方位"的质量管理体系与"集团—事业部—工厂"的食品安全风险监测防控体系，覆盖了80多个检验单元，实现了从源头到终端的每一个食品安全和质量控制关键点的监测、分析、把控。伊利集团液态奶、奶粉、酸奶、冷饮事业部全部通过了FSSC22000食品安全体系认证，伊利集团成为中国全线产品通过此全球性食品安全管理标准体系认证的乳品企业。

伊利集团坚持构建比肩全球一流水平的检验标准。伊利集团的乳品要经历1000多项检验，伊利集团有质量管控"三条线"，分别是国家标准线、企业标准线和内部控制线。伊利集团在国家标准线的基础上，提升50%的标准制定了企业标准线；在企业标准线的基础上，又提升20%的标准制定了内部控制线。"三条线"的层层把关，确保了质量管控和产品品质。

3. 全球研发

荷兰瓦赫宁根大学及研发中心是欧洲生命科学领域的领军科研机构，该校周边聚集了大量国际顶级的食品科研院所，活跃着15000多名食品及相关专业的研究人员，是全球食品及营养研究集群所在地，被称为"食品硅谷"。伊利集团从2014年开始在乳业和食品领域与世界顶级的大学和科研机构合作，并将欧洲视为未来研发体系中最重要的一部分，伊利集团看重荷兰瓦赫宁根大学的优势并与其合作，于2014年2月设立欧洲研发中心。伊利集团欧洲研发中心将背靠荷兰，面向欧洲，寻找世界最顶级的研究机构，力邀全球专家加盟，并主要在奶牛养殖、乳品研发和食品安全三大重点领域发力，成为全球智力引擎。

2014 年 11 月，伊利集团与南半球唯一一所主攻农业和食品的大学——新西兰林肯大学签订了合作协议，研究乳业产业链，最初聚焦于提高产品营养和质量。

2015 年，伊利集团与美国实力科研机构包括宾夕法尼亚大学沃顿商学院、加州大学戴维斯分校、常春藤名校康奈尔大学、明尼苏达大学等建设"中美食品智慧谷"，在营养健康、产品研发、食品安全、农业科技、畜牧兽医等多个领域展开全方位、立体式合作。

伊利集团通过对创新组织体系的搭建和创新管理机制的持续完善，同时借助全球技术及产品研发合作平台，不断提升企业的产品及技术创新能力。"安慕希"常温酸奶系列、"金领冠"呵护婴儿配方奶粉系列、"畅轻"低温益生菌酸奶系列、"巧乐兹"脆筒冰激凌系列中的多个新品上市，成为了所在细分市场中的领导者，并有效带动了整体业务持续增长。

4. 全球视野的管理团队建设

在基础研究、消费者洞察和大数据分析等专业平台方面，伊利集团进行了组织架构完善和团队能力补强，并通过升级企业文化和与全球一流企业对标学习，进一步拓展了管理团队的国际化视野，在追求卓越的目标驱动下，团队管理能力不断增强。

伊利集团不断加速企业内部的人才培养，并从人才市场聘用经验丰富的管理人员，从大学毕业生中聘用英语流利且具备高潜力的人才。2015 年在中国聘用了多位经验丰富的管理人员，他们大都来自世界 500 强企业。担任各业务单元和部门主管的高管中有三分之一来自跨国企业。大部分伊利集团海外基地的雇员都是当地员工，包括伊利集团新西兰生产基地和位于欧洲、新西兰的研发中心。同时，也将管理人员派遣到国外工作，实现人才的国际化。

此外，国内的管理人员还通过其他方式来拓展国际化视野，学习先进的管理思想，如通过麦肯锡、埃森哲、美世、科尔尼等领先的咨询公司进行管理咨询、参与跨国项目以及参加乳制品行业的国际论坛，向他人学习并分享伊利集团在管理和创新领域的实践经验。自 2006 年起，伊利集团管理团队进行全球范围内的对标学习，走访欧美等地的领先跨国企业。例如，在 2016 年赴美的"标杆之旅"考察交流活动中，走访了加州乳业、领英、谷歌、IDEO、脸书等多家全球顶尖企业，就奶源把控、创新管理机制构建、创新人才培养、产品创新等领域话题与这些企业的高层团队展开对话交流。

5. 向全球输出"伊利标准"

在打造"全球智慧链"的过程中，伊利集团也在不断输出自己的标准、管理经验和先进技术，在与当地社会实现共赢与发展的同时，"伊利标准"作为中国乳业企业标准的代表"挺进"全球市场。

伊利集团产业链遍布全球，在全球拥有数百家供应商，而大部分供应商均为业内领军企业。伊利集团在飞速发展的同时，凭借其影响力，将企业标准延伸到各个供应商内。而供应商为了达到伊利集团的要求，也积极改进和提升企业相关制度、设备和标准。结果是，"伊利标准"的影响力逐渐扩大，在全球乳业市场占据一席之地。

相比于产品输出，标准输出是更高维度的输出，输出标准的企业除了赢得更多的市场份额外，也意味着在全球市场拥有更多话语权和影响力。伊利集团在全球"扩张的过程中"，其标准的输出无疑是企业国际化进程最成功的标志之一。

(三)"全球织网"的意义

伊利集团的"全球织网"战略构建了覆盖全球资源体系、创新体系以及市场体系的骨干网络。伊利集团用全球最优质的资源服务中国市场的同时，不断加强和全球乳业的互联，提高中国在全球乳业市场的话语权。

"全球织网"的布局将会加快中国乳业的智能化、信息化进程，推动奶源基地建设和产品研发水平的提升，实现科学分析和决策，从而获得更优质的奶源、更强大的研发能力。

"全球织网"的布局将大数据、智能制造、实时监测等手段与质量管理进行深度融合，对每一个产品、每一个生产环节的把控和追溯都做到极致，把严苛的标准落细、落小、落实，从而更好地保证产品的品质。

"全球织网"的搭建能够更高效地整合、吸纳全球最前沿的商业模式和管理理念，更便捷地与全球最权威的研究机构、学术机构、咨询机构、智库、认证机构进行战略合作，全方位、多层次、多角度提升企业管理水平。

在"全球织网"战略的实施下，伊利集团逐渐吸纳全球的技术和智慧，从而迅速地站上"巨人的肩膀"，并结合伊利集团对中国本土需求的洞察，保证企业始终能够抓住发展的机遇，向着最具增长力的方向前进，让中国乳业在世界版图上发挥越来越大的影响力。同时，"全球织网"的战略构想将伊利集团在"一带一路"沿线上的建设实践总结为"伊利模式"，为更多的中国企业"走出去"、落实"一带一路"倡议提供了参考样板，将持续推动中国乳业国际化的步伐，推动整个行业的健康发展。

日出东方太阳能股份有限公司

——"走出去"谋发展，"引进来"提技能

一、企业基本情况

日出东方太阳能股份有限公司（以下简称"日出东方"）成立于 1999 年，2009 年末成为行业首家年产销量突破百万台的企业，2012 年在上海证券交易所 A 股主板成功上市，成为全球最大的太阳能热利用企业。

2013 年企业进入多元化发展阶段。通过自主创新及国内外并购合作，逐步形成太阳能、空气能、净水、厨电等主营业务，拥有"太阳雨""四季沐歌""帅康"等知名品牌，以及德国"奈固"等国际专业品牌。在全国共有连云港、洛阳、兖州、顺德、余姚五大生产基地。随着消费升级和行业发展，2017 年，日出东方开始实施"一横一纵"战略。横向以消费升级为引领，通过国际化、网络化，进行多元化延伸，为用户提供"绿色、健康、智能"的生活解决方案和服务，主要产品包括太阳能热水器、空气能热水器、燃气热水器、电热水器，以及净水、厨电等产品。纵向以绿色发展为方向，进行太阳能热利用技术升级，通过太阳能跨季节储热等创新模式，为各类客户提供从热水到供热采暖的整体解决方案，主要产品包括大型热水系统、跨季节储热采暖、建筑节能太阳墙等。

日出东方在品牌、市场、人才、研发、管理等各方面建立了领先优势。在渠道方面，"太阳雨""四季沐歌"拥有完整覆盖全国城乡市场的销售渠道，一级经销商超过 3000 家，二级分销商超过 20000 家，同时产品出口全球 100 多个国家和地区，销量遥遥领先。企业拥有行业内优秀骨干人才，积极整合著名高校、科研院所技术资源，是行业内唯一一家国家认定的企业技术中心，拥有行业先进的研发、测试技术装备平台，包括首家中国合格评定国家认可委员会（CNAS）认可实验室、国内唯一的移动式独立太阳能测试设备、国内唯一的室内太阳模拟器等，拥有多项国家专利技术，是《民用建筑太阳能热水系统评价标准》等 14 项国家标准的起草单位之一，拥有完善的质量管理体系，先后通过了 ISO 9001、ISO 14001、OHSAS 18001 及

国家强制性产品认证等一系列认证，先后通过欧盟、美国、加拿大等多个国家和地区的国际产品认证。

企业在做大做强自身的同时积极践行社会责任，提出"关爱自然、关爱生命"的生态公益和平等公益理念，成立了中国新能源行业首个国家级公益慈善基金。日出东方以"让阳光改变生活，用绿色还原世界"为企业使命，秉承"诚信、责任、感恩"的价值观，奉行"健康可持续发展"的企业发展观，致力于绿色科技的创新和应用，致力于环保、健康、时尚生活方式的推广，致力于平等、可持续生态文明的建设，以实现"创世界名牌，做百年企业"的企业愿景和目标。

二、"走出去"的做法与经验

随着公司产品竞争力的不断提升及国际市场需求的增加，日出东方在 2003 年开始进入国际市场，依托产品、品牌、技术等优势，日出东方产品外贸销售持续快速增长，自 2007 年开始连续 9 年保持行业出口第一，产品出口 100 多个国家和地区，取得欧洲、美国、加拿大、韩国、澳大利亚、南非等主要市场的国际认证 20 多项。

日出东方在过去十几年的外贸发展历程中，秉承"团队建起来，产品引进来，认证跟上去，展会走出去，双线齐发力，品牌推起来，诚信树起来，市场走出去"的发展思路，不断积极拓展国际市场，走在了太阳能热水器出口市场的前列。

(一) 团队建起来

按照"销售人员一定要懂产品"的用人理念，日出东方整合了一批懂外贸、懂产品、语言能力强的销售精英队伍，同时积极吸纳国际人才，先后有德国、韩国、澳大利亚、土耳其、印度、南非等多个国家共 10 位外籍员工加盟公司外贸销售团队，团队汇集了会英语、德语、俄语、西班牙语、韩语、日语、阿拉伯语、土耳其语、葡萄牙语的销售人才，公司外贸销售团队的语言人才在连云港市长期处于首屈一指的地位，甚至连云港市政府的一些外事接待也请公司外贸销售团队的人员协助翻译。专业化的外贸销售团队为日出东方迅速打开国际市场提供了坚实的基础，团队也迅速成长，自 2007 年起就将公司出口业绩提升至行业第一并连续保持 9 年。

(二) 产品引进来

日出东方开始国际市场销售之前，国内太阳能市场产品单一，主流产品为非承压式太阳能热水器，产品的特点是价格低，操作简单。但该款产品使用舒适性差，不能自动控制，大部分国际市场不接受这款产品。日出东方懂产品的外贸销售团队基因快速发挥了优势，外贸部门迅速和各个市场的客户或产品研发机构合作，开发了多款国内首创的太阳能热水器新产品，和韩国客户一起开发了盘管式太阳能热水器，和黎巴嫩客户合作开发了双内胆式太阳能热水器，和加拿大客户合作开发了小热管承压式太阳能热水器，针对欧洲市场引进开发了热管集热器、U管集热器和分体式太阳能热水器。很多产品都是日出东方和客户联合开发的创新性产品，迅速在目标市场打开了销路，同时也引领国内太阳能热水器产品的升级。日出东方始终坚持产品当地化的理念，积极使产品适应目标市场客户和消费者的需求，从而快速地将产品推向市场并获得了客户的好评。

（三）认证跟上去

日出东方针对目标市场开发了对应的产品并获得了客户的认可，但随之而来的问题是，很多产品在目标市场卖不了，因为产品要通过当地的认证，日出东方积极推进多项产品的国际认证，各类产品认证齐全有利于开拓市场、发展新客户，由于有了很多当地的权威机构认证，大大提升了客户信任度。

（四）展会走出去

日出东方在市场开拓过程中，充分认识到展会对产品推广的重要作用，积极参加国际展会，不仅是拿摊位卖产品，更是借展会的机会学习并和客户交流，这几年公司一直比较主动地把渠道抓住，邀请客户参观日出东方的展位、工厂、展厅，以此向客户全方面展示公司实力，打消客户的疑虑，增强客户黏性。

（五）双线齐发力

近年来，随着互联网、大数据的快速发展，日出东方在营销渠道上坚持线上线下齐发力，在做好传统线下的同时，积极开拓线上资源。

（六）品牌推起来

日出东方在外贸产品推广的同时，充分重视品牌在当地市场的保护和推广，对主要市场进行了品牌的保护性注册，并根据公司的发展，不断增加品牌注册的国家范围。通过多年的持续推广，树立了品牌在中国太阳能行业出口领域的领导地位。在自有品牌的推广过程中，日出东方选择与当地有实力的客户合作，依托当地代理商，与代理商一起打造品牌销售和服务渠道，同时给予代理商产品质量保证支持，保证产品的市场美誉度，持续为增强品牌实力提供支撑。

（七）诚信树起来

日出东方始终坚持诚信为本的原则。如有的产品报价过低，如果做就肯定会影响产品本身的品质，公司绝对不会为了想要订单去降低品质而满足客户需要，公司会告诉客户价格高的原因。

（八）市场走出去

在依托传统销售渠道和网络拓展国际市场销售的同时，日出东方积极尝试走出去的发展理念，2006年设立了韩国子公司，建立了当地化的销售团队，在市场一线推广"太阳雨"品牌，服务客户。2008年成立了西班牙合资公司。2014年和澳大利亚合作伙伴成立了澳大利亚合作公司。澳大利亚销售市场也从日出东方外贸的第六大市场成长为第一大市场。

三、积极寻求国际合资合作，引进先进技术及管理经验

随着国际市场的不断变化，日出东方从简单的太阳能热水器单品类产品出口，转向进入目标市场开始自建销售公司拓展销售和输出技术建厂等高层次合作。日出东方也将结合国家"一带一路"倡议，积极"走出去"参与国际竞争，为中国制造走向世界作出更大贡献。近年来，在做好传统太阳能热水器出口的同时，日出东方还就新开展的业务在国际上积极寻求合作。

日出东方大力实行"走出去"战略，与国际行业内具有领先技术的公司积极开展合作，于2016年5月31日，与世界最大的大型太阳能光热应用企业VKR控股集团在丹麦驻华大使馆签署正式协议，日出东方和VKR控股集团子公司丹麦Arcon-Sunmark（阿康桑马克公司，简称阿康公司）成立合资公司，与其建立大型太阳能供热解决方案全球唯一战略合作伙伴关系，针对太阳能跨季节能源解决方案，共同打造全球最大联合体。

日出东方与丹麦阿康公司各持股55%和45%，注册成立Arcon-Sunmark大型太阳能系统集成有限公司，专注于太阳能热利用领域，为中国太阳能跨季节性蓄热采暖、大型太阳能热力工程提供系统化解决方案，在大型太阳能系统的技术、项目设计、施工、产品线完善、市场营销、工程运维等高端太阳能热利用工程领域深耕。该公司是实施国际化战略迈出的重要一步，通过合作，双方将充分利用各自领域的技术及商业化优势，丰富公司现有产品结构，进行太阳能行业的纵向和横向发展整合，打造全球能源利用的生态圈。

2017年6月8日，日出东方与CanmetENERGY在北京北辰洲际酒店签署合作协议，双方将在中国不同区域合作开发建设太阳能跨季节区域供热系统项目，并将为中国的太阳能跨季节区域供热系统提供前期评估、工程设计、性能检测及相关技术支持。

2017 年 3 月 23 日，在日出东方连云港总部基地，日出东方与加拿大太阳能空气采暖专业公司康索沃正式签署合营协议，双方宣布共同成立合资公司——江苏日出东方康索沃太阳墙技术有限公司，致力于太阳能黑科技——太阳墙采暖技术在中国市场的应用及推广，以新能源方式让建筑实现冬暖夏凉。

随着近年来消费者生活水平的不断提高以及水质堪忧问题的凸显，国内净水行业得到了迅猛发展，日出东方也嗅到了其中存在的商机，净水板块也是日出东方"一横"战略布局的重要板块，为了能更好地保证产品质量，做好净水，产品生产方面日出东方采用自行建设厂房，购买行业内最先进的生产设备，引进行业内优秀人才自主生产。在技术方面，日出东方放宽视野，把目光投向国内外行业内掌握先进技术的公司，顺利收购两家公司——德国奈固和美国托普净水公司。正是得益于公司积极落实"走出去、再消化"的发展方针，日出东方在净水行业后发先至。

江苏恒瑞医药股份有限公司

——创新医药研发，助力品牌国际化

一、企业基本情况

（一）企业简介

江苏恒瑞医药股份有限公司（以下简称"恒瑞医药"）是一家从事医药创新和高品质药品研发、生产及推广的医药健康企业，创建于 1970 年，2000 年在上海证券交易所上市，全球员工达 13000 多人，是国内知名的抗肿瘤药、手术用药和造影剂的供应商，也是国家重大新药创制专项创新药孵化器基地、国家抗肿瘤药物技术创新产学研联盟牵头单位，建有国家靶向药物工程技术研究中心、国家博士后科研工作站。2016 年 5 月，国家发展改革委、科技部等九部委联合评审选出"国家第一批创新企业百强工程试点企业"，恒瑞医药成为唯一入选的医药企业，也是江苏省唯一入选的企业。2016 年，恒瑞医药实现营业收入 110.9 亿元，海外市场终端销售突破 2 亿美元，在医药行业平均增速为 10% 左右的情况下实现销售、利润 20% 的增长，其中相当一部分的增长来自欧美市场的开拓。

恒瑞医药本着"诚实守信，质量第一"的经营原则，使得抗肿瘤药、手术麻醉类用药、特色输液、造影剂的市场份额在国内市场名列前茅。目前公司有注射剂、口服制剂和吸入性麻醉剂等多个制剂在欧盟、美国、日本上市，实现了国产注射剂在欧盟、美国、日本市场的规模化销售。

（二）发展历程

1970 年，恒瑞医药前身——连云港制药厂正式成立。

2000 年，恒瑞医药在上海证券交易所上市。

2003 年，被评为国家 863 计划产业化基地。

2005 年，美国恒瑞医药成立。

2008 年，恒瑞医药创新药研究中心入选国家重大新药创制专项创新药孵化器基地。

2010年，恒瑞医药牵头，联合中科院上海药物所等12家知名科研院所和企业共同组建了国家抗肿瘤药物技术创新产学研联盟。

2011年，抗肿瘤药伊立替康注射液通过FDA认证，获准在美国上市销售，恒瑞医药成为第一家注射剂获准在美国上市销售的制药企业。

2012年，恒瑞医药抗肿瘤药奥沙利铂注射液通过欧盟认证，获准在欧盟上市销售，恒瑞医药成为第一家注射剂获准在欧盟上市销售的制药企业。

2015年，注射用伊立替康获准在日本上市销售，恒瑞医药成为第一家注射剂获准在日本上市销售的制药企业。自主研发的生物创新药PD-1以7.95亿美元的里程金许可给美国Incyte制药公司在海外开发，这是中国企业第一次向美国市场转让创新生物药品。

(三) 发展战略

恒瑞医药始终以打造"中国人的专利制药企业"为目标，以"为人民健康服务"为发展目标，秉承"科研为本，创造健康生活"的理念，紧紧围绕"科技创新"和"国际化"两大战略，紧跟全球医药前沿科技，致力于药品创新和国际市场的开拓。

深入实施"科技创新"发展战略。恒瑞医药始终坚持以资金投入为基础，以人才引领为支撑，以体系建设为保障，不断提高创新的质量和层次，走出一条可持续、高水平的创新发展之路，使创新真正成为企业发展的动力源泉。恒瑞医药进一步加大研发投入，每年的研发投入占销售收入的比重达8%~10%，为创新奠定强大的物质基础。恒瑞医药不断汇聚培育高端人才，加强人才梯队建设，重点做好人才培训，通过"学帮带"，打造多元化、高素质、开拓创新、朝气蓬勃的团队，并通过完善股权激励等多元化的分配方式，营造创新创业的良好氛围，为创新提供有力的智力支撑；恒瑞医药完善六大创新平台，打造企业创新高地，为持续创新发展提供有力保障。同时，重点围绕抗肿瘤药、手术用药、心脑血管用药、造影剂以及生物医药等领域，与国际先进水平接轨，注重创新药与品牌仿制药并重、国内市场与国外市场并行，实现创新发展的良性循环，推动创新成果的全球化销售。

大力推进"国际化"发展战略。积极参与国际竞争，顺应我国生物医药产业发展的新要求和国际产业演进的新趋势，以突破生命科学重大技术和满足民生需求为核心，不断提高产品质量，逐步缩短与国际先进水平的差距，培育高端品牌，开拓全球市场，推动企业发展的转型升级，努力打造外向型经济增长极。首先，在"量"的方面：一是以通过欧美认证达到国际先进水平制剂的出口为突破口，强化国产制剂的全球化销售；二是以海外市场具有重大市场潜力的产品为增长点，不断发掘新的增长空间。其次，在"质"的方面：一是加快推进海外认证，力争恒瑞医药所有主力品种全部通过美国FDA或欧盟认证，为海外市场开拓奠定坚实基础；二是有序推进海外临床工作，在国内研发的基础上，优选有潜力的产品到国外作临床。同时，以全球化的视野继续加强与跨国制药企业的交流合作，逐步在海外建立自己的销售队伍，为实现仿制药在全球的规模化销售奠定基础，为最终实现专利药的全球化销售积累经验，努力使公司在新一轮的全球生物医药竞争格局中争得一席之地。

（四）业务经营

恒瑞医药主营业务包含药品研发、生产和销售，主要产品涵盖抗肿瘤药、手术麻醉类用药、特色输液、造影剂、心血管药等众多领域。根据营业执照，公司主营业务是：片剂（含抗肿瘤药）、口服溶液剂、混悬剂、原料药、精神药品、软胶囊剂（含抗肿瘤药）、冻干粉针剂（含抗肿瘤药）、粉针剂（抗肿瘤药、头孢菌素类）、吸入粉雾剂、口服混悬剂、口服乳剂、大容量注射剂（含多层共挤输液袋、含抗肿瘤药）、小容量注射剂（含抗肿瘤药、含非最终灭菌），生物工程制品（聚乙二醇重组人粒细胞刺激因子注射液）、硬胶囊剂（含抗肿瘤药）、颗粒剂（抗肿瘤药）、粉雾剂、膜剂、凝胶剂、乳膏剂的制造，中药前处理及提取，一般化工产品的销售，自营和代理各类商品及技术的进出口业务，但国家限定公司经营或禁止进出口的商品和技术除外。

（五）核心竞争力

技术优势。经过多年的发展，恒瑞医药打造了一支拥有 2000 多人的研发团队，其中 1000 多名博士、硕士及 100 多名外籍雇员，先后在中国连云港、上海、成都和美国设立了研发中心和临床医学部，建立了国家级企业技术中心和博士后科研工作站、国家靶向药物工程技术研究中心、国家重大新药创制专项创新药孵化器基地，坚持每年投入销售额 10% 左右的研发资金。几年来，恒瑞医药先后承担了 27 项国家重大新药创制专项项目、23 项国家级重点新产品项目及数十项省级科技项目，申请了 400 余项发明专利，其中包括 149 项国际专利，创新药艾瑞昔布和阿帕替尼已获批上市。2016 年，有 17 个创新药正在临床开发。在创新药开发上，已基本形成了每年都有创新药申请临床、每 2~3 年有创新药上市的良性发展态势。公司技术创新能力在国内位列前茅，研发团队实力明显。

市场优势。经过多年发展，恒瑞医药建立了一支高素质、专业化的营销队伍，人数超过 7000 人，并在原有市场经验的基础上不断创新思路，推进复合销售模式，加强学术营销力度，建立和完善分专业的销售团队，加强了市场销售的广度和深度。

品牌优势。恒瑞医药本着"诚实守信，质量第一"的经营原则，致力于在抗肿瘤药、手术麻醉用药、特色输液、造影剂、心血管药等领域的创新发展，并逐步形成品牌优势和较高的知名度，其中抗肿瘤药、手术麻醉用药和造影剂销售名列行业前茅。

质量优势。恒瑞医药制定了高于国家法定标准的质量内控制度。原料药和辅料均符合或高于欧盟、美国药典规定标准；恒瑞医药强调系统保障和过程控制，降低非生产期间可能产生的风险；计算机系统有审计跟踪功能，记录完整、可追溯，且数据不可删除；同时，在其他生产环境控制、偏差管理等方面也有严格的要求，以保障药品的有效性、安全性。目前恒瑞医药的全部制剂均已通过了国家新版 GMP 认证，另有包括注射剂、口服制剂和吸入性麻醉剂在内的 10 个制剂产品获准在欧盟、美国、日本销售。

二、"走出去"的做法与经验

（一）主要做法

国际化是恒瑞医药坚持实施的重大发展战略，经过多年的努力，公司已经成为中国医药企业"走出去"、铸造民族制药品牌的典型代表。

1. 接轨国际最高标准，做强"中国制造"

众所周知，中国制造的普通产品在欧美市场比比皆是，但中国制造的药品制剂在欧美等发达国家难觅踪影。为了实现国产高端制剂"走出去"，恒瑞医药从一开始就把目标瞄准全球药品最高标准的美国市场，并以美国质量认证体系中要求最严的无菌分装注射剂为突破口，从紧缺产品入手，寻求差异化优势，超前谋划，持续 5 年投入 5 亿多元全方位打造符合美国 FDA 标准的生产体系。抗肿瘤注射剂环磷酰胺在美国市场上市销售以来，已占该产品在美国市场份额的 51%，实现了规模化销售。

2. 加快前沿新药创制，做响"中国创造"

对恒瑞医药来说，实现高端制剂出口是公司国际化战略的第一步，最终的目标是实现创新的全球化，抢占全球医药市场竞争的制高点。为此，恒瑞医药一方面加快技术攻关，快速跟踪国际上药物新靶点，推动公司的创新模式从"仿创"向"原创"转变。目前，恒瑞医药在肿瘤靶向治疗领域已经取得突破，已研发出具有国际领先性的"生物导弹"，即在给药时能将药效靶向运输到肿瘤细胞内释放，杀灭肿瘤细胞而不损害健康细胞，基于该技术开发的系列产品已在中国和美国同步申报临床。另一方面，恒瑞医药加快推进创新药的海外临床试验，目前恒瑞医药有吡咯替尼、磷酸瑞格列汀、海曲泊帕乙醇胺、PD－1 等多个治疗肿瘤、糖尿病等方面的化学药物在海外临床试验，有的产品临床疗效明显优于国外同类产品，具有广阔的市场前景，一旦这些产品通过临床获批在海外上市，将实现中国医药创新的重大历史性突破。

3. 深度拓展海外市场，做大产业布局

医药企业国际化的另一关键因素是产业布局要逐步向外延伸，实现人才、市场、经营的属地化，以点带面，扎根海外。近年来，恒瑞医药不断完善海外布局：一是

2005 年在美国新泽西设立了美国恒瑞医药，先后投资 1 亿美元，目前有 100 多名资深研究员，主要从事新药创新研究、新药研究的信息和技术交流等，并负责向美国 FDA 申报和注册药品。2016 年公司又在美国追加 1 亿美元投资，整合海外优势资源，推动海外项目并购，现已引入多个产品在国内开发。二是 2014 年在日本名古屋设立了日本恒瑞医药，投资 3000 万美元，目前有 40 多名日籍员工，主要负责高端制剂的注册申报、分装销售等，目前恒瑞医药的来曲唑片、伊立替康等已经在日本上市销售，公司也成为唯一一家抗肿瘤制剂在日本上市销售的中国制药企业。

（二）主要经验

一是加大投入，不断提升自身研发水平和产品的质量水平，为"走出去"奠定基础。公司每年研发费用占销售收入的 10% 左右，正是这种持续投入有力地支持了公司的项目研发和创新发展。同时，近年来，恒瑞医药投入大量资金和人力用于生产质量体系的提升，打造了符合美国 FDA 和欧盟质量标准的生产体系，从而为制剂产品成功闯关欧美市场创造了条件。

二是加强合作。恒瑞医药积极通过"走出去"与山德士（Sandoz）、赛金（Sagent）、梯瓦制药（Teva）等国际知名跨国仿制药公司开展合作，成功将制剂产品销往美国、日本等发达国家和其他新兴市场，为推动仿制药在全球的规模化销售，以及实现专利药的全球化销售积累了成功的经验。

三是加强学习。医药产业作为对知识产权依赖程度极高的一项产业，其核心竞争就是知识产权的竞争。我国在生物药的知识产权保护领域存在一系列挑战，包括企业人才配置不足、战略规划滞后以及国家知识产权保护机制不健全等。近年来，伴随着中国制药企业取得重要进展，知识产权已经成为部分发达国家制裁中国企业的新专属方式，当前更急迫的是企业要加深对知识产权的理解和认识，提升运用知识产权规则的能力，根据企业发展规划来制定适合自己的、不输于国外企业的知识产权策略。

华立集团股份有限公司

一、企业基本情况

华立集团股份有限公司（以下简称"华立集团"）是一家以实业投资、国内和国际贸易、技术服务为主业的大型民营企业，连续多年位列中国民营企业500强和中国制造企业500强。华立集团旗下的昆药集团、健民药业集团、浙江华正新材股份有限公司均为国内A股上市公司，"华立牌"电能表被评为中国名牌产品，华立集团入选"浙江省电子信息产品制造业三十强企业"，获得"浙江省信息产业外贸出口十强企业"称号，"华立""昆药""健民""龙牡"等9个商标被认定为国内驰名商标，华立集团被国家统计局信息发布中心评为中国最大1000家企业。

华立集团现已成长为多元化产业投资集团，以医药业务、仪器仪表制造、国内外贸易、新材料、新能源等业务板块为主业，同时发展与主业相关的农业、矿产等行业，并涉及金融投资。

自2016年起，华立集团开始实施以"医药+医疗健康服务产业""分布式电力能源网络产业""新材料产业"为方向的"一主两翼"生态产业发展规划。

如今，华立集团在美国、法国、俄罗斯、阿根廷、印度、泰国、墨西哥、菲律宾、印度尼西亚、柬埔寨等二十多个国家设立了制造基地和分支机构，跨国发展布局不断扩张。

华立集团前身是余杭仪表厂，通过不断地发展壮大，逐渐演变成华立集团。2001年，实行股份制改造，目前的华立集团已经成为以骨干员工持股的全民营股份制企业集团。

截至2017年3月末，华立集团下属主要子公司合计29家，其中纳入合并范围的一级子公司有24家。

2016年度审计报告显示，截至2016年末，华立集团资产总额为176.80亿元，负债总额为114.15亿元，所有者权益合计为62.65亿元；2016年度，实现营业收入176.55亿元、利润总额7.30亿元、净利润5.94亿元，实现经营活动现金流入量216.75亿元、经营活动净现金流量9.47亿元。

华立集团是以华立集团为母体、由多个产业集团公司组成的多元化投资发展的民营企业集团，专注于企业运营孵化、产业投资、整合与经营，全球员工逾万人。

自 2000 年起，华立集团将国际化确定为三大发展战略之一，由此开始了向具有国际竞争力的跨国经营公司的历史性转变。经过十多年的海外投资与发展，华立集团的国际化战略已经初具规模，在集团整体发展中起到了非常重要的作用。

二、"走出去"的做法与经验

（一）华立集团的"走出去"概况

"技术领先、资本经营、国际化"是华立集团 2000 年初提出的三大发展战略。华立集团的国际化第一站选在泰国，经过十多年的探索与努力，华立集团整体已经实现了从"产品走出去"到"产业走出去"的突破。截至目前，华立集团已在泰国、印度、阿根廷、约旦、坦桑尼亚、乌兹别克斯坦等国投资建立了各类产业的生产基地；在美国、法国、俄罗斯、菲律宾以及非洲的十多个国家设立了业务机构，代理和销售的产品遍及五大洲 120 多个国家和地区。

1. 建立海外网络，树立企业全球形象

从 2000 年起，在全球注册华立集团主要产品商标"Holley"，5 年时间已经将主要产品商标在 120 多个国家和地区注册完成。先后在全球建设 6 个海外工厂、两个工业园区、1 个农业园区，并在 20 多个国家设立了分公司和办事处。华立集团自有品牌生产的青蒿素抗疟疾特效药已经成为中国自主知识产权的出口第一药品，挽救了无数非洲人的生命，成为非洲抗疟疾药的知名品牌。华立集团的"Holley"电能表远销 60 多个国家，多年名列中国自有品牌出口前茅。

2. 大力发展优势产业，加大对外直接投资，加速向跨国公司转变

企业"走出去"首先是产业链的延伸。如果自身缺乏产业优势，"走出去"就缺乏依托，容易导致走不出、走不好。而海外设立生产基地、研发机构是贴近顾客、增加企业国际竞争力的一个必要战略布局，华立集团根据需求建立自己的海外生产基地和研发机构。

以华立集团子公司华立科技为例，其先后在印度、泰国、乌兹别克斯坦、俄罗斯等国建立制造基地，贴近市场客户，从而实现海外销售大幅度提高，也实现了"销地产"战略。目前华立科技正在根据未来的国际化发展布局，设立以泰国为基地的"亚洲公司"、以英国及德国为基地的"欧洲公司"、以俄罗斯为基地的"欧亚公司"、以墨西哥为基地的"美洲公司"，并以研发、市场、制造、售后服务本地化为指导思想，实施"人员本土化和地区总部管理"模式。

以农产品进口为策略，推动集团"走出去"和"引进来"的有机结合，华立集团在柬埔寨、泰国大规模开发现代化农场和仓储物流，布局农产品的原料基地，形成资源在外、市场在内的完整产业链。通过 4 年的努力，其中木薯产业链已经探索

出"晒场采购、仓储物流和进口分销木薯干"一条龙的操作模式，形成每年供应100万吨木薯干片的能力，华立集团成为世界第三大木薯贸易商。

3. 提升企业在海外的社会责任形象

华立集团所有海外高管在赴任之前均接受集团总部与派遣企业的培训，牢牢树立"企业形象即国家名片"的观念。海外公司积极参与当地的社会捐赠活动，如柬埔寨公司每年参与柬埔寨红十字会的捐赠，泰国公司为泰国洪水事件率先捐款，在非洲肯尼亚大学设立中医留学奖学金，在马赛马拉野生动物保护区设立华立集团的公益广告等，提升企业在当地的社会责任形象。

（二）华立集团"走出去"的做法和经验

在十多年的国际化探索和实践中，华立集团的国际化战略指导思想是：集中优势资源，深耕重点国家；拓展比较优势，打造系列园区；聚焦核心主业，突破高端医药；联合互补优势，实施抱团出海。在海外工业园建设、青蒿素产业、智能电网产业分别实现了"销地产"策略。

1. 集中优势资源，深耕重点国家

华立集团是一个多元化的集团公司，对于新业务的敏感度很高，往往在一个项目成功后，就积极探索在该市场还有哪些投资机会是适合华立集团、适合中国企业的。从2015年开始，华立集团重点聚焦海外投资比较适合的两个国家，集中优势资源，深耕泰国和乌兹别克斯坦。

2014年之前，华立集团先后设立华立（泰国）泰国电器有限公司、泰国钱江贸易公司、华立泰国电气公司、泰中罗勇工业园公司、泰国英特资源公司等。通过10多年在泰国的布局，"华立牌"电表占据35%的市场份额，节能灯及灯占据10%的市场份额，成为木薯干第三大出口商，直接对泰国投资的中国企业90%落户到华立集团的泰中罗勇工业园，华立集团已经成为泰国当地有一定影响力的中国企业。

在取得良好经济效益和社会效益的基础上，华立集团决定加大在泰国的投资力度，在已经获得优势的产业（产品）上提升竞争力。2015年初，投资成立华立集团（泰国）东南亚区域总部HHT，对华立集团在泰国和其他东南亚地区的投资统一管理，统筹发展。

华立集团2004年以合资形式在乌兹别克斯坦成立了中乌智能电表公司，主营生产各类电能表和抄表系统；2012年成立了EQQ互感器公司，主营生产各类互感器、变压器；通过10年发展，华立集团在当地取得了良好的经济效益和社会效益。2016年初，华立集团增资120万美元，将中乌智能电表公司股权从20%提高到60%。华立集团投资200万美元成立了昆药集团努库斯植物技术有限公司，主营医药的甘草加工。通过当地生产，在乌兹别克斯坦，华立集团占有60%以上的电能表及其配套产品的市场份额。

深耕重点市场，可以发挥华立集团的整体实力，提升集团在当地的影响力，而且利于企业健康发展。

2. 拓展比较优势，打造系列园区

泰中罗勇工业园是由华立集团与泰国安美德（Amata）集团在泰国合作开发的面向中国投资者的现代化工业区，是国家首批的境外经济贸易合作区。园区目前已经成为中资企业在泰国乃至东盟最大的聚居区。泰中罗勇工业园的建设为中资企业开拓泰国及东盟市场提供了一个良好的平台，预防和降低了企业初期的投资风险，有助于部分中资企业就近获取泰国特色原料和资源，有助于中资企业规避贸易摩擦，实现原产地多元化，避开有关贸易壁垒，带动国内原材料和设备的出口。

2015 年华立集团董事局决定加大投资规模，增加投资 28000 万美元开发第三期，计划开发 8 平方千米。目前已经累计完成 5 平方千米的开发，截至目前，共计吸引 93 家企业入驻园区，协议投资金额合计 25 亿美元，园区成为中国和东盟产能合作的重要平台。通过泰中罗勇工业园的成功建设与运营，华立集团从"走出去"的实践者转变为"走出去"的推动者之一。

目前，华立集团正在复制泰中罗勇工业园的成功案例，联手杭州富通集团，践行"抱团出海"的理念，从 2016 年起投资 11640 万美元启动了北美华富山（墨西哥）工业园区一期建设，购买了在墨西哥蒙特雷的 8 平方千米土地，正在打造中国企业在北美的集群式发展平台：北美华富山（墨西哥）工业园从 2017 年开始招商引资，华立集团希望园区成为中国企业开展中美、中拉贸易的助力器。

同时，华立集团也在积极筹划缅甸工业园区和北非工业园区；希望与中国企业建立能覆盖欧洲、中东及非洲地区的制造基地，完成对全球市场的"销地产布局"，全面提升中国企业的竞争力，深度参与国际产能合作，以"合作共赢"的方式推动中国制造走向全球。通过积极打造中国企业集群式投资发展平台，形成阶梯形发展平台，助力中国企业"走出去"。华立集团实现从优势工业产品"走出去"到特色服务"走出去"。

3. 聚焦核心主业，突破高端医药

华立集团从 2006 年开始，将集团的核心产业定位于医药产业。2015 年，华立集团将大健康产业生态建设作为未来华立集团的发展战略。华立集团自有品牌生产的青蒿素抗疟疾特效药已经成为中国自主知识产权的出口第一药品。华立集团及下属产业公司在美国设立研发中心，通过各种风险投资基金，提前布局医药研发和医疗初创公司，希望能在高科技产品上寻求突破。围绕这一目标，华立集团和子公司从 2015 年起在高端医药医疗领域进行了一系列的投资和并购。华立科技投资以色列 HERAMED 公司 300 万美元，主要研发生产孕妇及婴儿用检查医疗产品。2015 年 6 月昆药集团投资 Rani Therapeutics 公司 500 万美元（约合人民币 31042790 元），持股 765228 股，主要从事机器人药片研究和商业化的孵化器平台建设。2016 年 3 月，昆药集团投资 250 万美元参股美国 CPI 公司，介入新型抗癌纳米配位聚合物（NCP）技术平台。同年 12 月，昆药集团投资 300 万美元参股美国 RiMO 公司，介入全球首创的高效、低毒的革命性癌症治疗技术平台。昆药集团对肿瘤创新药物开发技术平台投资、部署开放式研发模式，标志着昆药集团外延式并购布局与新药研发国际化战略进程的再次加速，将为昆药集团的国际化创新之路打下坚实基础。2016 年 4 月，昆药集团北美药物研发中心落地芝加哥，这是中国制药企业首次在美国中西部成立研发中心，也是昆药集团走向北美市场的关键一步。该研发中心将进行一系列基于慢性病治疗领域的新药研究，助力昆药集团新药项目的孵化和投资，为昆药集团大健康生态圈发展战略的推进打下坚实的研发基础。

4. 联合互补优势，实施抱团出海

华立集团在"走出去"过程中，高度重视与有一定优势的合作伙伴一起抱团发展。比如，华立集团和泰国安美德集团合作开发泰中罗勇工业园，华立集团和杭州富通集团发挥各自优势，组成合资公司共同开发北美华富山（墨西哥）工业园。华立集团认为，目前中国企业的海外发展无论是规模、技术，还是产业链的竞争优势输出等，已经到了要抱团发展的历史阶段，华立集团除在自身引导的投资中积极引进合作伙伴外，也将积极参与到与自身战略发展相关的海外投资中，实现或推动中国企业集群式抱团出海、优势互补、竞合发展。

十多年来，华立集团以自强不息、持之以恒的精神，坚定不移地"走出去"，初步形成了跨国经营的格局。在"走出去"实践中，华立集团深刻地认识到，"走出去"是发挥优势、集聚优势并形成国际竞争力的必由之路。华立集团是国家"走出去"战略的受益者，企业在"走出去"中得以发展壮大。华立集团的"走出去"，不仅产生了较好的经济效益，也获得了良好的社会效益。从 2015 年开始，华立集团正在加快海外发展步伐，正在依照"一带一路"倡议，继续保持"走出去"的良好态势，在提升国际竞争力上再上新台阶。

安徽华力建设集团有限公司

——积极响应国家"走出去"战略号召，抓住发展契机，拓展海外市场

一、企业基本情况

安徽华力建设集团有限公司（以下简称"华力集团"）设立于1989年，是一家总部位于合肥市的民营建筑业企业集团，注册资金为12亿元，拥有建筑工程施工总承包特级资质、建筑行业甲级设计资质，以及市政公用工程施工总承包、钢结构、建筑装修装饰、建筑机电安装、地基基础、消防设施工程专业承包六项国家一级资质。华力集团在建筑施工的基础上，已逐步发展成为集建筑设计与咨询、建筑施工、项目管理（工程造价、监理、招标代理）、房地产开发、海外工程承包于一体的大型企业集团，形成了建筑、设计、房产、海外四大业务板块。

创业以来，华力集团争创了安徽省民营建筑企业多项第一：第一个夺得"鲁班奖"，第一个晋升特级资质，第一个参加主编国家行业标准，第一个以联合体中标承建合肥市轨道交通项目等。荣获中国建筑业竞争力百强企业、全国建筑业先进企业、全国工程建设质量管理优秀企业、全国优秀施工企业、国家级守合同重信用企业、安徽省企业百强（2017年排名第40位）、安徽省民营企业十强（2017年排名第8位）、合肥市建筑业50强（2017年排名第1位）、安徽省质量奖、银行授信AAA级企业、安徽省纳税信誉A级单位、安徽省劳动保障诚信示范单位等荣誉称号，系安徽省首批工程建设优选承包商。

近年来，华力集团努力转型升级，实现创新发展。进入EPC、PPP、住宅产业化、轨道交通、市政建设、特色小镇、棚户区改造等新的建筑领域，新业务占比达40%。开展技术创新和管理创新，主编国家行业标准1项、省级行业标准3项，申请国家发明专利4项、实用新型专利40多项，获评国家级工法3项、省级工法40多项；制定实施标准化、流程化、精细化、信息化企业管理规范；设立企业BIM技术研发中心，先后在多个重大项目上应用，提高了项目管理效率、效益。

华力集团高度重视人才队伍建设，拥有一级注册建造师171人、二级注册建造师100人、中高级职称员工500人、注册类工程师50人，其中包括中国建筑业协会

专家委员会委员、全国工程建设质量管理专家、中国施工企业管理协会科学技术委员会科技奖专家、全国工程建设 QC 小组活动诊断师、安徽省评标专家、合肥市专业技术拔尖人才等行业内专业技术领军人才。

早在 2005 年，华力集团就确立了"立足江淮、辐射华夏、走向海外"的企业愿景，树立起"二次创业"的战略目标，开辟了"两个市场"的经营格局。近年来，华力集团把参与国家"走出去"项目建设作为海外业务的新突破，更将其作为海外发展战略的重要组成部分，同时把发展海外业务作为集团"二次创业"的新起点和实现"百年华力、百亿华力"的"华力梦"的三大支柱之一。

二、"走出去"的做法与经验

（一）"走出去"的基本做法、体会和成果

近年来，华力集团以劳务合作、项目分包、工程总包、联合投资等方式先后在赞比亚、安哥拉、中国澳门、尼泊尔、迪拜等国家和地区开展了境外业务，涉及房建、市政、道路、房地产开发、农业投资等领域。

1. "随船出海""借船出海""造船出海"是华力集团境外发展的基本原则

"随船出海"，就是紧紧依托已经"走出去"的国企、央企等大型企业，通过劳务、工程分包等方式走向境外、熟悉境外、逐步发展。近年来，华力集团先后与中国国机集团、中国通讯服务有限公司、中国建筑、中国电建、华为等大型企业合作，承接了赞比亚国民卫队基地、赞比亚空军基地、华为在赞比亚的销售网点和电子培训中心、下凯富峡水电站学校及住宅、中国澳门石排湾公屋、迪拜 Mall 等项目。

"借船出海"，就是利用各种关系渠道和人脉资源与境外的企业特别是华人、华侨企业进行合作，利用各自的优势实行联合经营或股份制合作。在中国澳门，华力集团与德宝集团、寰宇营造开拓合作承建了大谭山豪宅项目，在安哥拉与葡萄牙SDC、安中国际、金巢集团合作 TOTAL 石油公司大厦、SOYO 体育场和金巢房地产群开发项目；在赞比亚与大通公司、高尔夫风景酒店管理集团、东方饭店合作对酒店的新建和部分改造工作进行了设计及施工，与孟加拉国康利建设有限公司组成联合体开拓孟加拉国市场，与安哥拉广德集团组成联营体实行优势互补开拓安哥拉建筑市场。

"造船出海"，就是与国内的各类型、各领域、各专业的企业进行合作，在资金、技术、人才等各要素上进行资源整合形成比较优势，寻求境外发展空间。目前正在运作科特迪瓦轻质预制装配式保障房项目。

随着经济的发展，单纯的工程承包模式已很难适应境外市场的竞争需求。为此，华力集团与瑶海钢结构公司、厚石建筑设计合肥分公司、合肥工业大学建筑设计研

究院、安徽建都建设有限公司、安徽山城集团，以及一些专业金融机构等结成战略合作伙伴关系，强强联合、优势互补，形成完整的项目运作、施工及管理体系，以适应市场竞争的需求。

在熟悉当地市场、站稳脚跟的前提下，华力集团逐步开始直接面向市场作为总包承揽了一些所在地的项目，并开展了房地产开发项目的尝试。

为更好地与所在地政府相关部门、大型企业进行接触，了解并获取市场信息、沟通渠道，华力集团还在赞比亚开办了农场，提供休闲、娱乐、餐饮、住宿及农副产品的服务。

2. 坚持"一业为主、多种经营"的发展思路

以国内建筑施工为主业，并逐步围绕着主业进行相关产业和行业的延伸。在境外业务的发展过程中，华力集团一方面紧紧抓住房建、市政、道路施工主业，开拓市场，寻找商机，另一方面充分利用在主业运作过程中所积累和形成的人脉资源与市场信息，发挥自身的平台作用，与国内有兴趣、有实力的各专业公司进行合作、联营，寻求和把握优质商机。如针对安哥拉农用专业车辆的需求市场，华力集团与安中国际合作成立了安哥拉永进工贸有限公司，与山东五征集团合作开展农用运输车及相关特种车辆在安哥拉的组装及销售业务。针对境外华人、华侨及华资企业的人身、财产安全，与安徽中天安保集团公司合作利用赞比亚、安哥拉政府方面的相关资源，拟组建合资安保公司。与安徽光大矿业投资有限公司合作，拟在安哥拉就沥青、炼油及原油开采、油田服务等领域进行合作。与安徽中旅合作，拟共同开发赞比亚旅游观光线路。与江苏嘉宝科技有限公司合作，拟将装配式建筑推向西南非及东南亚市场，并签署了合作备忘录。还有一些合作项目正在洽谈之中。

3. 把优化企业治理结构和引进人才作为境外发展的重中之重

境外业务点多面广、政策性强，不同国家和地区差异明显，因此，国内形成的施工企业的管理机制和相关的规章制度很难适应境外经营与业务管理的需要。必须针对不同的国家和地区、不同的项目、不同的行业采取不同的管理模式和监管机制。华力集团开展境外业务之初就意识到这一问题的重要性，组建了境外公司，由境外公司根据不同国家和地区的情况、各个项目的特点、不同业务的差异，制定不同的管理政策、激励机制以适应对外经营和发展的需要。

民营企业"走出去"，人才是制约瓶颈。因此，必须将引进人才、培养人才相结合，实行"两条腿"走路。一方面，对熟悉境外业务、富有境外经验、具有境外工作生活和能力的管理人才及专业技术人才进行引进。另一方面，对一些适应性强、专业知识丰富、有潜力、有激情、有闯劲的高校毕业生进行培养，使他们尽快胜任本职工作，成为境外发展的中坚力量。在引进和培养的过程中，用事业留人，用待遇留人，用感情留人。近几年来，华力集团境外管理的主要力量80%都来自这两个主要方面。

4. 把本地化作为保证境外业务可持续发展和稳健运行的重要保证

国内企业"走出去"常常自觉或不自觉地形成"国外项目国内干"的怪圈，习惯于用国内的人员、技术、标准、规范等来运作、经营和管理，这样做不但严重地影响企业的成本和效益，而且很难在境外长久发展。因此，必须牢固地树立本地化意识，一方面要用所在地的法律法规、标准、规范、经营管理理念、行业规则乃至约定俗成的惯例、习俗对项目进行运作和管理，另一方面要在项目的劳动力、材料、机械等各方面充分发挥本地市场的潜力和优势，使项目运营管理的全过程尽可能融入本地市场，最大限度地降低因文化、观念等差异所带来的潜在风险。华力集团在外项目除核心管理团队、主要技术人才和极少数技能要求较高的专业工人以外，均实行本地招聘和管理。在材料、机械设备及其他生产要素的配置上，也尽可能地实行本地化配置、采购、管理和运作，使企业真正逐步融入当地市场。

企业在本地化过程中必须高度重视企业所承担的社会责任，尤其是要注重做到：一是严格遵守和尊重当地的法律法规和风俗民情。二是通过捐资助学、赞助、捐赠、慰问、扶贫、社会公益等多种方式，保持和发展与当地政府部门、社团组织及人民群众的良好和谐关系，取得当地各方面、各阶层的认同和信任。

华力集团先后向南非、马拉维、马达加斯加、阿尔及利亚、赤道几内亚、科威特等国家和地区派出劳务人员3000多名，获得业主单位一致好评，成为总包单位长期、稳定的客户。华力集团还积极培训当地员工，实行本地化、融入式的经营和管理模式，围绕建筑工程、道路、PC构件、贸易等开展投资建设。

（二）进一步做好"走出去"的建议

以工商联组织为依托，与商务、出入境、海关、边防、金融、外办、税务等涉外管理和协调的政府部门及机构进行沟通，适时地为企业举办各种类型的讲座，让企业能够全面、准确、完整和及时地掌握并了解在"走出去"过程中涉及的法律法规及政策和规范，真正使企业做到心中有数，从而减少风险。近年来，安徽省工商联在"走出去"培训方面做了不少实实在在的事情，立足企业需求，服务民营企业"走出去"人才队伍建设。

建立交流、沟通、信息获取的平台，打消企业的顾虑和担忧。一些民营企业"走出去"常常是"想字当头、怕字当头"，究其原因就是对境外不熟悉、不了解，所得到的信息也是零星、片面和模糊的。要解决这些问题，工商联组织恰恰具备这方面的能力，可以大有作为。一方面，与已"走出去"的民营企业、在外的华人、华侨企业建立联系，发挥各个国家和地区的各种形式的综合性商会、专业性协会、行业性协会和地域性组织的作用，让想"走出去"的企业了解到相对规范、完整和全面的境外市场行情和商业信息；另一方面，将国内想"走出去"的民营企业组织起来，通过这个平台与境外直接沟通，让其既能及时、有针对性地了解境外的法律法规、游戏规则、市场行情等，又能有效、快捷地抓住有价值的项目信息和商机，有针对性地跟进调研和评估。通过商业化的运作，调动两个方面的积极性，减少一些企业"怕字当头、畏难有加"的负面情绪，从而有力地推动民营企业"走出去"，取得更多、更大并有实质性的成果。

利用工商联的渠道和平台，宣传、交流民营企业"走出去"的成功经验和教训，使想"走出去"的民营企业感同身受，体会到其中的酸甜苦辣。客观报道企业特别是民营企业"走出去"的真实情况，唯有做到辩证思考，客观准确报道，才能让民营企业对"走出去"的认识"接地气"。

华力集团境外业务的发展历程，既有成功的经验，也有失败的教训。发展的速度、规模与发展目标仍有距离，但华力集团有信心和决心不断地总结经验，吸取教训，坚定不移地紧随国家"走出去"的发展战略，把企业的境外业务不断地向前推进，取得更丰硕的社会效益和经济效益。同时，更期望工商联组织发挥桥梁纽带作用，让民营企业境外事业的发展得到更多、更大的支持和帮助。

新希望六和股份有限公司

一、企业基本情况

（一）企业简介

新希望六和股份有限公司（以下简称"新希望六和"）创立于 1998 年，并于 1998 年 3 月 11 日在深圳证券交易所上市。新希望六和立足农牧产业，注重稳健发展，业务涉及饲料、养殖、肉制品及金融投资、商贸等，公司业务遍布中国及越南、菲律宾、孟加拉国、印度尼西亚、柬埔寨、斯里兰卡、新加坡、埃及、美国等近 20 个国家。

2011 年 9 月，新希望六和农牧资产重组获中国证监会批准。2017 年，饲料年销量达 1572 万吨，年加工禽肉达 215 万吨，此两项指标位列国内同行业第一位，实现销售收入 626 亿元，控股的分、子公司达 500 余家，员工达 5.7 万人。在 2016 年《财富》杂志评选的中国企业 500 强中位列第 95 位。

新希望六和曾获全国食品放心企业、综合实力最具价值品牌企业、最佳内部治理上市公司、食品安全管理创新二十佳、中国肉类食品安全信用体系建设示范项目企业等荣誉称号。

企业技术中心获得国家认定企业技术中心称号，2 个检测中心均通过国家实验室 CNAS 认可。60 多项技术成果获得省级以上奖励，其中 5 项创新技术获国家科学技术进步二等奖。目前新希望六和通过了 ISO 9001 质量管理认证、ISO 22000 食品安全认证、ISO 14001 环境认证、GAP 良好农业规范认证、18001 职业健康安全认证等。

新希望六和以高度的社会责任感和使命感，致力于打造安全健康的大食品产业链，建立了食品安全三级检测体系，并成立了独立于产业链、与产业链并行的内部第三方检测体系 SHE，得到了国内外市场的认可。在全球食品安全倡议（GFSI）中国区首次全员会议上被推举为中国区理事会副主席单位，成为国内首家入选 GFSI 全球董事会成员的中国民营企业，这标志着新希望六和的食品安全工作得到了国际最高水平的认可。通过英国零售商协会（BRC）食品技术标准认证，入选中国食品安全年会百家诚信示范单位与管理创新二十佳案例。

新希望六和将以"打造世界级农牧食品企业和美好公司"为愿景，以"为耕者谋利，为食者造福"为使命，以"新、和、实、谦"为核心价值观，着重发挥农业产业化重点龙头企业的辐射带动效应，整合全球资源，打造安全健康的大食品产业链，为帮助农民增收致富、满足消费者对安全肉食品的需求、促进社会文明进步不断作出更大贡献。

（二）发展历程

新希望六和于 1998 年在四川绵阳注册成立，同年在深圳证券交易所上市。

1999 年在越南成立第一家海外公司。

2002 年，新希望六和迅速收购 8 家乳业企业，向乳业进军，同时大力发展饲料业务。

2011 年，新希望六和与山东六和集团整合重组，成为中国最大的农牧上市公司。

2013 年，新希望六和进行组织变革，制订新的发展规划，确立企业的未来发展战略是"产品领先、服务驱动、全球经营"。

2017 年，制订《2018—2021 年新的四年战略目标规划》。

（三）发展战略目标

一是做强饲料，长期确保在中国国内的龙头地位，提升竞争力，在核心区域提高占有率，做市场绝对领导者和整合者。

二是做大养猪，这是战略转型关键动力，要实现最大跨度发展，进入国内前三，打造育种技术，做养殖效率行业标杆。

三是做优食品，以消费升级为驱动，打造"健康、营养、美味、便利"标准，禽肉稳量提利，成为家庭消费者与工商业客户食品供应链服务第一品牌，同时全面发力冷鲜猪肉和肉制品，跻身食品供应链前三。

四是做精白羽肉禽，保持规模、结构和效率领先，通过优化区域布局，高效一体运营，升级养殖基地，完善服务平台，成为国内中高端品质禽肉第一供应商。

五是做深海外，巩固东南亚、布局非洲，聚焦核心区域做深做透，延伸产业链，强化竞争力，做中国农牧食品企业国际化的标杆和排头兵。

（四）业务经营

新希望六和构建了集种畜禽繁育、饲料生产、商品养殖、食品加工、终端连锁于一体的产业链，形成了产业链发展模式。产业化经营模式具有以下优势：能够调动产业链资源，为农户提供更加系统、全面的整体解决方案，为消费者提供更加安全、放心、优质、价廉的产品。能够对从源头到终端的每个环节加以控制，保障食品安全。通过企业的内部协同，能够提高产业链资源利用效率，优化流通、运作流程，达到降低产业链综合成本的效果。有利于将产业链各环节的关注点提升到产业链的战略高度。

二、"走出去"的做法与经验

1999 年，新希望六和在越南开始投建第一家海外饲料公司，经过 20 年的发展，已经在印度尼西亚、孟加拉国、斯里兰卡、菲律宾、埃及、土耳其等近 20 个国家建成和在建 50 家工厂。通过饲料业务不断深耕成熟市场，引入种禽养殖项目，在海外市场开始延伸产业链。新希望六和的海外业务已成为主要板块之一。

（一）"走出去"的主要内容

1. 探索期

资金"走出去"是在企业发展初期遭遇的一个难题。当时国家对外汇的管制非常严格，不能及时满足企业发展对资金的迫切需求。新希望六和自行设立贸易公司，出口设备到海外公司，缓解了资金难题，也加快了公司发展进度。

在经营方面，为打开局面，新希望六和主动让利 0.5% ~ 1%，从越南的农业大学招聘毕业生，加以培训后，按照市场区域的划分派遣到各地寻找行业代理商，充分利用当地资金和社会关系，二级、三级分销网络迅速建立。在随后的几年，新希望六和在越南市场逐步站稳脚跟，在 2008 年前后，成功跻身越南饲料行业前三名，且有较高的投资回报率。

2. 发展期

在越南市场初尝甜头，提升了新希望六和海外拓展的信心和动力，随后几年，除了在越南继续布点外，还逐步在东南亚、南亚其他国家如菲律宾、印度尼西亚、孟加拉国、柬埔寨等投资建厂，逐步开始发展之路。

3. 高速发展期

自 2011 年起，公司加快海外投资步伐，区域涵盖亚洲、中东、非洲等地区，并尝试在中欧投资发展的可能性。在这样的一个快速发展期内，新希望六和取得了一些成绩，如孟加拉国饲料有限公司实现当年投产当年盈利，四川新希望农业（柬埔寨）有限公司实现了首次与外资企业合资合作的经营模式。但是，新希望六和也依然遭遇了不少的困难，如东道国政局不稳给其经营和考察带来了难题。

2011 年，埃及政局发生变化，很多在埃及的外资企业都选择了撤离，但新希望六和项目工作组考虑到离核心区相对较远等现实情况，坚守岗位，终在 2011 年 4 月完成土地选址的考察，且以相对便宜的价格买到了一块政府土地，用于饲料厂的建设，为新希望六和在埃及的发展打下了基础，也增加了新希望六和在埃及和非洲其他国家投资的信心。

4. 持续发展

经历十多年的海外发展后，新希望六和在海外的布局已经覆盖东南亚、南亚、非洲、东欧等地区的近 20 个国家。在东南亚、南亚的存量板块，经过多年的加速拓展，目前基本处于一个稳定和持续经营发展的态势，如何把饲料工厂经营得更好，是这一区域的着重点。基于对行业和市场的深刻洞察与判断，近年来新希望六和在发展战略上不断探索并作出重大调整，从聚焦饲料变为打造"两端"，即养殖端和消费端，坚持走农牧食品产业链一体化道路。新希望六和在印度尼西亚、孟加拉国均建立起自己的农牧公司，并开始做起了禽养殖，新希望六和也在探索肉食品加工等，以期在饲料产业的上下游寻找利润空间和发展机遇。

（二）"走出去"的成效

1. 促进产业转型升级

目前，中国农业正处于发展时期，在某些领域具有较强的竞争力，但是整体发展水平与世界先进国家相比仍存在差距。在国内饲料行业利润严重缩水，多数农牧企业亏损的情况下，新希望六和凭借自身在饲料行业发展多年积累的经验以及敏锐的判断大胆地"走出去"，不仅平稳度过了我国农业发展的困难时期，而且在与世界其他大型农牧企业竞争的过程中提高了自己的行业竞争力，实现了产业上的工艺升级、产品升级、价值升级。

2. 带动行业发展

近些年，不断有同行进入国外市场，如通威、铁骑力士、双胞胎、特驱、东方希望等。这些企业的进入给中国企业带来了竞争，使新希望六和更加关注技术、设备、产品品质、服务等方面的提升。此外，新希望六和建设工厂的所有机器设备基本都是从中国采购，部分原、辅材料，诸如玉米、豆粕、饲料添加剂和兽药等，也有不少来自国内。除自用外，新希望六和还通过有合作关系的经销商，尽量扩大国内相关产品在海外的销售并借以扩大和巩固自己的销售渠道和网络，这也在一定程度上带动了农业机械、大宗农产品、相关产业的技术和产品出口贸易的发展。

3. 树立良好企业形象

新希望六和在海外的企业和产品树立了中国民营企业的良好形象。海外本土员工以到新希望六和工作为荣，企业在当地的口碑好。基于所取得的业绩，一些国家的政府对新希望六和给予充分肯定和高度评价。

（三）"走出去"的启示

1. 积极寻找市场突破点，为当地用户创造增收价值

融入当地市场环境，不断结合实际，调整经营思路。一是狠抓品质，千方百计以过硬的产品质量，为中国制造赢得良好口碑和信任。二是服务用户，外拓市场，

力保在局部区域市场占有率保持第一名。公司通过和当地农业大学合作教授营销人员养殖技术，召集经销商、养殖户开展养殖技术讲座等方式，确保每一个使用新希望六和饲料的养殖户都能获得成功，不断扩大市场，销量屡创新高。这也成为海外公司创业成功的关键所在。

2. 尊重当地文化，促进海外融合

在任何一个东道国，新希望六和都尊重和融入当地的风俗文化，尊重当地的政策、法律和信仰。在孟加拉国、埃及、印度尼西亚，新希望六和专门设置祈祷房，并按照本土同事的要求进行精心打扫和维护。在炎热的东南亚国家的每一个公司，新希望六和都备好解暑药物，并且提供冰水给员工。在越南，新希望六和开发了当地原料——木薯，不仅在初期获得了更低的成本，而且还支持了本土的种植业。在埃及，帮助当地一个养殖户，该养殖户获利后，经营规模扩大到原来的四倍。这位客户主动联系新华社的英文台进行采访并报道此事。新希望六和获得了当地客户、当地百姓、当地政府的支持，这是新希望六和"走出去"取得成功的基础。

3. 人才本土化

无论走到哪里，新希望六和都为当地培养了许多熟练的技术人才和管理精英。本土领导最高职位做到了新希望六和的总经理助理，目前有超过20位本土同事成为分、子公司的部门负责人。新希望六和还为家境不好的大学生提供贷款，并且与国内的新华都商学院合作，开办国际工商管理硕士项目，教授这些大学生管理知识、行业知识，并让其在新希望六和国内的分、子公司实习，了解中国文化。

4. 以人为本

新希望六和每招收一名员工，都会指导其尽快适应工作环境，并在工作中不断给予建议促进他们的成长，各个国家的文化不一，中方员工和当地员工融洽地相处尤为重要；新希望六和在海外注重人文关怀，增加了中方员工回国探亲次数，使员工能兼顾工作和家庭，并在中国传统节假日以不同方式慰问员工家属，也以同样方式关爱当地员工，同时，公司很早就推出了股权激励制度，每个员工都会感觉到自己是这个家庭里的成员，感受到家的温暖。

广西博世科环保科技股份有限公司

一、企业基本情况

广西博世科环保科技股份有限公司（以下简称"博世科环保"）成立于1999年，是一家本土培育的民营创新型企业、广西首家创业板上市企业，目前企业员工超过1500人，在国内外设有30多家分、子公司，是国家科技部火炬计划重点高新技术企业、中国环境保护产业协会骨干企业及全国环保优秀品牌企业。博世科环保已跻身国内环保行业的一线品牌，技术与产品远销东欧、东盟、西非、南美等海外市场。2017年上半年资产总额达29亿元，上半年营业收入达5.5亿元，较上年同期增长96%。

近年来，博世科环保在覆盖全国销售网络的基础上，清晰明确提出拓展海外市场的发展战略，建立了国际项目合作机制，围绕国家需求和国家科技发展规划纲要，沿着"项目—人才—基地"建设和发展思路，抓住"十三五"环保产业发展和科技全球化带来的机遇，利用国际科技资源，扩大公司核心技术的对外影响，协同国内外科技力量开展科技合作攻关，通过引进国外先进技术与设备，消化吸收国外技术、人才、资金等国际资源，在环保领域获得一批拥有自主知识产权的共性关键技术，在解决企业及本领域关键技术难题的同时，建立国际合作与产业化平台紧密衔接的环保产业化研发基地。

二、"走出去"的做法与经验

（一）加强自主创新，推进环保装备向"一带一路"沿线国家和地区输出

博世科环保凭借强大的科技创新能力与先进的环保技术，以及二氧化氯制备、厌氧、芬顿等高水平技术产品走出国门，技术与产品远销东欧、东盟、俄罗斯、南美等海外市场。博世科环保在拥有二氧化氯制备系统及相关核心技术的基础上，围绕该技术领域进行专利保护布局，在工艺流程、核心设备、控制系统等方面全方位开展专利技术申请及保护，目前该项技术已获得授权专利25项，其中发明专利5项。如出口价值2.25亿元的35吨/天综合法二氧化氯制备系统，该系统工艺集成难

度大、设备性能要求高、连锁控制更严密，一直以来属于本领域内的技术制高点，在全世界范围内能单独提供该技术的供应商不超过 3 家。博世科环保已成为中国目前唯一完全掌握两种纸浆漂白二氧化氯制备技术的企业，彻底奠定了博世科环保在中国该领域内的领头羊位置，打破了跨国公司对我国的技术垄断，投资费用大幅度降低。此外，在水处理领域，还相继实施了越南理文 40000 吨/天给水处理项目、白俄罗斯劳动英雄造纸厂 15500 吨/日污水处理系统项目、印度尼西亚烟草薄片 1500 吨/天废水厌氧项目等。

（二）拓展合作渠道，加强国际科技合作

近年来，博世科环保不断深化、拓展与加拿大 RX 公司、德国斯图加特大学、德国 REINLUFT 环保工程公司、日本旭销子集团、日本阿特尔国际有限公司、马来西亚万发成工业有限公司等海外伙伴的合作关系。多次派员参加国际学术会议和出国考察学习，邀请美国、加拿大和日本等国专家作学术报告和技术交流，2017 年 1 月，博世科环保全资收购加拿大 RX 公司 100% 的股权，加速拓展海外环境修复市场的步伐。

本次并购 RX 公司有利于快速引入国外在土壤和地下水污染修复与咨询领域的先进成熟技术和场地实施经验，为博世科环保在污染场地的识别、评估、修复以及管理方面提供全面技术支持，同时充分借鉴与利用 RX 公司在土壤和地下水污染修复与咨询领域成熟的业务模式，持续增强公司在这一领域的全产业链核心竞争力，使得博世科环保未来在国际、国内的土壤和地下水修复市场占据领先优势。

（三）构建国际科技合作基地，扩大生态环保合作"朋友圈"

博世科环保将本着"开放创新、支撑发展、平等合作、互利共赢"的原则，通过建立国际科技合作基地，以项目为载体不断深化与加拿大、德国、日本、马来西亚等国家的合作伙伴关系，引进一批海外环境专家，共同研制开发环境修复等环保装备，致力于解决水处理、土壤修复、固废处置等环境综合治理关键技术难题，围绕"项目—人才—基地"相结合的国际科技合作模式，开发新技术，研制新装备，最终建立环保装备生产基地，使我国环境修复技术及装备一举达到国际先进水平，填补广西乃至华南地区环保产业生产的空白，推动我国环保产业的发展，项目的建设还将带动环保产业上下游产业，加快形成广西环保产业完整的产业链，促进广西生态环保产业创新名片的打造。

（四）海外市场拓展情况

博世科环保紧跟"一带一路"倡议，积极"走出去"，2016 年，被《人民日报》评为"绿色崛起"的代表企业，博世科环保强化自主研发及创新，二氧化氯制备、

厌氧、芬顿等"中国智造"高水平技术产品走出国门，技术与产品远销东欧、东盟、俄罗斯、南美等海外市场。

1. 印度尼西亚 IKPP 工厂 35 吨/天综合法二氧化氯制备项目

该项目位于印度尼西亚廖内省巴拉望镇 APP 金光集团 IKPP 工厂，产能为 35 吨/天，制备工艺采用综合法。整个生产工段包括二氧化氯生产线、氯酸钠生产线和盐酸合成生产线。

2. 越南理文 40000 吨/天给水处理项目

该项目位于越南后江省芹苴市迈壬镇。该工程本着经济、高效、低能耗、低运行成本的原则，选用成熟、可靠的工艺，对给水处理项目进行净化。

3. 玻利维亚圣布埃纳文图拉糖厂污水处理系统项目

该项目服务于玻利维亚糖业公司的污水处理站，位于拉巴斯省，采用成熟、合理的处理工艺，主要是处理各循环泵冷却排污、蒸发、煮糖工段气凝水、设备冲洗污水、生活污水等混合污水。

4. 白俄罗斯劳动英雄造纸厂 15500 吨/日污水处理系统项目

该项目采用"预处理 + UMAR 厌氧处理 + 好氧处理 + FENTON 深度处理 + 逆流连续式砂滤处理"工艺对废水进行处理，确保出水达到排放要求。

5. 印度尼西亚烟草薄片 1500 吨/天废水厌氧项目

该项目位于印度尼西亚泗水市，处理废水为烟草薄片废水，该项目采用"预处理 + UMAR 厌氧处理 + 好氧处理"工艺对废水进行处理。

昆明星耀集团

一、企业基本情况

（一）公司简介

昆明星耀集团自 1993 年成立以来，经过二十多年的探索与实践，目前已拥有十余个下属公司和 4600 余名员工，总资产近 100 亿元，实现了从地产开发向多元城市化产业运营迈进，具备了项目投资、规划、产品设计和整合业态的综合运营能力，是一家涉及地产开发、物业和商业管理、酒店经营、体育配套运营、文化旅游、教育和医疗服务、金融投资、汽车制造、盐化工等多行业、多领域的大型跨国集团公司。

昆明星耀集团在发展过程中先后荣获了"亚洲房地产中国区域最具竞争力品牌 50 强""亚洲房地产十大品牌""绿色亚洲人居环境奖""亚洲国际花园社区典范""亚洲最佳花园式写字楼""亚洲十大商业金街""中国最具社会责任感企业""全国模范职工之家""全国五一劳动奖状"等国际级、国家级、省级、市级、区级荣誉 400 多项，得到了社会及政府的充分认可与肯定。如今，在实施"一带一路""澜湄合作""中国—中南半岛经济带"和"孟中印缅经济走廊"等国际合作发展的新背景下，昆明星耀集团更以融通国际的视野、和谐共生的胸襟、厚德载企的责任和追求卓越的精神，勇于跨出国门，积极走向国际。

昆明星耀集团立足香港和昆明，先后在云南昆明、大理、嵩明开发投资重大项目，目前开发及投资项目发展到沈阳、青岛、天津、香港等地。近几年，积极拓展缅甸、新加坡、马来西亚、柬埔寨、乌干达等东南亚和非洲国家市场。公司在发展过程中已成长为享誉全国、走向国际的企业集团。

迄今为止，昆明星耀集团已累计向社会捐资、捐物达 7000 余万元，社会公益设施投入近 10 亿元，为社会和谐发展贡献了自己的一份力量。

2014 年，在"一带一路"倡议下，集团创始人颜语先生带领公司高层及时研究新战略，调整发展思路，将公司发展战略定位于拓展东南亚市场，重新整合、优化、提升内部资源，成立了"立恒投资"，在继续拓展国内实业项目的同时，加快海外投资的步伐。同时，参与发起成立了"滇商资本"，以资本的力量响应"一带一路"倡议，专注于东南亚沿线风险投资及股权投资，带动中国西南片区民营企业走出国门。

（二）公司构成

1. 立恒投资

立恒投资作为昆明星耀集团实业项目向海外拓展的全资子公司，成立于2014年，公司总部设于昆明市官渡区新亚洲体育城星耀路329号，为多家海外项目公司的母公司。经营模式以实业为主、投资为辅，以海外为主、国内为辅。重点关注基础设施建设、生产制造、贸易往来、文化旅游、教育医疗等产业。

在国家"一带一路"倡议指引下，立恒投资利用云南省的区位优势，主动出击，积极应对，面向东南亚国家探索新的发展空间，寻求新的商业机会。目前已陆续在缅甸、新加坡、马来西亚、柬埔寨等东南亚国家不断拓展新的业务，寻找新的利润增长点。除此之外，还在缅甸成立了星耀装饰建筑公司、诚运贸易公司，为公司在海外拓展实业提供支持。

2. 滇商资本

滇商资本由云南省工商联（总商会）的多家会员企业发起，2014年成立，于2017年9月成为昆明星耀集团的全资子公司。滇商资本旨在建立一个在西南地区具有影响力的基金管理平台，以"一带一路"沿线项目为主要投融资目标，引领、支持和帮助云南省民营企业"走出去"。

滇商资本拟设立1亿~2亿元人民币的母基金平台，实现管理5亿~7亿元人民币的投资基金，带动30亿元以上的境外投资，将实现管理投资基金的年综合收益率不低于20%、母基金的年综合收益率不低于50%的经营目标。滇商资本的远期目标是成为专注于东南亚市场的国内知名投资基金品牌，5年内管理规模不低于300亿元人民币，组建跨境并购基金，将"走出去"和"引进来"战略相结合、相统一，逐步实现滇商资本的全球化配置与运营。

二、"走出去"的做法与经验

（一）突破人才瓶颈是第一道难关

在缅甸坎塔亚中心项目执行中，由于缅甸当地的专业人才比较匮乏，而专业性强的集团中方员工又出现语言障碍，人员管理创新成为项目推进的重中之重，昆明星耀集团通过深入探索，从五个方面进行管理突破：一是对派驻仰光的中方高管进行持续的语言培训，招聘国际化缅籍华人进行中、英、缅三语翻译；二是从中国香港、新加坡、马来西亚大力引进具有国际管理经验的专业人才，进行重要板块工作的管理；三是在当地招聘具有各国留学经历的多语言人才进行培养，重点提升中层管理岗位的胜任素质，确保上传下达顺畅有效、项目推进落实到位；四是从国内招聘小语种人才，在负责基础工作的同时作为未来项目管理的储备人才进行培养；五是大胆创新，简化管控流程，从以过程管理为重心转化为以目标管控为重心，给管理人才以足够的施展空间。因此，从人才管控上实现了"简单高效、快速执行"的企业理念。

（二）做好文化融合是一门必修课

针对海外项目的执行，如何与当地文化融合是极为重要的课题。在项目实施过程中，沟通与融合很重要。昆明星耀集团在海外项目的工作推进中，始终注重持续了解、尊重和融入当地文化，积极组织全体员工参与缅甸当地传统节日活动，开展义工帮扶行动，走进当地孤儿院和佛堂进行布施。同时，通过招聘部分政府离退休人员负责项目沟通协调，妥善处理许多问题。通过主动邀请当地相关部门的领导前往中国进行实地考察、参观集团开发的项目、体验公司企业文化，并提供优秀的国际化项目施工管理案例等方式获得了当地政府及相关部门的信任，极大地提高了办事效率。

（三）项目工程管理需要不断探索

在海外要顺利实现工程目标非常困难，从人员组织、居住饮食到采购管理、工程管理、安全文明建设，方方面面都和国内迥然不同，熟练工人非常缺乏，当地无法生产很多建筑材料，工程规范和标准要求与国内也不统一，这就要求公司的工作要有很强的预见性，不能有疏漏。为此，公司要求每个部门由上而下在项目计划的整体框架指导下，扎实做好计划提前量和阶段性目标设定，未雨绸缪，步步为营。项目团队用一年半的时间，历经10个月的雨季施工，从零到百米封顶，坎塔亚中心项目最终拔地而起，刷新了仰光高层建筑的建设速度纪录，获得了仰光市政府、行业权威和客户的高度评价。

（四）重视以经营理念沟通建立良好的信任基础

在持续的项目拓展过程中，昆明星耀集团发现，无论是本地企业，还是政府，都具有下面两个主要特点：一是缺乏先进的项目理念。很多的土地开发、项目定位和运营管理理念都处于比较落后和传统的阶段，如果外资想要更加快速地进入市场，那么就必须和缅方进行积极的沟通，分享优秀的项目开发和管理案例。在有条件的情况下，不妨邀请相关人士到国内或其他国家进行考察，在考察的过程中引导对方认同和接受更加先进的理念。二是合作模式僵化。很多项目的资源方在谈判初期就给自己设定好了合作方式，如果因为后期时势变化而贸然更换另一种合作方式，往往就会半途而废。在这一点上，可以考虑通过先交换经营理念，建立起良好的信任基础，再进行项目合作模式的洽谈，让项目推进得更快、更好。在合作谈判的初期，还要注重确认项目管理权限，减少后续运营管理过程中因文化差异引起的摩擦，从而保证项目进度。

三、主动融入"一带一路"建设的做法与经验

云南省在"一带一路"建设上的地缘优势非常突出。随着航空运输和铁路公路交通网的逐步完善，云南省正在成为南亚和东南亚的贸易集散地。当前，云南省与周边国家的经济文化交流日益频繁和深入，这给云南省对外开放和经济发展带来前所未有的机遇。通过这几年的海外拓展，昆明星耀集团在"走出去"的过程中积累了一些经验。

（一）政策是保障，信息是抓手

合作的前提是互信，合作的基础是双方有共同的意愿和利益交汇点。作为"走出去"的企业，可以按照国家政策导向，联合国内有实力的相关机构，充分利用驻外机构、企业、商会、当地民间团体等渠道，加强对"一带一路"各地区、各行业的信息收集，定期对"一带一路"沿线国家的国内形势、经济改革、文化旅游、对外开放、政策法规等进行分析研究，了解新的发展需求，挖掘和发展有利于双方合作的项目。

（二）融入是前提，人才是关键

企业融入"一带一路"建设，首先要深入了解投资东道国的实际情况，吃透其国情和民意，与东道国形成融洽关系，才能融入当地经济社会发展，减少不必要的摩擦与纠纷。与东道国互惠互利成为利益共同体，才能在投资东道国成为合格的"居民"企业，使企业稳健运行。企业"走出去"特别要注重建立和完善"走出去"人才的培养、引进和储备制度，面向"一带一路"沿线国家有针对性地培养"走出去"的综合型和专业型人才。只有在企业内部建立外向型人才培养机制和配置制度，才能突破企业海外拓展的人才瓶颈，建立一支适应经济全球化需要的人才队伍。

（三）合作是基础，共赢是核心

随着我国"一带一路"建设的实施和云南省建设面向南亚、东南亚辐射中心步伐的加快，云南省企业"走出去"迎来了全新的历史机遇和更加利好的政策环境。对于企业来说，"走出去"和"引进来"是同样重要的事，甚至在新时期"走出去"的意义更为深远。只有抓住这个历史机遇，在合作中构建经济关系和资源关系，在共赢中取得资源配置和发展基础，企业才能成为跨国公司，在经济全球化的大潮中占有一席之地，让企业的发展插上强劲翅膀，飞向更高、更远、更加辉煌的未来。

新疆三宝实业集团有限公司

一、企业基本情况

新疆三宝实业集团有限公司（以下简称"三宝集团"）成立于 1992 年，是一家集进出口贸易、境外工程承包、生产加工、仓储物流、旅游购物于一体的综合型民营外贸企业，在国内外有 20 余家下属全资和控股企业。在哈萨克斯坦、俄罗斯、塔吉克斯坦、乌兹别克斯坦、吉尔吉斯斯坦等国设有分公司或办事处，是新疆外贸骨干企业、中国外贸 500 强企业之一。20 多年来，三宝集团始终坚持与中亚各国，特别是哈萨克斯坦开展外贸业务，连续 9 年位居新疆外贸企业出口第一。

三宝集团在长期的发展中，本着"求稳、求实、求发展"的经营理念，凭借"以诚为本、以信为荣"的经营准则，开拓国内外市场，在广大客户中树立了良好的企业形象。

20 多年来，三宝集团由小到大，从一个"提篮小卖"的小企业发展到一个综合型的外贸企业集团。一是中国改革开放政策的支持为三宝集团带来良好的企业发展环境。中国的改革开放为中小企业提供了一个广阔的发展空间，使中小企业进入了发展的快车道。二是中哈两国经贸关系的发展和哈萨克斯坦国家经济的发展为三宝集团创造了机遇。中哈两国的贸易互补性和非常良好的经贸关系为三宝集团的发展创造了很好的机遇。20 多年来，三宝集团积极参与了哈萨克斯坦的经济发展，如出口阿拉木图市的黄海公交车、无轨电车改善了该市城市交通环境，出口各种特种车辆满足了哈萨克斯坦各类企业的不同需求。三宝集团具有商务部批准的对外承包工程业务经营权，在工程承包施工方面拥有着非常丰富的经验，近几年来承接哈萨克斯坦各类工程项目 21 项，有些项目是哈萨克斯坦的国家重点项目，如巴甫洛达尔聚丙烯、MTBE 项目填补了哈萨克斯坦石油化工领域的空白，在建的哈萨克斯坦年产 200 万吨熟料水泥项目是目前中亚国家规模最大、技术含量最高的水泥项目，也是哈萨克斯坦的国家重点项目。三是企业坚持把诚信放在第一位，始终把诚信作为企业的生命。无论是开展进出口贸易，还是实施工程项目，三宝集团都会坚持信誉，把最好的产品出口到哈萨克斯坦，把最好的施工队伍带进哈萨克斯坦。所以三宝集团同哈萨克斯坦的广大客户以及项目业主建立了非常好的关系。正是由于三宝集团利用了国家的好政策，以企业的诚信与客户建立良好的信誉关系，企业不断地发展壮大。近年来，三宝集团加快了多元化经营步伐，不断地开拓其他行业领域，境外投资、技术合作和服务正在逐步展开。

二、"走出去"的主要成效和做法

（一）主要成效

自1992年8月22日三宝集团实现第一单易货贸易开始，就与以哈萨克斯坦为主的中亚国家以及俄罗斯结下了不解之缘。20多年来，三宝集团一直在这一市场上与有关国家的政府和企业进行紧密的合作，实现双赢。三宝集团从出口日用消费品到车辆、工程机械及大型成套设备，从进口废旧钢铁、杂铝、杂铜到电解铜、聚丙烯及卤虫卵等，使进出口贸易有了一个质的飞跃。5000多辆（台）大型车辆、工程机械设备的出口创造了新疆出口行业的奇迹。200辆黄海公交车的出口开创了大批量公交车向中亚国家出口的先河；2012年出口195辆无轨电车至阿拉木图市，满足其城市交通的需要；与国内厂家合作开发出口俄罗斯西伯利亚地区托木斯克油田的低温耐寒石油钻机；向哈萨克斯坦出口44米混凝土泵车，以及向哈萨克斯坦等中亚国家出口双桥牵引车、油罐车、汽车起重机、高空作业车等，很多都打破了单次出口的数量纪录，三宝集团连续9年蝉联新疆外贸出口的第一名。

从向哈萨克斯坦出口编织袋生产设备开始，三宝集团就进入了境外工程建设的领域，先后承接了国外大型工程项目20多项。如MTBE项目填补了哈萨克斯坦的工业空白。三宝集团在承建国外工程项目的同时，也开创了新疆大型成套设备出口并在国外全面承建的先河，2004年出口和建设安装的空分设备目前仍是哈萨克斯坦最先进的空气分离装置，对该国冶金工业具有积极助推作用。

（二）主要做法

三宝集团积极抓住国家"一带一路"建设为外贸企业发展带来的新机遇，审时度势，在国际贸易发展的新常态下，积极实行战略调整，加快企业的转型升级，从以进出口贸易和境外工程承包为主转为以境外投资为主导、以工程承包为重点，带动进出口贸易的发展，使企业更加适应市场的转换。一是实施投资建厂的基本布局。基本完成了在哈萨克斯坦东哈州投资建立百万只蛋鸡养殖场的前期工作，2016年开工建设。与中粮新疆屯河集团合作在哈萨克斯坦、塔吉克斯坦进行了番茄的种植试验，试验已经获得成功，目前正在与两国洽谈投资建设番茄酱厂的相关事宜。同时，还积极进行其他项目的前期工作。二是将自身所具有的地缘、人脉优势与央企以及大企业集团所具有的资金、人才、技术优势紧密结合，共同"走出去"开拓国际市场。三宝集团与中国机场建设集团、中建材集团苏州中材建设有限公司、中粮新疆屯河集团、四川铁骑力士集团等一批央企和大型企业集团在农副产品加工、养殖、建材、能源、基础设施建设等方面进行合作，联合起来"走出去"，开拓新疆周边的国际市场。

后　记

刚刚过去的 2018 年，对中国改革开放来说充满了挑战，但同时也促使中国政府下定决心加快推进改革。

2018 年 11 月 1 日，习近平主席主持召开民营企业家座谈会，释放出党和国家对毫不动摇鼓励、支持、引导非公有制经济发展的决心，提出要抓好减轻企业税费负担、解决民营企业融资难融资贵问题、营造公平竞争环境、完善政策执行方式、构建亲清新型政商关系、保护企业家人身和财产安全 6 个方面的政策举措落实。随后，一系列支持民营企业发展的政策春风带来阵阵暖意。

国家的发展与壮大也来自国内基本生产单元——企业及其领导者——企业家的力量。民营企业在政策春风下将开启新一轮的强势发展，企业家精神的弘扬将大大增强我国的国际竞争力。

《中国民营企业发展案例汇编》正是在这样一个历史档口得以和广大读者见面。这虽然有巧合的因素，但也存在一定的必然性。中国民营企业的发展壮大是中国改革开放 40 年来的光辉成就的重要组成部分，而如何提炼并继承 40 年发展中逐渐形成的企业家精神，自然而然地成为了当前时局下的紧迫任务，由此也促成了本书的编写和出版。

本书的编撰起始于 2017 年下半年，编写组经过将近一年的筛选、梳理、改写和反复征求意见，终于得以在此刻出版本书。本书的出版离不开全国工商联与中国民生银行领导的悉心指导，离不开参评企业不吝赐教提供的经验分享，离不开中国金融出版社严谨专业的出版支持，也离不开编写组组员及家人的鼎力支持，在此表示由衷感谢！

最后，祝愿此书能为无数成长中的中国民营企业家带来一丝灵感的光辉，也祝愿中国的民营企业能在新一轮改革开放的春风下继续茁壮成长，不断地涌现出能在全球立足的超一流企业和百年老店，到那时，中华民族的伟大复兴想必就不远了。

编写组
2019 年 3 月